Archäologie im Rheinland
2008

Archäologie im Rheinland 2008
herausgegeben durch Jürgen Kunow

Eine Veröffentlichung des
LVR-Amtes für Bodendenkmalpflege
im Rheinland

Archäologie im Rheinland 2008

THEISS

Gedruckt mit Mitteln des Ministeriums
für Bauen und Verkehr des Landes Nordrhein-Westfalen

Bibliografische Information der Deutschen Nationalbibliothek
Die Deutsche Nationalbibliothek verzeichnet diese Publikation in der Deutschen Nationalbibliografie;
detaillierte bibliografische Daten sind im Internet über http://dnb.d-nb.de abrufbar.

Titelbild: Jüchen-Otzenrath. Blick in den Rauchgassammler eines neuzeitlichen Ringofens mit
eisernen Einlassventilen für vier Brennkammern.

Rückseite: Merzenich. Kopf eines 7000 Jahre alten steinzeitlichen Idols.

© Konrad Theiss Verlag GmbH, Stuttgart 2009
Alle Rechte vorbehalten
Redaktion: Michaela Aufleger (Schriftenleitung), Michaela Diepenseifen-Alfter, Thomas Krüger, Jennifer
Morscheiser-Niebergall und Andrea Schenk, LVR-Amt für Bodendenkmalpflege im Rheinland

Bildbearbeitung: Hans-Jörg Lauffer, LVR-Amt für Bodendenkmalpflege im Rheinland
Herstellung und Satz: Die Herstellung, Korntal
Reproduktion: digigra4, Fellbach
Gedruckt auf alterungsbeständigem Papier
Druck und Bindung: Firmengruppe Appl, aprinta Druck, Wemding
ISBN 978-3-8062-2296-8

Inhaltsverzeichnis

Orte archäologischer Aktivitäten,
über die im Band berichtet wird	8

Allgemeine Beiträge	11

Archäologie im Rheinland 2008 –
ein Jahresrückblick
Jürgen Kunow	13

Der Widerstand wächst
Julia Obladen-Kauder	17

Der Fall M.
Jürgen Kunow	18

Josef Rademacher – Begründer der vorgeschichtlichen Sammlungen in Krefeld
Margareta Siepen	21

Zur Aufarbeitung privater Sammlungen am Beispiel Völker
Anja Endrigkeit und Liane Giemsch	23

Das Relief des Merzbachtals vor dem Braunkohlenabbau
Irmela Herzog und Ana Judith Largo Arias Marek	26

Erdgeschichte und Vorgeschichte	29

Neues über den „Eifelmarmor" von Roderath
Christoph Hartkopf-Fröder, Dirk Kirchner,
Julia Klemeit, Christoph Schaab und
Hans Martin Weber	31

Panzerwürmer und Calcichordaten – überraschende Fossilfunde aus Wuppertal-Uellendahl
Hans Martin Weber und Klaus M. Weber	33

Naturwissenschaftliche Untersuchungen zum
mittelpaläolithischen Camp von Inden-Altdorf
Holger Kels, Martin Kehl, Frank Lehmkuhl,
Ursula Tegtmeier und Jürgen Thissen	36

Das Projekt „Beiträge zur urgeschichtlichen Landschaftsnutzung im Braunkohlenrevier" (LANU)
Anna-Leena Fischer, Inga Kretschmer und
Holger Kels	40

Gehirnforschung am Neandertaler –
neue Methoden und Ergebnisse
Katrin Amunts, Simon Matzerath, Hartmut
Mohlberg, Marcell Perse und Karl Zilles	44

Ein graviertes Geröll aus dem Spätpaläolithikum?
Wolfgang Heuschen	46

Eine Sammlung mit steinzeitlichen Artefakten
aus dem Raum Goch
Astrid Slizewski	48

Eine bandkeramische Großsiedlung mit der ältesten menschlichen Darstellung des Rheinlandes
Erwin Cziesla, Thomas Ibeling, Holger Schmitt
und Oliver Ungerath	49

Ein Bruchstück einer bandkeramischen
Ahnenfigur aus Hoeningen
Jürgen Weiner	51

Eine Siedlung der Schnurkeramik in
Meerbusch-Büderich
Robert Lenerz und Daniel Schyle	53

Brandexperimente zur prähistorischen
Brandwirtschaft im Rheinland
Eileen Eckmeier und Renate Gerlach	56

Siedlungen der Bronzezeit und ein Hortfund
im Indetal
Udo Geilenbrügge	58

Ein seltener Fund: bronzezeitlicher
Tüllenhammerkopf aus Jülich
Petra Tutlies	61

Neues zur Urnenfelderzeit aus Wesseling
Marcel El-Kassem und Andreas Nehen	63

Bemerkenswerte Gefäßreste aus einer
eisenzeitlichen Siedlung bei Alt-Lich-Steinstraß
Horst Husmann und Sabine Jürgens	65

Eine späteisenzeitliche Befestigung in
Alt-Etzweiler
Wolfgang Gaitzsch und Jan Janssens	68

Römische Kaiserzeit	71
Mit der Planung in die Römerzeit: Erlebnisraum Römerstraße Jeanne-Nora Andrikopoulou-Strack	73
Erlebnisraum Römerstraße: die Agrippa-Straße – Untersuchungen in der Zülpicher Lössbörde Cornelius Ulbert	74
Erlebnisraum Römerstraße: Via Belgica Susanne Jenter	77
Germanen links des Rheins: die frührömischen Siedlungsspuren von Voerde-Mehrum Cordula Brand und Uwe Schönfelder	79
Wie römisch seid ihr? Eine Siedlung der Römerzeit im Xantener Hinterland Harald Berkel und Marion Brüggler	81
Eine *villa rustica*-ähnliche Holzbautensiedlung in Herzogenrath-Merkstein Michael Wiehen	83
Hingerichteter in römischem Brunnen Thomas Becker	86
Die Kastellgrabung in Dormagen Ines Grohmann	88
Wohnen und Arbeiten in der *Colonia Ulpia Traiana* – Insula 34 und Insula 38 Jens Berthold	90
Wasser ist Leben – Quellwasser ist Lebensqualität Jobst J. M. Wippern	93
Neues zur Wasserversorgung der *Colonia Ulpia Traiana* Harald Berkel	95
Eine Venus aus Xanten Elke Forbeck und Hans-Peter Schletter	97
Ein neues Streifenhaus aus dem *vicus* von Bonn Andrea Schenk	98
Bleiplomben und Warenetiketten als Quellen zur Wirtschaftsgeschichte im *vicus* von Bonn Peter Henrich	101
Was könnte das sein? Ein zunächst rätselhaftes Metallobjekt aus Rickelrath Jürgen Weiner	103
Neues zu alten Funden: bemalte Altarnebenseiten Gerhard Bauchhenß, Georg Hartke und Marco Romussi	104
Eine bislang unbekannte *cella memoriae* aus dem Gräberfeld von Krefeld-Gellep Christoph Reichmann	106
Innenstadtgrabung im Aachener Elisengarten Gary White	108
Zwei außergewöhnliche Gefäß„scherben" aus Jülich-Daubenrath und Düren-Arnoldsweiler Jürgen Weiner	110
Zu einem angeblichen römischen Inschriftenstein aus Ossenberg Clive Bridger	112
Mittelalter	115
Neues zu alten Funden: frühmittelalterliches Recycling Gerhard Bauchhenß	117
Ein merowingerzeitlicher Beschlag aus Eckum Elke Nieveler	119
Der Grabfund eines fränkischen Kriegers aus Pesch Ulrike Müssemeier und Petra Tutlies	120
Fortsetzung der Grabungen im frühmittelalterlichen Töpfereibezirk von Walberberg Jan Bemmann und Ulrike Müssemeier	122
Das erste Gotteshaus in Langenfeld-Reusrath Jennifer Gechter-Jones und Thomas Becker	125
Eine spätmittelalterliche Grundsteinlegung in der Kirche St. Johannes der Täufer und St. Maternus in Metternich Marcel El-Kassem	127
Baumaterialrecycling am Beispiel der Kirchen von Linn Patrick Jülich und Christoph Hartkopf-Fröder	129
Archäologische Baubegleitungen in der Duisburger Innenstadt Hans-Peter Schletter	131
Heiße Spuren am Alter Markt 4 Gaby und Peter Schulenberg	133
Überraschende Einblicke in die Besiedlungsgeschichte von Kaiserswerth Cordula Brand und Uwe Schönfelder	135

Vor dem Limbecker Tor…
Detlef Hopp — 138

Ein hochmittelalterlicher Abwasserkanal unter dem Hauptstraßenzug von Neuss
Sabine Sauer — 140

Wasserversorgung im Zisterzienserkloster Heisterbach
Christoph Keller — 142

Eine spätmittelalterliche Einzelhofanlage in Schmalbroich
Donata Maria Kyritz und Patrick Düntzer — 144

Der Riethof – Reste einer mittelalterlichen Hofanlage in Rintgen
Vinzenz Borchert und Hans-Peter Schletter — 146

Neuzeit — 149

Ausgrabungen in und um St. Simon und Judas Thaddäus
Alfred Schuler, Denis und Josef Franzen — 151

U-Bahn-Archäologie in Düsseldorf
Andreas Kupka — 154

Ehemals dicht bebaut: das Gelände des Theresienhospitals in der Düsseldorfer Altstadt
Cordula Brand und Uwe Schönfelder — 156

Lehrer Lämpels Pfeifenköpfe und neugotische Fensterbögen
Achim Jaeger, Petra Tutlies und Jochen Altmiks — 158

Kommissbrot an der Rur – die Garnisonsbäckerei der Festung Jülich
Bernhard Dautzenberg — 160

Uralte Überlieferung, aber nur neuzeitliche Spuren: der Schultenhof in Essen-Heisingen
Detlef Hopp und Stefan Leenen — 163

Siedlungsbefunde im unteren Wahnbachtal
Wolfgang Wegener — 164

Ein Altarm der Inde als Spiegel der Landnutzungsgeschichte
Ruthild Kropp, Astrid Röpke, Silke Schamuhn und Carolin Wygasch — 167

Hochofen unter Hochöfen in der St. Antony-Hütte
Julia Obladen-Kauder — 170

Ein Ziegelringofen bei Otzenrath
Alfred Schuler — 172

Die Ziegelei Peter Jorissen – eine späte Entdeckung
Bernhard Kamps, Frithjof Nolden, Gaby und Peter Schulenberg — 174

1946 zerstört – die Dorfwüstung Wollseifen
Wolfgang Wegener — 177

Denkwürdige Zeiten: Die Bergung einer „Zeitkapsel" in Essen-Katernberg
Detlef Hopp und Elke Schneider — 179

Öffentlichkeitsarbeit — 181

Alte Pracht im neuen Haus: Römerthermen in Zülpich – Museum der Badekultur
Iris Hofmann-Kastner — 183

Der Weg des Prahms aus Xanten-Wardt ins LVR-RömerMuseum
Julia Obladen-Kauder — 185

Eiszeitliche Fundstellen in Nordrhein-Westfalen
Dirk Bachmann und Simon Matzerath — 187

„Archäologietour Nordeifel 2008" – Archäologie zum Mitmachen für Groß und Klein
Klaus Grewe und Ulrike Müssemeier — 190

Alle Jahre wieder – 13. Stiftshoffest 2008 in der Außenstelle Nideggen
Petra Tutlies — 192

Ein Baum wird zum Einbaum. (R)eine Formsache
Jost Auler, Petra Hiller und Kerstin Ohmert — 194

Archäologische Spurensuche an der Aachener Fachhochschule
Andreas Kupka — 196

Archäologische Literatur zum Rheinland 2008 mit Nachträgen
zusammengestellt von Jennifer Morscheiser-Niebergall — 197

Verzeichnis der Autoren — 201

Dienststellen der Bodendenkmalpflege im Rheinland — 206

Abbildungsnachweis — 207

Orte archäologischer Aktivitäten, über die im Band berichtet wird

Kreis Kleve
1 Goch
2 Weeze-Vorselaer

Kreis Wesel
3 Xanten-Wardt
4 Xanten (CUT)
5 Xanten-Beek
6 Xanten
7 Alpen-Bönninghardt
8 Voerde-Mehrum
9 Rheinberg-Ossenberg

Kreis Viersen
10 Kempen-Schmalbroich
11 Viersen-Rintgen

Stadt Krefeld
12 Krefeld
13 Krefeld-Linn
14 Krefeld-Gellep

Stadt Duisburg
15 Duisburg

Stadt Oberhausen
16 Oberhausen-Osterfeld

Stadt Essen
17 Essen-Katernberg
18 Essen
19 Essen-Heisingen

Stadt Wuppertal
20 Wuppertal-Uellendahl
21 Wuppertal

Stadt Düsseldorf
22 Düsseldorf-Ludenberg
23 Düsseldorf-Gerresheim
24 Düsseldorf-Kaiserswerth
25 Düsseldorf

Kreis Mettmann
26 Langenfeld-Reusrath

Rhein-Kreis Neuss
27 Dormagen
28 Neuss
29 Meerbusch-Büderich
30 Rommerskirchen-Hoeningen
31 Rommerskirchen-Eckum
32 Jüchen-Holz
33 Jüchen
34 Jüchen-Otzenrath
35 Tagebau Garzweiler

Kreis Heinsberg
36 Erkelenz-Lövenich
37 Wegberg-Rickelrath

Kreis Aachen
38 Herzogenrath-Merkstein
39 Eschweiler

Stadt Aachen
40 Aachen

Kreis Düren
41 Inden
42 Inden-Altdorf
43 Aldenhoven
44 Jülich-Daubenrath
45 Jülich
46 Niederzier-Lich-Steinstraß
47 Düren-Arnoldsweiler
48 Merzenich
49 Düren
50 Nideggen-Wollersheim

Kreis Euskirchen
51 Schleiden
52 Schleiden-Wollseifen
53 Hellenthal
54 Dahlem
55 Blankenheim
56 Nettersheim-Görresburg
57 Kall
58 Nettersheim-Roderath
59 Nettersheim-Pesch
60 Bad Münstereifel-Iversheim
61 Mechernich
62 Zülpich
63 Weilerswist-Metternich

Rhein-Erft-Kreis
64 Elsdorf-Etzweiler
65 Wesseling

Rhein-Sieg-Kreis
66 Bornheim-Walberberg
67 Siegburg
68 Neunkirchen-Seelscheid
69 Königswinter-Heisterbach

Stadt Bonn
70 Bonn

Allgemeine Beiträge

1 Inden. Detail eines Armrings mit Rippenaufsätzen aus dem bronzezeitlichen Hortfund um 1000 v. Chr.

RHEINLAND

Archäologie im Rheinland 2008 – ein Jahresrückblick

Das Jahr begann mit einem archäologischen Auftakt nach Maß, als gleich am ersten Arbeitstag 2008 ein bronzezeitlicher Hortfund im Tagebau Inden zutage trat. Ein Bagger hatte den Sensationsfund mit Beil, Ring- und Spiralschmuck sowie einer Glasperle unter dem Pflughorizont angeschnitten (Abb. 1; vgl. Beitrag U. Geilenbrügge Abb. 62). Um 1000 v. Chr. abseits eines befestigten Herrenhofes als Opfer oder Depot niedergelegt, ist der Hortfund der erste dieser Zeitstellung im Braunkohlenrevier.

Genau derartige Schatzfunde sind leider oftmals Anreiz für Raubgräber, die Lande zu durchwühlen und auch vor amtlichen Grabungen nicht haltzumachen. Schäden am ortsfesten Bodendenkmal, Verlust von Funden, also sog. beweglichen Bodendenkmälern, und die Dekontextualisierung, also die unsachgemäße Trennung von Befund und Fund, sind die Folgen. Bodendenkmäler werden so ihrer historischen Aussagekraft beraubt, der dekontextualisierte Fund auf seinen rein antiquarischen Wert beschränkt.

Auch im Rheinland sind die archäologischen Fundstellen in starkem Maße durch Raubgräber gefährdet. Ein besonders dreister Vertreter ist Herr M. aus Frechen, der dem LVR-Amt für Bodendenkmalpflege im Rheinland (LVR-ABR) – hierzu später – bereits seit über 20 Jahren bekannt ist (vgl. Beitrag J. Kunow, Fall M.). 2008 gelang es nach 13jährigem Rechtsstreit, erstmalig einen Teilerfolg gegen Herrn M. zu erzielen. Die äußerst schwierige Beweisführung während der Prozesse endete letztlich mit einem Vergleich: Per Losentscheid durch das Oberlandesgericht Köln wurde dem Landschaftsverband Rheinland ein Viertel der beschlagnahmten „Sammlung" übereignet und so für die Öffentlichkeit zurückgewonnen (Abb. 2). Ein Münzwurf zugunsten des LVR entschied über das wertvollste Stück der „Sammlung M." – eine keltische Goldmünze, geprägt in Britannien, um die Mitte des 1. Jahrhunderts v. Chr. (vgl. Abb. 3).

Eine Änderung des Denkmalschutzgesetzes für Nordrhein-Westfalen zugunsten eines Schatzregals könnte hier Abhilfe schaffen. Ein solches – in den Denkmalschutzgesetzen der meisten Bundesländer verankertes Schatzregal – regelt die Übertragung herrenloser Bodenfunde in die öffentliche Hand. Fälle wie unser Beispiel könnten so vermieden werden. Dennoch ist der vom Gericht vorgeschlagene Vergleich zweifellos als Teilerfolg für die amtliche Bodendenkmalpflege zu werten.

Zu einem guten Abschluss kam 2008 das Projekt „Römerthermen Zülpich – Museum der Badekultur", an dem unser Haus über viele Jahre beteiligt war (vgl. Beitrag I. Hofmann-Kastner).

Schon seit langem, nämlich seit dem Ende der 1920er Jahre, sind die römischen Thermen von Zülpich bekannt; sie wurden damals im Zuge von Kanalbaumaßnahmen unmittelbar bei der mächtigen Stadtkirche St. Peter auf dem Mühlenberg entdeckt. Die Zülpicher Thermen zählen zu den besterhaltenen Badeanlagen nördlich der Alpen, denn hier sind Details zur Wasserversorgung, zum Heizungssystem und zu den Wannen noch im Aufgehenden zu beobachten, wie wir sie sonst nur von den Vesuvstädten her kennen. Schon bald nach ihrer Entdeckung, der die weitgehende Freilegung in den 1930er Jahren folgte, errichtete man einen Schutzbau und erschloss so die Anlage als touristische Attraktion für die Öffentlichkeit und als Studienobjekt für die Fachwelt. Leider verkam der Schutzbau. Wer die Anlage in den 1980er und 1990er Jahren noch in Augenschein nehmen konnte, wurde recht schnell mit den Unzulänglichkeiten der Präsentation konfrontiert. In einem engen und dunklen Keller, der zudem noch erhebliche Feuchtigkeitsprobleme zeigte, fristete die Thermenanlage ein Schattendasein. Es war deutlich, dass etwas geschehen musste.

Vor zehn Jahren verabredeten der Landschaftsverband Rheinland, das Land Nordrhein-Westfalen (heu-

Jürgen Kunow

2 Die Richter vom Oberlandesgericht Köln ließen das Los entscheiden, welche Raubfunde der beschlagnahmten „Sammlung M." dem LVR übereignet wurden.

3 Der keltische Goldstater aus der Sammlung eines Raubgräbers ging 2008 in die öffentliche Hand über.

tiges Ministerium für Bauen und Verkehr), die Stadt Zülpich, der Zülpicher Geschichtsverein und schließlich die NRW-Stiftung Natur – Heimat – Kultur eine groß angelegte Rettungsaktion für dieses einzigartig erhaltene Denkmal römischer Bau- und Ingenieurkunst im Rheinland. Ein Architekturwettbewerb führte im Ergebnis zu einem großzügigen Museumsneubau, den der Zülpicher Architekt Markus Ernst teilweise auf dem Grundriss der freigelegten *basilica thermarum* errichtete (Abb. 4). Wurde die Finanzierung des Bauwerks ganz überwiegend mit Mitteln der Städtebauförderung durch das Land NRW abgesichert, übernahm die NRW-Stiftung die Kosten für die museale Ausstattung, für deren Gestaltung man das Büro nowak teufel knyrim, Düsseldorf, beauftragte. Der LVR begleitete das Projekt über die gesamte Zeitdauer mit der Fachkompetenz seiner Institutionen. Nach rund zehnjähriger Planungs-, Bau- und Einrichtungszeit konnte nun am 29. August 2008 die Eröffnung der Römerthermen Zülpich – Museum der Badekultur feierlich begangen werden. Von Beginn an fanden die Architektur des Bauwerks und die museale Inszenierung Lob und positive Resonanz, in deren Mittelpunkt die restaurierten Thermen stehen. Der Bedeutung dieses Museums für das Rheinland angemessen, hat der Landschaftsverband Rheinland beschlossen, gemeinsam mit der Stadt Zülpich zukünftig die Einrichtung zu betreiben.

Wie die römischen Thermen von Zülpich kennt man ebenfalls schon seit langem, nämlich seit 1894, die römische Villa von Blankenheim. Die für das Rheinland singuläre Axialvilla ist seit einigen Jahren wieder ins Zentrum unserer Aktivitäten gerückt. Auch dieses Jahrbuch hat von den dort neu aufgenommenen Geländearbeiten berichtet. Die archäologischen Maßnahmen sollten dabei insbesondere der Klärung zweier Fragen dienen:

a) In welchem Erhaltungszustand befinden sich die römischen Anlagen heute noch untertägig und
b) wie exakt und vollständig sind die Ausgrabungspläne, die insbesondere durch Franz Oelmann vor fast einhundert Jahren veröffentlicht wurden?

Zu beiden Aspekten haben die gezielten Flächenuntersuchungen der Jahre 2005–2007 Kenntnisse geliefert, die als Grundlage für den weiteren Umgang mit der wohl berühmtesten römischen Villa im Rheinland dienen können (Abb. 5). Nach den beiderseitigen guten Erfahrungen mit der Erkundung und touristischen Erschließung des spätmittelalterlichen Tiergartentunnels drängte die Gemeinde Blankenheim das Fachamt auf ein neues, vergleichbares Projekt im Gemeindegebiet.

Zu weiteren Überlegungen, wie der römische Gutshof von Blankenheim mit seiner klassischen Ausgestaltung als Axialvilla in Wert gesetzt werden könnte, luden die Gemeindeverwaltung und das LVR-Amt für Bodendenkmalpflege im Rheinland zu einem dreitägigen Workshop vom 24.–26. November 2008 in die Eifel ein; wesentliche finanzielle Unterstützung verdanken wir hier der EuRegionale 2008. Der Workshop gliederte sich in drei Themenblöcke: Möglichkeiten der Präsentation archäologischer Denkmäler, Wirtschaftlichkeit und (bauliche) Unterhaltung sowie touristisches Konzept. Die Referenten, die der Öffentlichkeit zugänglich gemachte römische Geländedenkmäler aus verschiedenen Bundesländern (Nordrhein-Westfalen, Hessen, Saarland, Bayern und Baden-Württemberg), aus Österreich, der Schweiz und England unter genannten Aspekten vorstellten, machten deutlich, dass die *villa rustica* von Blankenheim nur dann eine Chance als touristisches Ziel haben kann, wenn sie eigene Stärken herausstellt und ein eigenständiges, unverwechselbares Profil entwickelt, das auch auf Dauer Besucher anzieht.

4 Zülpich. Römerthermen Zülpich – Museum der Badekultur.

5 Blankenheim. Die Thermen im Haupthaus der Villa 1894 (links) und 2006 (rechts).

Bei der Präsentation einer römischen Villa für die Öffentlichkeit wird ja zumeist recht schnell an eine Rekonstruktion, genauer an ein 1:1-Modell gedacht (Abb. 6). Die ganz grundlegenden Probleme einer technisch zwar heutzutage durchaus möglichen Lösung bleiben aber fast immer offen. Sie hat Walter Benjamin in seinem klassischen Essay „Das Kunstwerk im Zeitalter seiner technischen Reproduzierbarkeit" bereits vor mehr als 70 Jahren aufgezeigt und dessen Folgerungen und Forderungen lassen sich ohne weiteres auch auf bauliche Zeugnisse, also auf die Architektur, erweitern. Kurz gesagt: Gelingt es historische Einzigkeit und hiermit unmittelbar verknüpft Aura auch bei einer Kopie noch zu halten, zumindest eine Anmutung hiervon zu geben? In der Abschlussdiskussion am Ende des Workshops spielte dieses eine Rolle und es nahm auch die übergeordnete Frage nach der erinnerungskulturellen Perspektive dieses Ortes breiten Raum ein.

Bei dem Workshop haben die Veranstalter selbstverständlich keine abschließende Lösung für die Villa von Blankenheim angestrebt, deutlich geworden ist jedoch, dass erst die umfassende Bewertung der dortigen Stärken (etwa Besonderheit dieses Villen-Typus im Rheinland, auf Fernsicht zielende Lage), aber auch der Schwächen (schwierige städtebauliche Einbindung und heterogenes bauliches Umfeld, weitgehende Demontage der ehemals durchaus beeindruckenden Ruinenlandschaft) hin zu einem Architekturwettbewerb führen wird, der konkrete bauliche Lösungen und Kostenaussagen liefern soll. Die Gemeinde Blankenheim und das LVR-Amt für Bodendenkmalpflege im Rheinland werden weiterhin an der In-Wert-Setzung und Nutzung der *villa rustica* arbeiten, ein Projekt, das uns sicherlich noch über Jahre hinaus beschäftigen wird.

Der Erschließung hochrangiger Bodendenkmäler einer geographischen Region widmet sich das Projekt „Archäologische Landschaft Nordeifel" (vgl. auch Beitrag K. Grewe/U. Müssemeier). Die Nordeifel zeichnet sich durch eine besondere Vielfalt an regionaltypischen archäologischen Denkmälern der unterschiedlichsten Epochen aus. In der Vorgeschichte besiedelte man hier Höhlen und Ringwälle, aber auch Zeugnisse der Römerzeit wie die Eifelwasserleitung und die Fernstraße von Köln nach Trier (Agrippa-Straße) oder Villen und heilige Bezirke (Abb. 7) sowie mittelalterliche Burganlagen und Relikte des Westwalls aus dem letzten Jahrhundert prägen diesen einzigartigen Geschichtsraum. Eine großartige Chance, hier das vorhandene Denkmalpotential in Wert zu setzen, bietet nun LEADER, ein Förderungsprogramm der Europäischen Union für den ländlichen Raum. Hierbei konnte zum Jahreswechsel 2007/2008 die Nordeifel mit ihren insgesamt 15 Kommunen die Ausweisung als LEADER-Region gegen starke Konkurrenz erlangen, eine begehrte Aufwertung, die in Nordrhein-Westfalen elf Regionen zufiel und zukünftig besondere Förderungsmöglichkeiten einschließt. Im Frühjahr 2008 legten wir nun in einer Auftaktveranstaltung ein gemeinsam mit 13 der 15 Kommunen abgestimmtes Programm vor, insgesamt 24 Bodendenkmäler in der „Archäologischen Landschaft Nordeifel" unter einer einheitlichen Dachmarke touristisch zu bewerben. Momentan sind die einzelnen Aktionen für die Bodendenkmäler wie Instandsetzungsmaßnahmen, das Aufstellen von Hinweisschildern und Infotafeln sowie die Bewerbung mit Imagebroschüren erst erfasst und in einem Kostenplan dargestellt. Wir waren aber in dem Zusammenhang erfreut, wie engagiert sich die Eifelkommunen nicht nur ideell, sondern auch finanziell beteiligen wollen. Es ist nun zu hoffen, dass alle Maßnahmen wie vorgesehen im Zeitraum 2009 bis 2011 durchgeführt werden können.

Erfolgreich abschließen konnten wir 2008 das Vorhaben „Eiszeitliche Fundstellen in Nordrhein-Westfalen", das gemeinsam mit den Kolleginnen sowie Kollegen der LWL-Archäologie für Westfalen und

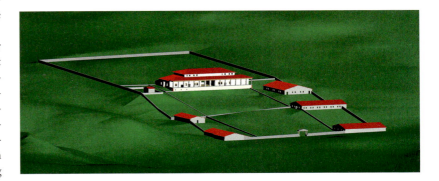

6 Blankenheim. Digitale Anmutung der *villa rustica*. Ein 1:1-Nachbau ist vor Ort nicht umzusetzen.

7 Nettersheim. Das römische Matronenheiligtum „Görresburg" zählt zu den herausragenden Bodendenkmälern der „Archäologischen Landschaft Nordeifel".

dem Rheinischen Verein für Denkmalpflege und Landschaftsschutz durchgeführt wurde (vgl. Beitrag D. Bachmann/S. Matzerath). Damit sind nun die 22 bedeutendsten paläolithischen Fundstellen Nordrhein-Westfalens für die Öffentlichkeit durch Zuwegebeschilderungen und Informationstafeln vor Ort erschlossen (vgl. Abb. 215–216). Die Idee ging zurück auf das Neandertalerjahr 2006, als NRW-weit das 150jährige Jubiläum der Auffindung des Neandertalers begangen wurde. Zusammen mit dem von unserem Hause herausgegebenen Führer „Neandertaler + Co.", der insgesamt über 60 ausgewählte eiszeitliche Fundstellen, Landschaftsmarken und Museen beschreibt, sind jetzt für die interessierte Öffentlichkeit gute Möglichkeiten geschaffen, sich umfassend über die Eiszeiten in Nordrhein-Westfalen und die Spuren, die diese noch heute sichtbar hinterlassen haben, zu unterrichten.

Jedes Arbeitsjahr der Bodendenkmalpflege wird auch ganz wesentlich durch Tagungen und Kongresse bestimmt, die das Fachamt ausrichtet oder an denen es sich beteiligt. Schon zum vierten Mal konnte in den ersten Februartagen 2008 die Jahresberichtskonferenz „Archäologie im Rheinland – Ausgrabungen, Forschungen und Funde" stattfinden, die einen Überblick über das abgelaufene Jahr 2007 gab und zu der rund 350 Besucher kamen. Bei dieser Veranstaltung besteht naturgemäß nicht ausreichend Gelegenheit, den wissenschaftlichen Nachwuchs über eigene Forschungsarbeiten referieren zu lassen. Hier haben wir jetzt eine neue Plattform geschaffen. Erstmalig fand die Veranstaltungsreihe „Archäologische Forschungen im Rheinland – Ergebnisse universitärer Abschlussarbeiten 2007" mit einer eintägigen Spezialtagung im November 2008 statt. In den letzten Jahren hatte sich erwiesen, dass per annum zehn bis zwölf Abschlussarbeiten an deutschen Universitäten entstehen, die sich mit archäologischem Material aus dem Rheinland beschäftigen oder hiesige geo-archäologische Fragestellungen verfolgen. Erst mit teilweise erheblicher zeitlicher Verspätung nimmt die Forschung allerdings diese Ergebnisse wahr, denn zwischen Fertigstellung der Arbeit und Drucklegung liegen häufig mehrere Jahre. Die neue Veranstaltungsreihe gibt nun zum einen den Absolventen die Gelegenheit, ihre Arbeit im Kollegenkreis einmal ausführlich zu diskutieren. Zum anderen lassen sich aktuelle Forschungsergebnisse so schneller in die Alltagsarbeit und die strategischen Planungen der Bodendenkmalpflege integrieren.

Eine weitere Veranstaltung, an der sich unser Haus gemeinsam mit der Hochschule Bochum, Fachbereich Vermessung und Geoinformatik, sowie der Stadtarchäologie Essen als Hauptinitiatoren beteiligte, war die Tagung „Denkmäler3.de". Im Zeitraum vom 5. bis 7. November 2008 standen auf dem Gelände des Weltkulturerbes Zeche Zollverein in Essen die Industriearchäologie und neue, vor allem EDV-gestützte Dokumentations- und Vermessungsverfahren im Mittelpunkt der Referate. Gerade in Essen bot sich dieses Thema an, da man hier das ehemalige Krupp-Gelände derzeit völlig umgestaltet und große Bereiche von Industriedenkmalen verschwinden. Die herkömmlichen Dokumentationsverfahren und Vermessungsmethoden scheitern dort nicht nur an der Größe der Objekte. Viele sind vor ihrem endgültigen Abbruch nur für wenige Tage freigelegt und häufig auch nur aus der Entfernung zu dokumentieren, da erhebliche Umweltbelastungen einen Abstand zum Objekt erfordern. Hier helfen dann nur noch Verfahren und Instrumente, wie sie bei der Fernerkundung zum Einsatz kommen.

In einem der letzten Jahrgänge dieses Jahrbuchs (Arch. Rheinland 2006, 15 f.) wurde bereits – und damit möchten wir abschließend noch einen für uns wichtigen Aspekt aus dem Jahr 2008 herausgreifen – auf die von der Landesregierung vereinbarte Verwaltungsneugliederung eingegangen, die die beiden Landschaftsverbände Rheinland und Westfalen, den Regionalverband Ruhr und die fünf Bezirksregierungen (Regierungspräsidenten) zu drei Regionalpräsidien bzw. -verbänden zusammenführen will. Hiervon ist die Landesregierung mittlerweile abgerückt und hat eine Entscheidung nicht vor Mitte der nächsten Legislaturperiode (2012/2013) angekündigt. Der Landschaftsverband Rheinland ist nun seinerseits in die Offensive gegangen. In der Außenwahrnehmung, so wurde moniert, sei der Landschaftsverband Rheinland (LVR) als Träger vor allem auf sozialem und kulturellem Gebiet tätiger Einrichtungen nicht ausreichend erkennbar. Damit die sehr unterschiedlichen Dienststellen auch als Institutionen des LVR wahrgenommen und ihm zugeordnet werden können, wird nun eine einheitliche „Dachmarke" verwendet. Diese ist durch Beschluss der Landschaftsversammlung vom 12. Dezember 2008 die Abkürzung „LVR"; sie kehrt als Präfix in allen Bezeichnungen des Landschaftsverbandes Rheinland wieder. So ist die Bezeichnung der amtlichen Bodendenkmalpflege also seitdem „LVR-Amt für Bodendenkmalpflege im Rheinland", was dem aufmerksamen Leser dieses Jahrbuches „Archäologie im Rheinland 2008" bei der Herausgeberschaft auf dem Buchtitel nicht entgangen sein sollte. Der amtlichen Bodendenkmalpflege sind Umbenennungen in ihrer 130-jährigen Geschichte grundsätzlich natürlich nicht unvertraut. Wichtig war uns hier allerdings, dass die Bezeichnung und Charakterisierung als „Amt" beibehalten wird, da auch das Denkmalschutzgesetz des Landes Nordrhein-Westfalen von „Denkmalfachämtern" spricht, die in fachlichen Dingen weisungsfrei und hoheitlich auftreten!

Literatur: W. Benjamin, Das Kunstwerk im Zeitalter seiner technischen Reproduzierbarkeit. In: Ders., Gesammelte Schriften I, 2 (Werkausgabe Bd. 2), Hrsg. R. Tiedermann/H. Schweppenhäuser (Frankfurt a. M. 1980) 471–508. – K. Grewe/U. Müssemeier, „Archäologische Landschaft Nordeifel" – ein Archäologie- und Tourismusprojekt. Arch. Rheinland 2007 (Stuttgart 2008) 203–205. – H.-G. Horn (Hrsg.), Neandertaler + Co. Eiszeitjägern auf der Spur – Streifzüge durch die Urgeschichte Nordrhein-Westfalens. Führer arch. Denkmäler Rheinland 4 (Mainz 2006). – Ders., So badeten die Römer. Rund um die Thermen von Zülpich (Weilerswist 2008). – S. Jenter, Die *villa rustica* in Blankenheim. Arch. Rheinland 2006 (Stuttgart 2007) 137–139. – J. Kunow, Archäologische Funde und Befunde als historische Quellen und das Problem ihrer Dekontextualisierung durch Raubgrabungen. In: Ders. (Hrsg.), Tatort Bodendenkmal. Archäologischer Juristentag 2005. Mat. Bodendenkmalpfl. Rheinland 17 (Treis-Karden 2006) 13–22. – Ders., „Rififi" im Rheinland – ein Raubgräbertunnel in Frechen. Arch. Deutschland 6/2007, 24–26.

NIEDERRHEIN

Der Widerstand wächst

Julia Obladen-Kauder

Mit der allmählichen Entwicklung des Betonbauverfahrens gegen Ende des 19. bzw. zu Beginn des 20. Jahrhunderts setzt auch am Niederrhein der Abbau von Sanden und Kiesen ein. In der Zeit vor dem Zweiten Weltkrieg hat die oberirdische Gewinnung nichtenergetischer Rohstoffe im Rheinland – vor allem in den 1930er Jahren – im Zuge des Westwallbaus und anderer strategischer Anlagen durch die Nationalsozialisten zugenommen. Weitere Schübe erfolgen seit den 1950er Jahren durch den Wiederaufbau der kriegszerstörten Städte bzw. durch den Ausbau des Verkehrswegenetzes oder großer Gewerbegebiete. Der zusammengerechnete Flächenverbrauch hat inzwischen die Dimension von Braunkohlentagebauen angenommen.

Die Abbauflächen liegen stark konzentriert in der holozänen Talaue der Flüsse – vor allem des Rheins –, der hier über die Jahrtausende Sande und Kiese abgelagert hat. Im Verlauf der 1990er Jahre ist allerdings eine Verlagerung auf die Mittelterrasse im linksrheinischen Hinterland zu beobachten. In einem vor rund 14 Jahren erstellten Fachgutachten wird in diesem Zusammenhang u. a. von einer künftigen Schonung der Rheinaue und von ausreichenden Ressourcen im Bereich der Mittelterrassen gesprochen. Unberücksichtigt bleibt dabei im Wesentlichen leider die weitgehend fehlende Infrastruktur und unzureichende Verkehrswegelage. Der starken Belastung bzw. Belästigung der Anrainer durch erhöhtes Verkehrsaufkommen von Schwerlasttransportern wird so gut wie keine Rechnung getragen.

Die Probleme öffentlicher Institutionen mit dem Kies- und Sandabbau, in diesem Fall die Bodendenkmalpflegeämter, sind schon häufig auf Kolloquien und Tagungen dargestellt worden. Da die Rheinaue in den letzten Jahrtausenden durch ständige Flussbettwechsel und Hochwasser stark überprägt ist, sind die Spuren ur- und frühgeschichtlicher Besiedlung allzu häufig entweder unter mächtigen Bodenaufträgen „begraben" oder aber in mehr oder minder großem Maßstab abgeschwemmt. Das bedeutet, dass Prospektionsmaßnahmen im Vorfeld von Abgrabungsvorhaben häufig nicht die gewünschten Resultate erbringen können.

Auf der Mittelterrasse hingegen gibt es andere Schwierigkeiten: Zum einen handelt es sich hier um große Areale, die bis heute ununterbrochen einer agrarischen Nutzung unterliegen. Da so gut wie niemals Bodeneingriffe auf den Äckern und Weiden geplant

8 Alpen-Bönninghardt. Banner vor der evangelischen Kirche.

9 Alpen-Bönninghardt. Symbolische Darstellung der zu erwartenden Verkehrsbelästigung.

waren, die archäologische Präventivmaßnahmen erfordert hätten, ist die Zahl der bekannten Bodendenkmäler hier außerordentlich gering. Zum anderen liegen die Siedlungen und Gräberfelder häufig unter einem Plaggeneschauftrag bzw. unter einem Gemisch aus Stallmist und Sand, der über die Jahrhunderte zur Düngung auf die Felder gelangte. Da ihre Relikte sehr tief liegen, werden sie selten durch den Pflug nach oben transportiert und somit bei archäologischen Begehungen auch nicht gefunden.

Dazu kommt, dass es in den letzten Jahren zunehmend Schwierigkeiten gab, bereits im Planungsstadium von Kiesabbaugebieten geeignete Untersuchungen durchzuführen, da häufig eine Betretung der betroffenen Ackerflächen durch Noch-Eigentümer oder Pächter versagt wurde. Dementsprechend handelt es sich bei Funden und Befunden der letzten Jahrzehnte oft um Zufallsentdeckungen.

Die Zahl unbeobachtet abgebaggerter Fundstellen darf als sehr hoch eingeschätzt werden. Aber nicht nur archäologische Relikte werden zerstört. Gleichermaßen betroffen sind auch historisch gewachsene Landschaften mit ihrer Flora und Fauna. Daran ändert auch die Schaffung neuer Naturräume nichts, die durch aufwändige Rekultivierungsmaßnahmen entstehen.

Schon jahrzehntelang warnen Institutionen, die mit Natur- und Landschaftsschutz bzw. Kulturgüterschutz zu tun haben, vor den Folgen dieses großen Flächenverbrauchs. Neu hingegen ist, dass sich nunmehr in den letzten Jahren auch verstärkt die Bürgerinnen und Bürger am Unteren Niederrhein zu Wort melden und nachhaltig protestieren. Ob in Neukirchen-Vluyn oder Kamp-Lintfort, Sonsbeck oder Xanten, Nettetal oder Kleve: Überall hat man inzwischen Bürgerinitiativen gegründet, die sich wortgewaltig gegen die Durchlöcherung ihrer Heimat wehren.

Beispielhaft seien hier die Anwohner des Alpener Ortsteils Bönninghardt genannt, die sich im Jahr 2008 mit diversen originellen Aktionen gegen den Abbau vor der eigenen Haustüre zu Wort gemeldet haben (Abb. 8). So gab es Mahnfeuer, die an den Grenzen der geplanten Kiesgrube entzündet wurden. Man deponierte entlang der Ortsdurchfahrtsstraße über 200 bunte Plastikkartons, die mit Kies gefüllt waren. Sie standen für die Schwerlastkraftwagen, die künftig täglich das Material abfahren würden (Abb. 9). Bei der Aktion „Death Valley" symbolisierten zehn Mimen in ockerfarbenen Gewändern – einem Begräbnis gleich – ebenfalls den Kiestransport.

Die Aktionen hatten offensichtlich Erfolg: Die zur Auskiesung vorgesehene Fläche von über 100 ha ist inzwischen in ihrer Ausdehnung deutlich zusammengeschmolzen.

Literatur: H. Koschik (Hrsg.), Kiesgewinnung und archäologische Denkmalpfl. Mat. Bodendenkmalpfl. Rheinland 8 (Köln 1997).

RHEINLAND

Der Fall M.

Jürgen Kunow

Wie im Jahresrückblick bereits angerissen, beschäftigten 2008 nicht nur angenehme Dinge die rheinische Landesarchäologie. Weiterhin gefährden Aktivitäten von Raubgräbern in starkem Maße hiesige archäologische Fundstellen. Vor knapp 30 Jahren kamen in Deutschland erstmals Metalldetektoren in den Handel, die man nach wie vor – anders etwa als bestimmte Waffen oder Funkgeräte – ohne besondere Auflagen oder Besitzernachweis erwerben kann. Unmittelbar nach dem ersten Bekanntwerden auf dem Markt setzte das „Sondeln" durch Amateure, aber auch gewerbsmäßig Tätige im großen Stil ein und vor allem Metall führende Fundplätze aus keltischer und römischer Zeit sowie fränkische Friedhöfe waren nun in einem bis dahin nicht bekannten Maße hierzulande bedroht. Eine neue Etappe setzte mit der Einführung des Internets vor etwa 15 Jahren ein. Dieses schaffte neue Kommunikationsstrukturen, die Raubgräber in eigenen Chatrooms zusammenführte, wo man Tipps und Tricks, aber auch Informationen zu (in aller Regel gesetzlich geschützten) Bodendenkmälern austauschte. Darüber hinaus lösten Verkaufsplattformen wie eBay traditionelle Umschlagplätze für Raubgrabungsgut wie den Kunsthandel oder Flohmärkte ab. Mancher Raubgräber im Rheinland hat sich den neuen Möglichkeiten äußerst flexibel angepasst. Einer davon, dem Fachamt seit Mitte der 1980er Jahre bereits bekannt, ist Herr M. aus Frechen. Wiederholt wurde er im Rheinland, aber auch im benachbarten Belgien auf archäologischen Fundplätzen von der Polizei festgenommen, als er dort illegal Grabungen durchführte. In zwei Fällen erfolgten anschließend Hausdurchsuchungen, wobei man umfangreiche Sammlungen archäologischer Funde sicherstellte, die teilweise „erdfrisch" waren, denen also noch die Reste von Erde anhafteten. Eine kleine Restaurierungswerkstatt im Keller des Wohnhauses von Herrn M. gab Auskunft, wo, wie und durch wen Fundmaterial für den Verkauf mehr oder weniger fachmännisch aufbereitet wurde. Eine der o. g. Hausdurchsuchungen bei Herrn M. fand im Jahr 1995 statt. Das gesamte beschlagnahmte Fundinventar sowie Ausgrabungsgerät und Kartenmaterial mit der Einzeichnung von einigen hundert archäologischen Fundplätzen im Rheinland wurde seinerzeit dem Rheinischen Amt für Bodendenkmalpflege zur Aufbewahrung gegeben (Abb. 10). Zwar leitete man gegen Herrn M. anschließend ein Strafverfahren ein, doch wurde dieses fünf Jahre später wegen eines „geringen Schuldvorwurfs" unter Zahlung von 1200 DM eingestellt.

Doch Herr M. ging von sich aus weiter. Er klagte vor dem Landgericht (LG) Köln gegen den Landschaftsverband Rheinland auf Herausgabe der beschlagnahmten Objekte. Die erste Instanz gab ihm Recht, obwohl laut Gutachten die Provenienz aus Raubgrabungen zweifelsfrei feststand. Herr M. konnte diesen Vorwurf auch nie glaubhaft entkräften und Belege für den ordnungsgemäßen Erwerb der Archaeologica durch Kaufquittungen o. ä. beibringen. Dennoch, das in Nordrhein-Westfalen gegenüber den meisten anderen Bundesländern höchst problematische Fundrecht bei archäologischen Objekten konnte Herr M. zu seinen Gunsten anwenden. Hierzulande gibt es leider immer noch kein Schatzregal im Denkmalschutzgesetz Nordrhein-Westfalen, das alle Funde mit ihrer Entdeckung zu öffentlichem Eigentum erklärt. Schätze, darunter fallen auch archäologische Funde, gehören zu 50 % zunächst einmal dem Entdecker, wobei das Gesetz hier nicht unterscheidet, ob die Entdeckung legal oder etwa durch Raubgrabungen erfolgt ist. Die zweiten 50 % stehen dem Eigentümer, also dem Grundstückseigentümer, zu. Verschweigt nun ein Raubgräber (wie absolut üblich) den Fundort eines Objektes, ist natürlich ein Grundstückseigentümer nicht mehr zu ermitteln. Die Konsequenzen sind klar: Der Raubgräber kann das Objekt bzw. die Ob-

10 Frechen. Sichergestellte Funde von Herrn M., z. T. bereits in dessen hauseigener Werkstatt „restauriert".

jekte vollständig als Eigentum deklarieren. Trotz dieser rechtlichen Ausgangssituation, die dem Fachamt selbstverständlich bekannt war, ging unser Haus im Zusammenhang mit der im Jahr 1995 beschlagnahmten Sammlung in Berufung vor die nächste Instanz, das Oberlandesgericht (OLG) Köln.

Das Verfahren vor dem OLG Köln kam erstmals im Jahr 2005 zur Verhandlung, wobei zu dem Zeitpunkt pikanterweise Herr M. wiederum auffällig geworden war. Dieses Mal hatte er zusammen mit einem Kumpan in seiner Heimatstadt Frechen einen 30 m langen Tunnel fachgerecht ergraben, der die Raubgräber zu einem der berühmten Frechener Töpferöfen führen sollte (Abb. 11); dieser Fall erregte deutschlandweit Aufsehen. Die anschließende Hausdurchsuchung erbrachte wiederum eine umfangreiche Samm-

11 Frechen. Unter Tage zum Töpferofen – der Raubgräberstollen von Herrn M.

12 Frechen. Sicherstellung der Raubfunde durch die Polizei.

13 Die Sammlung M. – Ausstellung der Raubfunde im LVR-LandesMuseum Bonn.

lung. Mehr als 50 Kisten mit Mengen vor allem von im Handel gut verkaufbaren Bartmannkrügen der frühen Neuzeit wurden durch die Polizei sichergestellt und unserem Haus zur Aufbewahrung übergeben (Abb. 12). Auf Druck der Kölner Staatsanwaltschaft, die diesen Fall wenig professionell verfolgt hatte, mussten alle Objekte, deren Herkunft aus Raubgrabungen man eigentlich kaum bezweifeln konnte, an Herrn M. zurückgegeben werden, da sie nicht aus dem Stollen stammten. Auch hier wurden wir Opfer der Gesetzeslücke, da man die Funde keinem spezifischen Ort und damit keinem Grundstückseigentümer zuweisen konnte.

Zurück zum Verfahren vor dem OLG Köln, also zu den Objekten aus der Hausdurchsuchung des Jahres 1995, die zwischenzeitlich im Depot Meckenheim des Rheinischen LandesMuseums Bonn eingelagert waren. Im Jahr 2008 kam es hier zu einer Wende und zum Abschluss des Verfahrens. Der LVR konnte gegenüber dem OLG anhand spezifischer, typischer rheinischer Funde, aber auch durch Auswertung beschlagnahmter Kartengrundlagen nachweisen, dass die archäologischen Objekte grundsätzlich von bekannten und von der Landesarchäologie bereits früher entdeckten Fundplätzen stammen mussten. Unter Wertung der Umstände kam es auf Vorschlag des OLG Köln zu einem Vergleich, den seit 13 Jahren andauernden und schwierigen Rechtsstreit zu beenden. Der Vergleich sprach Herrn M. drei Viertel und dem LVR ein Viertel der Objekte zu, also die Hälfte des Finderanteils. Per Losentscheid wurden so 1592 Einzelobjekte und zusätzlich einige hundert Keramikfragmente aufgeteilt (vgl. Abb. 2).

Das Losglück meinte es gut mit uns! Das mit Abstand wertvollste Stück der beschlagnahmten Sammlung war ein keltischer Goldstater – eine Rarität in zweierlei Hinsicht. Zum einen kamen vergleichbare Parallelen letztmalig auf einer Amtsgrabung Ende der 1970er Jahre im rheinischen Braunkohlenrevier zutage, zum anderen wurde das Stück in Britannien nach gallo-belgischen Vorbildern um die Mitte des 1. vorchristlichen Jahrhunderts geprägt. Leider muss diese wertvolle Fundmünze (vgl. Abb. 3), die in der numismatischen Abteilung des LVR-LandesMuseums Bonn ihren Aufbewahrungsort gefunden hat, wohl auf ewig fundortlos bleiben: Herr M. weigert sich bis heute, den Ort sowie die Umstände der Auffindung preiszugeben. Unser Haus hat im Zusammenhang mit der Jahresberichtskonferenz 2008 die kleine Ausstellung „Tatort Bodendenkmal" vorbereitet, die mit der unglaublichen Geschichte der beschlagnahmten Sammlung von Herrn M. vertraut macht (Abb. 13).

Hier wird deutlich, dass Raubgrabungen keinesfalls nur im mediterranen Raum, im kriegszerstörten Irak und Afghanistan oder im fernen Mittel- und Südamerika zum Problem der dortigen Antikenverwaltung geworden sind. Auch das Rheinland ist Tatort und die hiesige Landespolitik ist dringend aufgerufen, die unerträgliche Gesetzessituation zu ändern. Im hiesigen Denkmalschutzgesetz muss – wie in fast allen anderen Bundesländern bereits geschehen – ein Schatzregal eingeführt werden, damit Raubgräber nicht auch weiterhin trotz illegalen Handelns Anrechte auf Funde erwerben können! Der Fall M. zeigt, welche fast schon skurrilen Züge ein Gerichtsverfahren hier in Nordrhein-Westfalen annehmen kann, wobei man dieses keinesfalls als Kritik am OLG Köln missdeuten darf. Dort hat man durch den Vergleich wenigstens teilweise der miserablen Gesetzessituation begegnen wollen!

Literatur: J. KUNOW, Archäologische Funde und Befunde als historische Quellen und das Problem ihrer Dekontextualisierung durch Raubgrabungen. In: DERS. (Hrsg.), Tatort Bodendenkmal. Archäologischer Juristentag 2005. Mat. Bodendenkmalpfl. Rheinland 17 (Treis-Karden 2006) 13–22. – DERS., „Rififi" im Rheinland – ein Raubgräbertunnel in Frechen. Arch. Deutschland 6/2007, 24–26.

Josef Rademacher – Begründer der vorgeschichtlichen Sammlungen in Krefeld

Margareta Siepen

Bei der Aufarbeitung von Ortsakten im Archiv des LVR-Amtes für Bodendenkmalpflege im Rheinland stellte Verf. fest, dass viele Funde aus den Grabhügelfeldern um Troisdorf-Altenrath in den ersten drei Jahrzehnten des 20. Jahrhunderts in das Kaiser-Wilhelm-Museum nach Krefeld gelangten. Die Recherche nach den Gründen für diesen Fundverbleib führte zur Wiederentdeckung des rheinischen Vorgeschichtsforschers Josef Rademacher, Handelsschuldirektor i. R. in Krefeld (Abb. 14), der vor 70 Jahren, am 4. Februar 1939, verstarb. In einem Nachruf auf den Verstorbenen in der Rheinischen Landeszeitung vom 7. Februar 1939 werden, neben seinem Engagement für seine Schüler und der guten Zusammenarbeit mit den Krefelder Kaufleuten, vor allem seine Verdienste als Vorgeschichtsforscher gewürdigt.

„Direktor Rademacher konnte bei seinem Ausscheiden aus dem kaufmännischen Schuldienst auf eine allgemein anerkannte erfolgreiche Tätigkeit zurückblicken, in der er sich im besonderen Maße die Wertschätzung der Kaufmannschaft sowie die Achtung seiner Lehrer und Schüler erworben hat." Der Verfasser fährt fort: „In Josef Rademacher verliert Krefeld und der Niederrhein auch einen hochverdienten Vorkämpfer für den Heimatgedanken. Als Forscher betätigte er sich vor allem in der Vorgeschichte, besonders der deutschen Vorgeschichte. Die Liebe und Begeisterung für diese Wissenschaft hat er aus dem Vaterhaus mitgebracht. Gleich seinem Bruder, dem verstorbenen Direktor des Museums für Vor- und Frühgeschichte in Köln, Dr. h. c. Karl Rademacher, hat er von Jugend auf bis ins hohe Alter unermüdlich an der Aufhellung der Vorgeschichte des Niederrheins gearbeitet und Hunderte von hochbedeutsamen Fundstücken für die Sammlung des Kaiser-Wilhelm-Museums geborgen. Was er hier in unermüdlicher Arbeit, unter persönlichen Opfern für ihre Konservierung, Ergänzung und Aufstellung geleistet hat, vermag nur der Eingeweihte zu beurteilen."

Rademacher wurde am 30. Mai 1865 in Altenrath, Kreis Sieg, geboren. Sein gleichnamiger Vater Josef war von 1841 bis 1886 dort Lehrer. Mitte des 19. Jahrhunderts begann dieser mit Ausgrabungen in den Hügelgräberfeldern auf der Wahner Heide. Die freigelegten Urnen und weiteren Funde kamen in den Besitz von Privatsammlern, einige Grabfunde gelangten in das damalige Provinzialmuseum nach Bonn. Der Vater Rademacher befasste sich auch mit der kulturellen Zuordnung der von ihm untersuchten Grabhügel; er hielt sie für Begräbnisstätten von Germanen. Seine Söhne Carl (Karl) und Josef traten nicht nur beruflich in seine Fußstapfen und wurden Lehrer in Köln und Krefeld, sondern teilten seine Leidenschaft und wohl auch seine romantische Einstellung für die Erforschung der „Vorfahren" bzw. „Ahnen" (Abb. 15). In diesem Sinne äußern sich beide Brüder. So Carl Rademacher in den Bonner Jahrbüchern 105: „Die Neigung und Hingabe zur Erforschung der germanischen Grabhügel, welche der Lehrer Josef Rademacher in Altenrath während seines ganzen Lebens an den Tag gelegt, und die ihm das Ehrendiplom eines korrespondierenden Mitgliedes des damaligen Wetzlarer Altertumsvereins erwirkt hatten, mussten sich naturgemäß auf seine Kinder übertragen. So oft wanderte der Verfasser als Knabe mit seinem Vater über die Heide und lauschte den Erzählungen von den Sitten, Gewohnheiten und Totenbräuchen der Ahnen. Und wenn er dann bei sinkender Sonne auf dem geöffneten Grabe kniete, vor ihm der Aschenkrug, der Becher oder noch ein schlichtes Bronce- oder Eisenringlein, dann wurde in der Seele des Kindes eine unwiderstehliche Neigung lebendig, die alte längst versunkene Zeit kennen zu lernen". Sein Bruder Josef schrieb 1935 in Band 14 der Heimat: „Mein Heimatdorf Al-

14 Josef Rademacher zur Zeit seiner Pensionierung 1929.

Erste Ausgrabung der Cölner Anthropologischen Gesellschaft.
8. April 1904

15 Carl (links) und Josef Rademacher 1904 bei der Öffnung eines Grabhügels.

tenrath, das von Wäldern und mehreren tausend Morgen Heide umgeben ist, liegt im Rheinland. Auf dieser Heide sind viele große und kleine Hügel, es sind die Gräber unserer Vorfahren. 1844 hat mein Vater die Bedeutung der Hügel erkannt. Als Kind wanderte ich mit ihm dorthin. Anfangs durfte ich nur den Spaten tragen, später grub ich mit, um die Brandgräber unserer Vorfahren zu untersuchen. Diese Tätigkeit habe ich am Niederrhein fortgesetzt".

Carl Rademacher gilt als Pionier der Vorgeschichtsforschung im Rheinland. Er gründete 1903 nicht nur die Kölner Anthropologische Gesellschaft, die eigene Ausgrabungen und Sammlungen an vorgeschichtlichen Fundplätzen im Rheinland durchführte, sondern auch 1907 das Museum für Vor- und Frühgeschichte in Köln, das im Bayenturm untergebracht war. Für dieses neue Museum wurden von ihm Richtlinien aufgestellt, die es klar gegen die Museen in Bonn und Trier abgrenzten. Es sollte auf völkerkundlicher Grundlage aufgebaut sein, die Entwicklung der europäischen Menschheit in großen Zügen zur Darstellung bringen, mit einer besonderen Berücksichtigung „unserer germanischen Vorfahren".

Am 6. November 1897 wurde in Krefeld das Kaiser-Wilhelm-Museum (heute Krefelder Kunstmuseen) am Westwall eröffnet. Man widmete es an Stelle eines größeren Ehrenmales dem 1888 verstorbenen Kaiser Wilhelm I. Ursprünglich als Kunstgewerbemuseum geplant, war es zu einem kunst- und kulturgeschichtlichen Museum erweitert worden. Die Sammlungsbestände wurden in erster Linie von den Mitgliedern des 1883 gegründeten Museumsvereins zusammengetragen. Dazu gehörten auch römische Altertümer aus Gellep und Asberg, betreut von dem Altphilologen Professor Dr. August Oxé. Der Handelsschuldirektor Josef Rademacher konnte den ersten Direktor des Kaiser-Wilhelm-Museums Dr. Friedrich Deneken für die Einführung einer vorgeschichtlichen Abteilung gewinnen, die 1905 angegliedert wurde. Seit 1911 gehörte er dem Vorstand des Museumsvereins an. Diese vorgeschichtliche Abteilung fand sehr großen Anklang und damit wuchs das Interesse Rademachers an eigenen Ausgrabungen und die Menge an archäologischem Fundmaterial. Mit den neuen Funden war der erste Ausstellungsraum bald zu klein und das ganze Erdgeschoss mit prähistorischen Objekten aus Krefeld und dem Niederrhein gefüllt. Die keramischen Funde wurden von ihm „an langen Winterabenden zusammengesetzt und ergänzt, um sie im Museum wirksam aufstellen zu können" (Stadtarchiv Krefeld).

Josef Rademacher untersuchte Grabhügel am gesamten Niederrhein und war, wie sein Vater und sein Bruder, auch auf der Wahner Heide tätig. Vergleicht man die Aufstellung der Fundorte der Sammlungen in Krefeld und Köln, so haben beide Brüder in denselben Grabhügelfeldern geforscht und (oder) die Funde gegenseitig ausgetauscht. In den Unterlagen des ehemaligen prähistorischen Museums Köln findet sich der Hinweis, dass dem Kölner Haus Funde von Direktor Rademacher, Krefeld, überlassen wurden. Andererseits fertigte man von besonders wichtigen oder einmaligen Stücken Reproduktionen an, wie von der sog. Göttervase vom Fliegenberg bei Troisdorf, deren Nachbildung heute im Museum Burg Linn ausgestellt ist (Abb. 16). Josef Rademacher organisierte auch Ausgrabungen als Ausflugsziel für die Mitglieder des Krefelder Museumsvereins. So waren der Vorstand mit Direktor Dr. Creutz und sonstigen Freunden der Vorgeschichte 1929 zu Gast bei einer Ausgrabung in Hardt bei „München-Gladbach". Dort untersuchte man zwei Gräber der Hallstattzeit „mit Erfolg" und Rademacher hielt von einem großen Grabhügel einen Vortrag über die Bedeutung des Bestattungsplatzes.

Von besonderer Bedeutung für Krefeld sind die Untersuchungen Rademachers im Stadtgebiet. So wurden von ihm bei der Anlage der Pferderennbahn 28 eisenzeitliche Gräber freigelegt und die Beobachtung der Einebnung des Heidbergs durch den „freiwilligen Arbeitsdienst" 1931 führte zur Entdeckung von elbgermanischen Gräbern. Ein Jahr zuvor, am 28. Mai 1930, war in Linn ein Heimatmuseum eröffnet worden, in erster Linie getragen von dem 1918 gegründeten Verein für Heimatkunde. Die Initiative zur Etablierung dieses Vereins ging auf den Direktor des Kaiser-Wilhelm-Museums Dr. Denecken zurück, der den Platz für die Sammlungs- und Ausstellungsbereiche zur Heimatgeschichte in einem eigenen Museum sah. Damit griff er einen Trend zur Errichtung von Heimatmuseen auf, der mit dem zunehmenden Interesse an der Heimatgeschichte (einer Rückbesinnung auf das „Alte") gegen Ende des 19. Jahrhunderts als Gegenpol zur Industrialisierung und Verstädterung entstand. Die Sammlung von Rademacher verblieb allerdings im Kaiser-Wilhelm-Museum und wurde erst nach 1945, nach der kriegsbedingten Auslagerung des Museumsgutes, bei der etliche Objekte verloren gingen, in das Museum Burg Linn verbracht. Der Verbleib der Sammlung im Haus am Westwall lag gewiss auch an dem besonderen Interesse der Nationalsozialisten an der Erforschung der Germanen. In diesem Zusammenhang stellt sich die Frage, ob Josef Rademacher mit der Einrichtung der vorgeschichtlichen Sammlung in Krefeld ein vergleichbares Ziel vor Augen hatte, wie sein Bruder Carl in Köln für das Prähistorische Museum im Bayenturm: Darstellung der Entwicklung der Menschen, mit einem besonderen Schwerpunkt auf den Germanen. Der romantische Blick von Carl Rademacher auf die Erforschung der „Ahnen" veränderte sich im Verlauf der Zeit zu einer „vaterländischen Sichtweise", getragen von einem Volksbildungsauftrag für die Museen. „Wenn in dieser Weise Jugend und Volk mit der germanischen Vorzeit anhand der Tatsachen und Urkunden, bekannt gemacht werden, wird ganz von selbst ein anderer Vorstellungsinhalt vom Wert und der Bedeutung unserer Vorfahren die Herzen erfüllen. Das schon vorher gepflegte Heimatgefühl erhält neuen Anreiz, neue Stärke, weitet sich zum vaterländischen Empfinden und Fühlen, zum Verbundensein mit der Gesamtheit", so Carl Rademacher 1930.

Inwieweit auch Josef Rademacher diesen geistigen Wandel durchlebte, entzieht sich unserer Kenntnis. Seine Verdienste um die Archäologie und die vorgeschichtlichen Sammlungen in Krefeld stehen jedoch außer Zweifel.

Göttervase des 3. Jahrhunderts n. Chr. vom Fliegenberg

16 Sog. „Göttervase" vom Fliegenberg.

Literatur: C. RADEMACHER, Entstehung und Entwicklung des Städt. Prähistorischen Museums. 1903–1913. Bericht der Cölner Anthropologischen Gesellschaft über die 10 Jahre ihres Bestehens (Cöln 1913) 18. – DERS., Führer durch das Städt. Museum für Vor- und Frühgeschichte (Prähistorisches Museum) im Bayenturm zu Köln (Köln 1930) 11. – J. RADEMACHER, Vorgeschichtliche Forschungen am Niederrhein. Heimat 14, 1935, 161–166. – CH. REICHMANN, Das „Heimatmuseum des Niederrheins" in Krefeld. In: W. GILLEßEN (Hrsg.), „Heimatliebe & Vaterlandstreue". Niederrheinische Museen vom Kaiserreich bis zum Nationalsozialismus (Wesel 2000) 346–353.

ERKELENZ, KREIS HEINSBERG

Zur Aufarbeitung privater Sammlungen am Beispiel Völker

Der Ankauf privater Sammlungen durch das LVR-LandesMuseum Bonn (LVR-LMB) dient zum einen dazu, den eigenen Sammlungsbestand sinnvoll zu erweitern, zum anderen, die archäologischen Funde sicher und langfristig zu erhalten und zu verwahren. Der wissenschaftliche Nutzen, der aus der Erforschung solcher Funde entsteht, ist immens: Oft begehen private Sammler dieselben fundreichen Felder über Jahre oder gar Jahrzehnte hinweg und leisten damit einen wertvollen Beitrag zur Entdeckung und Prospektion archäologischer Fundplätze, der durch das LVR-Amt für Bodendenkmalpflege im Rheinland (LVR-ABR) in diesem Umfang aus personellen und finanziellen Gründen nicht zu erbringen wäre.

Um diesen Ertrag jedoch auch nutzen zu können, ist es erforderlich, dass zuvor genannte Einrichtungen Kenntnis von den privat gesammelten Objekten und den Fundstellen erhalten. Nur so sind das Wissen um diese und die daraus zu gewinnenden archäologischen Informationen zu bewahren und wissenschaftlich auszuwerten. Eine enge Zusammenarbeit und ein steter Austausch zwischen privaten Sammlerinnen und Sammlern und dem LVR-LMB bzw. LVR-ABR sind dabei unentbehrlich. Fundmeldungen können jederzeit beim LVR-ABR abgegeben werden, was von privaten Sammlerinnen und Sammlern im beiderseitigen Interesse bereits vielfach erfolgt. Von Seiten des LVR-LMB bietet die bereits seit 2006 jährlich stattfinden-

Anja Endrigkeit und Liane Giemsch

17 Erkelenz-Lövenich. Latènezeitliche Glasarmringfragmente aus der Sammlung Völker.

de „Steinzeitbörse" des Museumsarbeitskreises „Steinzeit" eine erfolgreiche Plattform zum Austausch zwischen Sammlerinnen und Sammlern, Wissenschaftlerinnen und Wissenschaftlern des LVR-LMB, LVR-ABR sowie anderen Fachinstitutionen.

Die Sammlung Völker wurde im Jahr 2006 als Nachlass Will Völkers von seiner Witwe, Elfriede, durch das LVR-LMB angekauft. Der Kunstmaler und Kunsterzieher Will Völker (*1921, †1998) war seit den frühen 1960er Jahren regelmäßig, besonders in den 1960er und 1970er Jahren, als Sammler im Großraum seiner Heimat Erkelenz-Lövenich, Kr. Heinsberg, tätig. Auf diese Weise konnte er mehrere Tausend archäologische Objekte zusammentragen, deren breites Spektrum vom Paläolithikum bis zur Neuzeit reicht. Besonders zahlreich sind die Funde aus dem Neolithikum und der Römerzeit.

18 Erkelenz-Lövenich. Bronzener Riemendurchzug eines Jochaufsatzes.

Zu den ausgesprochenen Highlights der Sammlung gehören annähernd 300 Fragmente keltischer Glasarmringe, größtenteils aus blau gefärbtem Glas (Abb. 17). Diese in die Latènezeit datierenden Schmuckstücke stammen überwiegend von einem Siedlungsplatz bei Erkelenz-Lövenich. Hans-Eckart Joachim zufolge verweisen die große Stückzahl und die beeindruckende Formenvielfalt der Glasarmringe auf eine Glasmacherwerkstatt – die nördlichste der jüngeren Latènezeit (3.–1. Jahrhundert v. Chr.) in West- und Mitteleuropa. Darüber hinaus stammen von dieser Fundstelle zahlreiche tönerne Schleuderkugeln, wie sie auch aus römischen Schriftquellen bekannt sind: So berichtet Caesar im „De bello gallico" (V, 43), dass die Nervier mit glühenden Schleuderkugeln die Strohdächer eines römischen Winterlagers entzündeten. Besonders bemerkenswert ist weiterhin der bronzene Riemendurchzug eines Jochaufsatzes (Abb. 18). Die nächsten Parallelen zu diesem Stück stammen aus der Hunsrück-Eifel-Region. Ohne die jahrelange Begehung und genaue Kartierung der Funde durch Will Völker wäre dieser für die Latènezeit des Rheinlands herausragende Siedlungsplatz nach wie vor unbekannt.

Die unzähligen Objekte Völkers lagerten – verpackt in Obst- und Zigarrenkisten – über Jahrzehnte in Haus, Keller und Scheune der Familie Völker. Bedingt dadurch ist der Erhaltungszustand der Metallobjekte ausgesprochen schlecht und macht intensive Reinigungs- und Konservierungsmaßnahmen in den Werkstätten des LVR-LMB erforderlich. Die klimatisch weniger empfindlichen Funde aus Stein und Keramik sind größtenteils in gutem Zustand.

Eine erste Bearbeitung erfuhr die Sammlung Völker bereits im Rahmen der rheinischen Landesaufnahme in den 1970er Jahren durch Frau E. Hähnel, die später aufgrund der insgesamt großen zu bearbeitenden Materialmenge im Kreis Heinsberg ausschließlich die paläolithischen Funde aufnahm. S.-K. Arora wurde mit der Bearbeitung der mesolithischen Funde im Kreis Heinsberg beauftragt. Zu einer Veröffentlichung der paläolithischen und mesolithischen Funde kam es jedoch erst nach einer erneuten Überarbeitung der paläolithischen Funde durch M. Heinen rund 20 Jahre später.

Neben den zahlreichen Fundobjekten umfasst die Sammlung Völker auch verschiedene Dokumentationen, Zusammenstellungen und Kartierungen, die gute Voraussetzungen für die archivalische Erfassung der Fundstellen und Funde durch das LVR-ABR und die Aufarbeitung und Inventarisierung durch das LVR-LMB bieten. Die Funde wurden von W. Völker mit Inventarnummern in eigener Systematik beschriftet. Listenartige Zusammenstellungen mit Fundansprache, Kurzbeschreibung und gegebenenfalls kleinen Zeichnungen der zwischen 1961–1965 entdeckten Objekte erstellte E. Hähnel bei der Landesaufnahme. Ebenfalls für die Fundjahre 1961–1965 liegen topographische Karten vor, auf denen W. Völker die begangenen Ackerflächen und die Fundstellen der einzelnen Objekte kartierte. An dieser Stelle setzte die Neubearbeitung der Sammlung Völker an, die 2008 begonnen wurde.

In einem ersten Schritt wurden die auf den Kartenwerken eingezeichneten Informationen mithilfe eines GIS-Programms (MapInfo) digitalisiert und jedes Fundobjekt mit einer zugehörigen Datenbank verknüpft. Anschließend wurden diese Datensätze anhand der von Hähnel erstellten Listen über die Inventarnummer identifiziert und um weitere Informationen ergänzt. Auf diese Weise ließ sich für die zwischen 1961 und 1965 aufgenommenen Funde Völkers relativ schnell eine mit Objektinformationen hinterlegte Kartierung erstellen. Hierdurch wird es zukünftig möglich sein, gezielte thematische Fundkartierungen, z. B. zu neolithischen Silexartefakten oder römischer Keramik, zu erstellen (Abb. 19).

Schwieriger hingegen gestaltete sich die Bearbeitung der ab 1966 aufgesammelten Funde, denn zum einen gab es für sie keine von E. Hähnel vorbereiteten Fundlisten, zum anderen bediente sich W. Völker ab 1966 für seine Fundkartierungen einer anderen Systematik. Statt wie bisher die einzelnen Fundorte nach Jahren in große Übersichtskarten einzutragen, war er nun dazu übergegangen, den jeweiligen Funden kleine Zettel mit Skizzen der Fundstelle beizulegen. Diese veränderte Vorgehensweise erschwert die Bearbeitung, da eine genaue Fundstellenlokalisierung aufgrund der sehr kleinräumigen Ausschnitte nicht immer eindeutig möglich ist bzw. für jeden Fund ein erneutes intensives Kartenstudium erforderlich macht. Es zeigt sich einmal mehr, dass sich der Wert einer Sammlung eben nicht nur durch die Einzigartigkeit seiner Fundstücke, sondern vor allem auch an der Qualität ihrer Dokumentation bemisst.

Ein weiterer und wesentlicher Schritt in der Aufarbeitung der Sammlung besteht in der Inventarisierung der Fundstücke selbst. Hierzu wird jedes einzelne Objekt mit möglichst umfassender Beschreibung in die Inventarisierungsdatenbank eingegeben und mit der neuen Inventarnummer beschriftet. Erst danach ist ein Wiederauffinden unter den enormen Museumsbeständen möglich und eine gezielte Fundrecherche gewährleistet.

Die von W. Völker erstellten Dokumentationen zu den Fundstellen fanden Eingang ins Ortsarchiv und in die zentrale Datenbank des LVR-ABR, um die archäologischen Informationen u. a. sowohl für wissenschaftliche Fragestellungen zur Siedlungsarchäologie als auch für den Schutz der Bodendenkmäler dauerhaft bereitzuhalten. Nur durch die Übernahme von Sammlungen – wie hier der Sammlung Völker – ist sicherzustellen, dass die Funde und Informationen zu den von Sammlern über Jahrzehnte begangenen Fundstellen und damit deren Lebenswerk nicht verloren gehen, sondern dauerhaft als Teil der rheinischen Geschichte erhalten bleiben.

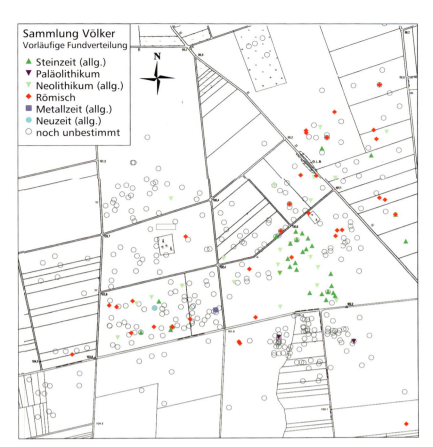

19 Erkelenz-Lövenich. Vorläufige Kartierung der Funde.

Literatur: M. Heinen/S.-K. Arora, Archäologie im Kreis Heinsberg II. Schriftenr. Kreis Heinsberg 6 (Geilenkirchen 1995). – H.-E. Joachim, Die jüngereisenzeitlichen Glasarmringe des Rheinlandes. Bonner Jahrb. 205, 2005, 65–82.

ALDENHOVEN, KREIS DÜREN, UND ESCHWEILER, KREIS AACHEN

Das Relief des Merzbachtals vor dem Braunkohlenabbau

Irmela Herzog und
Ana Judith Largo
Arias Marek

Im vorherigen Band dieser Reihe haben wir verschiedene Ansätze vorgestellt, um das Höhenmodell der Landschaft um den Tagebau Garzweiler vor Beginn der großräumigen Geländeveränderung zu rekonstruieren. Für das Gebiet Garzweiler erwiesen sich die Höhenlinien auf den Karten der Preußischen Neuaufnahme als zuverlässige Basis für ein historisch möglichst genaues digitales Geländemodell (DGM). Dieses Projekt wurde Anfang des Jahres 2008 im Rahmen der Masterarbeit „GIS-gestützte Analyse von Geofaktoren zur Prognose von archäologischen Fundstellen" an der Universität Bonn von einer der Autorinnen (A.J.L.) fortgeführt und auf den Bereich des Merzbachtals ausgedehnt.

Das 38 km² große Untersuchungsgebiet Merzbachtal umfasst annähernd die südliche Hälfte der Gemeinde Aldenhoven und den nördlichen Teil von Eschweiler. Das Relief des Merzbachtals ist teilweise durch den Tagebau Inden (Zukunft-West) grundlegend verändert, sodass heutige Höhendaten für die Analyse der Siedlungsfaktoren in diesem Gebiet nicht brauchbar sind. Die Karten der Preußischen Neuaufnahme aus den Jahren 1893–1895 zeigen, dass im Untersuchungsgebiet Garzweiler nur am Flusstal der Erft größere Steigungen auftreten, während das Relief des Merzbachtals durch kleinere Bachtäler geprägt ist. Die Wahl des Merzbachtals unter den durch Abbau gestörten Gebieten erfolgte aufgrund vorliegender Höhendaten, die im Rahmen eines Projektes Anfang der 1990er Jahre von niederländischen Kollegen digitalisiert worden waren. Mit Unterstützung der damals beteiligten Kollegen konnten diese Daten wiedergefunden und in ein modernes Geographisches Informationssystem (GIS) eingelesen werden. Schwierigkeiten bereitete jedoch die Tatsache, dass die Koordinaten im Originaldatenbestand systematische Fehler aufwiesen.

Um diese Fehler zu korrigieren, versuchten wir die Kartengrundlagen beim ehemaligen Landesvermessungsamt NRW, jetzt Abteilung 7 / GEObasis.nrw der Bezirksregierung Köln, zu erhalten. Nach unseren Informationen handelte es sich dabei um Höhenlinienkarten im Maßstab 1:5000, die bereits vor dem Abbau zu Beginn der 1950er Jahre entstanden sind. Dies gelang nur für einen kleinen Teil des betroffenen Gebiets, weshalb wir zusätzlich Karten mit Höhenlinien im Maßstab 1:25 000 für verschiedene Zeitschnitte vor Beginn des Tagebaus heranziehen mussten. Diese Karten sind bei GEObasis.nrw flächendeckend in digitaler Form vorhanden. Drei aneinandergrenzende Höhenlinienkarten mit Maßstab 1:5 000 aus dem Jahr 1955 wurden für die weitere Analyse ausgewählt und halbautomatisch digitalisiert. Dabei stellte sich heraus, dass das Geländemodell der niederländischen Kollegen mit diesen Daten leider nicht in Übereinstimmung zu bringen war, da sich zu große Verzerrungen ergaben.

Da für das Untersuchungsgebiet Merzbachtal die genaueren Höhenlinienkarten aus der Zeit vor dem Braunkohlenabbau nicht flächendeckend vorliegen, untersuchten wir anhand des 12 km² umfassenden Gebiets mit genauen Höhenlinien, wie groß der Fehler ist, wenn man auf die ungenaueren, aber problemlos verfügbaren Karten im Maßstab 1:25 000 zurückgreift. In diesem Gebiet variieren die Höhenunterschiede zwischen 118,7 und 148,1 m. Während die genauen Höhenlinien im Arbeitsgebiet einen Abstand von 0,25 Höhenmetern aufwiesen, beträgt der Abstand auf den ungenaueren Karten in der Regel 1,25 m. Für das Testgebiet bedeutet dies, dass 135 191 Höhenpunkte im genauen und 5 065 Höhenpunkte im ungenauen Fall die Basis für das jeweilige DGM bilden. Für beide Punktmengen wurden Höhenpunk-

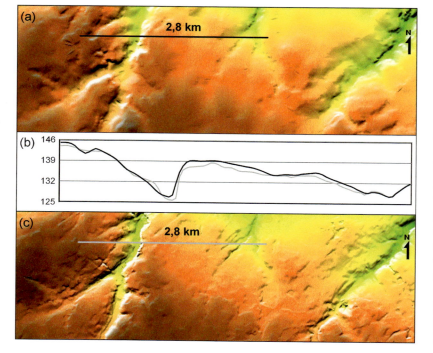

20 Merzbachtal. Digitale Geländemodelle (DGM) auf der Grundlage von Höhenlinienkarten im Maßstab (a) 1:25 000 und (c) 1:5 000; (b) Höhenprofile im Vergleich.

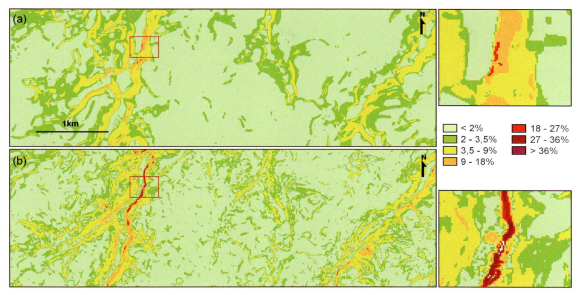

21 Merzbachtal. Hangneigungskarten auf Grundlage des (a) ungenauen und (b) genaueren DGMs, jeweils mit Detailvergrößerung.

< 2%
2 - 3,5%
3,5 - 9%
9 - 18%
18 - 27%
27 - 36%
> 36%

te im 10 m-Raster interpoliert (Abb. 20 a.c), und zwar mit dem Verfahren, das sich im Bereich Garzweiler als besonders günstig herausgestellt hatte (Triangulation mit Glättung durch Polynome 5. Grades). Der Fehler in den Höhendaten ergibt sich aus der Differenz der beiden Gitter mit den interpolierten Höhenwerten. Der mittlere Fehler beträgt 1,07 m; für 88 % der Gitterpunkte liegt die Abweichung unter 2 m. Wenn man bedenkt, dass die Höhenlinien der ungenaueren Karte einen Abstand von 1,25 m haben, ist dies durchaus akzeptabel.

Um die Standortfaktoren vorgeschichtlicher Siedlungen zu analysieren, werden meist nicht die Höhendaten selbst, sondern die aus dem DGM abgeleiteten Werte Hangneigung und Exposition untersucht. Unter Exposition versteht man die Himmelsrichtung der Hangneigung. Man vermutet, dass die frühen Siedler die Ausrichtung ihrer Häuser zu einer bestimmten Himmelsrichtung bevorzugten, so wie heute Weinberge meist an Südhängen zu finden sind.

Hangneigung und Exposition können mit einem GIS per Knopfdruck ermittelt werden, wobei jedoch zu beachten ist, dass unterschiedliche Software-Hersteller verschiedene Methoden zur Berechnung dieser Werte verwenden. In dem hier vorgestellten Beispiel kam MapInfo mit dem Zusatzpaket Vertical Mapper zum Einsatz. Die Hangneigungswerte wurden nach einem aus der Bodenkunde vorgegebenen Schema, das für die landwirtschaftliche Nutzung entwickelt wurde, zusammengefasst. Abb. 21 zeigt die so klassifizierten Hangneigungskarten auf der Grundlage der beiden Höhendatenbestände im Vergleich. Nur 62 % der klassifizierten Hangneigungswerte stimmen auf beiden Karten überein, auf fast 9 % der Fläche unterscheiden sich die Hangklassen um zwei oder mehr Stufen. Durch die genaueren Höhendaten werden steilere Hänge stärker herausgearbeitet und auch kleinräumigere Unebenheiten berücksichtigt, sodass die steilen Hangneigungsklassen stärker besetzt sind (Abb. 20 b).

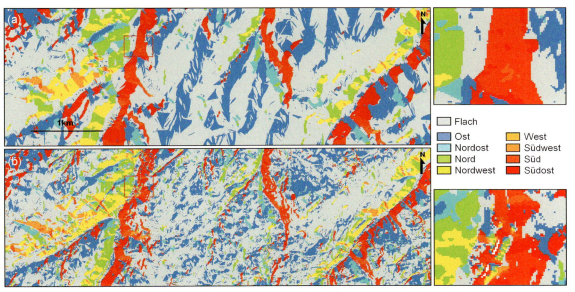

22 Merzbachtal. Expositionskarten auf Grundlage des (a) ungenauen und (b) genaueren DGMs, jeweils mit Detailvergrößerung.

Flach
Ost
Nordost
Nord
Nordwest
West
Südwest
Süd
Südost

Bei der Analyse der Exposition wurde mit acht Klassen für die Himmelsrichtungen gearbeitet, sowie einer Zusatzklasse für flaches Gelände mit einer Hangneigung von weniger als 2% – denn die Berechnung der Exposition auf einer annähernd ebenen Fläche ist nicht sinnvoll. In Abb. 22 werden die Expositionskarten für das genaue und das ungenauere DGM gegenüber gestellt. Eine Übereinstimmung in beiden Karten konnte nur für 49,4 % der Fläche erreicht werden.

Diese Ergebnisse zeigen eindrucksvoll, dass die Standortfaktoren Hangneigung und Exposition, wenn sie mit Hilfe eines GIS aus einem DGM abgeleitet wurden, in erheblichem Maße von der Auflösung des DGMs abhängen. Aber nicht nur die Ungenauigkeiten und geringe Auflösung der Höhenangaben auf den historischen Karten erschweren die Ermittlung von Hangneigung und Exposition, hinzu kommen die Veränderungen, die das Gelände seit vorgeschichtlicher Zeit erfahren hat. Hier sind nicht nur die natürlichen Prozesse von Erosion und Akkumulation zu nennen, deren Effekte im Detail schwer zu modellieren sind, sondern auch die menschlichen Eingriffe in die natürliche Oberfläche durch Abgrabungen, Halden und Bodenauftrag. Bei der Digitalisierung wurden diejenigen Höhenlinien außer Acht gelassen, die auf Bodeneingriffe hinweisen. Unter Berücksichtigung dieser Informationen auf der Preußischen Neuaufnahme sowie der Topographischen Karten aus den Jahren 1930, 1939 und 1955 konnte nachgewiesen werden, dass bereits 2 % der Fläche im Merzbachtal vor Beginn der Abbautätigkeiten durch Bodeneingriffe gestört war.

Literatur: E. ECKMEIER/R. GERLACH, Achtung: Löcher in der Landschaft. Die Materialentnahmegruben-Datenbank. Arch. Rheinland 2001 (Stuttgart 2002) 152–154. – I. HERZOG, Das Relief im Rheinland – von modernen Strukturen geprägt. Arch. Rheinland 2004 (Stuttgart 2005) 199–200. – I. HERZOG/A. J. LARGO ARIAS MAREK, GIS-gestützte Rekonstruktion des Geländereliefs im Bereich des Tagebaus Garzweiler. Arch. Rheinland 2007 (Stuttgart 2008) 27–29.

Erdgeschichte und Vorgeschichte

23 Merzenich.
Ein 7000 Jahre altes
Gesicht – Kopf einer
linearbandkeramischen
Idolfigur.

NETTERSHEIM, KREIS EUSKIRCHEN

Neues über den „Eifelmarmor" von Roderath

Fossilreiche, polierfähige Kalksteine der Eifel bezeichnet man umgangssprachlich häufig als „Eifelmarmor". Zwar handelt es sich bei den Gesteinen im geologischen Sinn nicht um Marmor, doch waren sie in der näheren Umgebung ihrer Gewinnungsstätten aufgrund ihres auffallenden Dekors als Werksteine durchaus beliebt. Besonders der „Roderather Marmor", der u. a. in der Kapelle von Roderath und der Pfarrkirche von Frohngau verbaut wurde, ist aus geologisch-paläontologischen und kunsthistorisch-denkmalpflegerischen Gründen interessant. Zum einen ist er faziell sehr ungewöhnlich, zum anderen hatte der Abbau des Gesteins in der Geschichte des Dorfes Roderath für kurze Zeit eine prägende Bedeutung.

Die heimatkundliche Geschichte dieses außergewöhnlichen Gesteins ist bereits bestens bekannt, doch haben sich in den letzten Jahren einige neue Aspekte bezüglich der Verbreitung dieses Denkmalgesteins ergeben. Detaillierte geologisch-paläontologische Untersuchungen des „Roderather Marmors" fehlten dagegen noch weitgehend. So war es naheliegend, den „Roderather Marmor" unter paläontologischen, kunsthistorischen, heimatkundlichen, wirtschaftsgeschichtlichen und restauratorischen Aspekten im Rahmen eines interdisziplinären Forschungsprojekts umfassend zu untersuchen. Das Projekt wurde mit finanzieller Förderung des Landes Nordrhein-Westfalen – Ministerium für Bauen und Verkehr – durchgeführt. Die wichtigsten Resultate seien hier kurz vorgestellt.

Gewonnen wurde der „Roderather Marmor" in einem kleinen Steinbruch nördlich von Roderath. Er liegt in der Unteren Nohn-Formation (Mitteldevon), ist aber heute leider schon stellenweise verstürzt. Im Steinbruch fallen sofort die großen Krinoiden-Stielglieder auf. Sie sind charakteristisch für fast alle hier vorkommenden Gesteinstypen; ihr Anteil an den Fossilresten kann bis zu 90 % ausmachen. Die größten im Steinbruch zu findenden Fossilien sind Korallen. Die isolierten Kolonien werden fast 1 m lang und können 0,4 m dick werden. Sie sind im zentralen Teil am dicksten und haben eine sonst flache Wuchsform. Dies und eine inverse Lagerung sind Hinweise auf relativ flaches Wasser, auf Stürme und starke Wellenbewegungen. Eine weitere, mengenmäßig bedeutende Fossilgruppe sind die Stromatoporen, eine ausgestorbene Gruppe der Schwämme. Meist weisen sie flachgewellte bis halbkugelförmige Wuchsformen auf. An der obersten Steinbruchwand kommen sehr gut erhaltene und große Exemplare vor.

Die drei genannten Fossilgruppen – Krinoiden, Korallen und Stromatoporen – charakterisieren die meisten Faziestypen des „Roderather Marmors". Daneben tritt noch eine Vielzahl weiterer Fossilgruppen auf, die im Steinbruch aber nur in Ausnahmefällen entdeckt werden, da sie entweder sehr klein oder extrem selten sind. Diese Reste finden sich eher in Schliffen und Lösungsrückständen.

Die reiche und zum Teil spektakuläre Fauna sowie die ungewöhnliche Fazies unterstreichen die Sonderstellung, die der „Roderather Marmor" in der mitteldevonischen Abfolge der Eifel einnimmt.

Die Verwendung des „Roderather Marmors" als Denkmalgestein in Sakral- und Profanbauten ist eng mit der Geschichte seines Abbaus verknüpft. Laut der Dorfchronik von Roderath soll der Steinbruch erst-

Christoph Hartkopf-Fröder, Dirk Kirchner, Julia Klemeit, Christoph Schaab und Hans Martin Weber

24 Nettersheim-Roderath. Blick auf den Chor der Kapelle. Ecksteine und Fensterrahmen bestehen aus „Roderather Marmor".

25 Nettersheim-Roderath. Ausschnitt aus einem der Fensterrahmen der Kapelle. Im Zentrum eine große koloniale Koralle, am Rand ästige Korallen der Gattung Thamnopora und Krinoiden-Stielglieder (Bildbreite ca. 30 cm).

26 Nettersheim-Frohngau. Schwammrest im Mauerwerk der Pfarrkirche (Bildbreite ca. 12 cm).

nahme des Turmes, aus dem Material des Roderather Steinbruchs, das die Gemeinde Frohngau 1914 erwarb. Durch den steinsichtigen Bau ist es hier leicht möglich, Fossilinhalt und Fazies des „Roderather Marmors" zu studieren (Abb. 26). Nach dem Bau der Pfarrkirche in den Jahren 1923/1924 war von dem erworbenen „Roderather Marmor" noch Material übrig geblieben. Dies wurde 1929 für den Bau der Wegekapelle in Frohngau genutzt.

Bei den drei genannten Sakralbauten ist die Verwendung des „Roderather Marmors" eindeutig und für die Pfarrkirche und die Wegekapelle in Frohngau auch durch schriftliche Quellen gut belegt. Nicht eindeutig geklärt ist dagegen, ob man in der Pfarrkirche St. Cäcilia in Pesch ebenfalls dieses Gestein einsetzte. Die Inschriftenplatte über dem Portal, die Stufe der Kommunionbank, die beiden Stufen zum Chor und der Taufstein bestehen aus einem dem „Roderather Marmor" zumindest sehr ähnlichen Material. Ebenfalls nicht zu belegen, aber doch sehr wahrscheinlich ist die Verwendung des Gesteins in Gebäuden in Köln. Da Herrmann die Verwendung eines äußerst fossilreichen Gesteins von Roderath in städtischen Verwaltungsgebäuden und im Verlagsgebäude der Kölner Zeitung erwähnt, ist davon auszugehen, dass der „Roderather Marmor" nicht nur in der unmittelbaren Umgebung seiner Gewinnungsstätte verwandt, sondern tatsächlich bis nach Köln verkauft wurde. Leider existieren die von Herrmann genannten Gebäude nicht mehr oder sind zwischenzeitlich komplett saniert worden.

Der „Roderather Marmor" fand häufig im Außenbau Verwendung. Da das Gestein sehr inhomogen ist, kommt es bei der Verwitterung zur Ablösung von Bruchstücken. Dies kann so gravierend sein, dass Quader, wie bei der Roderather Kapelle, komplett zu ersetzen sind. Auch die Inschriftenplatte an der Pfarrkirche in Pesch zeigt deutliche Ausbrüche. Dennoch sind aufgrund des langsamen Verwitterungsprozesses restauratorische Maßnahmen noch nicht erforderlich. Bei weiterem Fortschreiten kann eine Verklebung und Verfüllung von Rissen und Hohlstellen notwendig werden. Es besteht die Möglichkeit, größere Schadstellen mit Restauriermörtel zu beheben. Allerdings ist es erforderlich, die benutzten Materialien auf das jeweilige zu bearbeitende Gestein abzustimmen. Zur Entwicklung geeigneter Rezepturen von Restaurierungsmaterialien ist daher die Kenntnis der verschiedenen, im Rahmen des Projekts ermittelten physikomechanischen Parameter des „Roderather Marmors" notwendig. Für ihn liegen die meisten Werte im Bereich vergleichbarer Kalksteine. Es fällt aber auf, dass die Schwankungsbreite für manche Messwerte sehr stark ausgebildet ist, was am Objekt zu starken Spannungen führen kann.

In paläontologischer Hinsicht ist der „Roderather Marmor" ein sehr ungewöhnliches Gestein. Seine überregionale Nutzung ist sehr wahrscheinlich, lässt

mals im Jahr 1744 urkundlich durch einen Pachtvertrag erwähnt worden sein. Leider liegen die entsprechenden historischen Dokumente nicht mehr vor. Der früheste gesicherte Nachweis für die Verwendung des „Roderather Marmors" ist die Kapelle in Roderath, die zwischen 1846 und 1849 erbaut wurde. Sie besteht aus weiß verputztem Mauerwerk mit steinsichtiger Eckquaderung (Abb. 24). Ein Teil der Eckquader ist inzwischen ersetzt worden. Die noch erhaltenen sowie die Fensterrahmen weisen die charakteristischen Eigenschaften des „Roderather Marmors" auf (Abb. 25). In der Kapelle sind der Taufstein und das Weihwasserbecken aus dem heimischen Material gefertigt.

Gesichert ist die Verwendung des „Roderather Marmors" auch für die Pfarrkirche und die Wegekapelle in Frohngau. Die Pfarrkirche besteht, mit Aussich aber leider nicht mehr eindeutig nachweisen. Kunst- und wirtschaftshistorisch hat der „Roderather Marmor" dennoch, zumindest seit der Errichtung der Kapelle in Roderath 1846 bis zur Einstellung des Steinbruchbetriebs 1913, eine erhebliche lokale Bedeutung. Bis heute erfüllt dieses dekorative Gestein in der Region darüber hinaus auch die Funktion als lokales Identifikationsmoment.

Literatur: O. HERRMANN, Gestein für Architektur und Skulptur (Berlin 1914) 119. – S. LANGE, Der Traum vom „Eifelmarmor". Jahrb. Kr. Euskirchen 2001 (Euskirchen 2001) 16–21.

STADT WUPPERTAL

Panzerwürmer und Calcichordaten – überraschende Fossilfunde aus Wuppertal-Uellendahl

Vor 360 Millionen Jahren im sog. höheren Ober-Devon (Famennium, „Dasberg-Stufe") befand sich der Wuppertaler Raum in einem tropischen und verhältnismäßig tiefen Meeresbereich. Die nördlich gelegene Küste war einige Kilometer weit entfernt. Durch kontinuierlichen Sedimenteintrag lagerte sich feingeschichteter Tonschlamm ab, der sich zu Tonstein verfestigte und heute ein bedeutendes Archiv für diese Zeitphase darstellt. Die als „Herzkamper Mulde" bekannte geologische Struktur erstreckt sich etwa auf der Linie Erkrath–Hagen zwischen dem Velberter Sattel im Westen und dem Remscheider Sattel im Süden. Ein Teil der Tonsteine wird heute noch immer als „Obere Cypridinenschiefer" bezeichnet („Cypridinen" – veralteter Begriff für Muschelkrebse, sog. Ostracoden).

Um 1860 entstand im Wuppertaler Raum eine bedeutende Ziegeleiindustrie mit zahlreichen Tongruben und -brennereien, die heute nahezu verschwunden ist. Als Rohstoff diente der anstehende Tonstein bzw. die auflagernden Verwitterungslehme.

Die Suche nach Fossilien in diesem Gestein ist mühsam, da der überwiegende Teil deutlich kleiner als ein Zentimeter ist. Die als Abdruck oder Hohlraum erhaltenen und entkalkten Fossilien heben sich oft kaum vom Muttergestein ab.

Hans Martin Weber und Klaus M. Weber

27 Wuppertal-Uellendahl.
A Muschel *Guerichia sp.*, L. 11 mm; B Pectinide indet., B. 13 mm; C Tintenfischverwandter, D. 13 mm; D Machaeridierplatte *Plumulites sp.*, L. 1,5 mm; E Rekonstruktion eines Machaeridiers am Beispiel von *Plumulites folliculum* (Ordovizium).

Obwohl die geologisch-paläontologische Erforschung dieser Schichtkomplexe seit mehr als 160 Jahren betrieben wird, gelang es nun überraschenderweise, bedeutende Fossilfunde zu bergen, die zu einer Eintragung des Fundplatzes als Bodendenkmal führten.

Beim Abriss des ehemaligen Kinderheims St. Michael in Wuppertal-Uellendahl wurde einer der Autoren (K. M. Weber) auf eine Tonsteinabfolge in der Baugrube aufmerksam. Unter den Fossilien befanden sich Muscheln, Muschelkrebse (Ostracoden) und Dreilappkrebse (Trilobiten). Als erste ausgesprochene Rarität waren erstaunlich gut erhaltene Trilobitenlarven zwischen den winzigen Muschelkrebsen nachzuweisen.

Die daran anschließenden Untersuchungen übertrafen alle Erwartungen: Neben äußerst seltenen Larven von Gliedertieren (Trilobiten) und Platten von Panzerwürmern (Machaeridiern), dem Erstnachweis für das deutsche Famennium, ließen sich weltweit erstmalig im Ober-Devon Funde von Stachelhäutern (Carpoideen) nachweisen – ein „missing link", das eine Überlieferungslücke von nahezu 70 Millionen Jahren schließt.

Die kleinen Kalkplättchen einer skurrilen Fossilgruppe von Panzerwürmern (Machaeridiern) entdeckte man erstmals vor mehr als 140 Jahren und seither beschäftigen sie die Wissenschaft. Auch als man erste zusammenhängende Plattenverbände fand, gelang niemandem der Nachweis, ob sie zu den Stachelhäutern (Echinodermen), Seepocken (Krebsgruppe), Weichtieren oder auch zu den Würmern gehörten. Kürzlich entdeckte man in Gesteinen des Unteren Ordoviziums (ca. 490 Mio. Jahre alt) aus Marokko recht komplette Individuen der Gattung *Plumulites* mit Weichteilerhaltung. Die Zuordnung zu den Würmern (Anneliden) gilt seitdem als bewiesen. Von *Plumulites* wurden zahlreiche Arten aus Europa, Nordafrika, Ostasien und Australien beschrieben. Komplette Individuen konnten eine Länge von bis zu 10 cm erreichen und besaßen eine Panzerung aus vier Reihen gekielter Platten (Abb. 27 E).

Bei den in Uellendahl entdeckten Resten (Abb. 27 D) handelt es sich um den ersten Nachweis von *Plumulites* und damit Machaeridiern generell im deutschen Ober-Devon.

Die meist ca. einen Millimeter langen, ovalen Schalenabdrücke von Muschelkrebsen (Ostracoden) sind in diesem Ablagerungsmilieu die wichtigsten Leitfossilien. Sie kommen in manchen Lagen zu Tausenden vor (Abb. 28 A). Am häufigsten sind die dünnschaligen, planktonischen, auch Entomozoen genannten Formen. Stark skulptierte bodenlebende Formen sind selten. Werner Paeckelmann beschrieb mehrere Muschelkrebse aus Uellendahl (Abb. 28 C–D), von denen *Maternella dichotoma* (Abb. 28 D) ein international namengebendes Zonenfossil wurde.

Die erstmals von Paeckelmann und Richter & Richter detailliert beschriebene Trilobitenfauna (Dreilappkrebse) besteht aus durchweg kleinwüchsigen Formen. Sie sind durch einen blinden Proetiden *Drevermannia* cf. *schmidti* vertreten, der nicht mehr als 15 mm misst. Meist finden sich isolierte Panzerteile (Abb. 28 E). Vollständige, adulte Tiere sind sehr selten. Eine Besonderheit ist der Nachweis von Larven dieser Art (Abb. 28 B). Die ontogenetische Entwicklung dieses Trilobiten lässt sich nun erstmalig genau untersuchen. Den artmäßig überwiegenden Teil stellen Vertreter der Phacopiden. Hier ist der blinde *Dianops* cf. *griffitides* (Abb. 28 F) der häufigste. Es zeigt sich, dass

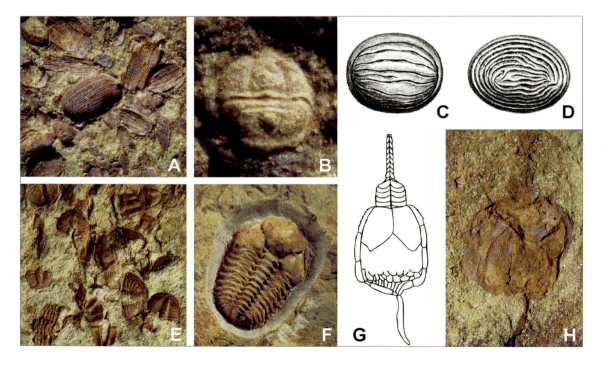

28 Wuppertal-Uellendahl.
A Muschelkrebsschill,
B Trilobitenlarve von *Drevermannia*? sp., L. 0,8 mm;
C–D Muschelkrebse;
C *Maternella hemisphaerica*,
D *Maternella dichotoma*;
E Trilobiten, Reste von *Drevermannia*;
F kompletter Trilobit *Dianops cf. griffitides*, L. 1,8 cm;
G Rekonstruktion eines Carpoiden am Beispiel von *Peltocystis cornuta* (Ordovizium);
H noch nicht identifizierter Carpoide (Mitrate), B. 8 mm.

vollständige Individuen immer Juvenilstadien sind (um 10 mm). Die übrigen Trilobiten sind mit einem kleinäugigen und einem großäugigen Phacopiden vertreten. Es scheint, dass die Fundstelle eine „Kinderstube" dieser Tiere ist.

Zu den bizarrsten fossilen Geschöpfen gehören die sog. Carpoideen, eine Gruppe von Stachelhäutern, zu der auch Seeigel etc. gehören, für die es keine deutschsprachige Bezeichnung gibt. Die vielgestaltige, vom Kambrium bis zum Beginn des Mittel-Devons (vor ca. 520–390 Mio. Jahren) recht gut bekannte Gruppe ist nur von wenigen Fundorten bekannt. Anatomie und Orientierung dieser Tiere sind bis heute nicht eindeutig geklärt. Sie sind sehr kompliziert aufgebaut und mit keinem heute lebenden Organismus zu vergleichen. Aufgrund ihres kalkigen Plattenpanzers stellt man sie meist zu den Stachelhäutern, teilweise zählt man sie aufgrund spezieller anatomischer Merkmale auch zu einer Gruppe von frühen Wirbeltiervorläufern, den sog. Calcichordaten.

1991 wurden die bislang jüngsten Funde aus dem Pennsylvanian („Ober-Karbon"; vor ca. 320 Mio. Jahren) in den USA bekannt, die eine Überlieferungslücke von etwa 70 Mio. Jahren deutlich machten.

Nun stammen die weltweit ersten Funde des Ober-Devon aus Wuppertal-Uellendahl und schließen diese Lücke (Abb. 28 H). Dadurch sind die rekonstruiert knapp 2 cm langen Tiere von höchstem wissenschaftlichen Interesse. Die Uellendahler Funde sind nur als Abdruck erhalten, lassen jedoch viele anatomische Details erkennen (Abb. 28 G).

Trotz des recht eintönigen Fossilinventars sind auch andere Fossilgruppen belegt. Zu diesen gehören häufiger Muscheln der Gattung *Guerichia* (Abb. 27 A), in der älteren Literatur häufig noch als *Posidonia* bezeichnet. Pectiniden (Kammmuscheln; Abb. 27 B) sind deutlich seltener. Gelegentlich kommen Tintenfischverwandte aus der Gruppe der Goniatiten (Abb. 27 C) und gerade gestreckte (orthocone) Formen vor, die aber bis jetzt nicht bestimmbar sind. Unter den Brachiopoden (Armfüßern) finden sich schlecht erhaltene Rhynchonelliden und kleine kräftig gerippte Formen von *Hypsomyonia*. Bemerkenswert sind der erste größere (ca. 10 cm lange) Pflanzenrest aus dieser Formation und bisher nicht bestimmte Spurenfossilien.

Bei der detaillierten Profilaufnahme fielen nur wenige Millimeter dicke Lagen aus einem grau-weißlichen, plastisch-tonigen Material auf (Abb. 29) – sog. Bentonitlagen, also chemisch umgewandelte vulkanische Aschen oder Tuffe. Diese Lagen können mikroskopisch kleine, sehr harte und nahezu unverwüstliche Zirkonkristalle beinhalten. Letztere weisen ein gewisses Formenspektrum auf und können im Zusammenhang mit anderen chemischen Analysen nicht nur ein

29 Wuppertal-Uellendahl. Bentonithorizont im Anstehenden.

radiometrisches Alter, sondern sogar einen „Fingerabdruck" eines bestimmten Vulkanausbruches liefern.

Bei einer großen Eruption werden gigantische Mengen an Aschen, Tuffen und vulkanischem Staub in die Atmosphäre geschleudert und verteilen sich über riesige Areale. Auf dem Festland und in Fließgewässern bleiben die so gebildeten feinen Lagen meist nicht erhalten; anders dagegen in ruhigen oder stehenden Gewässern wie Seen, aber auch in Lagunen und tieferen Meeresbereichen.

Die drei in Uellendahl entdeckten Bentonithorizonte waren bisher im höheren Ober-Devon des Rheinischen Schiefergebirges unbekannt, könnten aber möglicherweise mit vulkanischen Aktivitäten im Lahn-Dill-Gebiet in Verbindung gebracht werden.

Durch die geplante Bebauung ist es künftig möglich, weitere Profilabschnitte freizulegen, die es intensiv zu untersuchen gilt. Bei der wissenschaftlichen Bearbeitung werden weitere Spezialisten hinzugezogen. Interessante Ergebnisse versprechen Vergleiche mit den gleichaltrigen Formationen aus dem benachbarten Velberter Sattel und der weiter südlich gelegenen Bergisch Gladbach-Paffrather Mulde. Letztgenannte weist besondere geologische und paläontologische Parallelen auf.

Unser herzlicher Dank gilt Dipl. Geol. Ch. Hartkopf-Fröder (Geologischer Dienst Krefeld), Prof. Dr. M. Amler (München), Prof. Dr. C. Brauckmann (Clausthal-Zellerfeld), Prof. Dr. R. T. Becker (Münster), U. Lemke (Wetter) und der Caritas Wuppertal (Grundbesitzer).

Literatur: CH. HARTKOPF-FRÖDER/M. PIECHA (Hrsg.), Palaeontology and facies of the late Famennian in the Paffrath Syncline (Rhenish Massif, Germany). Courier Forsch.-Inst. Senckenberg 251, 2004, 1–289. – W. PAECKELMANN, Das Oberdevon des Bergischen Landes. Abhandl. Kgl. Preuß. Geol. Landes-Anstalt, N.F. 70, 1913, 1–356. – R. RICHTER/E. RICHTER, Die Trilobiten des Oberdevons. Beiträge zur Kenntnis devonischer Trilobiten IV. Abhandl. Preuß. Geol. Landes-Anstalt, N.F. 99, 1926, 1–314.

Naturwissenschaftliche Untersuchungen zum mittelpaläolithischen Camp von Inden-Altdorf

Holger Kels,
Martin Kehl,
Frank Lehmkuhl,
Ursula Tegtmeier
und Jürgen Thissen

Im Rahmen des Projektes „Prospektion Paläolithikum im Indetal" gelang es im Dezember 2005 im Tagebau Inden, Ortslage Altdorf, eine mittelpaläolithische Freilandstation (WW 2005/91) zu entdecken, über die in den Vorjahresbänden mehrfach berichtet wurde. In einer großflächig angelegten Grabung kamen mehr als 600 Artefakte, Feuerstellen, in den Rocourt-Boden eingetiefte Grubenbefunde und drei Baumwürfe zutage (Abb. 30). Aufgrund der Bedeutung des Fundplatzes gründete sich Ende 2006 eine interdisziplinäre Arbeitsgruppe, die paläoökologische Zusammenhänge, zeitliche Stellung der Fundschicht und Genese der Sedimente und Paläoböden klären soll.

Erste Ergebnisse zur Mikromorphologie, Sedimentologie, Lumineszenzdatierung und Archäobotanik der relevanten Sedimentlagen liegen nun vor: Besondere Beachtung erfuhren die Proben aus den Profilen der Stellen 70 und 125 sowie den Stellen 113, 240, 295 und 300 der Hauptfundkonzentration (Abb. 30).

Die Stelle 70, im mittleren Hangbereich gelegen und etwa 20 m von der Hauptfundkonzentration entfernt, umfasst ein 8 m hohes Einzelprofil im Löss (Abb. 31): Wie mikromorphologische Untersuchungen zeigen, liegt über dem durch Staunässe geprägten Tonanreicherungshorizont der eemzeitlichen Parabraunerde (SdBt-Horizont) des Marinen Isotopen-Stadiums (MIS) 5e (IN-11 und IN-10) die fundführende Schicht als eine gebleichte Umlagerungszone mit zahlreichen Holzkohleresten vor, die aus ehemaligem Al- und Bt-Material besteht (IN-9). Dieses möglicherweise auch mehrphasige Bodensediment ist nachträglich durch Toneinschlämmung überprägt worden, sodass seine Ablagerung spätestens in das Frühwürm (MIS 5d oder 5b) zu stellen ist. Die im

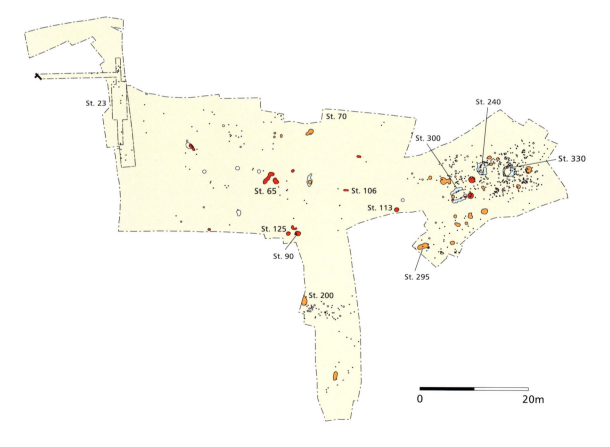

30 Inden-Altdorf. Die Grabungsfläche WW 2005/91; schwarz: Steingeräte; rot: Feuerstellen; orange: Grubenbefunde; hellblau: Baumwürfe.

Hangenden der Umlagerungszone aufgeschlossene Humuszone (IN-7) ist durch initiale Tonmobilisierung gekennzeichnet und *in situ* erhalten. Sie ist vermutlich mit dem MIS 5a zu korrelieren.

Die mikromorphologischen Ergebnisse zeigen somit auf, dass sich im leicht nach Osten zur Inde hin geneigten mittleren Hangbereich an Stelle 70 Teile der Bodenabfolge aus dem eemzeitlichen Rocourt-Solkomplex erhalten haben.

Südlich gegenüber der Stelle 70 wurden von einem weiteren Profil ein Lackabzug und unmittelbar daneben zwei übereinander liegende Kastenproben (St. 125-5 und 125-6) mit einer Gesamtmächtigkeit von 180 cm entnommen (Abb. 32). Letztere wurden für Sediment-/Multielementanalysen und Lumineszenzdatierung ausgewertet, wobei ein Horizont von Kasten 1 (St. 125-5) der Fundschicht entspricht.

Von Seiten der Sedimentologie liegt hier ein besonderes Augenmerk auf den Proben 1 bis 6. Die Proben 1 bis 4 repräsentieren den Rest eines als eemzeitlich angesprochenen SdBt-Horizontes mit einem Tongehalt von 32–33 %, einem Schluffanteil von 61 % und einem Anteil der Sandfraktion von 6 % (Abb. 33). Die darauf folgende 10 cm mächtige Umlagerungszone (Proben 5 und 6) zeigt im Korngrößenbild ein diskordantes Verhalten gegenüber dem SdBt-Horizont, denn der Tongehalt geht auf 29 % zurück und der Sandgehalt steigt auf 9 %; die Schlufffraktion bleibt mit 61 % gleich hoch. Elementanalytisch lassen diese beiden Horizonte folgende Aussagen zu: Die Proben 1 bis 3 belegen einen *in situ* Bt-Horizont. Dieser zeichnet sich durch leicht erhöhte Manganwerte aus. Probe 4 weist mit erhöhten Eisenwerten und rückläufigen Manganwerten dagegen bereits einige Umlagerungsmerkmale auf. Das – wie auch die leicht erhöhten Phosphatwerte – können Anzeichen einer sekundären Nassbleichung sein. Eine relative Konstanz der Kaliumwerte in Bt-Horizont und Umlagerungszone weist darauf hin, dass Bt-Material in Letzterer vorhanden ist. Diese ist durch die mikromorphologisch belegte sekundäre Toneinschlämmung zu erklären. Die hangende Humuszone kann als *in situ* betrachtet werden.

Acht Sedimentproben aus den Kästen der Stellen 125-5 und -6 wurden von Dr. A. Hilgers im Geochronologischen Labor des Geographischen Instituts an der Universität Köln mittels Lumineszenz datiert. Der erwartete Ablagerungszeitraum der Sedimente liegt in einem nicht unproblematischen Altersbereich für die Lumineszenzdatierung von Lössen. Daher wurde hier das Verfahren der isothermischen Lumineszenz (ITL) von Quarzen ausgewählt, was sich nach umfangreichen Vergleichsmessungen als die zuverlässigste Methode für die hier zu untersuchenden Sedimente herauskristallisiert hat. Die zur Berechnung von Lumineszenzalter darüber hinaus erforderlichen Bestimmungen der Radionuklidgehalte der Sedimente wurden mittels hochauflösender Gamma-Spektrome-

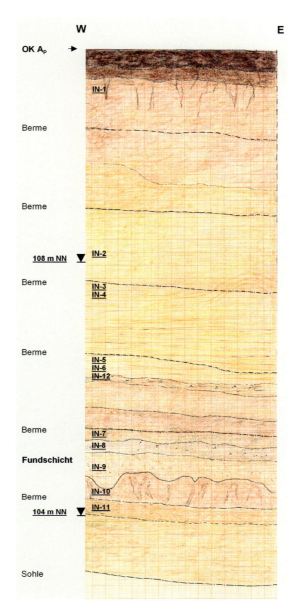

31 Inden-Altdorf. Geologisches Profil Stelle 70; IN1–IN12: mikromorphologische Beprobungen (Profilaufnahme vom 25.04.2006 durch M. Goerke, LVR-ABR).

trie ebenfalls im Geochronologischen Labor in Köln durchgeführt. Probe WW1 wurde unterhalb des Fundschichtäquivalentes entnommen und auf 115 800 ± 12 400 v. h. datiert. Probe WW5 entstammt dem post-eemzeitlichen Löss (ausgehendes MIS 5, 115 000–72 000 v. h.) und lieferte ein ITL-Alter von 73 900 ± 8200 v. h. Der stratigraphischen Ansprache folgend, ist Probe WW7 in das beginnende MIS 4 (72 000 – 57 000 v. h.) zu stellen. Das ITL-Alter von 71 500 ± 7700 v. h. bestätigt diese Einstufung. Da sich das ITL-Datierungsverfahren noch in der Entwicklung befindet, sollten die hier ermittelten Daten nicht überinterpretiert werden. Zur Ablagerung der Fundschicht – welche nicht direkt, sondern lediglich anhand von Referenzprofilen datiert wurde – kann es sehr wahrscheinlich im Eem, oder im frühen MIS 5 gekommen sein.

Die kreisförmig aufgehellten Bereiche der Baumwurfstruktur von Stelle 300 (Baumwurf 2) bestehen

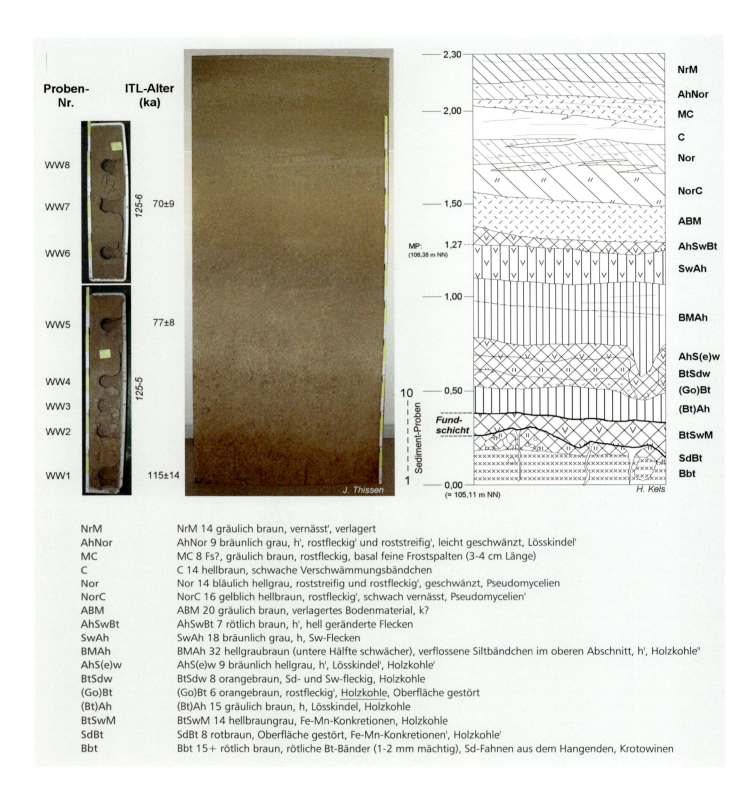

NrM	NrM 14 gräulich braun, vernässt', verlagert
AhNor	AhNor 9 bräunlich grau, h', rostfleckig' und rostsreifig', leicht geschwänzt, Lösskindel'
MC	MC 8 Fs?, gräulich braun, rostfleckig, basal feine Frostspalten (3-4 cm Länge)
C	C 14 hellbraun, schwache Verschwämmungsbändchen
Nor	Nor 14 bläulich hellgrau, rostsreifig und rostfleckig', geschwänzt, Pseudomycelien
NorC	NorC 16 gelblich hellbraun, rostfleckig', schwach vernässt, Pseudomycelien'
ABM	ABM 20 gräulich braun, verlagertes Bodenmaterial, k?
AhSwBt	AhSwBt 7 rötlich braun, h', hell geränderte Flecken
SwAh	SwAh 18 bräunlich grau, h, Sw-Flecken
BMAh	BMAh 32 hellgraubraun (untere Hälfte schwächer), verflossene Siltbändchen im oberen Abschnitt, h', Holzkohle"
AhS(e)w	AhS(e)w 9 bräunlich hellgrau, h', Lösskindel', Holzkohle'
BtSdw	BtSdw 8 orangebraun, Sd- und Sw-fleckig, Holzkohle
(Go)Bt	(Go)Bt 6 orangebraun, rostfleckig', Holzkohle, Oberfläche gestört
(Bt)Ah	(Bt)Ah 15 gräulich braun, h, Lösskindel, Holzkohle
BtSwM	BtSwM 14 hellbraungrau, Fe-Mn-Konkretionen, Holzkohle
SdBt	SdBt 8 rotbraun, Oberfläche gestört, Fe-Mn-Konkretionen', Holzkohle'
Bbt	Bbt 15+ rötlich braun, rötliche Bt-Bänder (1-2 mm mächtig), Sd-Fahnen aus dem Hangenden, Krotowinen

32 Inden-Altdorf. Lackabzug Stelle 125, danach angefertigtes Bodenprofil und Gegenüberstellung der Kastenbeprobungen.

nach den mikromorphologischen Befunden 300-6 und -7 aus vor Ort gelockertem und durchmischtem Al- und Bt-Material der eemzeitlichen Parabraunerde. Dieses Material wurde nach der Lockerung nassgebleicht und nicht rückverfestigt. Fehlende Holzkohle und wenige Verlagerungskennzeichen des im Innern der Struktur vorhandenen Bt-Materials der eemzeitlichen Parabraunerde deuten darauf hin, dass die Struktur während der frühwürmzeitlichen Umlagerungsphase nicht verändert wurde und somit die aufgehellten Bereiche eemzeitliche Bildungen sein müssen. Demnach lässt sich die Struktur als Folge eines Baumwurfes deuten, der sich vermutlich noch während der Eem-Warmzeit (MIS 5e) ereignet hat.

Weitere vier Befundproben wurden multielementanalytisch untersucht (Abb. 34): Die Proben Stelle 240-10 (Baumwurf 1) und Stelle 113-3 (Rotlehmprobe) weisen hohe Eisengehalte und die niedrigsten

Kaliumwerte auf, was auf eine Tonverarmung hindeutet. Beide Proben könnte man aufgrund der Laborergebnisse als Al-Material interpretieren. Das Probenmaterial der Stellen 295-9 (grubenartiger Befund) und 300-4 (Baumwurf 2, helles Material) ist im gesamten Elementspektrum vergleichbar; jedoch hat Probe 300-4 die niedrigsten Manganwerte und hohe Eisenwerte. Dies lässt sich mit dem nur schwach rückverfestigten Verfüllmaterial der Baumwurfstruktur erklären und deckt sich mit den Ergebnissen der Mikromorphologie.

Der hangabwärtige Bereich mit den Hauptfundkonzentrationen unterlag also nicht den an Stelle 70 nachgewiesenen Umlagerungen. Auch die dokumentierten Befunde und Strukturen im Camp erwiesen sich als sehr gut überliefert. Im Gegensatz zu den Hangprofilen der Stellen 70 und 125 lassen die Ergebnisse zu den Befunden im Camp eine zeitliche Stellung des Al-Horizontes in das Eem-Interglazial zu.

Im Hinblick auf paläoklimatische und chronologische Aussagen boten sich auch die erhaltenen Holzkohlen an. Diese wurden aus verschiedenen Stellen der Grabung (Planum, Feuerstellen etc.) vom Sediment separiert und untersucht. Es handelt sich größtenteils um Holzkohlenstücke mit stark glänzenden, wie verschmolzen aussehenden Partien; kaum ein Stück ist nicht mit feinstem Sediment durchsetzt – Phänomene, die holzanatomische Strukturen zerstört haben und Artbestimmungen erschweren. Außerdem splittern und brechen die meisten Holzkohlen bei geringstem Druck. Insgesamt ist an 178 Holzkohlen mikroskopisch die Holzart bestimmt worden. Diese Stücke gehören – mit Ausnahme von acht unbestimmbaren Exemplaren – zu Nadelhölzern, wobei wegen der erwähnten Holzkohlenerhaltung lediglich ein knappes Drittel näher bestimmbar war: Fichte (Picea-Holztyp; n = 43) und Kiefer (Pinus-Holztyp; n = 8). Auch wenn zahlenmäßig mehr Fichtenholzkohlen vorliegen, so bedeutet das nicht zwangsläufig, dass dieser Nadelbaum in der entsprechenden Gehölzvegetation dominierte.

Es stellte sich die Frage, ob Fichte und Kiefer, als einzig sicher bestimmbare Nadelhölzer, einen vegetationshistorischen Hinweis zur zeitlichen Einordnung des Gesamtbefundes geben können. Da zu Fragen der Vegetationsgeschichte die Pollenanalyse die besten Antworten bietet, wurden entsprechende Pollendiagramme aus Mitteleuropa herangezogen. Danach kommen Kiefer und Fichte im letzten Abschnitt der Eem-Warmzeit vor, doch ebenso in den interstadialen Phasen der Würm-Kaltzeit. Sie könnten ein Hinweis auf kühlgemäßigte Klimaverhältnisse sein, was eine Einstufung in die hauptsächlich pollenanalytisch definierte Spätphase D des Eem-Interglazials, die sog. Kiefern-Fichten-Zone, um 120 000 v. h. möglich erscheinen lässt.

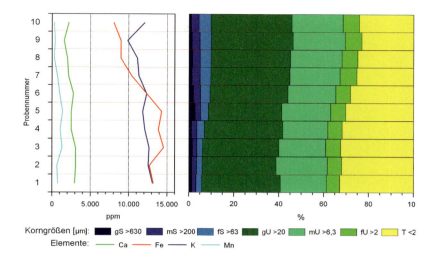

Wenngleich sich in den naturwissenschaftlichen Beprobungsserien Diskordanzen abzeichnen, so liefern die ermittelten Ergebnisse bedeutsame Referenzwerte für künftige Vergleiche der Zeitscheibe Eem/Frühwürm im Löss der Niederrheinischen Bucht und angrenzender Lössregionen.

33 Inden-Altdorf. Multielement- und Korngrößenanalytik der Proben 1–10 aus Kasten 125-5.

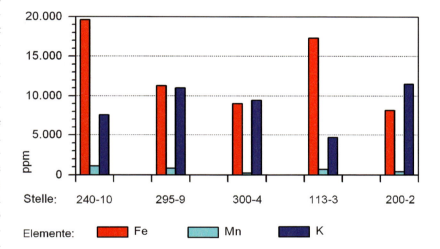

Wir danken der Stiftung zur Förderung der Archäologie im rheinischen Braunkohlenrevier, J. Bemmann (Univ. Bonn), U. Geilenbrügge, R. Gerlach, M. Goerke, F. J. Jansen, W. Schürmann (alle LVR-ABR), T. Uthmeier (Univ. Köln), J. Protze und C. Wygasch (beide Univ. Aachen) für Unterstützung, fachliche Anregungen und konstruktive Kritik.

34 Inden-Altdorf. Multielementanalyse ausgewählter Befundproben.

Literatur: H. KELS, Bau und Bilanzierung der Lössdecke am westlichen Niederrhein. Diss. Univ. Düsseldorf 2007. – G. LANG, Quartäre Vegetationsgeschichte Europas (Jena/Stuttgart/New York 1994). – J. THISSEN, Ein Camp des Micoquien im Indetal bei Altdorf. Arch. Rheinland 2006 (Stuttgart 2007) 42–45.

TAGEBAU GARZWEILER

Das Projekt „Beiträge zur urgeschichtlichen Landschaftsnutzung im Braunkohlenrevier" (LANU)

Anna-Leena Fischer,
Inga Kretschmer
und Holger Kels

Das von der „Stiftung zur Förderung der Archäologie im rheinischen Braunkohlenrevier" unterstützte Projekt „Beiträge zur urgeschichtlichen Landschaftsnutzung im Braunkohlenrevier" beschäftigt sich mit der Nutzung der Landschaft durch den urgeschichtlichen Menschen vom Paläolithikum bis in die vorrömischen Metallzeiten. Es wird vom Institut für Ur- und Frühgeschichte der Universität zu Köln in enger Zusammenarbeit mit der Außenstelle Titz des LVR-Amtes für Bodendenkmalpflege im Rheinland durchgeführt. Das Projekt läuft seit zwei Jahren; an dieser Stelle seien kurz Fragestellung, Zielsetzung und Arbeitsweise erläutert und erste Ergebnisse vorgestellt.

Die Frage nach der Nutzung der Landschaft durch den urgeschichtlichen Menschen ist eine der zentralen Fragestellungen der aktuellen Forschung. In dem Projekt soll mittels Abbaukantenprospektionen und großflächigen geomagnetischen Prospektionen sowie kleineren Sondagen im Vorfeld der drei rheinischen Braunkohlentagebaue eine Datenbasis geschaffen werden, auf deren Grundlage Fragen zu beantworten sind, wie z. B: Wo lag wann welche Art von Fundplatz? Gibt es kulturspezifische Nutzungsmuster? Wie reagierten die Menschen auf Veränderungen ihrer Umwelt? Dabei ist es besonders wichtig, nicht nur die großen Siedlungen im Auge zu behalten, sondern auch den – ver-

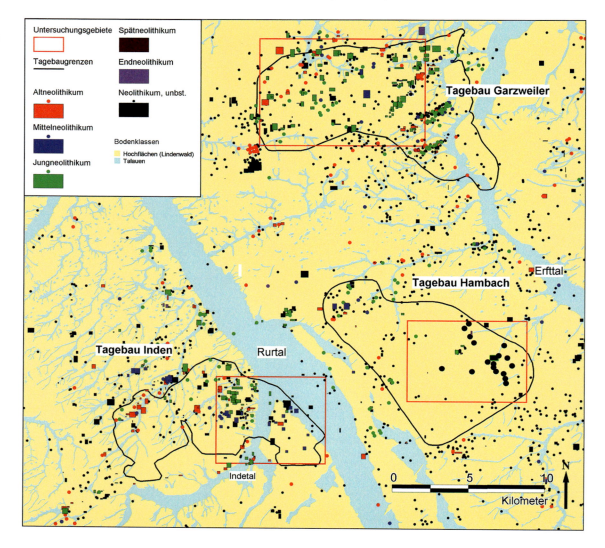

35 Die Arbeitsgebiete des LANU-Projektes im rheinischen Braunkohlenrevier, hier mit den neolithischen Fundstellen.

meintlich leeren – Raum zwischen den großen Fundplätzen zu betrachten. Die Untersuchung von off-site-Fundplätzen stellt bislang eine Lücke in der Forschung dar, will man aber Landschaftsnutzung untersuchen, sind gerade solche Fundstellen von großer Bedeutung. Als Arbeitsgebiet eignet sich das rheinische Braunkohlenrevier für derartige Fragestellungen ganz besonders, da im Vorfeld der drei Tagebaue Garzweiler, Hambach und Inden flächendeckende Untersuchungen über viele Jahre hinweg möglich sind (Abb. 35). Langfristiges Ziel der Untersuchungen ist die Erstellung archäologischer Potenzialkartierungen zu ausgewählten Zeitabschnitten vom Paläolithikum bis in die vorrömische Eisenzeit, sodass wir zum Schluss zu einer diachronen Betrachtung der Landschaftsnutzung gelangen.

Das LANU-Projekt ist in die drei Teilprojekte Paläolithikum, Neolithikum und Metallzeiten unterteilt, die sich hinsichtlich der Vorgehensweise und ihrer zeitspezifischen Fragestellungen unterscheiden.

Innerhalb des Teilprojekts Paläolithikum erfolgen seit 2007 Prospektionen an den Abbaukanten des Tagebaus Garzweiler. In Anlehnung an das Projekt „Archäologische Prospektion der Abbaukanten (APA)" (1998–2001) werden die Abbaukanten erneut regelmäßig begangen, Einzelfunde geborgen und stratigraphisch eingeordnet. Im Falle potenzieller, stratifizierter Fundstellen finden kleinere Sondagen statt. Zusätzlich erfolgt die Dokumentation des Paläoreliefs in ausgewählten Teilgebieten. Hierbei richtet sich die Aufmerksamkeit vor allem auf das Vorkommen, den Verlauf oder das Fehlen aussagekräftiger Leithorizonte und Diskordanzen innerhalb der Lössdeckschicht. Neben der Anlage von Profilen, deren Einmessung und fotografischer Dokumentation, werden detaillierte Wandzeichnungen angefertigt. Bei Bedarf erfolgt die Entnahme geologischer Sedimentproben zur Absicherung der relativen Alterseinstufung (Abb. 36).

Insgesamt prospektierte man im Zeitraum 2007/2008 die Abbaukanten auf 8,5 km Länge, Wandzeichnungen und Einmessungen erfolgten auf ca. 1,3 km Länge (Abb. 37).

Im Bereich des ehemaligen Elsbachtals ließ sich an drei Stellen (FR 2008/0018, FR 2008/0020, FR 2008/0094) auf ca. 630 m Wandlänge der für die Modellierung bedeutsame eem- bis frühwürmzeitliche Rocourt-Solkomplex sowie die oberwürmzeitliche Eben-Diskordanz dokumentieren. Neben den großen Wandabschnitten werden auch kleinräumige Geländerinnen aufgenommen, die wichtige Aussagen über die Landschaftsentwicklung zulassen (FR 2008/095, FR 2008/0097, FR 2008/099).

Im Juni 2008 konnte bei einer Erstbegehung (FR 2008/0023) eine ca. 60 cm lange Rippe eines jungen Mammuts mit Bearbeitungsspuren (Analyse H. Berke, Univ. Köln) vollständig geborgen werden. Stratigraphisch ist der Fund der Niedereschbachzone, einer

36 Tagebau Garzweiler. Arbeitsweise an der Abbaukante.

markanten Umlagerungszone zu Beginn der letzten Kaltzeit um ca. 70 000 BP, zuzuordnen.

Im Süden der Abbaukante wurde 2008 ein ca. 5 m unter der Oberfläche gelegenes, bis zu 1,20 m mächtiges, kalkhaltiges Sandband beobachtet (FR 2008/

37 Tagebau Garzweiler. Lage der begangenen Wandabschnitte 2007 (blau) und 2008 (rot).

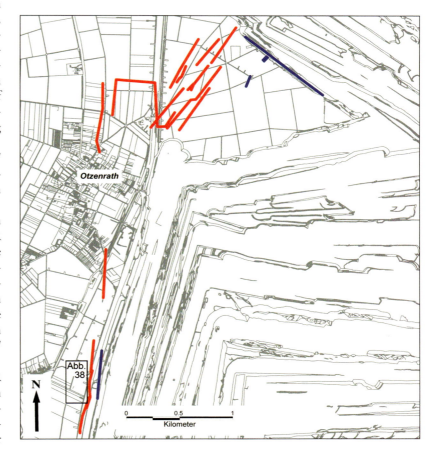

38 Tagebau Garzweiler. Planum mit angelegten Schnitten und Funden von FR 2008/0019. Silex (blau), Knochen (rot).

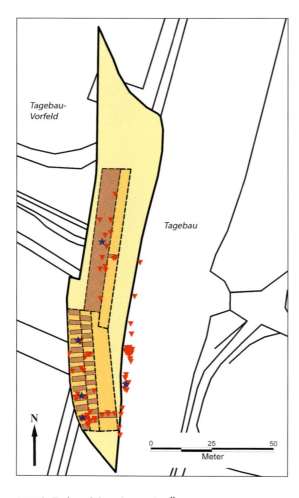

39 Tagebau Garzweiler. Querprofil durch Flusssedimente von FR 2008/0019.

0019). Es handelt sich um die Überreste eines lokalen, verflochtenen Flusssystems, das sich längs der Abbaukante erstreckt und eine gute Knochenerhaltung aufweist. Bei der Anlage der Wandzeichnung und einer kleineren Sondage kamen zahlreiche Knochenfunde zutage. Die stratigraphische Einordnung der Flusssande wird durch die bis zu 3 m tief in die oberen Lössschichten einschneidende Autobahntrasse erschwert. Die vorhandenen älteren Lösse sind bis in eine Tiefe von 2,50–2,80 m entkalkt, was nicht durch die holozäne Bodenbildung, sondern durch einen fossilen Bodenkomplex bedingt sein muss. Außerdem zeigt der Löss oberhalb der „Knochensande" auffällige bläulichgraue Nassböden, welche die Bruchköbel-Nassböden innerhalb des Wetterau-Lösses repräsentieren sollten. Diese Beobachtungen weisen auf eine präeemzeitliche Zeitstellung hin, mindestens in das Stadium 6 der Sauerstoffisotopenkurve der vorletzten Kaltzeit.

In der nördlich und südlich anschließenden Wand wurde der Verlauf des Sandbands weiter verfolgt und dokumentiert (FR 2008/0022). Um die Ufersituation und eventuelle Lagerplätze mit z. B. seltenen präeemzeitlichen Knochenfunden aufzudecken, erfolgte in Absprache mit der RWE Power AG die Anlage eines ca. 5000 m² großen Planums durch einen Schaufelradbagger (Abb. 38).

Im Norden des Planums legte man ein Großprofil von ca. 55 m Länge sowie kleinere Querprofile an (Abb. 39). Im südlichen Teil wurden kleinere Flächen per Hand abgegraben und das sandige Sediment gesiebt. Wenngleich die Flusssedimente über die gesamte Fläche ziehen, blieb eine Ufersituation bislang aus.

Insgesamt kamen im Bereich der Stelle FR 2008/0019 und auf der Planumsfläche 113 Zahn- und Knochenfunde sowie fünf Feuersteinartefakte zutage, die sich über die gesamte Strecke hinweg verteilten. Zusätzlich entnahm man zur Unterstützung der relativen Einstufung geologische Sedimentproben zur Altersdatierung mittels OSL (Optisch Induzierte Lumineszenz) und ESR (Elektronenspinresonanzspektroskopie). Die Knochenfunde ergaben nach der archäozoologischen Analyse durch H. Berke ein breites Faunenspektrum. Unter den bestimmbaren Tierarten sind Pferd, Wildrind, Mammut, Reh, Hirsch oder Rentier, Wildkatze und kleine Nager nachgewiesen. Schnitt- und Schlagspuren ließen sich an zahlreichen Pferdeknochen und vereinzelten Wildrind- und Mammutknochen feststellen. Außerdem befand sich unter den Funden ein zur Entnahme des Knochenmarks aufgebrochener Rinderknochen.

Die Prospektionsarbeiten des LANU-Projekts zeigen, dass mit einer kontinuierlichen Beobachtung der Abbaukanten Fundstellen zu erfassen sind, die man oberflächlich nicht erkennt. Darüber hinaus wird die Dokumentation des Paläoreliefs eine Rekonstruktion der urgeschichtlichen Landschaft ermöglichen und zu einem besseren Verständnis der Landschaftsnutzung führen.

Im Rahmen des Teilprojekts Neolithikum erfolgt eine großflächige geomagnetische Prospektion neolithischer Oberflächenfundplätze im Vorfeld der Tagebaue Garzweiler, Hambach und Inden, um genauere Aussagen über Größe und Art der Fundplätze treffen zu können. In den vergangenen zwei Jahren war es so möglich, elf Maßnahmen an acht Fundplätzen durchzuführen und dabei über 44 ha zu begehen. Als ein Beispiel seien hier die Arbeiten im Vorfeld des Tagebaus Garzweiler vorgestellt. Dort konnten in den vergangenen zwei Jahren fünf Fundstellen begangen werden, vier mittelneolithische und ein bandkeramischer

Fundplatz. Die mittelneolithischen Plätze entpuppten sich, nach den Ergebnissen der Magnetik zu urteilen, als off-site-Fundstellen mit vereinzelten Befunden ohne inneren Zusammenhang; sie sind also nicht als Siedlungen im engeren Sinne zu bezeichnen. Derartige Plätze sind historisch gesehen durchaus interessant, geben sie doch vor allem wichtige Hinweise auf die ehemalige Landschaftsnutzung.

Mit der Untersuchung des bandkeramischen Fundplatzes erfasste man dagegen eine Siedlung: Vom nördlichen Elsbachtal waren bislang vier bandkeramische Fundstellen bekannt, drei davon (FR 139, FR 140 und FR 141) sind bereits ausgegraben. Im Winter 2007 erfolgte im Rahmen des LANU-Projektes die geomagnetische Begehung einer Fläche südwestlich der Großsiedlung FR 141. Das dabei entstandene Magnetogramm zeigt im Westen eine deutliche Konzentration von Anomalien, die aufgrund ihrer Größe, Form und Struktur auf eine bandkeramische Siedlung schließen ließen (Abb. 40). Diese konnte im Sommer 2008 gemeinsam von der Außenstelle Titz des LVR-ABR und Studenten der Universität zu Köln im Rahmen einer Lehrgrabung untersucht werden. Dabei gelang es, 4000 m² mit acht bandkeramischen und zwei metallzeitlichen Hausgrundrissen sowie ca. 300 weiteren Befunden aufzudecken. Die Auswertung befindet sich im Moment noch in den Anfängen; nach der Typologisierung bandkeramischer Hofplätze auf der östlichen Aldenhovener Platte lässt sich der neu entdeckte Fundplatz jedoch schon vorläufig, je nach Anzahl der Hausgenerationen, in die Kategorien Weiler oder Einzelhof einordnen.

Anders als das Teilprojekt Neolithikum konzentriert sich das Teilprojekt Metallzeiten zunächst auf die Untersuchung eines Kleinraums im Tagebau Inden. Dort entdeckte man im Rahmen der Stiftungsprojekte „Archäologische Talauenforschung" sowie „Bronze- und eisenzeitliche Besiedlung des Inde-Mündungsgebietes" ausgedehnte metallzeitliche Fundkonzentrationen; an fünf Fundstellen fanden kleinere Ausgrabungen statt (vgl. Beitrag U. Geilenbrügge). Dabei zeigten sich auch Parallelen zu dem von A. Simons 1989 für die Lössbörden des Rheinlandes aufgestellten Besiedlungsmodells, wonach es von der Bronzezeit bis in die frühe Eisenzeit große, nur locker belegte Siedlungszonen mit Streusiedlungen gab und erst ab der späten Eisenzeit dorfähnliche Strukturen entstanden. Diese Ergebnisse lassen sich jedoch nicht direkt auf die Besiedlung der Täler übertragen, und es stellt sich die Frage, wie dort die Nutzung ausgesehen haben könn-

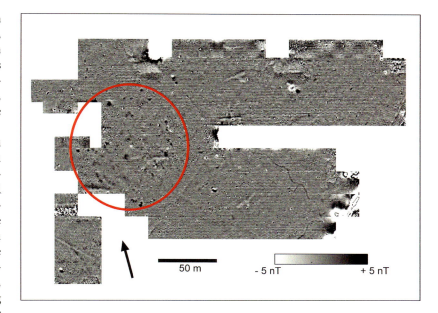

40 Tagebau Garzweiler. Magnetogramm der bandkeramischen Fundstelle FR 2008/100.

te. Um dieser Frage nachzugehen, finden im Rahmen unseres Projektes flächendeckende geomagnetische Prospektionen innerhalb der Fundkonzentrationen und ihres Umfelds statt. Die ersten Ergebnisse zeigen, dass sich mit Hilfe der Geomagnetik die Ausdehnung metallzeitlicher Befundstreuungen erfassen lässt, kleinere Befunde wie Pfostenlöcher jedoch, zumal bei einem derart stark gestörten Untergrund wie in Inden, nicht zu erkennen sind. Auf den weniger stark gestörten Flächen weiter hangaufwärts wird dies jedoch sicher besser gelingen.

Es hat sich erwiesen, dass geomagnetische Prospektionen, wie sie im Rahmen des LANU-Projektes durchgeführt werden, grundsätzlich geeignet sind, um größere Fundkomplexe zu identifizieren und von off-site-Aktivitäten zu unterscheiden. Diese off-site-Fundstellen sind ein Desiderat der Forschung und sollten möglichst systematisch untersucht werden.

Literatur: U. BÖHNER/TH. UTHMEIER, Archäologische Prospektion der Abbaukanten im Tagebau Garzweiler. Arch. Rheinland 1999 (Köln 2000) 37–39. – H. KELS, Bau und Bilanzierung der Lössdecke am westlichen Niederrhein. Diss. Univ. Düsseldorf 2007. – A. SIMONS, Bronze- und eisenzeitliche Besiedlung in den rheinischen Lössbörden. Archäologische Siedlungsmuster im Braunkohlegebiet. BAR Internat. Ser. 467 (Oxford 1989). – A. ZIMMERMANN u. a., Landschaftsarchäologie II. Überlegungen zu Prinzipien einer Landschaftsarchäologie. Ber. RGK 85, 2004, 37–95.

JÜLICH, KREIS DÜREN

Gehirnforschung am Neandertaler – neue Methoden und Ergebnisse

Katrin Amunts,
Simon Matzerath,
Hartmut Mohlberg,
Marcell Perse
und Karl Zilles

„Wie viel Neandertaler steckt in uns?" – so fragte der bekannte Wissenschaftsjournalist Ranga Yogeshwar zum 150jährigen Jubiläum der Entdeckung des Neandertalers (Abb. 41). In seiner Sendung Quarks & Co am 2. Oktober 2007 stellte er die weltweit gewonnenen Forschungsergebnisse über den Eiszeitmenschen dar, der – wie inzwischen genetisch belegt – nicht unser direkter Vorfahre ist. Sein Fazit: Die bisherigen Vorstellungen vom Wesen und Leben des Neandertalers haben sich in den letzten zwei Jahrzehnten drastisch gewandelt. Während der Neandertaler früher als plumper Keulenschwinger dargestellt wurde (Abb. 42), gilt er heute als sprachfähiger, intelligenter und sozialer Mensch, dessen technische und kulturelle Leistungen mehr als zuvor mit denen des modernen Menschen zu vergleichen sind.

Seit 1991 wird im LVR-LandesMuseum Bonn der für den Menschen der mittleren Altsteinzeit (Mittelpaläolithikum) namengebende Skelettfund aus dem Neandertal in den Mittelpunkt eines einzigartigen Forschungsprojektes gestellt. Mit zahlreichen archäologischen, anthropologischen und naturwissenschaftlichen Methoden war es möglich, sich dem Neandertaler auf ganz verschiedenen Ebenen anzunähern. Es gelang dabei, einen Einblick auch in die geistige Welt des Neandertalers und eine Vorstellung von seinem Sozialverhalten zu gewinnen.

Die Untersuchungen am Typusexemplar des Neandertalers im LVR-LandesMuseum Bonn ergaben nicht nur eine langjährige schwere Erkrankung, sondern auch eine Behinderung durch einen falsch verwachsenen Armbruch im Jugendalter. Ohne ein soziales Netzwerk hätte er nicht überleben und ein Alter von über 40 Jahren erreichen können.

Ranga Yogeshwar griff diese Ergebnisse in seiner Sendung auf und präsentierte gleichzeitig neueste Erkenntnisse zur Gehirnstruktur des Neandertalers, die das Team um Prof. Karl Zilles in Zusammenarbeit mit der amerikanischen Anthropologin Prof. Dean Falk (Florida State University) im Forschungszentrum Jülich erarbeitet hat. Die in Jülich verfolgte Studie ist bislang noch unpubliziert und wurde im Rahmen der Pressekonferenz zur Ausschilderung eiszeitlicher Fundstellen in NRW im März 2008 erneut vorgestellt (vgl. Beitrag D. Bachmann/S. Matzerath). Die wichtigsten Resultate der Untersuchung seien im Folgenden skizziert.

Das in Jülich durchgeführte Projekt hatte sich zum Ziel gesetzt, originale Fallbeispiele aus der menschlichen Evolution, begonnen beim Zwergschimpansen, dem Bonobo, über verschiedene Hominidenschädel des Australopithecus, Homo habilis, Paranthropus und Homo erectus bis schließlich zum Neandertaler und modernen Menschen, in vergleichenden Studien zu analysieren. Dazu wurde zunächst an den originalen Schädeln ein sog. „Endocast" angefertigt: Dazu benetzte man den Schädel von innen mit einer Flüssigkeit, sodass nach Härtung des Kunststoffs ein Negativ der Schädelinnenoberfläche vorliegt. Dieses kompakte Kunststoffmodell des Schädelinnenraums wurde dann weiter analysiert. Dabei galt es, mit einem Magnet-Resonanz-Tomographen (MRT) ein virtuelles Abbild dieser Abgüsse zu erzeugen und schließlich ein dreidimensionales Gehirnmodell digital zu produzieren. Die Hirnmodelle rasterte man in Hunderttausenden von 1 mm³ großen Volumeneinheiten, um sie im Detail untereinander mathematisch vergleichen zu

41 Ranga Yogeshwar präsentiert im WDR-Fernsehen in Quarks & Co das Thema „Der Neandertaler".

können. Hierbei kann die Differenz der Gehirnform in den verschiedenen Hirnregionen zwischen unterschiedlichen Individuen über Vektoren angegeben und in der digitalen Rekonstruktion je nach Größe der Vektoren, d. h. der Abweichungen zwischen den Individuen, farblich gekennzeichnet werden (Abb. 43). Auf diese Weise ist es möglich, die Gehirnstruktur verschiedener Arten miteinander zu vergleichen und so die Entwicklung des Gehirns in der Evolution nachzuvollziehen.

Relevant für die kognitive und emotionale Leistungsfähigkeit eines Gehirns sind nicht so sehr seine absolute Größe, sondern ganz verschiedene Faktoren, wie z. B. die innere Differenzierung des Gehirns (die Ausprägung einzelner Regionen) und das Verhältnis von Gehirngröße zum Körpergewicht. Bei lebenden Menschen ist die Bedeutung der Hirnregionen relativ gut erforscht. Dort sind die Aktivitäten bei unterschiedlichen Denkprozessen durch den Sauerstoffgehalt der aktiven Hirnregionen im MRT sichtbar zu machen. Die so ermittelten Funktionen der einzelnen Hirnbereiche beim heutigen Menschen lassen sich auf den urgeschichtlichen Menschen übertragen.

Die Untersuchungen im Forschungszentrum Jülich liefern eine geeignete Methode, um auch die Gehirnstruktur und -funktion zwischen Neandertaler und modernem Menschen zu vergleichen. Die Abgüsse des Schädelinnenraums von zunächst zwei Neandertalern wurden in Jülich digitalisiert. Es handelt sich dabei um die schon 1908 im Tal der Sourdoire bei La Chapelle-aux-Saints (Frankreich) und 1939 in der Grotta Guattari im Monte Cicero (Italien) gefundenen Individuen. Beide Neandertaler lebten vor etwa 50 000 Jahren. Obwohl die Datengrundlage noch vergleichsweise klein ist und in Zukunft weiterer Bestätigungen durch andere Neandertalerschädel bedarf, ließen sich mit der neuen Methode bei beiden Schädeln ähnliche Merkmale beobachten. Bei einem Vergleich der Neandertalergehirne mit dem Gehirn des modernen Menschen ergeben sich zwei markante Schlussfolgerungen hinsichtlich der Frage zu den Gemeinsamkeiten und Unterschieden:

1. Nachdem durch den Fund eines Zungenbeines eines etwa 60 000 Jahre alten Neandertalers im israelischen Kebara eine Voraussetzung für das Sprechen schon seit einigen Jahren nachgewiesen ist, gelang im Forschungszentrum Jülich anhand der beiden untersuchten Individuen der Nachweis, dass ein dem modernen Menschen sehr ähnliches Sprachzentrum vorhanden gewesen sein muss. 2. Abweichend vom modernen Menschen ist bei den beiden Neandertalern aber der vordere Gehirnlappen (ventraler präfrontaler Kortex), der Gehirnbereich direkt über den Augenhöhlen, geringer ausgeprägt. Dieser Teil des Gehirns steuert u. a. beim modernen Menschen das Sozialverhalten. Beide Neandertaler weisen eine verminderte Ausprägung dieser Hirnregion auf. Eine Möglichkeit der Interpretation dieses biologischen Befundes ist ein relativ geringeres Repertoire an sozialen Verhaltensweisen. Diese Aussage gilt bislang nur für die beiden in Jülich untersuchten Neandertalerexemplare. Es ist nicht das Anliegen der Studie, den Neandertaler wieder in ein schlechtes Licht zu rücken, wie dies die populäre Darstellung von François Kupka nach Angaben von Marcellin Boule in Anlehnung an das in La Chapelle-aux-Saints gefundene Individuum vermittelte (Abb. 42). Die neue Methodik der Jülicher Gehirnforschung erfasst lediglich empirische Daten, die für dasselbe Individuum aus La Chapelle-aux-Saints, welches Boule zu seiner Rekonstruktion veranlasste, eine geringere soziale Kompetenz als beim modernen Menschen vermuten lassen. Es bleibt offen, ob dieser Befund generalisiert werden kann und für alle Neandertaler-Individuen gültig ist.

Die methodische Herangehensweise der in Jülich durchgeführten Studie ist weltweit einzigartig und exemplarisch. Sie schafft weitergehende Analysemöglichkeiten zur Gehirnstruktur unterschiedlicher Arten. In Zukunft kann sie auf Grundlage einer größeren Datenmenge neue Befunde liefern und die Diskussion zu Gemeinsamkeiten und Unterschieden

42 Der „wilde Mann". Zeichnung des keulenschwingenden Neandertalers aus La Chapelle-aux-Saints von F. Kupka.

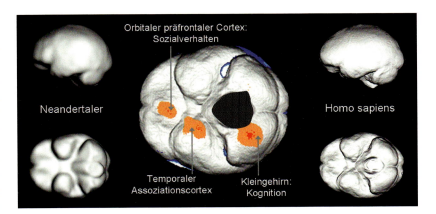

43 Jülich. Vergleich der digitalen Gehirnmodelle zwischen Neandertaler und Homo sapiens, Ansichten von der Seite und von unten. Markante Unterschiede sind orange markiert.

zwischen Neandertaler und modernem Menschen, aber auch deren Vorfahren, bereichern. Vielleicht eröffnen sich hierbei auch neue Aspekte zum Aussterben der Neandertaler: Für das Überleben in Stresssituationen sind gerade weitreichende soziale Netzwerke wichtig, die Garanten für die Fortpflanzung und Ressourcenzugänglichkeit sein können. Möglicherweise war der Neandertaler diesbezüglich gegenüber dem modernen Menschen im Nachteil.

Literatur: E. Armstrong/G. W. van Hoesen/A. Schleicher/ K. Semendeferi/K. Zilles, Prefrontal cortex in humans and apes: a comparative study of Area 10. Am. Journal Physical Anthr. 114, 2001, 224–241. – B. Auffermann/G.-C. Weniger, Neandertaler – Kulturträger oder Wilder Mann? Ein kurzer Rückblick auf 150 Jahre Rezeptionsgeschichte. In: G. Uelsberg (Hrsg.), Roots//Wurzeln der Menschheit (Mainz 2006) 183–188. – N. J. Conard (Hrsg.), When Neanderthals and Modern Humans met (Tübingen 2006). – R. W. Schmitz (Hrsg.), Neanderthal 1856–2006. Rhein. Ausgr. 58 (Mainz 2006).

STADT WUPPERTAL

Ein graviertes Geröll aus dem Spätpaläolithikum?

Wolfgang Heuschen

Der bereits 2005 gefundene späteiszeitliche gravierte Retuscheur aus dem Siegtal hat gezeigt, dass aufmerksame Sammler bei ihrer Tätigkeit im Gelände auch zuweilen recht seltene archäologische Fundgattungen entdecken. Kunstobjekte finden sich jedoch nicht nur bei der systematischen Suche nach beweglichen Bodendenkmälern, sondern – wie der im Folgenden vorgestellte Fund zeigt – auch rein zufällig.

Erst kürzlich wurde bekannt, dass das niederländische Ehepaar Busser bereits vor sieben Jahren ein graviertes Geröll zwischen Mettmann und Wuppertal entdeckte. Bei einem Spaziergang entlang eines frisch gepflügten, relativ steinarmen Ackers fiel ihnen ein hellgrauer, flacher Stein auf der Ackerkrume auf. Bei näherer Betrachtung stellte sich heraus, dass sich auf dem Geröll Linien befanden. Die erste Vermutung ließ auf Spuren durch ein landwirtschaftliches Gerät schließen. Da sie sich jedoch nicht sicher waren, ob es sich bei den Linien nicht doch um Gravuren handeln könnte, nahmen sie das Geröll mit. Im Jahr 2008 zeigte das Ehepaar Busser den Stein zunächst Jaap Beuker vom Drents Museum in Assen (Niederlande). Dieser vermittelte den weiteren Kontakt zu Marcel Niekus vom Archäologischen Institut der Universität Groningen (Niederlande), der den Fund dem zuständigen LVR-Amt für Bodendenkmalpflege im Rheinland, Außenstelle Overath, meldete. Marcel Niekus ermöglichte dem Autor, das Fundstück zu untersuchen. Ihm sei an dieser Stelle dafür herzlich gedankt.

Das Geröll ist 67 mm lang, 65 mm breit und 10 mm dick (Abb. 44–45). Es hat ein Gewicht von 60 g. Bei dem hellgrauen, plattigen Gestein handelt es sich vermutlich um Tonschiefer. An der unteren Kante finden sich auf beiden Seiten Aussplitterungen. Diese kappen in wenigen Fällen die Gravuren; in den meisten Negativen, die durch die Aussplitterungen entstanden sind, lassen sich die Linien jedoch weiterverfolgen (Abb. 46). Dies zeugt von einer zeitlichen

44 Wuppertal. Die Geröllberseite mit dem deutlich sichtbaren Gittermuster.

45 Wuppertal. Die Unterseite des Gerölls mit den wesentlich flacheren Gravuren.

Tiefe der Negative und weist darauf hin, dass die meisten Aussplitterungen schon vor den Gravuren vorhanden waren. Die Verwendung des Gerölls als Werkzeug für die Steinbearbeitung oder ähnliches konnte nicht nachgewiesen werden.

Die Gravuren sind allgemein relativ fein ausgeführt, besonders auf der Rückseite des Gerölls (Abb. 45). Auf beiden Seiten finden sich einige wenige tiefe Furchen, die die Gravuren unterbrechen. Dabei handelt es sich am ehesten um jüngere Beschädigungen. Abgesehen von den die Gravuren kappenden Negativen und den tiefen Furchen ist der Fund gut erhalten.

Auf der Vorderseite des Gerölls ist unschwer ein graviertes, leicht unregelmäßiges Gitter zu erkennen (Abb. 44; 46, grün). Die anderen, meist kürzeren Linien lassen sich hingegen nicht zu einer Sinneinheit zusammenfassen (Abb. 44; 46, grau).

Die Rückseite ist schwieriger zu entziffern (Abb. 45–46). Zum einen befinden sich auf dieser Seite des Gerölls deutlich mehr Linien, die keinen Zusammenhang erkennen lassen (Abb. 45; 46, grau). Zum anderen sind die Linien auf dieser Seite wesentlich feiner graviert worden. Auf dieser Seite lässt sich dennoch – wenn auch ungleich schwieriger – ein regelmäßiges Gittermotiv erkennen (Abb. 45; 46, grün).

Wie ist der Fund zu datieren? In welchen archäologischen Kontext gehört dieses Artefakt? Beifunde, die auf eine Datierung hinweisen könnten, wurden von Frau und Herrn Busser nicht entdeckt. Auch sind dem LVR-Amt für Bodendenkmalpflege im Rheinland aus diesem Gebiet keine Funde bekannt. Bislang war es leider nicht möglich, die Fundstelle selbst zu begehen, sodass vorerst keine datierbaren Funde zur Klärung des Alters zur Verfügung stehen.

Die im Laufe der Zeit entstandenen mineralogischen Anlagerungen und Neubildungen auf den Gravuren können Hinweise auf das relative Alter des Fundes geben. Auf dem Geröll von Wuppertal finden sich kleine mineralische Anlagerungen. Diese meist unter 1 mm großen rundlichen Strukturen lassen sich bislang lediglich auf der unbeschädigten Gerölloberfläche, nicht aber auf den Gravuren selbst feststellen. Der Entstehungszeitraum dieser mineralogischen Anlagerungen in Bezug auf die Anfertigung der Gravuren kann somit nicht näher eingegrenzt werden.

Das Motiv selbst ist recht einfach und auch ohne künstlerisches Talent recht schnell zu zeichnen. Anders als Tier- oder Menschendarstellungen lassen sich solche einfachen geometrischen Motive stilistisch häufig nicht datieren. Gravierte Steinplatten und Gerölle mit Gittermotiven finden sich jedoch gelegentlich in identischer Ausprägung und Herstellungstechnik in jungpaläolithischen, besonders aber in spätpaläolithischen

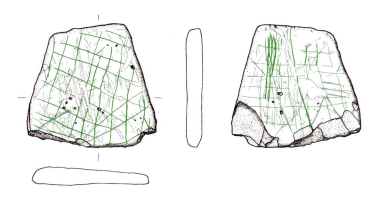

46 Wuppertal. Zeichnung des Gerölls, M. 1:2.

Inventaren vor allem Westeuropas. Fundstücke der jungpaläolithischen Siedlung Gönnersdorf und dem spätpaläolithischen Fundplatz Niederbieber aus dem ca. 100 km entfernten Neuwieder Becken (Rheinland-Pfalz) sind die geographisch nächsten Parallelen. An beiden Fundplätzen sind identische Motive auf Schieferplatten graviert worden.

Ein entscheidender Hinweis auf das Alter des Artefakts ist mit der Klärung der Frage verbunden, mit welchem Werkzeug man die Gravuren ausführte. Wie z. B. die Arbeiten an den gravierten Schieferplatten von Gönnersdorf gezeigt haben, hinterlassen die Funktionsenden der zum Gravieren benutzten Steinwerkzeuge charakteristische Spuren in den Vertiefungen der Linien. Anhand dieser Spuren besteht die Möglichkeit, eine durch ein Silexgerät erzeugte Gravur von einer mit einem Metallwerkzeug angefertigten zu unterscheiden. Experimente haben gezeigt, dass sich die Unterschiede am deutlichsten bei gebogenen Linien zeigen, da hier die meisten Merkmale eines Funktionsendes dokumentiert werden. Bei den Linien des Gerölls von Wuppertal handelt es sich jedoch weitestgehend um gerade Linien, sodass die in Frage kommenden Merkmale nur schlecht zu bestimmen sind. Da diese Analysen noch nicht abgeschlossen sind, lassen sich an dieser Stelle noch keine endgültigen Aussagen zum Material der Werkzeugspitze machen.

Mit dem Fund von Wuppertal ist ein weiteres graviertes Geröll aus dem Rheinland bekannt geworden. Auch wenn derzeit keine genaue Datierung möglich ist, geben die Motive jedoch zu der Vermutung Anlass, dass es sich bei diesem, ebenso wie bei dem gravierten Retuscheur aus dem Siegtal, um ein spätpaläolithisches Artefakt handeln könnte.

Literatur: W. Heuschen/F. Gelhausen/S. B. Grimm/ M. Street, Neue altsteinzeitliche Kunst aus dem Siegtal. Arch. Rheinland 2005 (Stuttgart 2006) 31–34. – W. Heuschen/F. Gelhausen/S. B. Grimm/M. Street, Ein verzierter Retuscheur aus dem mittleren Siegtal (Nordrhein-Westfalen). Arch. Korrbl. 36, 2006, 1–12.

GOCH, KREIS KLEVE

Eine Sammlung mit steinzeitlichen Artefakten aus dem Raum Goch

Astrid Slizewski

Im Jahr 2005 erhielt die Außenstelle Xanten des LVR-Amtes für Bodendenkmalpflege im Rheinland eine archäologische Sammlung, die sich u.a. aus 2669 Steinartefakten zusammensetzt. Soweit heute noch nachvollziehbar, stammen die Objekte hauptsächlich vom Gocher Berg und aus dem benachbarten Niersauengebiet.

Die Inventarisierung und Auswertung der Artefakte fand im Rahmen einer Projektstelle statt. Bereits bei der ersten Durchsicht wurde klar, dass sich darunter zahlreiche aussagekräftige Einzelstücke aus verschiedenen Zeitabschnitten befinden und beinahe alle Stücke sehr gut erhalten sind. Bei der näheren Betrachtung der Artefakte zeigte sich, dass kaum Kantenbeschädigungen vorlagen und die Stücke lediglich minimal oder überhaupt nicht patiniert sind – ein für Oberflächenfundplätze ungewöhnlicher Erhaltungszustand. Bei den geschlagenen Steinartefakten selbst dominiert Flint und es handelt sich zu einem großen Teil um unretuschierte Klingen und Abschläge. Zahlreiche Mikrolithen, Beile, Rückenspitzen und Kratzer erlauben eine weiterführende typologische Ansprache. Die übrigen Formen setzen sich aus 293 Trümmern, fünf Rohknollen, 34 Klingenkernen, 22 Abschlagkernen, drei Kerntrümmern, 920 unretuschierten Abschlägen, 1136 unretuschierten Klingen, 25 einfachen Spitzen und 85 sonstigen Zerlegungsresten zusammen.

Dreizehn Rückenspitzen, drei Daumennagelkratzer und ein Rückenmesserchen sind typische Werkzeugformen für das Spätpaläolithikum bis Mesolithikum, das im zentralen Rheinland im Zusammenhang mit den Federmessergruppen durch M. Baales bereits dokumentiert ist. Mikrolithen des Mesolithikums – darunter neun Mikrorückenspitzen, ein Mikrokratzer, 16 einfache Mikrospitzen, drei Dreiecksspitzen, ein Trapez sowie zwei Mistelblattspitzen – bilden eine wichtige Gruppe in den Sammelfunden. Den Angaben des Sammlers zufolge fand er die Mikrolithen auf der Hochfläche des „Gocher Berg" in Goch-Pfalzdorf.

60 Kratzer und sechs Bohrer könnten bereits aus dem Jungpaläolithikum stammen; sie sind jedoch nicht chronologisch markant und damit auch jüngeren Zeitstufen zuordenbar (Abb. 47).

Fünf flächenretuschierte Flügelpfeilspitzen datieren in das Neolithikum (Abb. 48). Der extrem feinen Ausarbeitung der Stücke verdankte eine der Pfeilspitzen ihre Auswahl zum Fund des Monats im LVR-LandesMuseum Bonn im Jahr 2005. Auch die Beile stammen aus dem neolithischen Zeithorizont. Darunter fallen u.a. eine jungneolithische Dechselklinge aus Rijckholtflint, die J. Obladen-Kauder und J. Weiner im Jahrbuch 2005 vorgestellt haben, zwei Flintrechteckbeile, ein spitznackiges Beil aus Felsgestein – möglicherweise Diabas, ein nur medial erhaltenes Flintovalbeil und ein nur im Schneidenbereich erhaltenes, verbranntes Rechteckbeil (Abb. 49). Zwei endneolithische Spandolche aus Flint komplettieren das neolithische Ensemble.

Obwohl hier ein Inventar vorliegt, das unter nicht mehr eindeutig nachvollziehbaren Umständen zusammengetragen wurde, lässt sich neben der zeitlichen

47 Goch. Kantenretuschierte und kurze Kratzer.

48 Goch. Drei flächenretuschierte Flügelpfeilspitzen und eine einfache flächenretuschierte Pfeilspitze.

Einordnung der typologisch markanten Artefakte das Herkunftsgebiet „Gocher Berg" zumindest weiträumig umreißen. Daher sollte man im Raum Goch bei künftigen Prospektions- und Grabungsmaßnahmen ein besonderes Augenmerk auf steinzeitliche Kulturlandschaftsaspekte legen.

49 Goch. Neolithische Flint- und Felsgesteinbeile.

Literatur: M. BAALES, Some Special Aspects of Final Palaeolithic Silex Economy in the Central Rhineland (Western Germany), Stone Age – Mining Age. 8. Internat. Flintsymposium. Anschnitt, Beih. 19 (Bochum 2006) 239–245. – J. OBLADEN-KAUDER/J. WEINER, Eine Sammlung steinzeitlicher Artefakte vom Unteren Niederrhein. Arch. Rheinland 2005 (Stuttgart 2006) 44–45.

MERZENICH, KREIS DÜREN

Eine bandkeramische Großsiedlung mit der ältesten menschlichen Darstellung des Rheinlandes

Erwin Cziesla, Thomas Ibeling, Holger Schmitt und Oliver Ungerath

Im Süden der Gemeinde Merzenich wird ein 4,5 ha großes Areal mit etwa 75 Einfamilienhäusern bebaut. Die plateauartige Lage auf einem westlich zum Ellebach hin exponierten Hang, römische Trümmerstellen im Abstand von 200 – 600 m sowie einige vorgeschichtliche Einzelfunde erlaubten, den Bereich als siedlungsgünstigen Standort einzustufen.

Zunächst fand eine Intensivbegehung mit Einzelfundeinmessung statt, wobei sich die rund 460 geborgenen Einzelfunde vom Spätpaläolithikum bis in die frühe Neuzeit verteilen. Lediglich 37 % der Funde – meist Steinwerkzeuge – ließen sich der Jungsteinzeit zuweisen. Zur weiteren Klärung der Situation untersuchte man im Anschluss 28 Baggersondagen mit einer Fläche von insgesamt 350 m². Wenngleich mehrfach Mergelgruben angeschnitten wurden und mehr als ein Drittel der Sondagen keine Befunde zeigten, so war das Fundmaterial (12 Silices und 82 Scherben) ausnahmslos dem Neolithikum, vermutlich der Bandkeramik, zuzuweisen. Aufgrund dieser Ergebnisse sollte eine vollflächige Hauptuntersuchung stattfinden. Wegen eines mächtigen, bis auf Befundhöhe reichenden Kolluviums war es nicht zu vermeiden, das gesamte Areal in rollierendem Verfahren mit einem Kettenbagger mit Böschungslöffel aufzuziehen.

So ging man im Vorfeld zwar von einer größeren bandkeramischen Siedlung aus, über deren Ausmaße herrschte jedoch keine Klarheit. Vermutlich hätte auch eine umfangreichere Voruntersuchung hier zu keiner sicheren Einschätzung geführt, denn es war nicht vorauszusehen, dass sich hier eine bandkeramische Großsiedlung mit mehr als 50 Häusern – zwischen erst vor wenigen Jahren errichteten Ein- und Mehrfamilienhäusern und einem Supermarkt – erhalten hatte. Die Ausgrabungsarbeiten begannen im Juli 2008 und dauern noch bis ins Jahr 2009 an.

Trotz der noch laufenden Untersuchung erweisen sich jetzt bereits einige interessante Ergebnisse als gesichert. Auffallend sind zunächst das Fehlen einer begrenzenden Grabenanlage sowie die Gruppierung der Häuser um einen unbebauten Platz (Abb. 50). Dabei sind die Häuser der vier westlichen Hauszeilen durchschnittlich größer als die Häuser östlich des „Dorfplatzes". Überschneidungen sind die Ausnahme, lediglich ein Haus ist vermutlich abgebrannt. Zwei Häuser besitzen einen umlaufenden Wandgraben bei identischen Längen von exakt 30 m. Zwei Hausbefunde liegen im Süden deutlich von den anderen dicht angeordneten Häusern getrennt. Neben einem großen Haus mit umlaufendem Wandgraben ist dies das auf-

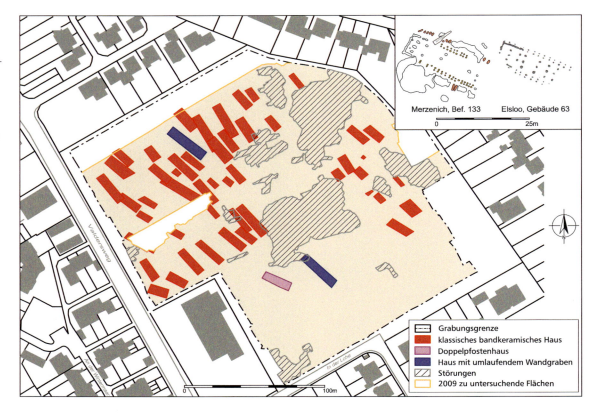

50 Merzenich. Vorläufiger Grabungsplan mit 50 bandkeramischen Hausbefunden. Ausschnitt: Doppelpfostenhaus Befund 133 und ein nahezu identischer Befund aus dem niederländischen Elsloo, Gebäude 63.

fälligste Gebäude des Fundplatzes, denn beide Längswände bestehen aus Doppelpfostenreihen, wobei beiderseits in je zwei Fällen ein Pfosten fehlt. Bislang wurden erst die Verfärbungen des Nordteiles des Hauses geschnitten und der restliche Befund im Planum aufgedeckt. Eine endgültige Untersuchung wird erst bei guter Witterung im Frühjahr 2009 erfolgen, da dieser Hausbefund wichtig für die Entwicklung des Hausbaues im Rheinland ist. Denn es finden sich zu diesem Doppelpfostenhaus bislang nur wenige Parallelen – z. B. ein identisches Haus aus dem niederländischen Elsloo oder ein Haus aus dem bayerischen Regensburg-Harting – und es scheint, dass die Verlagerung der Dachlast nach außen, der leicht konvexe Verlauf der Außenwände sowie die gräbchenartigen Ausstülpungen an der Wand Bauelemente sind, welche zwar erst in der Großgartacher und in der Rössener Kultur zum Tragen kommen, aber hier bereits während der jüngsten Bandkeramik ihre Anfänge finden.

Auch das keramische Fundgut dieser Großsiedlung datiert an das Ende der Bandkeramik, wobei Bandtypen mit dicht gesetzten Ritzlinien und sehr feinen Stichreihen vorherrschen, und kaum ein Rand unverziert geblieben ist. Aus vier Befunden stammen Schlagplätze; einer lag an einem Haus, welches sich im Bereich der dichtesten Konzentration im Nordwesten des Fundplatzes befindet (Befund Stelle 1988). Hier wurden mehr als 2,5 kg Steinartefakte geborgen, darunter fast 75 Kernscheiben und Kernkantenklingen, welche eine Grundformproduktion vor Ort belegen, wobei sich einige Abbausequenzen bereits zusammenpassen ließen. Ein Glücksfund daraus sind auch neun dreieckige Pfeilspitzen aus Rijckholt-Schotter-Feuerstein. Sie alle besitzen Herstellungsfehler und wur-

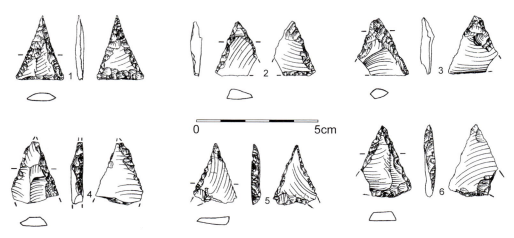

51 Merzenich. Flächenretuschierte dreieckige Pfeilspitzen. Exemplar 1 stammt aus der Siedlung, die übrigen Funde sind bei der Herstellung zerbrochene Exemplare aus einer Abfallgrube.

den – da man einen hohen Anspruch an die Qualität seines Endproduktes hatte – deshalb nicht fertiggestellt und mit dem übrigen Produktionsabfall entsorgt (Abb. 51). Bei der Zurichtung der Kanten sind besonders die beiden kleinen Flügel bruchanfällig und bei den verworfenen Exemplaren abgebrochen. Der Nachweis eines Werkplatzes zur Pfeilspitzenproduktion inmitten einer bandkeramischen Siedlung ist einmalig. Ansonsten ist das Werkzeugspektrum mit wenigen Bohrern, Pfeilspitzen und ausgesplitterten Stücken eher ärmlich und die 35 Kratzer streuen über die gesamte Grabungsfläche ohne Konzentrationen zu bilden, die als Arbeitsbereiche gedeutet werden könnten. Hier gilt eher: Jedes Haus besaß ein eigenes kleines Werkzeuginventar. Dabei fällt auf, dass abgesehen von einem sehr schlanken, kleinen Schuhleistenkeil keine Felsgesteingeräte vorhanden sind, auch keine sonstigen geschliffenen Geräte. Dagegen sind Mahlsteinreste aus gelbem „Eschweiler Kohlensandstein" gleich dutzendweise belegt und fast alle Restkerne fanden beim wiederholten Aufpicken der Mahlflächen ihr funktionales Ende.

Ein weiterer einmaliger Fund stammt aus einer Grube (Befund Stelle 1577) nahe der westlichen Grabungsgrenze. Dort wurde ein kleines, etwa 5,5 cm großes und ca. 77 g schweres vollplastisches Köpfchen gefunden, welches an einen bärengesichtigen Menschen erinnert: die bisher älteste Darstellung eines Menschen im Rheinland (vgl. Abb. 23; 52). Wie Parallelen aus Hessen und Sachsen-Anhalt zeigen, zerstörte man derartige, vermutlich bis zu 30 cm große vollplastische Figuren vorsätzlich, nachdem sie ihre Funktion in der Familie oder der dörflichen Gemeinschaft erfüllt hatten. Die bandkeramische Datierung ist ohne Zweifel.

Möglicherweise nicht bandkeramisch sind zwei bis drei Dutzend, in kleinen Gruppen über den Fundplatz verteilte Schlitzgruben. Folgt man der Interpretation, dass Schlitzgruben als Belege der Fallgrubenjagd anzusehen sind, so erfolgte die Anlage dieser Gruben, als die bandkeramische Großsiedlung bereits aufgegeben war, denn eine Schlitzgrube schneidet den Wandgraben eines bandkeramischen Hauses. Ob die Schlitzgruben in den Horizont von Großgartach oder Rössen datieren, ist bislang nicht zu klären, da sie nach dem Ausschachten schnell wieder intentional verfüllt wurden und deshalb fundfrei blieben. Der Fundplatz ist sicherlich für noch so manche Überraschung gut.

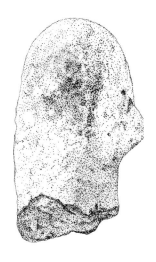

52 Merzenich. Kopf einer vollplastischen menschlichen Figur (in unrestauriertem Zustand), Höhe 5,5 cm.

Literatur: M. E. TH. DE GROOTH, The Organisation of Flint Tool Manufacture in the Dutch Bandkeramik. Analecta Praehist. Leidensia 20, 1987, 27–52. – J. LÜNING (Hrsg.), Die Bandkeramiker. Erste Steinzeitbauern in Deutschland. Bilder einer Ausstellung beim Hessentag in Heppenheim/Bergstraße im Juni 2004 (Rahden/Westfalen 2005). – P. J. R. MODDERMAN, Linearbandkeramik aus Elsloo und Stein. Nederlandse Oudheden 3 (Leiden 1970).

ROMMERSKIRCHEN, RHEIN-KREIS NEUSS

Ein Bruchstück einer bandkeramischen Ahnenfigur aus Hoeningen

Jürgen Weiner

Zu den keramischen Sonderformen der frühneolithischen Bandkeramik zählen die sog. Idolfiguren. Diese seltenen, zumeist fingerspannen großen, fallweise auch bis zu 30 cm hohen Objekte stellen Menschen (anthropomorph), seltener auch Tiere (theriomorph) dar. Bei den anthropomorphen Figuren sind neben Männern auch Frauen wiedergegeben, wie die immer deutlich ausgearbeiteten weiblichen Geschlechtsmerkmale gut erkennen lassen. Die Plastiken treten zum einen in massiver Ausprägung auf, zum anderen aber auch in Form veritabler Gefäße als Hohlfiguren. Beide Gruppen sind entweder in stehender oder in sitzender Position dargestellt, wobei letztere Variante sowohl mit der Sitzgelegenheit fest verbunden oder auf einem separat gearbeiteten Tonsitz platziert sein kann. Aus dem Rheinland kennen wir bislang lediglich zwei in wesentlichen Merkmalen frappierend übereinstimmende menschliche Hohlplastiken. Beide sind Fragmente weiblicher, ehemals als sitzend interpretierter Figuren. Die eine ist ein Streufund aus der Siedlung Weisweiler 17, die andere stammt aus der Füllung des spätbandkeramischen Brunnens von Erkelenz-Kückhoven.

Erfreulicherweise kann diesen Funden nun ein weiterer zur Seite gestellt werden, dessen Kenntnis wir dem Sammler H.-P. Krull aus Büttgen-Driesch verdanken. Das Exemplar wurde bereits in den 1980er Jahren bei einer Feldbegehung im Bereich einer bandkeramischen Siedlung unweit von Hoeningen entdeckt. Erhalten ist das Bruchstück eines vollplastischen linken Fußes, das vor der Ferse quer gebrochen ist (Abb. 53). Es ist 57 mm lang, 36 mm breit, 27 mm hoch und wiegt 22 g. Die fünf Zehen sind durch vier sehr präzise, parallele Ritzlinien deutlich ausgearbeitet. Die Fußsohle verläuft vollkommen flach und steigt nur zum Zehenbogen schräg an. Dass es sich tatsächlich um eine Hohlfigur handelt, zeigen ein schräg nach außen geneigter und ansteigender Wandansatz links und ein Vorsprung rechts. Beide bilden einen Teil der ehemals konkaven Gefäßbasis. Reste einer Verzierung haben sich auf Höhe des Spanns in Form einer horizontalen Begrenzungslinie und eines von oben anstoßenden stichgefüllten Bandes erhalten; an der Wandaußenseite sind Bündel kurzer Ritzlinien sichtbar. Die Verzierung erstreckte sich ehemals auch bis zur Innenseite des Fußes, wo sich nur noch schwach erkennbare Enden von Ritzlinien finden. Die genannten Merkmale legen die Rekonstruktion einer auf zwei leicht nach außen gespreizten Füßen aufrecht stehenden Hohlplastik nahe.

Wie man sich das Aufgehende nun aber vorstellen muss, vermitteln typgleiche, weitestgehend erhaltene Hohlfiguren, wie z. B. jene aus Blatné (Slowakei) oder aus Těšetice-Kyjovice (Tschechien; Abb. 54). Danach dürfte auch der Hoeninger Gefäßkörper annähernd die Form eines schlanken, stehenden Fasses mit einziehendem oder zylindrischem Rand besessen haben. Ein Kopf fehlt bei diesen Hohlplastiken. Allerdings treten neben der ornamentalen Verzierung auch einfache Gesichtsdarstellungen mit applizierter Nase und eingestochenen Augen/Mund, eventuell auch Ohren auf sowie Applikationen in Form halbreliefartig angebrachter Ärmchen.

Die massiven Idolfiguren sind charakteristisch für den ältesten Abschnitt der Bandkeramik, während die Hohlplastiken vor allem in die sog. Flomborner Stufe, d. h. den älteren Abschnitt z. B. der rheinischen Bandkeramik datieren. Ob das Hoeninger Bruchstück flombornzeitlich oder sogar jünger ist, lässt sich bei diesem Oberflächenfund nicht entscheiden; die dort aufgelesene Keramik weist den Siedlungsplatz zumindest in einen jüngeren bis späten Abschnitt der Bandkeramik. Das Fragment aus Erkelenz-Kückhoven stammt zwar aus der spätbandkeramischen Brunnenanlage, könnte aber eventuell auch in die Zeit der älterbandkeramischen Besiedlung des Fundplatzes datieren und später zufällig in die Brunnenverfüllung geraten sein. Der Fund von Weisweiler 17 besitzt mit ziemlicher Sicherheit eine älterbandkeramische Zeitstellung.

Schließlich sei noch auf einen Aspekt der mutmaßlich sitzenden Idolfigur aus Erkelenz-Kückhoven hingewiesen, der anlässlich der Beschäftigung mit dem Exemplar aus Hoeningen aufgefallen ist. Denn unbeschadet der bemerkenswerten Übereinstimmung mit dem Fund von Weisweiler 17 stellt sich mittlerweile der Eindruck ein, dass es sich bei den seinerzeit als „Oberschenkel" gedeuteten Vorsprüngen an der Basis möglicherweise doch um die Rudimente zweier Füße handeln könnte, bei denen lediglich die beiden Zehenbögen abgebrochen sind. Daraus würde resultieren, dass es sich auch bei diesem Exemplar um eine ehemals stehende Plastik handelt.

Welchem Zweck dienten aber nun diese anthropomorphen Gefäße? Zweifellos waren diese besonderen Formen nicht für den profanen täglichen Gebrauch bestimmt – vielmehr wohl für kultisch-religiöse Zwecke.

So sehr man zunächst an Götterbildnisse denkt, spricht die Variationsbreite sowohl der massiven als auch der hohlen Menschenplastiken gegen die Darstellung verschiedener Götter, geschweige denn einer Hauptgottheit. Unbestreitbar spielten und spielen nach wie vor Behältnisse und Gefäße bei liturgischen und weltlichen zeremoniellen Handlungen eine wichtige Rolle, denkt man etwa an Kelche, Monstranzen,

53 Rommerskirchen-Hoeningen. Fuß einer bandkeramischen Idolfigur in Seitenansicht (oben) und Aufsicht (unten), Länge 5,7 cm.

Weih- und Taufwasserbehälter oder sog. Aquamanile für rituelle Waschungen. Übertragen auf bandkeramische Hohlplastiken könnte daraus auf eine kultische/rituelle Funktion bei Libationsopfern, also dem Opfern von Flüssigkeiten, geschlossen werden. Da sich diese aller Wahrscheinlichkeit nach aber nicht an Gottheiten richteten, muss es eine andere Gruppe von Opferempfängern gegeben haben.

Diese und weitere Überlegungen, kombiniert mit völkerkundlichen Beispielen, führte die Forschung zur momentan akzeptierten Hypothese eines bandkeramischen Ahnenkultes. Eine wichtige Voraussetzung ist hierbei die soziale Organisation der bandkeramischen Gesellschaft in Form von Familienclans, d.h. Familienverbänden gemeinsamer Abstammungslinien. Tatsächlich gibt es unterschiedlichste Anhaltspunkte für eine derartige Organisationsform in der bandkeramischen Kultur. So wird davon ausgegangen, dass es sich bei den anthropomorphen und selbst den theriomorphen massiven und hohlen Plastiken um Abbilder von Ahnen handelt. Jeder Clan sollte dann eine für ihn typische Idolfigur – aufbewahrt an herausgehobener Stelle im Hause des Clanobersten – besessen und ihr bei unterschiedlichsten Gelegenheiten im Angedenken geopfert haben. Unverbrüchlicher Ausdruck dieses Ahnenkults scheint überdies zu sein, dass sich die Plastiken niemals in Gräbern finden, sondern immer nur im Siedlungsschutt und dann bruchstückhaft in nachweislich bewusst zerschlagenem Zustand. Dies wiederum deckt sich mit Beobachtungen und Überlegungen zur Lebensdauer bandkeramischer Häuser, die anscheinend nach ca. 30 Jahren niedergelegt werden mussten. So vermutet man, dass zu diesem Zeitpunkt auch die alte Ahnenfigur des betroffenen Clans ihre vitale Kraft verlor. Unfähig, ihre Funktion weiter ausüben zu können, musste sie ebenfalls zerstört werden, um einer typgleichen, aber potenten neuen Figur Platz zu schaffen.

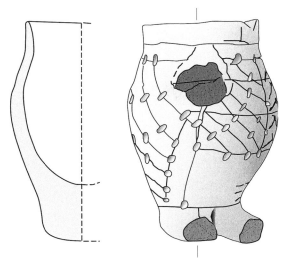

54 Těšetice-Kyjovice (Tschechien). Annähernd vollständiges bandkeramisches „Fußgefäß".

Mit dem Ahnenbild aus Hoeningen kennen wir nun eine dritte bandkeramische Hohlfigur aus dem Rheinland, von denen es zweifellos etliche mehr gegeben haben muss. Dass es nur eine Frage der Zeit ist, wann weitere bandkeramische Idolfiguren zutage treten, zeigt der in diesem Jahrbuch vorgestellte Neufund einer vollplastischen Idolfigur aus Merzenich (vgl. Abb. 23; 52; vgl. Beitrag E. Cziesla u.a.).

Großer Dank gebührt dem Finder Hans-Peter Krull (Büttgen-Driesch) für die erneute Meldung eines außergewöhnlichen Fundes. Gleichermaßen danke ich Prof. Dr. Jens Lüning (Köln) herzlich für seine – wie immer anregenden – Kommentare und die Durchsicht des Manuskriptes.

Literatur: J. BRANDT, Kreis Neuss. Arch. Funde u. Denkmäler Rheinland 4 (Köln 1982). – J. LÜNING, Die Macht der Ahnen und ihre Abbilder. Wer hatte das Sagen in der Gesellschaft? In: Die Bandkeramiker (Rahden/Westf. 2005) 272–284. – J. PETRASCH, Religion in der Jungsteinzeit. In: Menschen – Zeiten – Räume (Stuttgart 2002) 142–145.

MEERBUSCH, RHEIN-KREIS NEUSS

Eine Siedlung der Schnurkeramik in Meerbusch-Büderich

Zwischen Meerbusch und Büderich hat H.-P. Krull aus Kaarst seit 1983 ein umfangreiches Fundgut zusammengetragen, das er dankenswerter Weise zur Bearbeitung zur Verfügung stellte. Die keramischen Funde wurden im Rahmen einer Magisterarbeit von einem der Autoren (R.L.) bearbeitet; die Durchsicht der etwa 1000 Steinartefakte erfolgte gemeinsam durch I. Koch, J. Weiner, dem wir den Kontakt zu Herrn Krull verdanken, und dem zweiten Autoren (D.S.). Der Fundplatz zeichnet sich nicht nur durch

Robert Lenerz und Daniel Schyle

die insgesamt große Fundmenge, sondern auch durch eine außergewöhnlich gute Knochenerhaltung aus. Nach der Bestimmung durch H.-P. Krull sind darunter zahlreiche Wildtiere, u.a. auch Bärenzähne (einer davon durchlocht) und Rothirschknochen. Ein Druckstab aus der Sprosse eines Rothirschgeweihs wurde bereits im Jahresband 2001 dieser Reihe publiziert.

Die Menge und Variationsbreite der Funde lässt darauf schließen, dass es sich hier um die Überreste einer Siedlung handelt. Besonders ungewöhnlich ist aber, dass die chronologisch näher ansprechbaren Scherben fast ausschließlich an das Ende der Jungsteinzeit, in die sog. Schnurkeramik ca. 2800 bis 2400 v. Chr., zu datieren sind – einen Zeitabschnitt, den wir im Rheinland sonst fast ausschließlich durch Gräber kennen.

Wie bei einem Sammelfundplatz nicht weiter überraschend, enthält das keramische Fundgut (ca. 2500 Scherben mit einem Gesamtgewicht von etwa 25 kg) Relikte verschiedener Epochen. Außer ca. 5 kg schlecht erhaltener und nicht näher ansprechbarer Keramik liegen nur zehn unverzierte, sicher metallzeitliche Scherben vor. Verhältnismäßig zahlreich sind aber unverzierte mittelalterliche und römische Keramikfragmente, die vor allem in ihren technischen Merkmalen deutlich von der jungsteinzeitlichen Ware abweichen. Einige Ränder stammen von hochmittelalterlichen Kugeltöpfen, einige Bodenscherben mit ausgeprägten Drehriefen wahrscheinlich von frühmittelalterlichen rauwandigen Wölbwandgefäßen.

Der verbleibende Rest der Keramik ist aufgrund technischer Merkmale (Brand, Magerung, Farbe, Oberfläche etc.) als jungsteinzeitlich anzusprechen, auch wenn der größte Teil davon (etwa 13 kg) unverziert ist.

Immerhin 333 verzierte Scherben (etwas weniger als 4 kg) ließen sich sicher dem Endneolithikum zuweisen. Die meisten stammen von schnur- oder fischgrätenverzierten Bechern (Abb. 55,1–2), daneben liegen durch Fingernägel- oder Fingerkuppeneindrücke verzierte Stücke vor (Abb. 55,4–5). Die schnur- und fischgrätenverzierten Scherben stammen ausnahmslos von sog. AOO-Bechern (All-Over-Ornamented). Diese Becher sind flächig verziert und vermitteln zwischen den älteren schnurkeramischen Bechern, die meist nur auf dem Oberteil von Schnureindrücken bedeckt sind, und den jüngeren Glockenbechern. Letztere sind durch die namengebende Form und die oft horizontalen Verzierungszonen gekennzeichnet. Neben den AOO-Bechern gibt es in Büderich nur zwei Glockenbecherscherben: ein winziges Fragment, auf dem glücklicherweise gerade ein charakteristischer Zonenwechsel zu erkennen ist (Abb. 55,3) und eine kleine Scherbe mit einer „Häkelschnur"-Verzierung, wie sie auf Glockenbechern verschiedener Regionen üblich ist.

Für die Datierung der Keramik ist aber der höhere Anteil der AOO-Becher entscheidend, die hauptsächlich zwischen 2600 und 2500 v. Chr. auftreten. Die beiden Glockenbecherscherben setzen einen Akzent am Ende dieses Zeitraums. Von einem Rothirschknochen, dessen Vergesellschaftung mit der Keramik aufgrund der Fundumstände jedoch fragwürdig ist, liegt eine 14C-Datierung vor, die B. Weninger (Univ. Köln) dankenswerterweise gemessen hat. Das vorläufige Ergebnis ergab einen um noch etwa 150 Jahre jüngeren Mittelwert, der jedoch bei Berücksichtigung der Standardabweichung mit der Datierung der Keramik ungefähr übereinstimmt.

Unter den Feuersteinen überwiegt das lokale Rohmaterial (Moränen- und Schotterflint) bei weitem; bergmännisch gewonnenes Rohmaterial (Rijkholt, Lousberg, Valkenburg etc.) ist, wenn überhaupt, nur in Einzelstücken vertreten. Die Grundformen setzen sich vor allem aus Abschlägen und artifiziellen Trümmern zusammen. Außer einigen Kratzern liegen kaum regelrechte Werkzeugtypen vor. Bei den meisten handelt es sich um randlich retuschierte Abschläge. Wenn beide Kanten retuschiert sind, ergeben sich daraus zuweilen „Spitzen" ganz unterschiedlicher Form. Kerne sowie Klingen als Zeichen einer spezialisierteren „fachmännischen" Feuersteinbearbeitung sind sehr selten. Aus baltischem Feuerstein sind einige wenige Bruchstücke von dicknackigen Rechteckbeilen. Ansonsten liegen ausschließlich Felsgesteinbeile bzw. -fragmente unterschiedlichster Rohmaterialien vor (Abb. 56,3–5), darunter Tonschiefer (Abb. 56,3–4), Basalt und zwei Bruchstücke aus Eklogit.

55 Meerbusch-Büderich. Endneolithische Keramik. 1–2, 4–5 Fragmente schnurkeramischer Becher mit Schnur- oder Fischgrätenverzierung (1–2) und Fingernägel- oder Fingerkuppeneindrücken (4–5); 3 Glockenbecherfragment mit horizontaler Zonenverzierung.

Besonders hervorzuheben sind aber Fragmente von Spandolchen (Abb. 57,5–7), drei davon aus Grand-Pressigny- (Abb. 57,7) und zwei aus Romigny-Lhéry-Feuerstein (Abb. 57,5–6). Solche Dolche wurden am Ende der Jungsteinzeit an den Rohmaterialvorkommen in der Champagne von spezialisierten Handwerkern in großem Umfang hergestellt und über weite Teile Europas verbreitet. Von den etwa zehn flächenretuschierten Pfeilspitzen (Abb. 57,1–4) sind neun vom gleichen (schnurkeramischen) gestielten und geflügelten Typ mit geraden oder leicht konkaven Seiten, daneben gibt es zumindest eine dreieckige flächenretuschierte Form. Des Weiteren liegt ein sehr umfangreiches Material an modifizierten Felsgesteinen, überwiegend Schleif- und Mahlsteinfragmente vor, die häufig verbrannt sind; zudem große Mengen von zerschlagenen oder durch Hitzeeinwirkung zerplatzten Quarzgeröllen, die wohl vorrangig zur Magerung der Keramik verwendet wurden. Besonders hervorzuheben sind kleine, flache, nur an der Schneide angeschliffene, ansonsten aber unbearbeitete Gerölle, die wohl auch als Beile verwendet wurden (Abb. 56,1–2).

Insgesamt stimmt das Bild dieses Steingeräteinventars sehr gut mit der Datierung der Keramik überein. Die wenigen vorhandenen „Typen" (Grand-Pressigny-Dolche, gestielte und geflügelte Pfeilspitzen mit geraden oder konkaven Kanten) sind aus schnurkeramischen Gräbern wohlbekannt. Aber auch die siedlungsspezifischen Merkmale des Steininventars fügen sich gut in diese Klassifizierung.

Zum Ende der Jungsteinzeit und mit dem Aufkommen von Metallen werden die meisten der großen Feuersteinbergwerke aufgegeben. Es gibt nur noch wenige, dann aber weiträumig verbreitete „Spezialistenprodukte" wie z.B. die Dolche. Gleichzeitig hat die häusliche Steinbearbeitung nur noch eine geringe Bedeutung, wobei vor allem leicht zu beschaffendes lokales, aber minderwertiges Rohmaterial Verwendung findet. Die Werkzeuge beschränken sich, neben den vermutlich bereits als Fertigprodukt eingehandelten Dolchen oder „Allerweltstypen" wie Kratzern, auf nachlässig zugerichtete „Einweg"-Werkzeuge, die vermutlich unmittelbar nach Gebrauch weggeworfen wurden.

Der Fundplatz Meerbusch-Büderich ist einer von ca. 170 endneolithischen Fundplätzen der Regierungsbezirke Köln und Düsseldorf (ohne dessen westfälische Anteile). Mit wenigen Ausnahmen handelt es sich dabei stets um oberflächig prospektierte Fundplätze. Der nächstgelegene endneolithische Platz liegt ca. 900 m in Richtung Meerbusch entfernt. Dort wurden fischgrätenverzierte Becherscherben und verzierte Grobkeramik gefunden sowie Abschläge, ein Miniaturbeil und mehrere Klingen.

Sowohl die Menge als auch die Qualität und vor allem die chronologische Geschlossenheit der Sammelfunde lassen Meerbusch-Büderich aber deutlich vor anderen Fundstellen der ausgehenden Jungsteinzeit im Rheinland hervortreten. Die Tierknochenfunde belegen darüber hinaus außergewöhnlich gute Erhaltungsbedingungen. Deshalb, aber auch wegen der drohenden Zerstörung durch die fortwährende landwirtschaftliche Nutzung des Geländes, ist eine geomagnetische Untersuchung und ggf. eine Sondage des Geländes dringend notwendig.

56 Meerbusch-Büderich. Endneolithische Felsgesteinbeile.

57 Meerbusch-Büderich. Endneolithische Feuersteinartefakte: 1–4 flächenretuschierte gestielte Pfeilspitzen aus lokalem Geschiebefeuerstein; 5–7 Dolchfragmente aus Romigny-Lhéry- und Grand-Pressigny-Feuerstein (7).

Literatur: J. BRANDT, Kreis Neuss. Arch. Funde u. Denkmäler Rheinland 4 (Köln 1982). – J. BUTLER/H. FOKKENS, From stone to bronze, Technology and material culture. In: L. LOUWE KOOIJMANS/P. VAN DEN BROEKE/H. FOKKENS/A. VAN GIJN (Eds.), The Prehistory Of The Netherlands (Amsterdam 2005) 371–399. – J. D. VAN DER WAALS/W. GLASBERGEN, Beaker Types and their Distribution in the Netherlands. Palaeohist. IV, 1955, 5–46. – H.-P. KRULL/J. WEINER, Ein bemerkenswertes Geweihgerät von einem endneolithischen Siedlungsplatz bei Büderich. Arch. Rheinland 2001 (Stuttgart 2002) 38–40.

RHEINLAND

Brandexperimente zur prähistorischen Brandwirtschaft im Rheinland

Eileen Eckmeier und Renate Gerlach

58 Lineare Leitungstrassen bei Aachen öffnen „Fenster" in die Vergangenheit. Die typischen dunklen Gruben neolithischer Zeitstellung verdanken ihre Farbe dem fein verteilten Black Carbon.

Neue Analysetechniken aus der organischen Geochemie ermöglichen es seit einigen Jahren, archäologische Informationen auf molekularer Ebene direkt aus verlagertem, antikem Oberbodenmaterial zu gewinnen. Der große Vorteil dieser Untersuchungsmethode liegt darin, dass sie etwas über die Eigenschaft prähistorischer Landwirtschaftsflächen verraten und damit einen Beitrag zur off-site-Archäologie liefern kann. Bislang nutzte man in erster Linie archäobotanische Analysen für die Rekonstruktion von Landwirtschaftsflächen. Sie ermöglichen aber aufgrund ihrer regionalen, indirekten Aussagekraft nur selten punktgenaue, direkt auf den Platz konzentrierte Ergebnisse. Die Hohlräume von Gräben, Gruben und Pfostenlöchern sind hingegen fast immer mit dem am Ort anstehenden Oberbodenmaterial der jeweiligen Zeitstellung verfüllt worden.

Es ist vor allem den Beobachtungen bei großen linearen Projekten zu verdanken, dass man vermehrt Befunde außerhalb der eigentlichen Siedlungsstellen, also im off-site-Bereich entdeckt hat (Abb. 58). Solche off-site-Befunde sind dadurch charakterisiert, dass die für Siedlungen typischen Artefakte wie Keramik, Gerät, Rotlehm, Holzkohlen etc. („settlement noise") fast völlig fehlen. Nicht sichtbar, birgt das Bodenmaterial jedoch molekulare Funde. Denn dort, wo der Mensch den Boden nutzt, verändert er ihn, was sich auch im Nutzland durch eine geochemische Abweichung gegenüber der natürlichen Umgebung abzeichnet. Geochemische Methoden können archäologische Informationen in Form von Markersubstanzen aus dem Boden abrufen und interpretierbar machen. Durch die Entwicklung der komponentenspezifischen AMS 14C-Messung sind die Einzelsubstanzen auch direkt datierbar.

Bei der Suche nach spezifischen archäologischen Landnutzungsmarkern hat sich die internationale Forschung in den letzten Jahren auf zwei Stoffgruppen konzentriert: auf verkohlte Pflanzensubstanz als Marker für Brandwirtschaft und auf Lipide als Marker für Beweidung und Fäkaldüngung. Aus Deutschland liegen dazu bislang nur wenige Untersuchungen vor. Eine davon hat sich mit den fossilen Schwarzerderesten aus dem Neolithikum im Rheinland beschäftigt.

Lange Zeit erklärte man die neolithischen Schwarzerderelikte mit einer natürlich vorkommenden Verbreitung von Schwarzerden zu Beginn des Neolithikums. Freilich war das Klima auch in präneolithischen Zeiten nie trocken genug, um eine befriedigende Erklärung für die ehemalige Existenz dieses an Steppenklimate angepassten Bodentyps abzugeben.

Anhand der beobachteten Verteilung, Erhaltung und Ausprägung der Schwarzerderelikte auf großen Flächengrabungen ergaben sich Hinweise auf eine anthropogene Entstehung. Das wichtigste Indiz lieferte aber der organo-geochemische Nachweis von fein verteilter, submikroskopisch kleiner, verkohlter organischer Substanz (pyrogener Kohlenstoff, Black Carbon). Black Carbon ist ein gegen mikrobiellen Abbau sehr resistenter Brandmarker. In den rheinischen Schwarzerderelikten bestand durchschnittlich ein Drittel der organischen Substanz aus Black Carbon.

Da in unseren, durch Laubwälder geprägten, gemäßigt feuchten Breiten Brände nur durch den Menschen entfacht werden können, handelt es sich bei den dunklen Bodenresten im Rheinland also nicht wie bisher angenommen um natürliche klimagenetische Böden, sondern um massiv durch Brandwirtschaft beeinflusste Böden. Die AMS 14C-Datierung von sichtbaren Holzkohlestücken und dem chemisch isolierten submikroskopischen Black Carbon ergab eine Altershäufung im Jung- und Endneolithikum. Für diesen Zeitraum liegen tatsächlich auch archäobotanische Hinweise auf ausgedehnte Brandwirtschaftsweisen sowohl am Bodensee als auch in Norddeutschland vor.

Brandwirtschaft bzw. die Anreicherung mit verbrannter organischer Substanz ist eine weltweit bekannte, einfache Methode zur Schaffung und Düngung von Anbau- oder Weideflächen. Der potenzielle Nutzen dieser Methode für die prähistorischen Bauern wird seit über zehn Jahren auf einer Versuchsfläche in Forchtenberg im Hohenloher Land durch Archäologen, Archäobotaniker, Biologen, Forstwissenschaftler und Bodenkundler untersucht. Die Versuchsanordnung stützt sich auf überlieferte ethnographische und historische Beispiele (z. B. die Haubergwirtschaft) und auf Ergebnisse der Pollenanalyse von jungneolithischen Pollenprofilen aus dem Bodenseeraum.

Dabei bedeutet Brandwirtschaft nicht Brandrodung. Die eigentliche Rodung des Waldes erfolgt mit Steinbeilen, da ein Laubwald nicht durch Brandrodung zu beseitigen ist. Es wird eine Fläche von 30 × 30 m abgeholzt, damit für eine Fläche von 10 × 10 m ausreichend Brandgut zur Verfügung steht. Während das Stammholz als Baumaterial Verwendung findet, trocknet man das Schwachholz, schichtet es zu einer Walze auf, zündet es an und zieht es als brennende Walze langsam mit Haken über die Fläche, sodass das Pflanzenmaterial auf dem Boden verbrennt und die Holzasche liegen bleibt (Abb. 59). Neue Flächen werden dort gebrannt, wo noch oder wo wieder – nach einem erneuten Aufwuchs – ausreichend Holzmasse zur Verfügung steht. Es ist leicht vorstellbar, warum man im Laufe der Jahrhunderte bis Jahrtausende immer größere Flächen in diesen Brandwirtschaftskreislauf miteinbeziehen musste.

Der positive Effekt für den Anbau des Getreides ergibt sich durch die Vernichtung der Unkrautsamen, eine Düngung des Bodens durch Freisetzung von Nährstoffen aus dem Pflanzenmaterial und eine erhöhte Wärmespeicherung (Albedo-Effekt). Die Ernte erreicht mit bis zu 80 dt ha^{-1} die Werte moderner Erträge. Allerdings lässt sich dies im zweiten Jahr nach dem Brand nicht mehr wiederholen, da nun die wiederaufkommende Wildpflanzenkonkurrenz den Getreidewuchs fast völlig unterdrückt.

Der halbjährliche Brand auf wechselnden Flächen ermöglicht es uns, den Prozess der Schwarzfärbung, wie er sich in den fossilen rheinischen Schwarzerden manifestiert, nachzuvollziehen. Seit 2003 beproben wir die neu- und die altgebrannten Flächen auf Holzkohleverteilung an der Oberfläche und auf deren Eintrag in den Boden. Die nach dem Brand beprobten Holzkohlen waren zu mehr als zwei Dritteln größer als 2 mm. Die Bedeckung der Fläche mit Holzkohle variierte zwischen 15 und 90 % und war somit sehr heterogen.

Obwohl zu erwarten ist, dass der Weg von der Holzkohle auf der Oberfläche bis zu einer fein verteilten Anreicherung im Boden lang ist, lassen sich schon ein Jahr nach dem Brand erste Beobachtungen machen: So war ein Eintrag von Holzkohle in den Boden bereits nachweisbar, wenn auch in geringer Menge (0,4 g kg^{-1} Boden). Diese wird u. a. durch Regenwürmer in den Boden transportiert und dort verteilt

59 Forchtenberg. Im Hohenloher Land wird die jung- bis endneolithische Brandwirtschaftsweise experimentell nachgestellt.

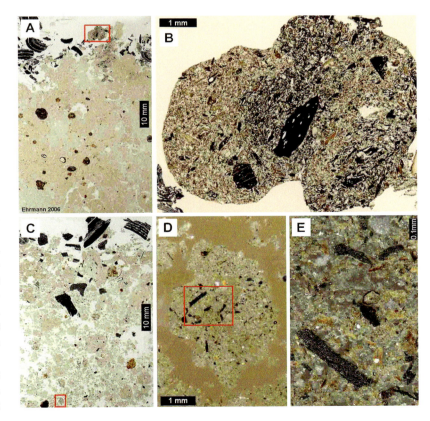

60 Bodendünnschliffe mit Holzkohlepartikeln. A–B: Zwei Jahre nach dem Brand liegt die Holzkohle an der Oberfläche, ist aber schon in die Ausscheidungen von Regenwürmern eingearbeitet (B); C–E: Sechs Jahre nach dem Brand sind die Holzkohlepartikel tiefer in den Boden eingearbeitet und in den Regenwurmlosungen fein verteilt worden.

(Abb. 60). Die Holzkohle färbte das Bodenmaterial messbar dunkler (r = -0,87**).

So brannte man wahrscheinlich über Jahrtausende hinweg große Gebiete und verursachte dadurch eine Schwarzfärbung wie bei den rheinischen Schwarzerderelikten.

Die Kombination von geochemischen Analysen mit den Ergebnissen des experimentellen Brandfeldbaus ermöglicht einen neuen Einblick in Methoden, Organisation und Flächenverbrauch der neolithischen Landwirtschaft – und das nicht nur im Rheinland.

Literatur: E. Eckmeier, Rekonstruktion der Kulturlandschaft aus Molekülen. Arch. Deutschland 4/2007, 32–33. – R. Gerlach, Schwarzerden: ein neuer Befund in der rheinischen Archäologie? Arch. Rheinland 2002 (Stuttgart 2003) 202–204. – R. Gerlach/H. Baumewerd-Schmidt/K. van den Borg/E. Eckmeier/M. W. I. Schmidt, Prehistoric alteration of soil in the Lower Rhine Basin, Northwest Germany – archaeological, 14C and geochemical evidence. Geoderma 136, 2006, 38–50. – M. Rösch/M. Heumüller, Vom Korn der frühen Jahre. Sieben Jahrtausende Ackerbau und Kulturlandschaft. Arch. Inf. Baden-Württemberg 55, 2008.

INDEN, KREIS DÜREN

Siedlungen der Bronzezeit und ein Hortfund im Indetal

Udo Geilenbrügge

Östlich der ehemaligen Ortslage von Inden im gleichnamigen Braunkohlentagebau wird derzeit in breiter Front das Tal der Inde abgebaggert. Dank intensiver Prospektionen in den vergangenen 15 Jahren ist der Kenntnisstand über die zu erwartenden Relikte als relativ gut zu bezeichnen. Besonders verdienstvoll war dabei das Projekt „Archäologische Talauenforschung" der Universität zu Köln in den Jahren 1991–1996, unter der Leitung von R. Nehren. Finanziert wurde es mit Mitteln der Stiftung zur Förderung der Archäologie im rheinischen Braunkohlenrevier.

Aufbauend auf den Erkenntnissen des genannten Projekts begann nach kleineren Sondagen in den Vorjahren die systematische Flächengrabung (WW 127) im November 2006, die bis Mai 2008 dauerte. Die technische Leitung lag in den bewährten Händen von Wilhelm Schürmann. Von Beginn an begleiteten Mitarbeiter der naturwissenschaftlichen Institute der RWTH Aachen und der Universitäten Frankfurt und Köln die Maßnahme. Dies war nicht nur hinsichtlich einer umfassenden späteren Auswertung von Bedeutung, sondern auch für die laufende Grabungsplanung, die rechtzeitige Hinweise beispielsweise auf weitere Altarme der Inde berücksichtigen konnte.

Neben paläolithischen Fundstellen standen besonders die in der weiten Auenlandschaft vermuteten ältermetallzeitlichen Befunde im Mittelpunkt des Interesses. Schon frühzeitig fanden sich in der Schleife eines mäandrierenden Altbachlaufs zahlreiche Pfostenlöcher, die sich zu kleinen Vier- und Sechspfostenbauten ergänzen lassen. Auf einem Areal von rund 8000 m² ist hier offenbar die komplette Siedlung ausgegraben worden, da die Befunde zum Rand hin stark ausdünnen.

Die Durchsicht der Keramik belegt, dass es sich dabei um eine der im Rheinland seltenen Siedlungen der Mittleren Bronzezeit, also etwa der Zeit um 1400 v. Chr., handelt. Die meist hellgrauen Scherben sind hartgebrannt und besitzen eine grobe, die Oberfläche durchbrechende intensive Quarzmagerung. Die Töpfe mit feiner Fingerkniff- oder kräftiger Rippenzier auf der Schulter besitzen zum Boden hin eine unregelmäßige, geknetet wirkende Oberfläche (Abb. 61). Bandförmige Henkel sind keine Seltenheit. Die dünnwandige schwarzbraune Feinkeramik in Form der

61 Inden-Altdorf. Keramik der Mittleren Bronzezeit aus der Siedlung WW 127.

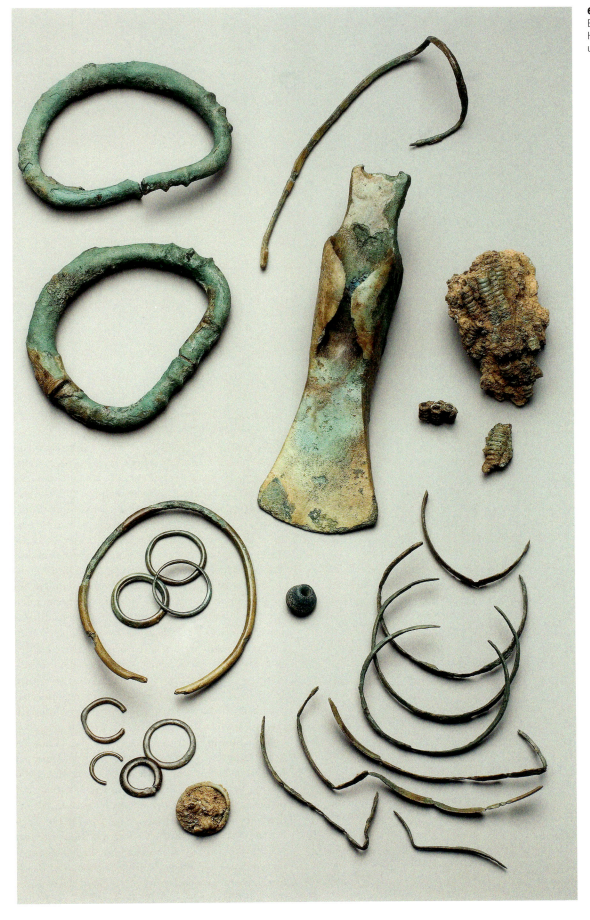

62 Inden-Altdorf. Bronzezeitlicher Hortfund, um 1000 v. Chr.

63 Inden-Altdorf. Blick auf die Südhälfte der palisadenumwehrten Hofanlage WW 127.

trichterförmigen Schalen ist dagegen feinsandig gemagert, mit facettiert ausbiegenden Rändern. Da die Verzierungen auch in jüngeren Zeiten vorkommen können, ist besonders die Machart der Keramik der Beleg für die Datierung in die Mittlere Bronzezeit.

Rund 150 m weiter nördlich entlang der alten Inde wurden in einer weiteren Bachschlinge die nächsten Pfostenlöcherkonzentrationen erfasst, die sich zunächst nicht eindeutig zu Gebäuden ergänzen ließen. Allerdings deutete einiges darauf hin, dass man das Areal landseitig mit einer Abschnittspalisade geschützt hatte.

Etwa 100 m davon entfernt legte man an den ersten Januartagen des Jahres 2008 in einer ansonsten befundarmen Umgebung systematische Suchschnitte an. Dabei stieß man – dank der Aufmerksamkeit des Baggerfahrers – unmittelbar unter dem Pflughorizont auf einen Hortfund mit zahlreichen Bronzegegenständen (Abb. 62). Der Fund war in einer kleinen Grube mit begleitendem Pfostenloch niedergelegt worden, die durch einen alten Bachlauf von den Siedlungsbefunden getrennt lag. Imposant sind das oberständige Lappenbeil mit einem Gewicht von 495 g sowie zwei steigbügelförmige Ringe mit gruppenweise angeordneten Rippenaufsätzen, deren ehemals wohl flächige Verzierung aus eingeritzten konzentrischen Kreisen, Bögen, Linien und Punktreihen sich nur noch in wenigen Resten erhalten hat (vgl. Abb. 1). Dennoch ist dies ein wichtiges Indiz für die Datierung. Neben rund- und bandförmigen Ringen als Hals- oder Armschmuck wurden zahllose Spiralhülsen als Verzierung einer Halskette oder eines Pektorals im dichten Verbund deponiert. Hierzu gehören vermutlich auch die kleineren Ringe.

Ein weiteres Highlight ist eine doppelkonische blaugrüne Glasperle als eine der ältesten Nachweise ihrer Art im Rheinland. Datiert wird das Ensemble an den Übergang von Hallstatt A2 nach Hallstatt B1, also etwa um das Jahr 1000 v. Chr. Damit ist es bislang das älteste Depot seiner Zeitstellung im hiesigen Braunkohlenrevier.

Zwei Faktoren begünstigten die Entdeckung: Zum einen waren die Objekte trotz oberflächennaher Lagerung in der als Wiese genutzten Aue vor intensiver Pflugtätigkeit geschützt, zum anderen führten großflächige Suchschnitte zum Erfolg. Wir haben hier den äußerst seltenen Fall eines vollständig geborgenen Ensembles aus einer systematischen Grabung vor uns, sodass eine Interpretation des Gesamtzusammenhangs möglich ist. Bislang sind speziell die Beile im Rheinland nur als Einzelfunde ohne jeglichen Kontext bekannt. Da sich die Objekte in einer der beiden kleinen Gruben befanden, diente die zweite, pfostenartig verfärbte vielleicht zur Aufnahme einer obertägig sichtbaren Markierung des Depots. Das Fehlen von Knochen schließt ein klassisches Grab aus. Neben einem reinen Opfer- oder Weihedepot kann es sich bei den Bronzen aber um die Ausstattung eines Mannes von gehobener Stellung gehandelt haben, die man hier in Form eines Scheingrabes bestattet hat. Zu dem kultischen Charakter würden die zwei benachbarten Gruben mit verbrannten Schweineknochen passen, die Relikte einer Opferhandlung darstellen. Interessant ist dabei auch die Fundsituation in der Flussaue, die ja offenbar der bevorzugte Platz bronzezeitlicher Depots ist.

Auf dem gegenüberliegenden Bachufer setzte man die Siedlungsgrabung durch die Anlage zusätzlicher tieferer Plana speziell in Gewässernähe fort. Neben weiteren Gebäudepfosten entwickelte sich aus der ursprünglichen Abschnittsbefestigung ein komplettes Palisadenoval mit einem Durchmesser von 36–46 m, das lediglich im Norden und Süden durch 4 bzw. 6 m breite leere Bereiche unterbrochen war. Dabei handelt es sich offenbar um die baulich nicht weiter hervorgehobenen Zugänge zur Hofanlage (Abb. 63). Lediglich hangwärts im Osten behindert eine moderne Störung das vollständige Bild. Eine derartige Anlage war bislang im Rheinland unbekannt.

Im nördlichen Innenbereich kann durch vergleichbare Befunde aus dem Tagebau Garzweiler ein mehrschiffiger Langbau von 21 m Länge und 9 m Breite postuliert werden. Er gehört damit zu einer Hausform, die man auch als Wohnstallhaus beschreiben kann. Bis vor einigen Jahren in unserer Gegend unbekannt, ist dieser Typus in den Niederlanden und der Norddeutschen Tiefebene zur Metallzeit weit verbreitet.

Die Keramik speziell innerhalb des Hauses ist durch einige auffallend komplette Kegelhalsgefäße charakterisiert. Typisch bei der Feinkeramik sind die zahlreichen facettierten Ränder. Kerbschnitt- und Wellenzier besitzen teilweise noch eine weiße Inkrustierung zur besseren Kontrastwirkung mit der dunklen Oberfläche. Tannenzweigartige Muster sind Indiz einer frühen Zeitstellung. Die Spinnwirtel als Nachweis von Handwerk sind doppelkonisch, teilweise mit Fingertupfenreihe am Umbruch, oder dick scheibenförmig. Einziges Bronzeobjekt in der Siedlung ist ein dünnwandiges Messerfragment.

Dem Großbau könnte man höchstens noch einige Vierpfostenspeicher im südlichen Innenbereich zuordnen. Dort findet man, teilweise die Palisade überlagernd, die in unserer Region für die Metallzeiten bekannten zweischiffigen Häuser. Sie lassen sich höchstens zu 9- oder 12-Pfostenbauten rekonstruieren. In einem ihrer Pfostenlöcher lag eine Bodenscherbe der sog. Kalenderbergware, die bereits in die frühe Eisenzeit zu datieren ist. Auch eine Materialdurchsicht der Palisade ergab, dass in einem einzigen der 80 Pfostenlöcher eine S-förmige Schale deponiert war, die ebenfalls nach Ha C zu datieren ist. Angesichts der Überzahl der Ha A 2- bis Ha B 1-Funde auf dem Areal kann es sich dabei allerdings auch um eine jüngere Reparatur handeln. Die spärlichen Belege dieser jüngeren Zeitstellung erlauben es nicht, größere Teile der Anlage so einzuordnen. Es scheint naheliegender, eine Beziehung zwischen dem Hortfund und dem Bewohner des herrenhausartigen Langbaus innerhalb der Befestigung zu sehen.

Bei den Grabungen im Indetal, die erstmals seit langer Zeit im rheinischen Braunkohlenrevier wieder geplant metallzeitliche Siedlungen zum Ziel hatten, gelang es, viele überraschende und spannende Ergebnisse zu gewinnen, die zu diesem frühen Zeitpunkt der Untersuchung noch viele Fragen offen lassen. Die anstehende Analyse des archäologischen Materials wird zusammen mit den begleitenden naturwissenschaftlichen Forschungen noch manche neue Erkenntnisse liefern.

Literatur: R. NEHREN, Ungeahnter Quellenreichtum: metallzeitliche Funde im Indetal. Arch. Rheinland 1996 (Köln/Bonn 1997) 32–34. – TH. RUPPEL, Die Urnenfelderzeit in der Niederrheinischen Bucht. Rhein. Ausgr. 30 (Köln/Bonn 1990).

JÜLICH, KREIS DÜREN

Ein seltener Fund: bronzezeitlicher Tüllenhammerkopf aus Jülich

Momente des Findens gehören zu den spannenden Seiten archäologischer Feldbegehungen, die – bei Wind und Wetter durchgeführt – nicht immer ertragreich sein müssen. Handelt es sich bei dem aufgefundenen Objekt dann sogar um ein Stück wie das hier vorgestellte, so ist der Finderstolz besonders verständlich. Auf einer Ackerfläche nördlich von Jülich, die sich auf der Merscher Höhe und damit hoch über dem westlich anschließenden Rurtal befindet, las R. Claßen zahlreiche Silexbruchstücke und Keramik auf. Ein bläulich patiniertes Klingenbruchstück gehört sicherlich in das ausgehende Paläolithikum; bei den übrigen Steinartefakten ist nur eine grobe Zuweisung allgemein in die Vorgeschichte oder in verschiedene neolithische Zeitabschnitte möglich. Die aufgelesene Keramik datiert allgemein metallzeitlich. Fundkonzentrationen waren auf der 18 ha großen Ackerfläche nicht erkennbar.

Ein zylinderförmiges Bronzestück unter den Funden erregte sofort die Aufmerksamkeit des Finders. Es

Petra Tutlies

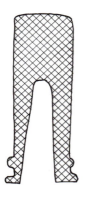

64 Jülich. Urnenfelderzeitlicher Tüllenhammerkopf.

65 Jülich. Zeichnung des urnenfelderzeitlichen Tüllenhammerkopfs.

handelt sich um den 74 mm langen und 197 g schweren Kopf eines Tüllenhammers aus Bronze, dessen Oberfläche blaugrün patiniert und weitgehend erodiert ist (Abb. 64). Nur an den Schmalseiten hat sich die ursprüngliche Oberfläche erhalten. Es handelt sich um eine zweigliedrige Form. Der Hammerkopf weist einen 5 mm langen Mündungswulst auf. Die Tüllenöffnung misst 16 mm im Durchmesser, ist 45 mm tief erhalten und nicht ganz mittig in das gegossene Stück eingelassen (Abb. 65). Sie diente zur Aufnahme des hölzernen Schafts. Es ist davon auszugehen, dass dieser als Knieholm gearbeitet war. Vier runde und eine längliche Knubbe befinden sich direkt unter dem Mündungswulst und sind gleichmäßig umlaufend im Schaftbereich verteilt. Es könnte sich um Zierniete ohne technische Funktion handeln. Vielleicht bildeten sie aber auch Haltepunkte für eine zusätzliche Umwicklung des Hammerkopfes am Schäftungsholm mittels einer Schnur. Es findet sich in Mitteleuropa keine Parallele für diese umlaufende Knubbenverzierung, wenngleich mit einzelnen Knubben verzierte Hämmer in der ausgehenden Bronzezeit und der anschließenden Urnenfelderzeit gelegentlich auftreten und darüber hinaus verzierte Hammerköpfe keine Seltenheit sind.

Zweigliedrige Tüllenhämmer tauchen im nördlichen Mitteleuropa ab der mittleren Bronzezeit auf (Montelius Per. II, also etwa ab 1500 v. Chr.) und sind bis in die frühe Urnenfelderzeit (Per. III, 1000 v. Chr.) gebräuchlich. Ein durch seine Knopfverzierung unserem Stück ähnlicher Tüllenhammerkopf aus Putlos in Ostholstein datiert in diese Zeit. In Westeuropa sind Tüllenhämmer dagegen erst ab der späten Bronzezeit und in der nachfolgenden Urnenfelderzeit bekannt. Aus Mörigen im Kanton Bern liegt eine Gießform für einen recht ähnlichen Tüllenhammer vor, die dort in die Urnenfelderzeit datiert. Man wird davon ausgehen dürfen, dass auch das Jülicher Stück urnenfelderzeitlich, um 1000 v. Chr. einzuordnen ist.

Der Tüllenhammer hat als Arbeitsfläche eine dachförmige Bahn und gehört in eine vergleichsweise große Gruppe bronzener Hämmer, die in Mitteleuropa eine weite Verbreitung fanden. Derartige Hämmer gehörten zum Werkzeug eines Bronzeschmieds; sie dienten der mechanischen Nachbearbeitung gegossener Werkstücke. Man nutzte sie zum Treiben und Bearbeiten von Bronzeblechen, möglicherweise auch zum Dengeln und Schärfen bronzener Klingen. Eine Funktion als Amboss ist ebenso denkbar.

Aus den Umständen bei der Auffindung des Stückes lassen sich keine Rückschlüsse auf die Art des Fundplatzes ziehen; der Tüllenhammerkopf muss als Einzelfund gewertet werden. Das Stück weist somit nur allgemein und indirekt einen Handwerker nach, der toreutische Produkte wie Bronzegeschirr oder getriebene Schutzwaffen herstellte. Nach dem etwa zeitgleichen Bronzehort aus Inden (vgl. vorhergehenden Beitrag U. Geilenbrügge) ist dieser Fund ein weiterer bedeutender und leider immer noch seltener Nachweis spezialisierten Handwerks dieser Zeit im Rheinland.

Literatur: D. Jantzen, Quellen zur Metallverarbeitung im Nordischen Kreis der Bronzezeit. Prähist. Bronzefunde Abt. XIX, Bd. 2 (Stuttgart 2008). – J.-P. Nicolardot/G. Gaucher, Typologie des Objets de l'Age du Bronze en France. Fasc. V: Outils (Paris 1975). – R. Wyss, Bronzezeitliche Gusstechnik. Aus dem Schweizer. Landesmus. 19 (Bern 1967).

Neues zur Urnenfelderzeit aus Wesseling

Marcel El-Kassem und Andreas Nehen

Zeugnisse der Urnenfelderkultur sind in der südlichen Niederrheinischen Bucht vor allem durch Siedlungen überliefert. In der Köln-Bonner Rheinebene sind jedoch bislang nur sehr wenige Siedlungsplätze ausgegraben worden.

Die urnenfelderzeitlichen Menschen siedelten zumeist in den fruchtbaren, klimatisch günstigen Tallandschaften, hier vor allem entlang von Gewässern wie dem Rhein.

Am südlichen Rand der Stadt Wesseling befand sich einer dieser in der Köln-Bonner Rheinebene nur selten lokalisierten Siedlungsplätze. Entdeckt wurde er auf einer 2,7 ha großen, relativ ebenen Fläche, die sich etwa 2,5 km westlich des Rheins und 600 m östlich von Gut Eichholz befindet (54,40 bis 55,50 m ü. NN).

Der Siedlungsplatz liegt zwischen zwei Altläufen des Rheins auf der Niederterrasse, am Westrand einer Nord-Süd verlaufenden, recht markanten Rinnenstruktur, die möglicherweise ausschlaggebend für die Wahl des Platzes war.

Im Rahmen einer von der Firma ABS im Jahre 2007 durchgeführten qualifizierten Prospektion untersuchte Rainer Bonn die Fläche zunächst unter geoarchäologischen Gesichtspunkten. Hiernach war der Bodenaufbau durch gut entwickelte Braunerden und Parabraunerden in bis zu 2 m mächtigen Schichten gekennzeichnet, deren Ausgangssubstrat pleistozäne und holozäne Hochflutlehme über den Sanden und Kiesen der pleistozänen Niederterrasse waren. Die Kartierung der prospektierten Oberflächenfunde ergab, dass die vorgeschichtlichen Funde ausschließlich im südlichen Bereich der Untersuchungsfläche auftraten und sich hier bereits drei kleinere Fundkonzentrationen andeuten. Auf Grundlage dieser Ergebnisse erfolgte 2008 die Ausgrabung durch die Firma Fundort GmbH. Dabei legte man teilweise gut erhaltene Siedlungsbefunde frei, darunter hauptsächlich Pfosten-

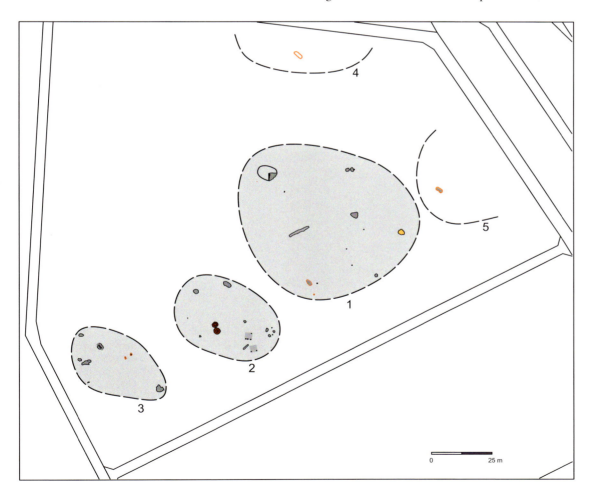

66 Wesseling. Übersichtsplan mit den Einzelhöfen.

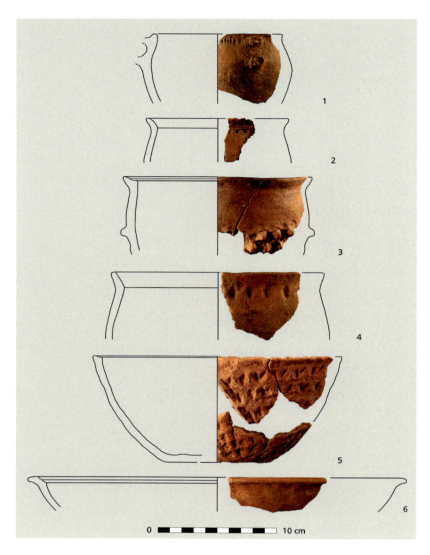

67 Wesseling. Auswahl verzierter Gefäße:
1 Henkelbecher;
2–4 Schrägrandbecher;
5–6 Schalen.

den durch die Prospektion herausgefilterten drei kleinen Konzentrationen vorgeschichtlicher Keramik. Ein weiteres Gehöft befand sich möglicherweise etwa 50 m nördlich von Einzelhof 1, wo bereits bei der Prospektion eine urnenfelderzeitliche Grube vorgefunden wurde. Eine Grube am nordöstlichen Rand von Einzelhof 1 könnte auch zu einem weiter östlich gelegenen Gehöft gehört haben.

Wichtig innerhalb eines Einzelhofes/Gehöftes ist die kumulative Lage von mehreren Pfostengebäuden, von Lehmentnahme-, Vorrats- und Abfallgruben und anderen Befunden, wie etwa Brunnengruben oder solchen, die im Zusammenhang mit handwerklichen Tätigkeiten stehen. Obwohl es keine Befundüberschneidungen gab, ist zunächst jedoch unklar, wieviele Befunde wirklich gleichzeitig nebeneinander existierten. Die Klärung dieser Frage wird, ebenso wie die der zeitlichen Differenzierung der Einzelhöfe, Gegenstand weiterer Untersuchungen sein, die genauere Erkenntnisse zur internen Siedlungsstruktur liefern sollen.

Die Ausgrabung in Wesseling erbrachte das gängige Fundspektrum eines urnenfelderzeitlichen Siedlungsplatzes der südlichen Niederrheinischen Bucht, die zur nördlichen Randzone der Urnenfelderkultur gehörte und in der späten Urnenfelderzeit zusammen mit dem Neuwieder Becken eine gewisse Eigenständigkeit entwickelte.

Die Siedlungskeramik liegt stark fragmentiert in mehr als 2100 Scherben vor. Als einziges vollständiges Gefäß konnte ein kleines Schälchen geborgen werden, das ebenso wie die übrige Keramik handaufgebaut ist.

Eine erste Durchsicht des keramischen Fundmaterials erlaubt die Datierung des Siedlungsplatzes in die späte Urnenfelderzeit, Stufe Ha B (1200–800 v. Chr.). Einige wenige Gefäße und Verzierungen geben möglicherweise Hinweise auf eine bis in die frühe Eisenzeit reichende Besiedlung des Platzes. Gut vergleichbare Keramikformen und -verzierungen finden sich beispielsweise in Köln-Blumenberg und Pulheim-Schwefelberg (PR 2000/5200).

Zum Formenspektrum der Siedlungskeramik gehören bauchige, meist unverzierte Schalen, die gelegentlich Randaussparungen aufweisen. Daneben finden sich auch konische Schalen, einige davon mit Riefenverzierung (Abb. 67,6). Häufig kommen Schrägrandbecher und -gefäße vor, die meist einfache Fingertupfen- und Fingernageleindruckreihen tragen (Abb. 67,4). Weitere typische Formen sind neben Kegel- und Trichterhalsgefäßen auch Henkeltassen und -becher (Abb. 67,1).

Das Verzierungsspektrum ist weiterhin gekennzeichnet durch Kerben (Abb. 67,1), Warzen (Abb. 67,3), rundliche Einstiche (Abb. 67,2) und Fischgrätmuster. Erwähnenswert sind noch die Scherben einer bauchigen Schale, deren Wandung flächig mit Fingernagelkerben und -kniffen verziert ist, wodurch schräg verlaufende, mehr oder weniger plastisch wirkende Wülste entstehen (Abb. 67,5). Bei diesem Gefäß aus

gruben und mit Siedlungsabfällen verfüllte Gruben, die zunächst als Bodenverfärbungen mehr oder weniger deutlich zu erkennen waren.

Das Zusammenspiel mehrerer Erosionstypen bewirkte stellenweise eine erhebliche Abtragung der Schichten. Die intensive ackerbauliche Nutzung des Areals über Jahrhunderte hinweg und die nicht zu unterschätzende Wirkung linearer Erosionsvorgänge, wie etwa Starkregenereignisse, bewirkten eine Veränderung des urnenfelderzeitlichen Geländereliefs. Dies hatte zur Folge, dass weder vollständige Grundrisse von Pfostengebäuden ermittelt, noch vorgeschichtliche Laufhorizonte vorgefunden werden konnten. Zu den Befunden zählten auch zwei dicht nebeneinanderliegende, bis zu 2,28 m tiefe, im Durchmesser 2,30–2,50 m bzw. 2,50–2,70 m große Brunnengruben, die vermutlich zu den ältesten Befunden des Siedlungsplatzes gehörten.

In der zusammenfassenden Betrachtung zeigen sich drei, in ihrer räumlichen Ausdehnung von Nordosten nach Südwesten kleiner werdende Befundkonzentrationen, die als Einzelhöfe bzw. Gehöfte zu interpretieren sind (Abb. 66). Ihre Lage korrespondiert gut mit einer Grube des Einzelhofes 1 handelt es sich wohl um eine frühe Ausprägung reliefverzierter Keramik, die in der frühen Eisenzeit zahlreiche Nachweise findet.

Neben der chronologisch relevanten Gefäßkeramik wurden aus den Siedlungsgruben weitere Funde geborgen, die eine rege Siedlungstätigkeit belegen. Hierzu zählen u. a. ein vollständiges Webgewicht und Bruchstücke mindestens eines weiteren Exemplars als Beleg für die Textilverarbeitung. Spinnwirtel fehlen im Fundmaterial.

Etwa die Hälfte der fundführenden Gruben enthielt unterschiedlich große Rotlehmbrocken, die z. T. Flechtwerkabdrücke aufweisen. Diese Stücke stammen vom Wandverputz der durch die Pfostengruben nachgewiesenen Gebäude. Möglicherweise verbergen sich unter den Rotlehmbrocken aber auch noch Teile von Ofenwandungen oder lehmverputzten Herdstellen.

Zu den aus Siedlungszusammenhängen sehr seltenen Bronzefunden gehören Glieder eines Kettchens und eine bronzene Spirale aus sehr dünnem Draht.

In den Gruben wurden einige wenige Feuersteinartefakte vorgefunden, darunter zwei retuschierte Klingenbruchstücke und ein retuschierter Abschlag. Im Vergleich mit anderen zeitgleichen Siedlungsplätzen ist die Anzahl recht gering. Das Vorhandensein dieser Steinartefakte lässt sich durchaus als weiterer Beleg für eine metallzeitliche Feuersteinverwendung deuten.

Aus mehreren Gruben stammen stark verrundete Basaltlavafragmente von Mahlsteinen, die als Importstücke vermutlich aus der Eifel nach Wesseling gelangten. Aufgrund der schlechten Erhaltung entziehen sie sich einer formenkundlichen Bestimmung.

Als weitere Fundkategorie sind Gerölle zu nennen, bei denen es sich um gängige Rheinschotter handelt. Sie stammen aus Gruben und aus einem als „Steinpflaster" klassifizierten, im Planum unregelmäßig ovalen, 2,40 × 1,90 m großen und bis zu 0,30 m mächtigen Befund, der sich aus ein bis zwei Lagen von teils craquelierten und fragmentierten Quarzen und Quarziten zusammensetzte. Stellenweise war er durch kleinere, verziegelte Lehmbereiche gekennzeichnet, die eine Nutzung als Unterbau für einen Ofen oder eine Feuerstelle wahrscheinlich machen. Sowohl diese „Steinpflaster" als auch das Vorkommen der Gerölle in den Gruben lassen sich auf vielen metallzeitlichen Fundplätzen des Rheinlandes beobachten.

Die verhältnismäßig hohe Anzahl gut erhaltener Tierknochen und die systematische archäobotanische Probenentnahme während der Ausgrabung versprechen weiterführende Erkenntnisse zur Wirtschaftsweise der urnenfelderzeitlichen Menschen in Wesseling.

Literatur: D. Hopp, Studien zur früh- und mitteleisenzeitlichen Siedlungskeramik des linken Niederrheins. Internat. Arch. 8 (Buch am Erlbach 1991). – Th. Ruppel, Die Urnenfelderzeit in der Niederrheinischen Bucht. Rhein. Ausgr. 30 (Köln/Bonn 1990). – A. Simons, Köln-Blumenberg. Ein urgeschichtlicher Siedlungsbereich mit Töpferofenresten auf der Niederterrasse des Rheins. Bericht zur Ausgrabung 1990. Kölner Jahrb. Vor- u. Frühgesch. 25, 1992, 369–421. – P. Tutlies, Die Standorte eisenzeitlicher Siedlungen am Niederrhein. In: Krieg und Frieden. Kelten – Römer – Germanen (Bonn 2007) 157–159.

NIEDERZIER, KREIS DÜREN

Bemerkenswerte Gefäßreste aus einer eisenzeitlichen Siedlung bei Alt-Lich-Steinstraß

Die in mehrjährigen, sukzessiven Bauabschnitten durchgeführte Erweiterung einer Kiesgrube, innerhalb einer als vorläufiges Bodendenkmal unter Schutz gestellten Flur in Alt-Lich-Steinstraß, wird seit Jahren bauvorgreifend durch archäologische Maßnahmen begleitet. Dabei wurden Hinterlassenschaften vom Neolithikum bis in die Neuzeit aufgedeckt.

Das auf einem Hochplateau der Hauptterrasse bei etwa 93 m ü. NN liegende Areal ist durch eine insgesamt geringe Lössauflage gekennzeichnet. Schwache Erosion sowie die erst in jüngerer Zeit einsetzende ackerbauliche Nutzung des vormals bewaldeten und zu keiner Zeit dicht bebauten Geländes führten zu einer guten Erhaltung der archäologischen Substanz. Zwei Grabungsmaßnahmen (NW 2007/1020 und NW 2008/0250) vergrößerten das bis dahin untersuchte, heute bereits abgekieste Areal um weitere 2,75 ha. Die dabei freigelegten Befunde stammen überwiegend aus vier unterschiedlichen Zeitabschnitten (Abb. 68). Die jüngsten Relikte – Schützenschächte und Splittergräben, aber auch Abfallgruben – stehen mit einer Batteriestellung der Luftvertei-

Horst Husmann
und Sabine Jürgens

digungszone West des Zweiten Weltkrieges in Verbindung. Sie befinden sich vor allem im westlichen Teil der untersuchten Fläche, wo auch die Punktfundamente zweier neuzeitlicher, in Standpostenbauweise gegründeter scheunenartiger Gebäude zutage traten.

Im östlichen Untersuchungsbereich wurden zwei Gräben und mehrere grabenartige Rinnen eines vermutlich frühneuzeitlichen Altwegesystems erfasst, das sowohl in der Tranchot-Karte (1803–1820) als auch in der Preußischen Uraufnahme (1845) eingezeichnet ist.

Zwei bronzezeitliche Befundkonzentrationen belegen eine Siedlungstätigkeit in diesem vorgeschichtlichen Zeitabschnitt. An der südlichen Grabungsperipherie fanden sich einige halbrund angeordnete, eine Pfostenreihe umschließende Gruben; ca. 35–40 m nordwestlich davon kamen drei weitere Gruben zutage. Sie zeichneten sich sämtlich durch einen hohen Gehalt an Holzkohle und Brandlehm aus und enthielten nur wenige, jedoch datierungsrelevante Keramikfunde. Es handelt sich um durchweg stark mit Quarzbruch gemagerte, dickwandige Scherben von kaum gegliederten unverzierten Gefäßen mit größtenteils abgesetzten Standflächen. Machart und Formgebung der Keramik sprechen für eine Einordnung in die Ältere Bronzezeit.

Das Gros der Befunde ist jedoch einer eisenzeitlichen Siedlung zuzuordnen, deren ursprüngliche Ausdehnung über die bislang ergrabenen Flächenabschnitte hinausreicht.

Das überwiegend aus Gruben und Pfostengruben bestehende Befundspektrum bildet, durch einen Kiesrücken getrennt, je eine weitläufige Konzentration im Norden wie auch im Süden der Untersuchungsfläche. Bislang lassen sich 20 Gebäude unterschiedlicher Konstruktion erschließen. Fünf Bauten befinden sich in der südlichen, zwölf in der nördlichen Konzentration. Ein scheinbar isoliert liegendes Gebäude ist im Südosten überliefert, zwei weitere Hausgrundrisse wurden im Westen des Grabungsareals aufgedeckt (außerhalb des in Abb. 68 dargestellten Planausschnittes).

Es konnten mehrere Vier-, Sechs- und Neunpfostenbauten, aber auch zweischiffige Mehrpfostenbauten rekonstruiert werden. Die größte Bebauungsdichte ist aktuell im nördlichen Flächenabschnitt feststellbar, hier lagen auch die wenigen fundreichen Gruben. Da sich im eisenzeitlichen Kontext keine Befundüberschneidungen zeigten, ist aufgrund des Befundbildes vorerst von einer einphasigen Siedlung auszugehen. Ob eine weitere zeitliche Differenzierung möglich ist, müssen künftige Untersuchungen zeigen.

Das eisenzeitliche Fundmaterial stammt überwiegend aus Gruben und setzt sich aus Gefäßkeramik und wenigen Silexartefakten zusammen. Brandlehmfragmente, Artefakte aus Felsgestein sowie minimale Mengen an Knochenresten sind ebenfalls zu nennen. Metallfragmente und Glasfunde stammen hingegen immer aus neuzeitlichem Zusammenhang.

Eine erste Auswertung der Keramik ergab, dass ein nicht unerheblicher Anteil der ca. 1500 Scherben Anhaltspunkte für eine genauere Datierung innerhalb der Eisenzeit liefert. Einige Grubeninventare ließen sich in den Zeitraum Hallstatt C bis Hallstatt D/Frühlatène datieren, andere konnten in den Übergangshorizont Hallstatt D/Frühlatène gestellt werden.

Der keramische Fundstoff besteht ausnahmslos aus handgeformter, meist mit Quarzsand, Quarzbruch und Schamotte gemagerter Ware und enthält die für ein Siedlungsinventar typischen Gefäßformen. Es fanden sich Fässer mit ein- oder ausbiegenden Rändern, Schrägrandgefäße, Gefäße mit langgezogenen Trichterrändern sowie Schüsseln und Schalen unterschiedlicher Formgebung. Die Anzahl der verzierten Scherben ist im Verhältnis zur Gesamtscherbenanzahl mit ca. 6% relativ gering. Kammstrichverzierung dominiert eindeutig. Riefen, Ritzlinien, Fingernageleindrücke, Fingertupfen und -kniffe kommen selten vor. Nur jeweils einmal sind eine Reliefverzierung und eine Ringabrollung belegt.

Aus der Masse der Funde sind die Überreste dreier unterschiedlich gut erhaltener Gefäßeinheiten herauszustellen. Aus Grube Stelle 231 (NW 2008/0250) stammt das einzige fast komplett erhaltene Gefäß der Siedlung – ein Fußschälchen, auch „Eierbecher" genannt (Abb. 69). Fußschälchen sind weit verbreitet. Sie gelten als typische Keramikform der Hallstatt-C-zeitlichen mittelrheinischen Laufelder Gruppe. Im Formenschatz der älteren Hunsrück-Eifel-Kultur treten sie weiterhin vereinzelt auf. In der Niederrheinischen Bucht und den Niederlanden gehören die Fußschälchen ebenfalls zu den gängigen Gefäßformen. Hier werden sie in die Stufen Hallstatt C–D datiert, sind aber auch in frühlatènezeitlichen Zusammenhängen nachgewiesen.

Besondere Beachtung verdienen die Überreste zweier Gefäße, die aus der Verfüllung des Grubenkomplexes Stelle 425 (NW 2007/1020) stammen. Von einem dieser Gefäße ist nur noch eine einzelne Schulterscherbe erhalten. Sie zeigt eine Ringabrollung (Abb. 70,2) und damit eine für die ältere Hunsrück-Eifel-Kultur (Hallstatt D) charakteristische Zierweise.

68 Niederzier-Alt-Lich-Steinstraß. Ausschnitt aus dem Gesamtplan der archäologischen Befunde mit rekonstruierten eisenzeitlichen Gebäudegrundrissen.

69 Niederzier-Alt-Lich-Steinstraß. Fußschälchen.

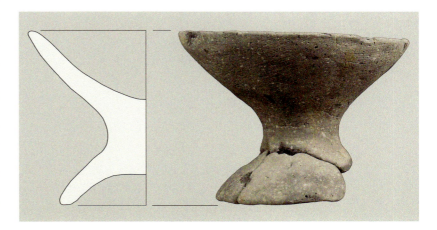

70 Niederzier-Alt-Lich-Steinstraß. 1 Fragment eines Marnebechers; 2 Schulterscherbe mit Ringabrollung.

Bei dem zweiten Gefäß handelt es sich um das Fragment eines Marnebechers (Abb. 70,1). Drei anpassende Wandscherben bilden das Bruchstück eines Gefäßes mit stark einziehendem flachen Unterteil, scharfem Profilknick, kurzer Schulter und ausbiegender Randpartie. Für den Marnebecher wird eine Datierung in den Übergangshorizont Hallstatt D/Frühlatène vorgeschlagen. Diese zeitliche Einordnung legen auch die übrigen Keramikfunde des Grubenkomplexes nahe, der u. a. noch Fragmente von Gefäßen mit bis zu 9 cm langen Trichterrändern, Schalen mit hohem Umbruch und einigen Fässern mit einbiegendem Rand enthielt. H.-E. Joachim verdanken wir den Hinweis auf zwei lokale Vergleichsstücke. Im Bereich der jüngerlatènezeitlichen Siedlung von Hambach-Niederzier (HA 382) fanden sich in einer Grube Bruchstücke von drei Marnebechern, die dort ebenfalls in den Zeitabschnitt Hallstatt D/Frühlatène datiert werden. Zwei davon können als gute Entsprechungen zu dem Exemplar aus der Siedlung bei Alt-Lich-Steinstraß gelten.

Die fortschreitende Auskiesung an diesem Platz lässt weitere interessante Funde und Erkenntnisse nicht nur zum eisenzeitlichen Siedlungsgeschehen erwarten.

Literatur: H.-E. Joachim, Die jüngerlatènezeitliche Siedlung von Niederzier-Hambach, Kreis Düren. Datierung der Befunde und Funde. Bonner Jahrb. 207 (in Vorb.). – W. R. K. Perizonius, Eierbecher in Nederland. Analecta Praehist. Leidensia 9, 1976, 85–103. – A. Simons, Bronze- und eisenzeitliche Besiedlung in den Rheinischen Lößbörden. BAR Internat. Ser. 467 (Oxford 1989). – R. Smani/P. Tutlies, Auf den Spuren der jüngsten Vergangenheit – unerwartete Relikte des Zweiten Weltkriegs. Arch. Rheinland 2007 (Stuttgart 2008) 174–176.

ELSDORF, RHEIN-ERFT-KREIS

Eine späteisenzeitliche Befestigung in Alt-Etzweiler

Wolfgang Gaitzsch und Jan Janssens

Im Sommer 2008 erreichte der Braunkohlentagebau Hambach die Ortsmitte von Etzweiler. Die archäologischen Untersuchungen wurden zunächst westlich, dann östlich der L 276 fortgeführt. Bereits in den 1980er Jahren hatte der Heimatforscher J. Mausbach vermutet, dass an der Nordseite der Berrendorfer Straße eine *villa rustica* gestanden haben könnte. Er dokumentierte Fundstücke und die Lage der Siedlung. Ihre westlichen Ausläufer ließen sich in Verbindung mit der Kampfmittelberäumung im Vorfeld lokalisieren (HA 07/61). Die diesjährige Untersuchung HA 08/16 erstreckte sich zunächst entlang der Straße „Im Heckenfeld", 12 m nördlich der Berrendorfer Straße. An die römischen Befunde schloss sich eine eisenzeitliche Bebauung an. Die Überraschung war groß, als an der Abbaukante eine kreisförmige Palisade zum Vorschein kam (Abb. 71), deren Pfostengruben in dichter Folge freigelegt wurden. Sie umschloss einen ovalen Grundriss von 68 m maximaler Länge, 52 m Breite und einer Ausdehnung von ca. 0,3 ha. Ein umlaufender Graben war nicht nachzuweisen, sodass von einer ebenerdigen Errichtung der Palisade auszugehen ist.

Die Bebauung scheint nicht sehr dicht gewesen zu sein und setzt sich in südwestlicher Richtung fort (Abb. 72). Zwei eisenzeitlichen Vier- und Sechspfostenbauten an der Nordseite (Häuser 4 und 5) steht ein kleines Gehöft an der Westseite (Haus 6) gegenüber. Ein 8,20 × 5,20 m großer Pfostenbau (Haus 1) wird von 8 m langen Ställen (Häuser 2 und 3) flankiert. Außerhalb der Umwehrung schließt sich ein ähnlich großer zweischiffiger Bau (Haus 7) an. Zahlreiche Einzelpfosten weisen auf weitere, in ihrem Grundriss nicht zu erschließende Häuser hin.

Die chronologische Gliederung bereitet Schwierigkeiten, da die sehr geringen Befundtiefen von max. 0,20–0,30 m keine stratigraphischen Beobachtungen erlaubten. In südöstliche Richtung (zum Fuchsbach)

71 Elsdorf-Etzweiler. Eisenzeitliche Befestigung und *villa rustica*. Am oberen Bildrand Straßenkreuzung Florianweg/Buirer Straße (L 276) und Standort der Kirche St. Hubertus (bis 2001). Luftaufnahme von Nordosten, Mai 2008.

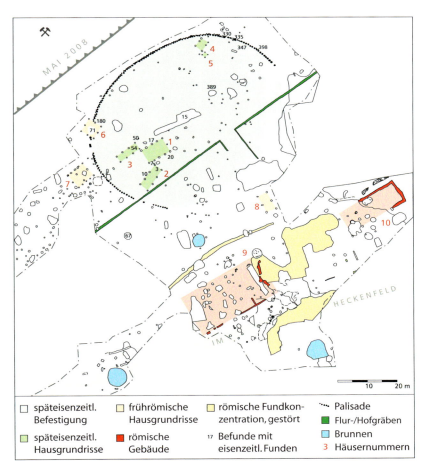

72 Elsdorf-Etzweiler. Grabungsplan.

nimmt das Erosionsgefälle zu und die neuzeitliche Straßenrandbebauung stört den römischen Siedlungskern.

Bau 6 zeigt, dass die Palisade der jüngeren Bebauung vorausgeht. Bautypologisch ist die Befestigung von Etzweiler mit dem 3 ha großen Oppidum von Hambach 382 vergleichbar, das in seiner jüngeren Besiedlungsphase (Latène D 1) bis in die Mitte des ersten vorchristlichen Jahrhunderts bewohnt war und dann aufgegeben worden ist. Die Entfernung nach Etzweiler beträgt 7,5 km. Beide Befestigungen lagen in Nähe der in augusteischer Zeit erbauten Via Belgica, etwa 1,2 km und 3 km südlich von dieser entfernt. HA 382 wies ebenfalls einen ovalen Grundriss auf, war aber wesentlich größer und mit einem Doppelgraben umwehrt. Die Etzweiler Palisade entspricht eher der Kleinbefestigung von Jülich-Bourheim, die mit einem Umfang von 0,6 ha etwa doppelt so groß ist. Die weniger symmetrisch abgerundete Anlage umschloss ein Spitzgraben mit Innenwall, auf dem man eine Palisade rekonstruierte. Bebauungsspuren ließen sich sowohl außerhalb als auch innerhalb lokalisieren. In Etzweiler ist davon auszugehen, dass man die hölzerne Umwehrung relativ kurzfristig, ohne größeren planmäßigen Bauaufwand errichtete bzw. errichten musste. Das unterscheidet sie von den beiden anderen Anlagen. Die eburonischen Befestigungen räumte man im Zuge von Caesars Eroberungen. Da es auch in Etzweiler keine Hinweise auf eine Zerstörung oder

73 Elsdorf-Etzweiler. Mittel- bis spätlatènezeitliche Keramikfunde aus dem Bereich der Palisade.

Kampfhandlungen gibt, ist hier ebenfalls von einer planmäßigen Aufgabe der Anlage bzw. ihrer Nichtnutzung auszugehen.

Die nachfolgende Besiedlung überlagerte den älteren Befestigungsring, wie Haus 6 und der dicht angrenzende Bau 7 zeigen. Die Errichtung dieser Häuser scheint in der jüngsten späteisenzeitlichen Besiedlungsphase stattgefunden zu haben, in den Jahrzehnten kurz vor oder nach Christi Geburt.

In die Übergangszeit zur römischen Bebauung sind wahrscheinlich auch die beiden Parzellen zu datieren, die die Palisade im Südosten überlagern (Abb. 72). Die symmetrischen Grabenführungen (erhaltene Streckenlängen 38 und 53 m) trennt ein Korridor von 6 m Breite, der entweder auf einen Wirtschaftsweg oder den Hofeingang zurückzuführen ist. Das auf einem Kiesfundament erbaute und nur in Spuren erschließbare Hauptgebäude (Haus 9) war nach Südosten in Richtung Berrendorfer Straße orientiert. Drei römische Brunnen umschließen den Kernbereich. Zur chronologischen Differenzierung tragen nur wenige Fundstücke bei (Abb. 73). Sie stammen aus dem Bereich der Palisade (Abb. 72, Befunde mit kleineren Ziffern). Es handelt sich um Bruchstücke handgeformter Gefäße einheimischer Machart. Für den spätlatènezeitlichen Kontext sind Schüsseln mit einwärts gebogenem und leicht verdicktem Rand sowie Fingertupfenverzierungen und schmale Schulterleisten charakteristisch. Die rau-sandigen Gefäßoberflächen sind ocker bis dunkelbraunschwarz. Besonders aus den Gruben 71 und 389 liegen typische Beispiele vor (Abb. 72–73). Aber auch ältere eisenzeitliche Keramik ist vertreten. Unter den römischen Fundstücken fällt der hohe Anteil früher Formen auf, sog. Belgische Ware, importierte Ölamphoren und ältere Einhenkelkrüge. Bemerkenswert ist die partielle Überlagerung der eisenzeitlichen Befestigung durch eine *villa rustica*. Es ist der gleiche Fall wie in HA 382, wo sich die römische Bebauung unmittelbar an den spätlatènezeitlichen Befestigungsgräben anschließt, doch fehlt hier der Übergangshorizont in tiberisch-claudische Zeit.

Literatur: H.-E. JOACHIM, Die späte Eisenzeit am Niederrhein. In: Krieg und Frieden. Kelten – Römer – Germanen. Ausstellungskat. (Bonn 2007) 48–58. – W. GAITZSCH/J. JANSSENS, Burgus und merowingerzeitliche Gräber in Etzweiler. Arch. Rheinland 2007 (Stuttgart 2008) 111–114.

Römische Kaiserzeit

74 Aachen, Elisengarten. Archäologisches Fenster: römische Holzbauspuren um Christi Geburt sowie Reste von Steinbauphasen des 1. bis 3. Jahrhunderts, umgeben von Befunden des Mittelalters.

RHEINLAND

Mit der Planung in die Römerzeit: Erlebnisraum Römerstraße

Jeanne-Nora Andrikopoulou-Strack

Bodendenkmäler sind ständig von Zerstörungen bedroht und bedürfen deshalb besonderer Aufmerksamkeit. Oft unerkannt im Boden liegend, entziehen sie sich, da unsichtbar und somit nicht erlebbar, zumeist dem öffentlichen Interesse. Darin mag begründet liegen, warum ihr Erhalt in der Regel nicht gewünscht wird, sobald sie der wirtschaftlichen Entwicklung im Wege zu sein scheinen. Ihren Verbleib *in situ* verdanken sie meist nicht nur den gesetzlichen Vorgaben, sondern vielmehr interessierten Investoren und Politikern, kreativen Planern, beherzten Bodendenkmalpflegern und nicht selten einer guten finanziellen Ausgangssituation, die die Kosten für die Erhaltung und eine Integration der archäologischen Substanz aufzufangen vermag.

Eine solche geradezu ideale Konstellation für den Erhalt des kulturellen Erbes im Rheinland bieten neuerdings die vom Land Nordrhein-Westfalen finanziell getragenen Regionalen. Vor allem die Regionale 2010 hat sich das Ziel gesetzt, die Landschaft unter Berücksichtigung der Bau- und Bodendenkmäler innovativ und nachhaltig zu gestalten, sowie neue Impulse zu geben. Mit dem fachlich vom LVR-Amt für Bodendenkmalpflege im Rheinland initiierten Projekt „Erlebnisraum Römerstraße – Agrippa-Straße und Via Belgica" beschreiten die EU-Regionale 2008 und die Regionale 2010 neue Wege (vgl. folgende Beiträge C. Ulbert und S. Jenter). Das Ziel des Projekts ist es, – getreu der Regionale-Philosophie „eine Identifikation nach innen und eine Profilierung nach außen" – einerseits die ehemaligen römischen Reichsstraßen von Lyon nach Köln und von Köln nach Boulogne-sur-Mer als landschaftsprägendes Element des Rheinlands zu verdeutlichen. Andererseits sollen sie zu einem einzigartigen Erlebnisraum mit angrenzenden „Zeitfenstern" quer durch alle geschichtlichen Epochen gestaltet werden. Gemeinsam mit der EU-Regionale 2008 und den Archäologen der rheinischen Bodendenkmalpflege unterstützt die Regionale 2010 die an den ehemaligen Römerstraßen gelegenen 19 rheinischen Städte und Gemeinden bei ihren Bemühungen, die Bodendenkmäler von europäischer Bedeutung erlebbar zu machen.

Die Straßen selbst und die angrenzenden Bodendenkmäler sollen behutsam erforscht, nachhaltig gesichert und langfristig der Öffentlichkeit zugänglich gemacht werden. So eröffnet das Projekt eine zukunfts- und bürgerorientierte Perspektive in der traditionsreichen Erforschung der Römerstraßen.

Seit dem frühen 20. Jahrhundert beschäftigen sich sowohl Fachleute als auch geschichtsinteressierte Bürger mit dem dichten Straßennetz des römischen Reiches (Abb. 75). Die Wiederentdeckung der „verlorenen" und dem Vergessen preisgegebenen Reichsstraßen ist auch heute noch ein Forschungsschwerpunkt der rheinischen Bodendenkmalpflege. Angestrebtes Ziel ist es, die im Rheinland erhaltenen Teile der Trassen der überregionalen Fernverbindungen von Köln nach Boulogne-sur-Mer sowie nach Lyon als Denkmal zu schützen, um sie in einem zweiten Schritt ins Bewusstsein der Bürger zurückzuholen und für sie erlebbar zu machen.

Voraussetzung für das Gelingen dieses anspruchsvollen Vorhabens ist die lückenlose Kenntnis des Straßenverlaufs im Gelände. Einige Straßenabschnitte sind bekannt und werden noch heute als Straßen genutzt, andere haben in nachrömischer Zeit ihre Funktion verloren und sind in den heute land- oder forstwirtschaftlich genutzten Flächen untergegangen. Sie gilt es wiederzufinden!

Genau an diesem Punkt zeigt sich der innovative Ansatz des Projekts „Erlebnisraum Römerstraße –

75 Ausschnitt aus der Tabula Peutingeriana.

76 Wortmarke für den „Erlebnisraum Römerstraße".

77 Kennzeichnung der Römerstraße durch Kiefern.

Agrippa-Straße und Via Belgica". Aus der Erkenntnis heraus, dass qualitätvolle, auf die Präsentation von Denkmälern abzielende Planung nur auf einem fachlich begründeten Fundament aufbauen kann, wurde die Erforschung der Straßen im Rheinland als zentraler Bestandteil in das zukunftsweisende Konzept integriert. Dazu haben die Anrainerkommunen und das Land Nordrhein-Westfalen mit seinen Regionalen und dem LVR-Amt für Bodendenkmalpflege im Rheinland Mittel für vertiefende archäologische Maßnahmen im Gelände bereitgestellt. Die beträchtliche finanzielle Unterstützung ermöglicht den Archäologen der Abteilung Prospektion des Fachamtes, einen neuen Weg bei der Erkundung römischer Straßen einzuschlagen.

Die Prospektionen betreffen erstmalig nicht nur die Straßen selbst, sondern darüber hinaus die daran gelegenen Siedlungsstellen, Straßenstationen, Wachposten, Kultplätze, um nur eine Auswahl zu nennen. Im Zuge dieses neuen Ansatzes für die Römerstraßenforschung im Rheinland wird konsequent ein 100 m breiter Streifen beiderseits der Straße durchgehend

untersucht: Insgesamt sind das bei der Agrippa-Straße gut 70 km, bei der Via Belgica rund 60 km. Die Breite des Untersuchungsraums gibt die Sicherheit, dass die unmittelbar an der Straße gelegene Infrastruktur bereits bei der Feldbegehung erfasst werden kann. Geophysikalische Untersuchungen und kleine Sondagen lassen nähere Informationen über die Art der einzelnen Fundstellen erwarten.

Der innovative Ansatz beschränkt sich jedoch nicht nur auf die Erforschung, sondern die Sichtbarmachung und In-Wert-Setzung der neuen Bodendenkmäler. Eine möglichst nahe am Originalverlauf geführte Route – erlebbar mit dem Fahrrad oder zu Fuß – wird sowohl die Römerstraßen mit ihrer gesamten Infrastruktur als auch die etwas entfernter liegenden Denkmäler nicht nur aus römischer Zeit erschließen. Eine eindeutige Kennzeichnung der Route in Verbindung mit einem umfangreichen Informationsangebot im einheitlichen Duktus soll dem Besucher eindrücklich vermitteln, dass er sich auf einer ehemaligen römischen Straße bewegt (Abb. 76). In nicht allzu ferner Zukunft wird – entsprechend dem prämiierten Entwurf der Planergruppe GmbH Oberhausen / nowak teufel knyrym / reicher haase architekten – eine locker gepflanzte Kiefernreihe den Verlauf der Straßen anzeigen (Abb. 77). Die langfristig geplante Erschließung und Präsentation weiterer römischer Denkmäler soll die Route zu einer Reise in die Römerzeit werden lassen.

Wünschenswert ist es, dass der „Erlebnisraum Römerstraße" zukünftig über die Grenzen des Rheinlandes hinaus bis nach Lyon und Boulogne-sur-Mer wächst und länderverbindend – ganz in der Tradition der antiken Straßen – an unsere gemeinsame römische Vergangenheit erinnert.

Literatur: J. KUNOW, Archäologie im Rheinland 2007 – ein Jahresrückblick. Arch. Rheinland 2007 (Stuttgart 2008) 13 f.

RHEINLAND

Erlebnisraum Römerstraße: die Agrippa-Straße – Untersuchungen in der Zülpicher Lössbörde

Cornelius Ulbert

Dank der grundlegenden Arbeiten von J. Hagen und den langjährigen Feldforschungen von K. Grewe ist der Verlauf des 76 km langen, in Nordrhein-Westfalen liegenden Abschnittes der Agrippa-Straße weitgehend bekannt. Von Köln (CCAA) aus verläuft sie zunächst über die Ville, dann über die Lössbörde bis nach Zülpich, wo sie etwas nach Süden abknickt und am Irnicher Berg die ersten Ausläufer der Eifel erreicht. Bedingt durch die von Flusstälern gegliederte Mittelgebirgslandschaft ließ sich ihr bis dahin schnurgerader Verlauf nicht weiter beibehalten. Hindernisse wie der Rothbach bei Eicks, der Bleibach bei Mechernich und die zweifache Überquerung der Urft um Nettersheim mussten z. T. mit einigem ingenieurtechnischen Aufwand gemeistert werden. Bei Dahlem verlässt die Agrippa-Straße Nordrhein-Westfalen und führte in römischer Zeit weiter über Trier nach Lyon bis an das Mittelmeer.

Aufgrund der unterschiedlichen naturräumlichen Gegebenheiten und der Landschaftsnutzung waren mehrere Prospektionsmethoden zur Erfassung der straßenbegleitenden Einrichtungen erforderlich: Etwa ein Drittel des Streckenabschnittes ist bereits durch Überbauung und Bergbau unzugänglich oder ganz verloren. Dies betrifft den Großraum Köln, die Ville aber auch das Bleibergwerk bei Kahlenberg. Hier bleibt nur noch die Archivrecherche. Ein weiteres Drittel, überwiegend in der Eifel, besteht aus Wald- und Wiesenflächen. Durch Begehungen und Auswertung von Laserscandaten können hier auffällige Geländemerkmale kartiert werden (Relikterfassung). Das letzte Drittel ist die flächendeckend landwirtschaftlich genutzte Zülpicher Lössbörde, die optimale Bedingungen für Feldbegehungen und Luftbildauswertung bietet (Abb. 78–79).

Da es bislang kaum systematische archäologische Untersuchungen zur Häufigkeit römischer Fundstellen an Römerstraßen gibt, bot es sich an, zunächst die 26,5 km lange Strecke zwischen dem Vorgebirge und der Eifel lückenlos zu begehen, um Erfahrungswerte für die schwierigere Eifelstrecke zu sammeln. Das Ergebnis sind sieben neue Fundstellen zwischen der Ville und Zülpich und zwei weitere bis zum Fuß der Eifel (Abb. 78):

Bereits 1923 wurde auf dem Vorgebirge das sog. Villenhaus untersucht. Es handelt sich um eine spätrömische 60 × 60 m große quadratische, mindestens zweiphasige Anlage, die von einem Wall und einem Spitzgraben umgeben ist. Sie ist heute dem Braunkohlenabbau zum Opfer gefallen.

Bei Erftstadt-Liblar liegt etwa 150 m von der Straße entfernt eine Risalitvilla aus dem 2. und 3. Jahrhundert mit einem kleinen, angeschlossenen Bad. Nebengebäude und Trümmerstellen direkt an der Straße deuten an, dass die *villa* in Verbindung mit einer Straßenstation stand.

Westlich von Ahrem kamen an der Straße zwölf römische Gräber aus dem 2. und 3. Jahrhundert zutage. Sie gehören vermutlich zu einer bislang noch nicht genau lokalisierten Siedlung in der Nähe des Rothbaches.

Am Hexenberg bei Erp beobachtete man schon in den 1960er Jahren beiderseits der Straße römische Funde und Mauerreste. Bei den Begehungen zeichnete sich am Hangfuß eine deutliche Fundkonzentration ab.

Bei Weiler i. d. Ebene erstreckte sich beiderseits der Straße über eine Länge von 2 km eine erhöhte Fundstreuung mit kleineren Konzentrationen. Eine aktenkundige Trümmerstelle wies bei den Begehungen keine Auffälligkeiten auf. Bei einer Sondage in einer der Fundkonzentrationen kamen neben anderen Siedlungsbefunden Pfostengruben eines römischen Holzgebäudes zutage. Schlackereste deuten auf Eisenverarbeitung vor Ort hin.

An der Kreuzung mit der römischen Nebenstrecke Niederzier – Linz wurde bei Rövenich-Siechhaus auf einer Länge von 1,3 km und 500 m Breite eine sehr dichte Fundstreuung festgestellt. Die Funde deuten an, dass ein Bad oder eine Heizungsanlage vorhanden waren. Etwa 700 m von der Straße entfernt liegt der bereits ausgegrabene *burgus* von Rövenich.

Bei Bessenich konnte unmittelbar an der Straße eine römische Trümmerstelle dokumentiert werden.

Auf der anderen Straßenseite liegen in ca. 250 m Entfernung die Reste einer Risalitvilla.

Zülpich (*vicus tolbiacum*) war in römischer Zeit ein bedeutender Verkehrsknotenpunkt. Die wichtigen Fernstraßen von Reims, Neuss, Bonn über Euskirchen-Billig und die Agrippa-Straße trafen hier zusammen. Auf dem heutigen Mühlenberg fanden sich zahlreiche Spuren des *vicus* u. a. auch das bekannte Badegebäude.

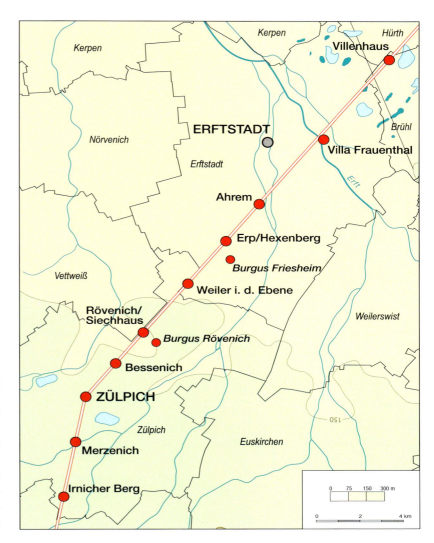

78 Römische Fundstellen in der Zülpicher Lössbörde.

79 Erftstadt-Erp. Die von Bäumen gesäumte und als Feldweg erhaltene Agrippa-Straße in der Zülpicher Lössbörde.

80 Zülpich-Schwerfen. Die Agrippa-Straße am Anstieg zum Irnicher Berg, dem ersten Ausläufer der Eifel.

Bei Merzenich wurde beiderseits der Straße eine römische Trümmerstelle lokalisiert. Aus dem Ort selbst sind Mauern, Gräber und Lesenfunde bekannt.

Am Fuß des Irnicher Berges ist bei Aufschlüssen in den 1970er Jahren eine Fundschicht mit Ziegeln, Keramik, bearbeiteten Steinen und Mörtel belegt (Abb. 80). Die Begehungen bestätigten eine massive, bis an die Straße reichende Fundstreuung.

Ein so nicht erwartetes Ergebnis waren die Dichte und die Regelmäßigkeit der Fundstellen: In ungestörtem Gelände betrug deren Abstand etwa 3 km, meist sogar weniger. Dies bedeutet, dass man sich als Reisender immer in Sichtweite von zwei Stationen befand. Obwohl weiterführende Untersuchungen nötig sind, soll im Folgenden eine kurze Bewertung der Fundstellen versucht werden:

In den historischen Quellen über den *cursus publicus* – den staatlichen Kurier- und Transportdienst – findet man Angaben, dass es in Abständen von einer Tagesreise mit dem Wagen – etwa 35 km – Übernachtungsmöglichkeiten (*mansiones*) gegeben hat. Dazwischen lagen Pferdewechselstationen (*mutationes*). Die Entfernungsangabe zwischen den Raststätten entspricht genau der Strecke Köln – Zülpich. Demnach müsste in Zülpich eine *mansio* gewesen sein, wovon man als wichtigem Verkehrsknotenpunkt mit einem großen Badegebäude ausgehen kann. Wie ist aber dann die große Fundstelle mit möglichem Bad bei Rövenich, nur vier Kilometer vor Zülpich, zu erklären? Vielleicht handelte es sich ursprünglich um eine Raststation der Strecke Niederzier–Linz. Da sie verkehrsgünstig an der Kreuzung mit der Agrippa-Straße lag, könnte sich aus ihr ein *vicus* entwickelt haben. Hinter einigen der zahlreichen kleinen Fundstellen möchte man die Pferdewechselstationen vermuten. Es könnten einfache Ställe an der Straße gewesen sein, die von den landwirtschaftlichen Betrieben in unmittelbarer Nähe unterhalten wurden (z. B. Villa Frauenthal und Bessenich). Vielleicht ist es in diesem Zusammenhang auch kein Zufall, dass sowohl am Hexenberg als auch am Irnicher Berg jeweils am Fuß der Steigung ein Fundplatz liegt. Im untersuchten Streckenabschnitt befinden sich drei befestigte spätrömische Anlagen (Villenhaus, Friesheim und Rövenich). Handelt es sich bei diesen *burgi* nur um Rückzugsmöglichkeiten der Bewohner von *villae rusticae* oder auch um Wachtürme, die zur Beobachtung der Straße in unruhigen Zeiten dienten? In einigen könnten auch Beneficiarier- oder Kontrollposten integriert gewesen sein, wie dies die Ausgräber des Villenhauptshauses vermuten.

Die unerwartet hohe Anzahl der Fundstellen liegt aber sicherlich auch daran, dass es neben dem staatlich organisierten *cursus publicus* auch entsprechende private Einrichtungen gegeben haben muss. Außerdem dürften nicht alle Stationen gleichzeitig bestanden haben.

Inwieweit sich die Verhältnisse im Flachland auf die Eifel übertragen lassen, werden die weiteren Untersuchungen zeigen. Mit diesen Ergebnissen lässt sich jedoch im Gelände und auf den Karten gezielter nach Fundstellen suchen.

Literatur: H. BENDER, Baugeschichtliche Untersuchungen zur Ausgrabung Augst-Kurzenbentli. Ein Beitrag zur Erforschung der römischen Rasthäuser. Antiqua 4. Veröff. Schweizer. Ges. Ur- u. Frühgesch. (Basel 1975). – K. GREWE, Die Agrippastraße zwischen Köln und Trier. In: J. KUNOW (Hrsg.), Erlebnisraum Römerstraße Köln–Trier. Erftstadt-Kolloquium 2007. Mat. Bodendenkmalpfl. Rheinland 18 (Treis-Karden 2007) 31–64. – J. HAGEN, Die Römerstraßen der Rheinprovinz. Erläuterungen zum geschichtlichen Atlas der Rheinprovinz 8 (Bonn/Leipzig 1931).

RHEINLAND

Erlebnisraum Römerstraße: Via Belgica

Susanne Jenter

Der Verlauf der antiken Fernstraße von Köln nach Boulogne-sur-Mer an der Atlantikküste ist für das Rheinland weitestgehend geklärt. Sie führt von Köln über Bergheim nach Jülich und von dort nach Übach-Palenberg, wo sie in Rimburg die heutige Grenze in die Niederlande überquert. Teilweise verlaufen moderne Bundes- oder Landstraßen, manchmal auch nur schmale Wirtschaftswege auf der antiken Straßentrasse. So ist der östliche Abschnitt der Via Belgica zwischen Köln und Jülich bis in unsere Zeit über weite Strecken als Straße erhalten geblieben. Westlich von Jülich wurde sie in nachrömischer Zeit aufgegeben. Größtenteils quert die ehemalige Trasse hier landwirtschaftliche Nutzflächen.

Der zumeist schnurgerade nach Westen führende Verlauf der Straßentrasse wurde bereits von J. Hagen 1931 kartiert. Abweichungen von dieser geraden Streckenführung verzeichnete er an zwei Stellen: Im Staatsforst Ville bei Frechen markierte er bei der Einmessung der sichtbaren Trasse einen Verlauf, der um bis zu 300 m nach Süden von der geraden Verlängerung abweicht, vermutlich um ein Quellgebiet weiträumig zu umfahren. Intensive Untersuchungen der letzten Jahre durch N. Andrikopoulou-Strack führten zu der Erkenntnis, dass zusätzlich zu dieser „trockenen" Route auch eine annähernd gerade bestand, die das Feuchtgebiet durchquerte.

Die zweite Abweichung verzeichnete Hagen westlich von Jülich: Die Römerstraße verläuft hier in einem weiten Bogen bis zu einem Kilometer südlich der geraden Direktverbindung. Dies lässt sich auch anhand von Luftbildern fast lückenlos nachweisen. Hat es aber ähnlich wie in Frechen auch hier zusätzlich eine gerade Verbindung gegeben? Zur Klärung dieser Frage wurden 2008 westlich von Jülich in der Flucht der potenziell geradlinig verlaufenden Trasse an zwei Stellen Sondagen angelegt (Abb. 81). In der Nähe von Koslar erbrachte die Grabung genau in dieser Flucht ein großes, diagonal zu der hier vermuteten Straße ausgerichtetes, römisches Gebäude, das mit Mosaikböden und farbigem Wandputz luxuriös ausgestattet war, jedoch keinen Hinweis auf eine Straße. Mit einer weiteren Sondierung westlich des Merzbachs konnte die südlich verlaufende Straße mit 7 m breitem Kieskörper und im Abstand von 25 m verlaufenden Gräben nachgewiesen werden. Direkt an dieser lag ein kleines Brandgräberfeld. Die gerade verlaufende Trasse war jedoch auch hier nicht auszumachen. Der so gewonnene Eindruck, dass einzig die südliche Straßenführung in römischer Zeit tatsächlich existierte, wurde jedoch jüngst revidiert: Bei einer baubegleitenden Ausgrabung fanden Mitarbeiter der archäologischen Fachfirma Artemus zwischen Koslar und dem Merzbach genau in dem Bereich, für den wir die Straße ausgeschlossen hatten, zwei im Abstand von 25 m parallel verlaufende Gräben vor, bei denen es sich nur um Straßengräben handeln kann. Vom Straßenkörper selbst fand sich allerdings keine Spur. Die Forschung wird sich also auch weiterhin mit der Untersuchung und Lokalisierung der Via Belgica bei Jülich befassen.

Entlang der wichtigen römischen Fernverbindungen befanden sich – betrachtet man die Literatur – eine Reihe von Einrichtungen, welche für die Nutzung der Straße, deren Sicherung sowie die Unterbringung und Verpflegung der Reisenden nötig waren. Neben einzelnen, an strategisch wichtigen Orten errichteten militärischen Straßenposten wurden im Abstand einer Tagesreise *mansiones*, größere gut ausgestattete Herbergen, und in etwas engeren Abständen *mutationes*, also Pferdewechselstationen angelegt. Zusätzlich entstanden an einzelnen, günstig gelegenen Standorten kleinere Zivilsiedlungen (*vici*). Hat also der Reisende zwischen diesen Stationen kilometerweite unbesiedelte Strecken durchquert? Einen Eindruck, wie dicht das

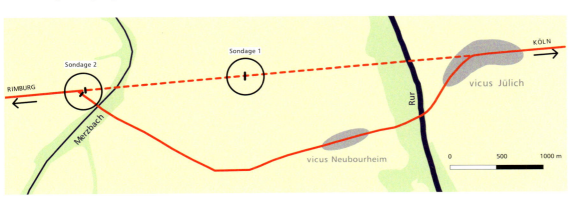

81 Jülich. Trasse der Via Belgica mit Lage der Sondagen.

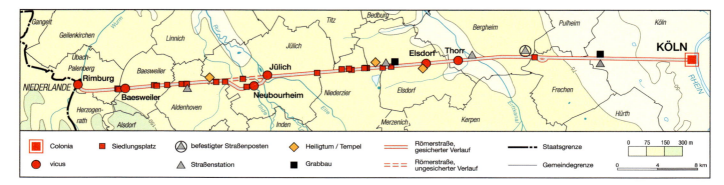

82 Trasse der Via Belgica von Köln nach Rimburg mit Fundstellen.

Gelände entlang der Via Belgica tatsächlich bebaut war, vermitteln die Ergebnisse der intensiven archäologischen Untersuchungen, die W. Gaitzsch im Vorfeld des Braunkohlentagebaus Hambach in Elsdorf und Niederzier durchgeführt hat: Die hier ergrabenen Plätze weisen häufig nur einen Abstand von wenigen hundert Metern zueinander auf.

Im Rahmen des seit Februar 2008 laufenden Prospektionsprojekts entlang der Via Belgica gelang es, auch für andere Streckenabschnitte eine vergleichbare Siedlungsdichte nachzuweisen (Abb. 82). Neben der genauen Lokalisierung von Altfundstellen erbrachten die in einem 100-Meter-Korridor beiderseits der Straße durchgeführten Feldbegehungen, besonders in den vornehmlich landwirtschaftlich genutzten Flächen westlich von Jülich, mehrere neue römische Siedlungsstellen. So wurde beispielsweise in Übach-Palenberg, nur ca. 150 m westlich des vor wenigen Jahren entdeckten *vicus* von Baesweiler, eine dichte, im Durchmesser 50 m messende Fundkonzentration aus römischen Keramik- und Ziegelfragmenten vorgefunden. Knapp 150 m nordwestlich dieser Fundstelle waren 2004 bei einer Sondagemaßnahme Fundamentreste eines römischen Gebäudes freigelegt worden. Bei dieser Ansammlung von Siedlungsstellen scheint es sich nicht um eine durchgehende und planmäßig angelegte Bebauung, sondern vielmehr um eine lockere Streuung von Siedlungseinheiten zu handeln, die vermutlich auch unterschiedliche Funktionen erfüllten.

Eine weitere Reihe von römischen Fundstellen befindet sich östlich von Baesweiler-Setterich: Verteilt über eine Strecke von 1,5 km ließen sich hier bisher drei neue Konzentrationen von Oberflächenfunden einmessen, zwei davon grenzen südlich, die dritte nördlich an die Via Belgica. Eine ähnliche Akkumulation von drei Plätzen, die einen Abstand von jeweils nur 300 m zueinander aufweisen, liegt einen Kilometer weiter östlich auf dem Gebiet der Gemeinde Aldenhoven. Die mittlere dieser bereits in den 1960er Jahren entdeckten Fundstellen wird in der Literatur gewöhnlich als Wachtposten interpretiert, was in Anbetracht ihrer exponierten Lage auf einem Geländesporn nicht unwahrscheinlich ist. Für den östlichen der drei Fundplätze lieferten jüngst die von J. J. M. Wippern und seinem Team durchgeführten geophysikalischen Untersuchungen gute Ergebnisse: Neben einer nach Südwesten abzweigenden Nebenstraße erbrachte die Magnetometermessung einen am südlichen Straßenrand stehenden Risalitbau und mehrere, auf weitere Gebäude hinweisende Anomalien. Verglichen mit Befunden in Eschergewähr und Kenten wird man diese Anlage als Straßenstation ansprechen dürfen.

Die Interpretation der durch Konzentrationen von Oberflächenfunden entdeckten Plätze erweist sich mitunter als schwierig. Eindeutig zuordnen, lassen sich in der Regel nur die ausgegrabenen Siedlungen, wie z. B. die Straßenstationen in Weiden und Kenten, der militärische Straßenposten Heidenburg in Bergheim, die *vici* in Rimburg und Jülich oder die diversen Fundstellen im Tagebau Hambach. Im *vicus* von Baesweiler wurde, wie Funde aus den hier angelegten Sondagen belegen, metallverarbeitendes Handwerk betrieben. An anderen Stellen liefern Luftbilder Hinweise zur Deutung der Fundplätze: Auf diese Weise sind z. B. Umgangstempel in Elsdorf und Aldenhoven und *vici* in Neubourheim und Elsdorf nachgewiesen. Hinzu kommen die an ausgewählten Stellen durchgeführten geophysikalischen Messungen, die wie das Beispiel Aldenhoven in vielen Fällen wichtige Detailinformationen liefern. Die Zusammenschau der durch die verschiedenen Untersuchungen gewonnenen Ergebnisse gibt einen facettenreichen Einblick in einen dicht besiedelten Lebensraum, der sich beiderseits der großen Heerstraßen in römischer Zeit entwickelte.

Literatur: N. ANDRIKOPOULOU-STRACK, Die Römerstraße Köln–Boulogne-sur-Mer im Rheinland: von Köln bis Rimburg. In: H. KOSCHIK (Hrsg.): „Alle Wege führen nach Rom …". Mat. Bodendenkmalpfl. Rheinland 16 (Pulheim 2004) 163–174. – J. HAGEN, Die Römerstraßen der Rheinprovinz. Erläuterungen zum geschichtlichen Atlas der Rheinprovinz 8 (Bonn/Leipzig 1931). – J. KUNOW (Hrsg.), Erlebnisraum Römerstraße Via Belgica. Mat. Bodendenkmalpfl. Rheinland 18/2 (Aachen 2008).

VOERDE, KREIS WESEL

Germanen links des Rheins: die frührömischen Siedlungsspuren von Voerde-Mehrum

Der Deichverband Mehrum plant die Sanierung des Rheindeiches. Da am südöstlichen Ortsrand immer wieder frührömische Bestattungen zutage traten, darunter auch das allgemein bekannt gewordene Mehrumer „Fürstengrab", wurde die archäologische Betreuung dieses Bauabschnittes erforderlich. In einer bauvorgreifenden Grabung sollte die archäologische Befundsituation des Geländes untersucht werden, um die wissenschaftliche Betreuung des eigentlichen Bauvorhabens so weit wie möglich minimieren zu können. Mit der Durchführung war die Firma ARCHBAU betraut.

Das Untersuchungsareal begleitet den südlichen Deichfuß am heutigen – rechten – Rheinufer, am südöstlichen Ortsrand von Mehrum. In römischer Zeit lag das Gelände allerdings linksrheinisch und landeinwärts, was Luftbilder der nördlich verlaufenden, im Mittelalter trockengefallenen Rheinschleife deutlich erkennen lassen. Dasselbe ergab die Rheinkartierung des aktuellen Rhein-Limes-Projekts.

Bereits im Jahre 1888 wurde in Voerde-Mehrum das reich ausgestattete Grab eines germanischen Soldaten aus der Mitte des 1. Jahrhunderts n. Chr. gefunden. Seine Beigaben waren sowohl römischer als auch germanischer Provenienz. Zu ersteren zählen u. a. drei bronzene, mit figürlichen Attaschen verzierte kampanische Eimer und zwei südgallische Terra-Sigillata-Platten, zu letzteren die Imitation eines römischen Schwertes, eine Lanzenspitze, ein Schild sowie Reste eines Trinkhorns. Im Laufe der Jahrzehnte ließen sich bei verschiedenen Bodeneingriffen immer wieder Gräber – mittlerweile insgesamt 20 – beobachten, sodass bei erneuten Baumaßnahmen mit weiteren Grabfunden gerechnet werden musste. Zusammen mit den Fundstellen von Tönisvorst-Vorst und Keppeln bilden die Bestattungen von Voerde-Mehrum eine kleine Gruppe. Es sind die ältesten germanischen Gräber aus frührömischer Zeit am linken Niederrhein. Germanische Siedlungsspuren dieser Epoche und Region waren bisher nicht bekannt.

Der 8 m breite und 250 m lange Suchschnitt erbrachte zwar keine weiteren Gräber, dafür aber etwa 150 m von den Bestattungen entfernt erste Befunde eines Siedlungsplatzes, der sich offenbar in eine flache Senke schmiegt, während die Gräber etwas erhöht auf einem flachen Sporn liegen.

Außerdem wurden mehrere Schnitte in den Deichkörper angelegt, um den Bodenaufbau zu untersu-

Cordula Brand und Uwe Schönfelder

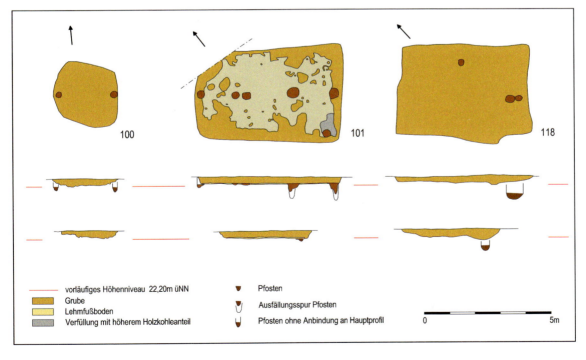

83 Voerde-Mehrum. Die Grubenhäuser im Vergleich.

84 Voerde-Mehrum. Blick Richtung Nordwesten über die Grabungsfläche.

chen, denn es war unbekannt, wie tief man bei der Errichtung des Deiches in den Boden eingegriffen hatte. Die Deichschnitte zeigten, dass der moderne Deich auf den alten, abgeschobenen Humus aufgesetzt war. Der befundführende Horizont liegt geschützt unterhalb des alten Humus und eines bis zu 0,5 m mächtigen Mischhorizontes.

Zu den bisher freigelegten Siedlungsbefunden (Abb. 83–84) gehören drei Grubenhäuser, ein etwa 3 × 3 m messendes Gebäude (Stelle 100) mit zwei Pfostengruben und in unmittelbarer Nachbarschaft zwei größere Grubenhäuser (Stellen 101 u. 118) von knapp 6 × 4,5 m. Eines der Häuser (Stelle 101) besaß einen Lehmfußboden, in seiner Längsachse eine Reihe von vier Pfostengruben und in der Südostecke eine weitere Pfostenspur. Reste von lediglich zwei Pfostengruben traten bei dem anderen Grubenhaus (Stelle 118) zutage, welches keinen Lehmfußboden besaß. Eine dem kleinen Grubenhaus sehr ähnliche Verfärbung erwies sich bei der weiteren Bearbeitung als Brunnen (Stelle 111). 25 m westlich konnten vier Gruben mit einer erhaltenen Tiefe von 0,3–0,5 m aufgedeckt werden.

Etwa 100 m östlich der Hausbefunde verlief von Nordwesten nach Südosten ein 0,3 m tiefer, muldenförmiger Graben. Er wurde auf mehr als 12 m Länge angeschnitten. Seine Zugehörigkeit zu den römerzeitlichen Befunden ist nicht eindeutig gesichert.

Das Gros der Kleinfunde besteht aus Keramik sehr unterschiedlicher Ausprägung und spiegelt die Zugehörigkeit zu zwei verschiedenen Kulturkreisen wider. Der eine Teil besteht aus germanischer handgefertigter, mit feinem Quarzgrus gemagerter Ware. Hervorzuheben sind vor allem einfache Schalen und Töpfe mit innen verdickter Randlippe in Spätlatènetradition. An Dekoren kann Kammstrich und einfache Ritz- bzw. Besenstrichverzierung nachgewiesen werden; das einzige tupfenverzierte Fragment stammt aus den Streufunden des Mischhorizonts.

Der größere Teil der Keramik besteht aus Drehscheibenware römischer Serienfertigung. Neben einigen Randscherben sog. Halterner Kochtöpfen konnten vor allem Scherben von grauer Belgischer Ware sowie helltoniger Keramik geborgen werden. Terra-Sigillata-Fragmente sind selten. Nach einem ersten Überblick lässt sich die Keramik wohl in die Zeit von der Mitte bis in die zweite Hälfte des 1. Jahrhunderts datieren.

Nahezu alle Befunde enthielten Rotlehm und Mahlsteinfragmente aus Basaltlava. Hervorzuheben sind ein Mahlsteinfragment sowie ein Unterleger aus rötlichem Sandstein. Silexabschläge stammen aus jenen beiden Grubenhäusern, die auch den größten Anteil an Keramik vorgeschichtlicher Machart aufwiesen. Aus dem kleinen Grubenhaus (Stelle 100) ist das Fragment eines Dachziegels (*tegula*) bemerkenswert. Letzteres gibt möglicherweise einen Hinweis auf ein Gebäude römischer Art oder mit einzelnen römischen Merkmalen im Umfeld der aufgedeckten Siedlungsbefunde.

Das große Grubenhaus mit Lehmboden enthielt eine Bronzefibel (Almgren 19). Aus dem kleinen Grubenhaus stammen zwei anpassende Fragmente eines silbernen Spiegels von 14 cm Durchmesser. Schließlich fanden sich in den beiden großen Grubenhäusern insgesamt vier Glasfragmente. Drei von ihnen gehören zu Gläsern mit horizontalen, geschliffenen Streifen. Interessant und nicht so häufig ist das Scherbchen mit gläsernem Griesbewurf. Scherben dieser Technik finden sich vereinzelt in Fundkomplexen des 1. Jahrhunderts.

Mit dem Siedlungsplatz von Voerde-Mehrum gelang es, am linken Niederrhein erstmals eine germanische Ansiedlung frührömischer Zeit zu erfassen. Sie bestand gleichzeitig mit dem in unmittelbarer Nachbarschaft liegenden Gräberfeld, dessen Bestattungen in den Zeitraum vom zweiten Viertel des 1. bis in die Mitte des 2. Jahrhunderts datiert werden.

Literatur: C. BRIDGER, Akkulturation am linken Niederrhein am Beispiel von Mehrum, Vorst und Keppeln. In: Krieg und Frieden. Kelten – Römer – Germanen. Ausstellungskat. Bonn (Darmstadt 2007) 343–348. – M. GECHTER/J. KUNOW, Der frühkaiserzeitliche Grabfund von Mehrum. Bonner Jahrb. 183, 1983, 449–468. – R. GERLACH/TH. BECKER/J. MEURERS-BALKE/A. THIEME, Wo war der Rhein zur Römerzeit? Ein Beitrag zum Rhein-Limes-Projekt. Arch. Rheinland 2006 (Stuttgart 2007) 100–102.

WEEZE, KREIS KLEVE

Wie römisch seid ihr? Eine Siedlung der Römerzeit im Xantener Hinterland

Harald Berkel und Marion Brüggler

Auf dem Uferwall der Vorselaerer Ley – einem Altarm des Flüsschens Niers – reihen sich mehrere archäologische Fundstellen wie Perlen auf einer Schnur. Bereits im Vorjahr konnten Teile des vom Kiesabbau bedrohten Fundplatzes III untersucht werden. Im Frühjahr 2008 setzte die Außenstelle Xanten des LVR-Amtes für Bodendenkmalpflege im Rheinland im nördlich anschließenden Fundplatz IV die Grabungen auf einer Fläche von 1,4 ha fort (Abb. 85). Wie schon in Fundplatz III ließ sich auch hier fast überall ein sog. Plaggenesch nachweisen. Das ist ein Auftragsboden aus einer Mischung aus Stallmist und Sand. Derart überdeckte Siedlungsstellen können heute einerseits auf der Ackeroberfläche kaum erkannt werden, andererseits ist aber ihre Befunderhaltung recht gut. Die Befunddichte war in den leicht erhöhten Bereichen des natürlichen Uferwalls am höchsten, während sie in den tiefer liegenden Randbereichen, die durch ältere Niederterrassensedimente gebildet waren, ausdünnte. Mitten auf dem Fundplatz lag eine deutlich sichtbare Geländevertiefung, das Relikt einer Sandentnahmegrube von 65 × 70 m aus dem 19. Jahrhundert.

In Fundplatz IV wurden Überreste einer Hofanlage aufgedeckt, die von der Mitte des 1. bis in die zweite Hälfte des 3. Jahrhunderts bestand. Lediglich ein Brunnen der frühen Eisenzeit (Abb. 85,B1) zeigt, dass es hier bereits bedeutend früher, etwa in der Zeit von der Mitte des 8. Jahrhunderts bis ins 6. Jahrhundert v. Chr., eine Siedlung gegeben haben muss.

Aus römischer Zeit wurden mehrere größere Hausgrundrisse aufgedeckt. Anders als in Fundplatz III umfassen hier Grabensysteme die Hofanlage. Zwei Brunnen der römischen Kaiserzeit (Abb. 85,B2 u. B3) wurden ebenfalls untersucht. Die Hausgrundrisse, die in Fundplatz IV aufgedeckt wurden, sind deutlich größer als in Fundplatz III. Im Norden lag parallel zum Umfassungsgraben ein mindestens 25 m, möglicherweise gar 30 m langes und 8 m breites, zweischiffiges Haus (Abb. 85,H1), das starke Ähnlichkeiten mit gleichzeitigen Wohnstallhäusern im benachbarten niederländischen Gebiet aufweist. In den Pfostengruben gefundene Keramik lässt eine Datierung in das 2. Jahrhundert n. Chr. zu. Ein kleinerer, ebenfalls zweischiffiger und rechteckiger Bau (Abb. 85,H3) aus dem 2.–3. Jahrhundert hatte an seiner Südseite einen Einbau, evtl. die Reste eines stehenden Webstuhls. Im Südwesten der Anlage fand sich ein ungewöhnlicher Grundriss (Abb. 85,H2): Mit einer Länge von 25 m und einer Breite von 8–12,4 m handelt es sich um den größten Bau in Fundplatz IV. Insgesamt nimmt er eine Fläche von 270 m² ein. Das Haus weist wahrscheinlich mehrere Ausbauphasen auf. Zunächst wurde ein langrechteckiger Kernbau errichtet, vermutlich mit Satteldach. Aufgrund unterschiedlicher Eingrabungstiefen der Pfosten ist anzunehmen, dass diesem Kernbau sowohl im Westen als auch im Osten jeweils ein Anbau mit Schleppdach angefügt wurde. An der Ostseite ist dem Kernbau ein weiterer Anbau von 13 m Breite und 4,5 m Tiefe vorgelagert, durch den im rechten Winkel ein Gräbchen läuft. Aufgrund von Funden aus den Pfostengruben ist das Gebäude in das 2.–3. Jahrhundert zu datieren. Dieser Hausgrundriss ist noch nicht abschließend bewertbar, da vergleichbare Grundrisse bislang völlig fehlen. Lediglich einige

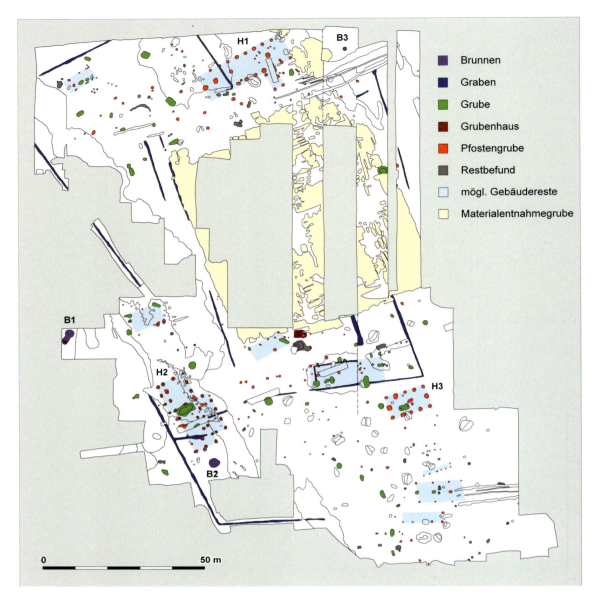

85 Weeze-Vorselaer. Gesamtplan des Fundplatzes IV.

Hausgrundrisse aus dem niederländischen Druten, die als Rechteckbauten mit einer Art umgebender Veranda (*porticus*) interpretiert werden, sind hier zu nennen. Diese Interpretation impliziert eine Beeinflussung durch die römische Bauweise. Derzeit lässt sich noch nicht abschließend klären, ob solche Anbauten bautechnisch bedingt sein können oder inwieweit sie sich aus einer einheimischen Bautradition entwickelt haben.

Außerdem konnten weitere Reste von Häusern sowie ein Grubenhaus freigelegt werden (Abb. 85). Welche und wie viele Befunde aber durch die neuzeitliche Materialentnahmegrube zerstört worden sind, lässt sich nicht mehr ermitteln. Auffälligerweise beinhaltete das Verfüllmaterial der Entnahmegrube im Verhältnis zum Baumaterialaufkommen im übrigen Grabungsareal viele römische Ziegel, Tuffbruchstücke und Mörtel. Ob diese Baumaterialien auf zerstörte Gebäude im Bereich der Sandentnahmegrube zurückzuführen sind, oder mit Erdreich aus der näheren Umgebung angefahren wurden, ist unklar.

Fundplatz IV bestätigte das in Fundplatz III angetroffene Bild einer in einheimisch-eisenzeitlicher Tradition stehenden ländlichen Siedlung, die in den ausgegrabenen Formen der handaufgebauten Keramikgefäße einen rechtsrheinisch-germanischen Einschlag aufweist. Gleichzeitig wurden jedoch auch Elemente provinzialrömischer Kultur angenommen: Es fanden sich Reste von Ölamphoren aus der römischen Provinz *Baetica* (Spanien), eine Amphore für Fischsauce und zahlreiche Reibschüsseln. Aber auch römisches Baumaterial wie Ziegel, Tuffsteine und vereinzelt Fensterglas wurden geborgen. Metallfunde kamen nur wenige zutage, u. a. ein bronzenes Viehglöckchen (Abb. 86).

Es handelt sich bei den Bewohnern wohl um die autochthone Bevölkerung, Personen also, die bereits seit langem in der Gegend ansässig waren, jedoch erst um die Mitte des 1. Jahrhunderts n. Chr. den Siedlungsplatz Vorselaer IV erschlossen. Erwähnt sei, dass die schlechte Datierbarkeit der handaufgebauten

Keramik eine Ansiedlung vor dem Aufkommen römischer Funde in der Mitte des 1. Jahrhunderts verschleiern kann. Das erwähnte rechtsrheinisch-germanische Element kann mit einer Umsiedlung größerer Teile rechtsrheinischer Stämme am Ende des 1. Jahrhunderts v. Chr. durch die Römer hinzugekommen sein. Im weiteren Verlauf des 1. Jahrhunderts sowie in den folgenden 150 Jahren wurden dann immer mehr Elemente römischer Kultur angenommen.

Mit den Ausgrabungen der Fundplätze III und IV in Weeze-Vorselaer ist es für das Hinterland von Xanten erstmals gelungen, eine ländliche Siedlung der römischen Kaiserzeit großflächig freizulegen. Bislang war hierzu im deutschen Teil des linken Niederrheins, im Gegensatz zum südlichen Rheinland und den benachbarten Niederlanden, nichts bekannt. Für die Siedlungsgeschichte des Niederrheins ist vor allem der Nachweis bedeutend, dass hier offensichtlich eine einheimische Bevölkerung auch nach der römischen Eroberung weiterlebte und in ihren Traditionen wirtschaftete und Häuser errichtete. Diese Bevölkerung hatte Kontakte zu Personen aus dem rechtsrheinischen Germanien jenseits der Reichsgrenze und nahm nur allmählich römische Kultur an. Inwieweit diese langsam erfolgte Romanisierung eine bewusste Entscheidung der ländlichen Bevölkerung war oder ob ihr aus verschiedensten Gründen der Zugang zur provinzialrömischen Kultur erschwert wurde, ist eine spannende Forschungsfrage, die noch weiter diskutiert werden muss.

Literatur: M. BRÜGGLER, Tiefste Provinz – eine ländliche Siedlung der römischen Kaiserzeit bei Weeze. Arch. Rheinland 2007 (Stuttgart 2008) 80–82. – R. S. HULST, Druten-Klepperhei, Vorbericht der Ausgrabungen einer römischen Villa. Ber. ROB 28, 1978, 133–151. – J. SLOFSTRA, Changing settlement systems in the Meuse-Demer-Scheldt area during the Early Roman period. In: N. ROYMANS/F. THEUWS (Hrsg.), Images of the past. Studies on Ancient Societies in Northwestern Europe (Amsterdam 1991) 131–200.

86 Weeze-Vorselaer. Glöckchen aus Buntmetall vom Fundplatz IV, Höhe 7,7 cm.

HERZOGENRATH, KREIS AACHEN

Eine *villa rustica*-ähnliche Holzbautensiedlung in Herzogenrath-Merkstein

Michael Wiehen

Durch die geplante Errichtung eines Gewerbegebietes am südlichen Ortsrand des Herzogenrather Stadtteils Merkstein wurde auf einer zwölf Hektar großen, bisher als Ackerland genutzten Fläche eine Ausgrabung notwendig. Das Untersuchungsgebiet liegt am westlichen Rand der Jülicher Börde, im Herzogenrather Lössgebiet, auf einem Geländerücken, der nach Nordosten und Südwesten um fast drei Meter abfällt.

Zunächst gelang es, durch eine sorgfältige Begehung mit Einzelfundeinmessungen und mehrere Sondagegrabungsschnitte eine römische Siedlungsstelle im Westen des geplanten Gewerbegebietes zu lokalisieren. Die geborgene Keramik und vereinzelte Ziegel datieren in die Zeit vom 1. bis ins 4. Jahrhundert. Die Verteilung des Fundmaterials deutete eine ca. 150 × 140 m messende Siedlungsstelle an.

Von Mai bis Juli 2008 wurde diese Fläche (2,3 ha) durch die Fa. ArchaeoNet, Bonn untersucht (Abb. 87). Insgesamt ließen sich durch die Ausgrabung fast 500 archäologisch relevante Befunde dokumentieren, von denen 383 in die römische Zeit datieren. Aus der Neuzeit stammen zwölf Befunde, darunter eine großflächige Materialentnahmegrube im Nordwesten mit den Fundamenten einer Scheune und ein alter Wegeverlauf im Süden der Fläche. Sechs Befunde erwiesen sich unter Vorbehalt als vorgeschichtlich, die übrigen waren nicht näher datierbar.

Aus Verteilung und Datierung der römischen Befunde ließ sich auf die Siedlungsentwicklung schließen: Im Verlauf des 1. Jahrhunderts entstand eine grabenumwehrte Siedlung (123 × 144 m) mit Eingängen im Norden und Süden. Im Norden wurden drei Gebäude in Pfostenbauweise parallel zum Graben errichtet. Bei Gebäude C handelt es sich aufgrund seiner Größe von 25 × 11 m um ein Wohn-Stallhaus, bei Gebäude A um ein Wirtschaftshaus und bei Gebäude J um einen Speicher. Über die Innenfläche verteilt kamen mehrere Rechteckgruben zutage, deren Funktion unklar bleibt. Eine kann als Grubenhaus interpretiert werden, für die übrigen kommt eine Deutung als Werk- bzw. Arbeitsgrube in Betracht. Die Wasserversorgung war durch einen Brunnen im Süden der Siedlung gesichert (Abb. 88).

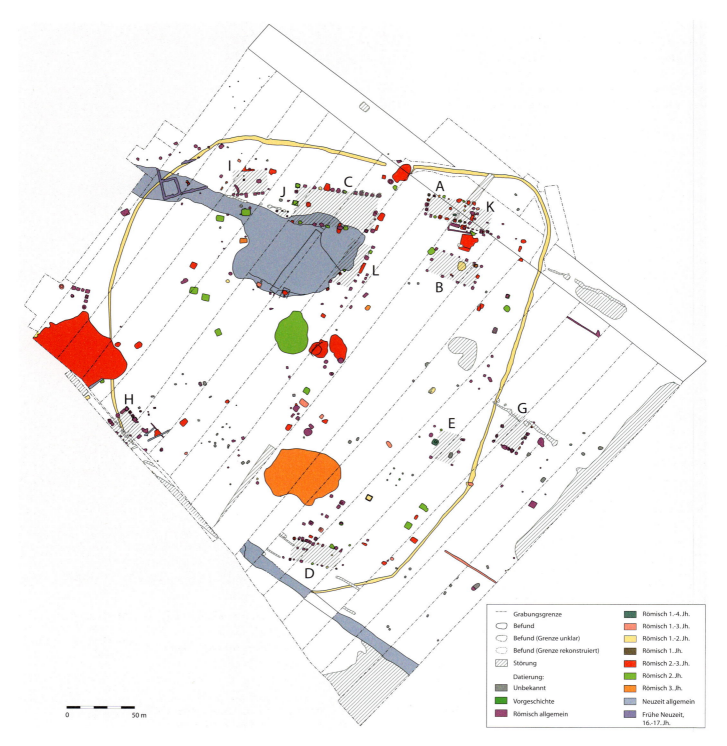

87 Herzogenrath-Merkstein. Gesamtplan der Ausgrabungsbefunde.

Im 2. Jahrhundert entstanden weitere Bauten. Im Süden wurde Gebäude D errichtet. Aufgrund des an dieser Stelle grünstichigen Bodensubstrates innerhalb des Gebäudes kann eine Funktion als Stall angenommen werden. Haus E im Osten könnte wegen der geringen Größe als Wirtschafts- oder Speichergebäude gedient haben. In der Mitte der Siedlung wurde ein Teich angelegt. Außerhalb des Umfassungsgrabens entstand leicht zum Grundriss E versetzt das Gebäude G. Zwei nach Südost verlaufende Grabenabschnitte deuteten eine weitere Einfriedung dieses Gebäudes an. In diese Siedlungsphase kann auch das einzige freigelegte Grab datiert werden. Es handelt sich um den Rest einer Brandbestattung (*bustum*) im Südwesten der Häuser, unmittelbar außerhalb des Umfassungsgrabens.

Im 2. bis 3. Jahrhundert konzentrierte sich die Bautätigkeit auf den Norden der Siedlungsfläche. Leicht versetzt zu Haus A wurde das Gebäude K gebaut. Ca. 10 m südlich davon entstand als einziger Schwellbalkenbau auf Punktfundamenten aus Kies das Gebäude B. In der Nordwestecke des Innenraumes konnten die Reste einer Herdstelle freigelegt werden (Abb. 89). Laufhorizonte waren aufgrund der Erosion in keinem der Gebäude nachweisbar. Zwei weitere nicht vollständig aufgedeckte Hausgrundrisse befanden sich westlich und südlich von Gebäude C. Im 3. Jahrhundert wurde der Umfassungsgraben verfüllt. Darüber entstand im Südwesten später als letztes Gebäude Haus H. Wegen der Grabungsgrenze konnte der Grundriss nicht vollständig erfasst werden.

Die hier vorgestellte Siedlung ist als eine Mischform aus römischem Landgut (*villa rustica*) und traditioneller Gehöftansammlung aufzufassen. Elemente der *villa rustica* sind der Umfassungsgraben und die Holzbauweise. Das Fehlen eines hervorgehobenen Wohnhauses einerseits und die Überzahl der festgestellten Speicher- und Wirtschaftsgebäude andererseits sprechen für eine Siedlungsform, bei der die größtmögliche Produktion für den Handel im Vordergrund steht. Durch die „Rufweite" zur römischen Fernstraße Bavay–Köln waren Absatzmärkte wie Aachen, Maastricht, aber auch Jülich oder Köln in kurzer Zeit erreichbar.

In der Siedlung von Herzogenrath-Merkstein diente die gefundene Keramik mit deutlichem Schwerpunkt der Vorratshaltung und Speisenzubereitung. Gefäße mit Horizontalrand (Hofheim 87), Reibschalen und Dolien bildeten hierbei die Hauptformen. Die weniger vertretene Feinkeramik, die als Tafelgeschirr diente, lag in Form von Belgischer Ware, Glanztonware und Terra Sigillata vor. Bei den Terra Sigillata-Gefäßen fanden sich zwei Besonderheiten. Ein Teller und eine Tasse weisen auf der Wandung nach dem Brand eingeritzte, leider schlecht erhaltene Graffiti auf. Solche Zeichen dienten den Soldaten in Militärlagern zur Kennzeichnung ihres persönlichen Eigentums, kommen aber auch in zivilen Kontexten vor. Ob auf Soldaten an diesem Ort geschlossen werden kann oder ob die Gefäße z. B. durch Veteranen in die Siedlung gelangten, kann nicht geklärt werden. Aus zwei Befunden stammen Fragmente hellbläulichen Fensterglases. Dieses wird allgemein mit heizbaren Räumen in Verbindung gebracht, da es die erwärmte Luft im Innern halten sollte. Direkte Hinweise auf Heizungsanlagen wurden nicht aufgedeckt. Eventuell befinden sich Gebäude mit dieser Bautechnik außerhalb der untersuchten Fläche.

Insgesamt zeigte sich das Bild einer einfach strukturierten *villa*-ähnlichen Siedlung, die vorrangig auf den Handel ausgerichtet war. Nach der Datierung der Funde begann sie im 1. Jahrhundert und endete spätestens Anfang des 4. Jahrhunderts, wobei eine Fortsetzung der Siedlungstätigkeit außerhalb der untersuchten Fläche nicht ausgeschlossen werden kann.

Literatur: H. VAN ENCKEVORT, Bemerkungen zum Siedlungssystem in den südöstlichen Niederlanden während der späten vorrömischen Eisenzeit und der römischen Kaiserzeit. In: TH. GRÜNWALD (Hrsg.), Germania inferior. Besiedlung, Gesellschaft und Wirtschaft an der Grenze der römisch-germanischen Welt. RGA² Ergbd. 28 (Berlin 2001) 336–396. – U. HEIMBERG, Römische Villen an Rhein und Maas. Bonner Jahrb. 202/203, 2002/2003 (2005) 57–148.

88 Herzogenrath-Merkstein. Brunnen vom Ende des 1. Jahrhunderts.

89 Herzogenrath-Merkstein. Herdstelle des 2./3. Jahrhunderts in Gebäude B.

JÜCHEN, RHEIN-KREIS NEUSS

Hingerichteter in römischem Brunnen

Thomas Becker

Menschliche Skelettreste oder Einzelknochen stellen im römischen Siedlungskontext einen außergewöhnlichen Befund dar, der außerhalb der gängigen Bestattungssitte nach Erläuterungen (Verbrechen, Notsituation, gesonderte gesellschaftliche Stellung, etc.) suchen lässt. Dabei zeigt die immer regelhafter werdende archäozoologische Bearbeitung römischer Siedlungsgrabungen, dass einzelne menschliche Knochen im Fundmaterial eher die Regel als die Ausnahme darstellen, ohne dass bislang eine befriedigende Erklärung dafür vorliegt. Außergewöhnlich sind dagegen Skelettfunde, die außerhalb der Gräberfelder ohne erkennbare Bestattungssitte in den Boden gelangten. Derartiges liefert schlaglichtartig das Bild einer außerhalb der Norm stehenden Situation.

Einen solchen Befund dokumentierte man bereits 2005 im Braunkohlentagebaurevier Garzweiler. Auf der ersten Sohle des Tagebaus wurden im Rahmen einer Notbergung die Kästen zweier römischer Brunnen freigelegt. In einem fand sich 1,2 m über der Sohle eine kompakte Brandschuttschicht (Abb. 90), aus der neben Teilskeletten von zwei Rindern, einem jungen Schwein, einem Hund und einem menschlichen Neonaten (einem bei der Geburt verstorbenen Säugling), auch das fast vollständige Skelett eines erwachsenen Menschen (Abb. 91) geborgen wurde. Zu den Lageumständen des Skeletts innerhalb der Brandschuttschicht ließen sich aufgrund des Zeitdrucks bei der Bergung keine Aussagen treffen, doch zeigte nun die anthropologische Bearbeitung, dass das Individuum wohl in teilskelettiertem Zustand in den Brunnen gelangte. Die Geschlechtsbestimmung ergab ein männliches Individuum zwischen 50 und 60 Jahren. Die Körperhöhe ließ sich mit etwa 1,66 m rekonstruieren.

Bei der Untersuchung fanden sich weitere Auffälligkeiten zum Leben und zu den Todesumständen des Mannes. Zunächst fiel die ausgeprägte Breite des Schädels im Vergleich zur übrigen Wuchsform ins Auge. Diese weicht von regionalen römischen wie auch von germanischen Skelettserien deutlich ab, sodass mit einiger Wahrscheinlichkeit nicht von einer regionalen Herkunft des Mannes auszugehen ist. Mit den angewandten Untersuchungsmethoden gelingt die weitere Eingrenzung seiner Provenienz nicht. – Eine Antwort könnte sicherlich eine Isotopenanalyse am Skelett geben.

Am rechten Oberschenkelknochen fand sich im Schaftbereich eine verheilte Fraktur. Diese weist eine schräge Bruchlinie auf, was auf eine Krafteinwirkung von außen und unten hindeutet. Die Bruchenden sind nicht zueinander verschoben und nur in einer leicht verkanteten Position ohne weitere Komplikationen miteinander verwachsen, was für den Mann aber eine leichte Verschiebung in der Beinform bedeutete. Oberschenkelfrakturen setzen aufgrund des massiven Knochens und des umgebenden kompakten Muskelgewebes eine starke Krafteinwirkung voraus. Gleichzeitig besteht eine hohe Gefahr begleitender Komplikationen, sodass die Tatsache, dass das Bein gut verheilt ist, mindestens auf eine längere Ruhigstellung, vielleicht auch auf eine ärztliche Behandlung hindeuten könnte.

Eine weitere Auffälligkeit findet sich am dritten Halswirbel des Individuums. Sie deutet auf die Todesursache hin. Auf der Wirbelunterseite finden sich Spuren eines Hiebes mit scharfer Waffe (Abb. 92). Der benachbarte vierte Halswirbel fehlt vollständig, sodass der weitere Verlauf des Schnittes nicht zu verfolgen ist. Position und Art der Verletzung am vorliegenden Wirbel lassen erkennen, dass der Schlag waagerecht von hinten geführt wurde, wobei der Schlagende wahrscheinlich rechts seitlich des Mannes stand. Ob dieser Schlag den Kopf vollständig vom Rumpf trennte, kann ohne den benachbarten Wirbel nicht abschlie-

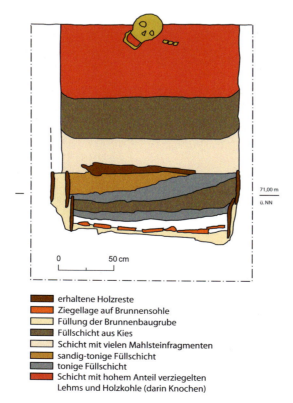

90 Jüchen, Tagebau Garzweiler. Umzeichnung des Brunnenprofils mit der Lage des Skeletts.

- erhaltene Holzreste
- Ziegellage auf Brunnensohle
- Füllung der Brunnenbaugrube
- Füllschicht aus Kies
- Schicht mit vielen Mahlsteinfragmenten
- sandig-tonige Füllschicht
- tonige Füllschicht
- Schicht mit hohem Anteil verziegelten Lehms und Holzkohle (darin Knochen)

ßend geklärt werden. In jedem Fall sprengte die Wucht des Schlags den fehlenden Wirbel, sodass sich die Einzelteile nicht mehr bergen ließen. Die Auswirkungen des Schlages waren zweifellos tödlich.

Die exakte Ausführung des Hiebes und die waagerechte Positionierung sprechen eindeutig gegen eine Kampfverletzung. Vielmehr wurde der Mann offensichtlich geköpft. Dies bestätigt auch der Vergleich mit Hiebspuren an Skeletten von Menschen, die im Spätmittelalter und in der frühen Neuzeit durch Köpfen hingerichtet wurden.

Das Köpfen als Hinrichtungsart ist aus römischer Zeit kein unbekannter Befund. Abgesehen von schriftlichen Überlieferungen als Strafe (z. B. die Hinrichtung des heiligen Paulus in Rom), sind vereinzelte Bestattungen mit entsprechenden Spuren (z. B. das Märtyrergrab 1966/36 aus dem St.-Victor-Dom in Xanten) belegt.

Die Hinrichtung fand deutlich vor der Einbettung des Skeletts in die Brunnenfüllung statt, da sich die Knochen des Toten nur noch teilweise im anatomischen Verband befanden. Möglicherweise war der Leichnam eine Zeit lang mit Schutt oder Erde bedeckt, da sich keine Hinweise auf Verbiss durch Tiere fanden. Wenn diese Bedeckung durch den Brandschutt geschah, in dem das Skelett im Brunnen lag, muss dieser bereits abgekühlt gewesen sein. Hinweise auf Brandeinwirkung fanden sich am Skelett jedenfalls nicht.

Die abschließende Einordnung des Befundes kann nur im Zusammenhang mit der Datierung der Schicht geschehen. In der Brandschuttschicht befanden sich keine datierenden Funde. Im Profil zeigt sich allerdings, dass sich diese Schicht durch ein Kiespaket deutlich von den darunterliegenden Nutzungsschichten des Brunnens absetzt. Aus dem untersten Bereich barg man einige Funde aus dem 2. Jahrhundert, die den Nutzungszeitraum des Brunnens einengen. Da sich zwischen diesem Teil und der Kiesschicht keine Hinweise auf einen Auflassungshorizont aus eingeschwemmtem Sediment oder hineingefallenen, organischen Resten fanden, ist davon auszugehen, dass das Kiespaket und der Brandschutt bald nach der Entstehung der Nutzungsschicht in den Brunnen geschüttet wurden. Möglicherweise sind die Knochen noch im 2. Jahrhundert in den Brunnen gelangt. – In jedem Fall muss die Datierung der Funde als *terminus post quem* für die des Skeletts angesetzt werden. Ein endgültiges Datum wird sich nur im Rahmen einer 14C-Analyse bestimmen lassen. Dabei bleibt zu hoffen, dass diese Datierung Aufschluss darüber geben kann, ob es sich bei der Hinrichtung um die Ausführung einer offiziell verhängten Strafe handelt oder die Beseitigung einer unerwünschten Person im Bürgerkrieg oder ähnlichen unruhigen Zeiten. Der Ort der Bestattung deutet dabei eher in die letztgenannte Richtung. Als Brunnenfund steht dieses Skelett im Bereich der rheinischen Braunkohlenarchäologie nicht singu-

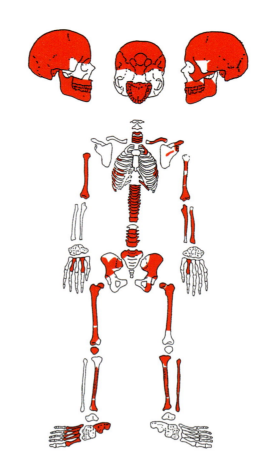

91 Jüchen, Tagebau Garzweiler. Skelettschema mit Eintragung der im Brunnen gefundenen Knochen.

lär, wobei sich die Datierung der übrigen Befunde sehr heterogen verteilt und sich daher sicherlich nicht mit einem Ereignis in Zusammenhang bringen lässt. Aufgelassene Brunnen scheinen in unruhigen Zeiten stets als geeignete Beseitigungsstätte in Betracht gezogen worden zu sein.

92 Jüchen, Tagebau Garzweiler. Untere Seite des dritten Halswirbels mit deutlichen Spuren scharfer Gewalt (Pfeile).

Literatur: TH. BECKER/B. PÄFFGEN, Menschenskelette aus dem Zerstörungshorizont der villa rustica von Kirchberg. Arch. Rheinland 2003 (Stuttgart 2004) 126–128. – U. GEILENBRÜGGE, Leiche im Römerbrunnen. Arch. Deutschland 3/2006, 49.

DORMAGEN, RHEIN-KREIS NEUSS

Die Kastellgrabung in Dormagen

Ines Grohmann

Das römische Kastell *Durnomagus*, dessen Reste sich zentral unter dem heutigen Ortskern befinden, wird seit den 1960er Jahren immer wieder archäologisch untersucht. 2008 plante die Stadt Dormagen das neue Rathausgebäude an der Castellstraße nach Westen zu erweitern. Im Vorfeld führte hier die Firma „Wurzel Archäologie und Umwelttechnik GmbH, Stahnsdorf" Ausgrabungen durch. Mehr als ein Viertel der Anlage ist bis heute untersucht. Demnach handelt es sich um eine mehrphasige Lager- bzw. Kastellanlage: In der ersten Hälfte des 1. Jahrhunderts lag hier eine Unterkunft für die Vexillation der *legio I (Ger-*

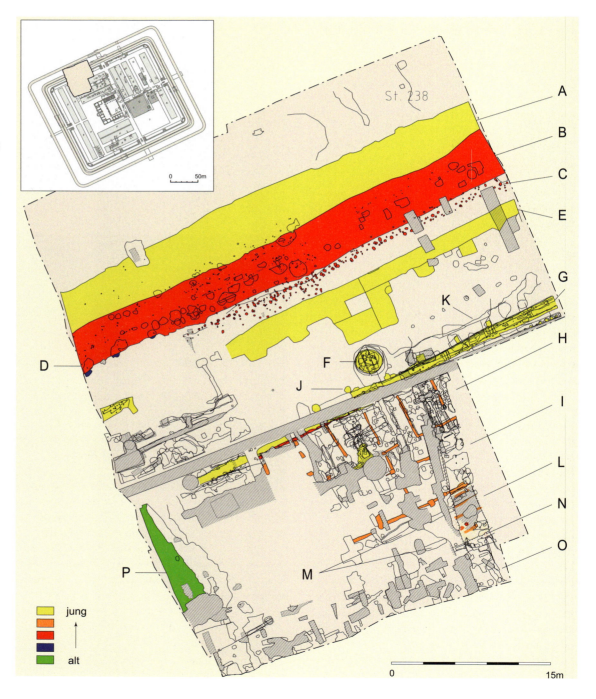

93 Dormagen. Übersichtsplan der Steinbauphase nach Th. Becker (Arch. Rheinland 2006) mit Lage des Grabungsareals und vorläufiger Befundübersicht; gelb: Steinbauphase; rot: Holzbauphase; A–B Umfassungsgräben; C–D Pfostenstandspuren: C Annäherungshindernis; E Kastellmauer mit Turmbereich; F Brunnen; G Entwässerungskanal; H–J, O Baracken: H Stall, I Mannschaftsbereich, J Portikus; K Traufwasserkante; L–N Weg; P Spitzgraben.

manica), die in der nahegelegenen Militärziegelei diente. Am Ende des 1. Jahrhunderts wurde das eigentliche Alenlager *Durnomagus* in Holz-Erde-Technik mit einem Wall in Holzkastenbauweise errichtet. Es bot einer etwa 500 Mann starken Auxiliartruppe Unterkunft. Diesem folgte Mitte des 2. Jahrhunderts ein etwas kleineres, ca. 3,3 ha großes Steinlager. Es besaß eine etwa 1,5 m starke Außenmauer mit innen liegenden Mauerzungen, auf denen der Wehrgang auflag. Beide Lager waren durch einen oder zwei Umfassungsgräben gesichert (Abb. 93, oben). Deren Innenbebauung bestand aus Mannschaftsunterkünften, Stall- und Kombinationsbauten, deren Nutzung sich phasenabhängig änderte.

Kurz nach 161 n. Chr. brannte das Steinlager ab und wurde aufgelassen. Auf dem gelegentlich noch genutzten Areal kam es erst im Zuge der Frankeneinfälle Ende des 3. Jahrhunderts zu einem partiellen Ausbau des Lagers. Anfang des 4. Jahrhunderts entstand dann im Nordosten der Anlage ein Kleinkastell.

möglichen Brunnen und zahlreiche Pfostengruben, die erstmalig erfasst wurden (Abb. 93,D). Möglicherweise gehörten Brunnen und Pfostengruben, die vielleicht mit dem Holz-Erde-Wall im Zusammenhang stehen, zur ersten Lagerphase des 1. Jahrhunderts. Dies würde für den Graben und die Annäherungshindernisse eine jüngere Zeitstellung innerhalb der Holzbauphase bedeuten.

Südlich schloss sich die Kastellmauer in Form ihrer Ausbruchsgrube mit vorgelagerten Mauerzungen und einem Turmbereich an (Abb. 93,E). In einem Abschnitt ließen sich noch ungestörte Fundamentbereiche dokumentieren. Die Verfüllung der Ausbruchsgruben erfolgte in zwei Phasen, deren zeitliche Differenz noch zu klären ist. Es liegt jedoch der Verdacht nahe, dass die Mauer erstmalig schon im 3. Jahrhundert ausgebrochen worden war. Ein Längsschnitt durch die Mauerausbruchsgrube ließ eine stufenartige Bauweise erkennen, die das nach Westen abfallende Gelände berücksichtigte.

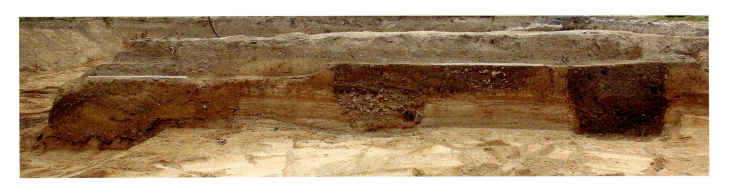

94 Dormagen. Profil mit Teilen der jüngeren und älteren Umfassungsgräben, Mauer- und Turmausbruchsgruben, Brunnen im Bereich der *via sagularis* und Entwässerungsgraben (von links nach rechts).

Die Grabungsfläche lag im Nordwesten des Kastellareals und umfasste ca. 2200 m², wo bereits stellenweise archäologische Untersuchungen stattgefunden hatten. Obgleich die Auswertungen noch ausstehen, kann an dieser Stelle bereits eine erste und vorläufige Übersicht über die Befundlage gegeben werden (Abb. 93).

Im Norden der Grabungsfläche gelang es, zwei Umfassungsgräben zu dokumentieren (Abb. 93,A–B). Aufgrund intensiver Begleitung des Abtrages beider Gräben durch Metallsonden konnten ca. 700 Münzen und weitere Metallkleinfunde geborgen werden. Eine erste Funddurchsicht lässt auf eine spätantike oder nachantike Verfüllung des nördlichen und jüngeren Grabens schließen. Dieser Graben ist demnach Teil der Steinbauphase des Kastells. Unmittelbar südlich des älteren Grabens befanden sich zahlreiche kleine, schräg eingetiefte und spitz zulaufende Pfostenstandspuren (Abb. 93,C). Anhand des Neigungswinkels nach Norden von durchschnittlich 45° ist von Holzpfählen als zusätzlichem Annäherungshindernis auszugehen, die mit dem älteren Graben in Verbindung zu bringen sind.

Bei den blau dargestellten Befunden, welche der ältere Graben überlagerte, handelte es sich um einen

Südlich schloss der Bereich der *via sagularis* an. Innerhalb des Areals kam ein Brunnen mit vermutlich hölzernem Brunnenkasten und einer minimalen Tiefe von 9,30 m zutage (Abb. 93,F; 94). Der Restfund blieb *in situ* erhalten und wurde unter Schutz gestellt. Weiter daran anschließend befand sich ein Entwässerungskanal der Straße (Abb. 93,G; 94). Er sollte das Wasser der Straße und das Traufwasser der südlich gelegenen Baracke auffangen und ableiten. Eine gleichzeitige Nutzung von Brunnen und Straße in der Spätantike ist aufgrund des Fundmaterials wahrscheinlich.

Südlich des Kanals befand sich die nördliche Außenwand einer Baracke, die Pferden und Soldaten Platz bot. Für das Gebäude sind mindestens zwei Phasen erfasst, die möglicherweise die Holzbau- und Teile der Steinbauphasen dokumentieren. Ganz im Nordosten der Grabungsfläche konnte noch eine fragmentarisch erhaltene Tuffsteinreihe – wohl aus der Steinbauphase – entlang der nördlichen Barackenwand festgestellt werden. Durch die jüngsten Untersuchungen lässt sich diese Baracke nun eindeutig als Kombinationsbau der Holzbauphase deuten.

Abbildung 95 zeigt den nördlichen Stallbereich und den südlichen Mannschaftsbereich. Die 3,3 × 4 m gro-

95 Dormagen. Planumsübersicht. Stallbereiche der nördlichen Baracke mit Stallgruben, Mannschaftsbereich, Wegpflaster und Teile der südlichen Baracke (von rechts nach links).

ßen Pferdeboxen besaßen im Zentrum längs orientierte Stallgruben, in denen die Gülle versickern konnte, was die grünliche Phosphatverfärbung anzeigt. Diese waren mit quer und längs gelegten Brettern abgedeckt (Abb. 93,H). Daran schlossen sich südlich in der gleichen Flucht zwei Räume an, die zum Mannschaftsbereich gehörten (Abb. 93,I). Zum einen ein 3 × 2 m großer Raum oder Gang, in dem vielleicht Ausrüstungsgegenstände aufbewahrt wurden, und anschließend ein 3 × 4 m großer Raum, in dem die Soldaten untergebracht waren. Im Bereich der Mannschaftsquartiere fanden sich u.a. womöglich als Vorratsgrube und Latrine zu interpretierende Befunde. Zu einer jüngeren Phase, möglicherweise der Steinbauphase, zählen einige Stallboxen, die auch als Mannschaftsquartiere genutzt wurden. Davon zeugte z. B. eine Feuerstelle, die eine Stallgrube überlagerte.

Unmittelbar nördlich des Entwässerungskanals kam eine Pfostengrubenreihe zutage, die wohl zu einer *porticus* der Baracke rekonstruiert werden kann (Abb. 93,J). Möglicherweise lässt sich auch eine hier dokumentierte Traufwasserkante in diesen Zusammenhang stellen (Abb. 93,K).

Im Süden folgte ein zweiter Barackenbau. Zwischen diesem und dem nördlichen lag ein durch Pflastersteine massiv befestigter, mehrphasiger Weg, welcher auf einem kleinen Teilstück erhalten war (Abb. 93,L; 95). Dieser besaß im Norden und Süden Entwässerungsrinnen. In der Mitte verliefen Fahrspuren in einem Abstand von 1,50 m zueinander (Abb. 93,M). Unterhalb des Pflasters und der Entwässerungsgräben befanden sich Pfostengruben einer älteren Phase (Abb. 93,N). Von der südlich gelegenen Baracke konnte nur ein sehr kleiner Ausschnitt erfasst werden (Abb. 93,O). Der nördliche Bereich diente als Stall; der südliche, bereits früher untersuchte Bereich, als Mannschaftsunterkunft, sodass auch hier ein Kombinationsbau zumindest für die Holzbauphase zu rekonstruieren ist.

Schließlich konnte im Südwesten der Fläche ein weiterer Nordwest-Südost orientierter Spitzgraben dokumentiert werden (Abb. 93,P). Dieser lag innerhalb des Kastells und wurde von seinen Strukturen überlagert. Zu den Funden gehörte u.a. eine stark abgegriffene, wahrscheinlich republikanische Silbermünze. Somit spricht vieles dafür, diesen Graben als Teil des ersten Lagers zu interpretieren, welches um 30 n. Chr. von der eingangs erwähnten Vexillation der *legio I* angelegt worden war.

Literatur: TH. BECKER, Neue Erkenntnisse zum römischen Auxiliarkastell Dormagen. Arch. Rheinland 2006 (Stuttgart 2007) 110–112. – M. GECHTER, Der römische Truppenstandort Durnomagus in der Germania Inferior. In: M. LODEWIJK (Hrsg.), Belgian Archaeology is an European setting, Vol. 1. Acta Arch. Lovaniensia 12 (Leuven 2001) 31–40. – G. MÜLLER, Ausgrabungen in Dormagen, 1963–1977. Rhein. Ausgr. 20 (Köln 1979).

XANTEN, KREIS WESEL

Wohnen und Arbeiten in der *Colonia Ulpia Traiana* – Insula 34 und Insula 38

Jens Berthold

Seit dem Jahr 2008 ist die Arbeit des LVR-Archäologischen Parks Xanten von größeren Umbrüchen geprägt: Das neue LVR-RömerMuseum wurde eröffnet und die Erweiterung des Parks auf nahezu die gesamte Fläche der antiken Stadt weiter vorbereitet. Auch die Internationale Archäologische Sommerakademie Xanten wird von dieser lebendigen Entwicklung erfasst. Über zehn Jahre – die Hälfte ihres Bestehens – war diese Lehrgrabung am Nordwestrand der Insula 34 angesiedelt, in einem Stadtteil mit Wohn- und Handwerkergebäuden. Weil die Ausgrabung dort 2009 beendet werden soll, wurde eine neue Untersuchungsfläche auf Insula 38 eingerichtet. Sie ist unmittelbar neben den rekonstruierten Herbergsther-

96 Xanten, CUT. Mit Knochen befestigte Straßendecke des späten 1. Jahrhunderts.

men und gegenüber den im Bau befindlichen Handwerkerhäusern gelegen. Auch hier steht eine kleinteilige, profane Bebauung im Mittelpunkt des Interesses.

Der Hinweis im Titel „Wohnen und Arbeiten" trifft aber nicht nur auf das Grabungsobjekt zu, sondern auch auf die „Sommerakademie" als solche. Dieses Langzeitprojekt bietet seit nunmehr 20 Jahren Studierenden archäologischer Fachrichtungen die Möglichkeit, bei Ausgrabungen in der *Colonia Ulpia Traiana* das Grabungshandwerk kennen zu lernen. Jeweils 15 Teilnehmerinnen und Teilnehmer aus ganz Europa und vereinzelt von Übersee arbeiten hier in zwei vierwöchigen Kampagnen und wohnen in der rekonstruierten römischen Herberge. Schulungseinheiten in Methoden der Archäologie und Exkursionen zu Denkmälern des Xantener Raumes und des Rheinlandes ergänzen die praktische Arbeit. Eine Reihe namhafter Referentinnen und Referenten unterweisen etwa in Archäobotanik, Archäozoologie, Geologie der Rheinablagerungen und Bodenkunde. Finanziert wird das Projekt durch die Sozial- und Kulturstiftung des LVR.

Einzelne Aspekte der seit 1998 laufenden „Altgrabung" am Nordwestrand von Insula 34 wurden bereits in den Vorjahren vorgestellt, weshalb wir uns hier auf die neuesten Ergebnisse beschränken. Von der 2002 erstmals freigelegten Straße aus dem späteren 1. Jahrhundert n. Chr. wurden in diesem Jahr die verbleibenden Abschnitte im Untersuchungsareal freigelegt (Abb. 96). Die Besonderheit war das Material der Straßendecke. Im erfassten Ausschnitt bestand sie meist zu fast gleichen Teilen aus Kies und Tierknochen. 23300 Knochen mit über 350 kg Gesamtgewicht wurden allein aus diesem Befund von N. Nolde in ihrer Magisterarbeit an der Universität Köln untersucht. Es handelt sich zum weitaus größten Teil um Rinderknochen von über 400 Individuen. Dabei überwiegen die Knochen der Vorder- und Hinterbeine, die Zehenknochen fehlen weitgehend. Die Selektion von Tierart und Körperteilen weist auf eine spezialisierte Schlachterei hin, deren Abfälle hier gesammelt, entsorgt und als festigender Untergrund genutzt wurden. Eine der zwei annähernd vollständig aufgedeckten Parzellen der Insula blieb weitgehend unbebaut. Dies macht das Fehlen von Mauerresten und anderen Bauspuren auf der etwa 20 × 12 m großen Fläche deutlich. Hier wurden im 2. und 3. Jahrhundert nacheinander fünf Brunnen angelegt. Der relativ offene Zugang von der Straße, der nur durch eine Pfeilergründung statt durchlaufender Mauerfundamente markiert wird, lässt an einen freien Zugang für die Bewohner der Straße oder des Viertels denken. Vermutlich handelte es sich um eine gemeinschaftlich genutzte Freifläche u. a. für die Wasserversorgung. Zum Abschluss der Grabung ist geplant, die fünf Brunnen bis zu ihrer Sohle in etwa 8 m Tiefe in einer speziell gesicherten Baugrube zu untersuchen.

Etwa 170 m nordöstlich der geschilderten Ausgrabungsstelle liegt die zweite Untersuchungsfläche der Sommerakademie und zwar auf der gegenüberliegenden Seite derselben Straße, im Südosten von Insula 38. Nutzung und Bebauung dieser Insula waren jenseits der ergrabenen Herberge und der sog. Herbergsthermen bis Anfang 2008 weitgehend unbekannt. Dieses Areal wurde im Frühjahr durch die Firma „eastern atlas" – Meyer + Ullrich GbR mit dem Georadar erkundet. Es zeichnete sich eine kleinteilige Bebauung entlang der Straßen ab, die den Charakter der Nutzung erkennen ließ. Besonders ins Auge fiel dabei eine sehr deutliche Struktur wenig neben der rekonstruierten Thermenanlage, die auf ein System von Mauerzü-

97 Xanten, CUT. Straßenseitige Bebauungsspuren im Südosten der Insula 38.

gen hinwies. An dieser Stelle war ein rechtwinkliges Raster von Parzellen und Gebäuden auszumachen. Zunächst wurden zwei Schnitte von insgesamt 80 m² geöffnet (2008/01 u. 2008/02), die in den kommenden Jahren voraussichtlich auf 30 × 10 m und mindestens eine gesamte Parzelle ausgeweitet werden sollen (Abb. 97).

Die straßenseitige Bebauung zeichnete sich im südlichen, straßennahen Grabungsschnitt sehr gut ab. Der Bereich des ehemals überdachten Gehsteigs (*porticus*), der die Straße begleitete, war zu Teilen angeschnitten und seine Rückwand über die ganze Schnittbreite freigelegt. Diese war als 0,8 m breites Fundament vorwiegend in Grauwacke ausgeführt. Einzelne Bereiche lassen durch eine andersartige Zusammensetzung, z. B. mit Ziegelbruch, eine Mehrphasigkeit vermuten. Teils parallel, teils etwa rechtwinklig dazu verliefen nordwestlich davon kleine, mitunter recht unscheinbare Fundamente aus Ziegelbruch, Geröllen und Bruchsteinen, die von der Binnengliederung eines Gebäudes herrühren. Die Tiefe der straßenseitigen Räume scheint hier bei durchschnittlich 4,3 m zu liegen. Auffällig war, wie unterschiedlich sich die freigelegten Fundamente im Georadar abgezeichnet hatten. Zwei aneinanderstoßende Fundamente ähnlicher Breite und Tiefe hatten trotz weitgehender Übereinstimmungen im Befund bei der Georadaruntersuchung völlig unterschiedliche Signale geliefert, wohl aufgrund marginaler Unterschiede in der Zusammensetzung ohne bautechnische Relevanz. Eines hob sich als eine der deutlichsten Strukturen der gesamten Insula ab, während das andere bei der Prospektion fast unerkannt blieb.

Eine rechteckige, mit Ziegelplatten ausgelegte Fläche ist wahrscheinlich als Unterbau einer Herdstelle von 0,75 × vermutlich 0,8 m anzusehen. Trifft diese Deutung zu, läge damit ein Hinweis auf ein antikes Laufniveau bei etwa 21,5 m ü. NN, also 0,3–0,4 m unter der heutigen Oberfläche vor. Bestätigt wird dieses Niveau durch eine größere Scherbenkonzentration, in der mindestens sieben großteilig zerscherbte Gefäße des frühen 3. Jahrhunderts als dichte Lage angetroffen wurden. Eine komplette, teilweise mit Hohlraum erhaltene Kanne in einer Mauerecke ist als Einzelfund erwähnenswert. Das Stück aus dem späten 2. oder 3. Jahrhundert muss bewusst an dieser Stelle platziert und überdeckt worden sein. Insofern ist ein kultischer Hintergrund – etwa als Bauopfer? – denkbar.

Jenseits der straßenseitigen Bebauung erstreckte sich im hinteren Teil der Parzelle wahrscheinlich eine Freifläche, in der bislang keine Baubefunde zutage traten. Das Gebäude reichte daher wohl nur knapp 10 m in die Insula hinein. Hier werden die neuen Ausgrabungsschnitte weitere Ergebnisse bringen.

Dank gilt allen Teilnehmerinnen und Teilnehmern der 20. Internationalen Archäologischen Sommerakademie Xanten und den Referenten der Lehreinheiten.

Literatur: J. BERTHOLD/C. KLAGES, Münzen mit Niveau – Rekonstruktion und Datierung antiker Geländeniveaus in Insula 34. Arch. Rheinland 2007 (Stuttgart 2008) 74f. – N. NOLDE, Archäozoologische Untersuchung der Tierknochenfunde aus der Straßenschüttung von Insula 34. Xantener Ber. 15 (im Druck). – Jahresberichte ebd. 9, 13 u. 14 (Mainz 2001, 2003 u. 2006).

XANTEN, KREIS WESEL

Wasser ist Leben – Quellwasser ist Lebensqualität

Wie die Eifelwasserleitung für Köln eindrucksvoll demonstriert, legten die Römer erheblichen Wert auf eine üppige Versorgung mit Quellwasser. Zur Sicherstellung einer hohen Wasserqualität scheuten sie keinen Aufwand. Mit einem durch eine massive Mauer gesicherten Gebiet von ca. 73 ha war auch die *Colonia Ulpia Traiana* (CUT) eine bedeutende Stadt in den römischen Provinzen. In der CUT wurden zwar viele Brunnen und Zisternen ergraben, für die standesgemäße Versorgung der öffentlichen Gebäude und insbesondere der Thermen muss aber eine Wasserleitung existiert haben. Der Verlauf dieser Leitung – sie war teils unterirdisch, teils als Aquädukt ausgeführt – ist im heutigen Stadtgebiet von Xanten durch 22 Fundstellen belegt (Abb. 98). Spuren einer unterflurig verlaufenden Leitung ließen sich auch am Fuß des Balberger Waldes nachweisen. Da die hier liegenden Quellen 11 bis 26 m über dem Laufhorizont der antiken Stadt liegen, war die Höhendifferenz ausreichend, um die Stadt mit einer Freispiegelleitung ausreichend zu versorgen. Problematisch ist allerdings, dass zwischen dem Balberger Wald und der CUT ein Tal liegt, das damals von einer unwegsamen sumpfigen Aue eingenommen wurde. Dieses Tal musste mit einem ca. 2 km langen bis annähernd 9 m hohen Aquädukt überbrückt werden.

Man vermutete dieses Bauwerk ursprünglich unmittelbar nördlich der Gelderner Straße, die heute Xanten und Sonsbeck verbindet. Erst im April 2007 konnten auf einem Getreidefeld entsprechende Bewuchsmerkmale entdeckt werden; allerdings liegt diese Fläche südlich der Straße (vgl. Beitrag H. Berkel, Abb. 100). Die Bewuchsmerkmale zeichneten sich allein aufgrund der extrem anormalen Witterung dieses Frühjahrs ab. Ansonsten wären die Befunde in dem Gebiet nahe der CUT und dem Lager Vetera I, das seit fast 50 Jahren intensiv luftbildarchäologisch beobachtet wird, schon früher aufgefallen. Leider ließ sich die Trasse nur auf einem vergleichsweise kurzen Abschnitt dokumentieren, da der Bewuchs auf anderen Parzellen eine Bearbeitung zu diesem Zeitpunkt unmöglich machte. Deshalb begann man 2008, den weiteren Verlauf mittels geophysikalischer Prospektion zu untersuchen. Diese Verfahren unterliegen auch Einschränkungen: So dürfen keine Flurschäden entstehen, die Oberfläche muss möglichst glatt und der Bewuchs niedrig sein. Entsprechende Bedingungen stellen sich jedoch in der Regel relativ bald ein. Diese Methoden sind deshalb für eine systematische Untersuchung besser geeignet.

Die erste geophysikalisch untersuchte Fläche liegt unmittelbar nordöstlich der Luftbildbefunde (vgl. Beitrag H. Berkel, Abb. 100). Zuerst wurde hier mit einem Vierkanalmagnetometer das Magnetfeld vermessen (Gradiometer; Heslab DLAD62001; Ferrex CON 650; Punktabstand 0,05 × 0,5 m; zwei orthogonale Richtungen). Anschließend erfolgte auf einem kleinen Ausschnitt eine Kartierung des elektrischen Widerstandes (RM15; Twin 0,5 m-Auslage; Punktabstand 0,5 × 0,5 m; trockene Bedingungen).

Im Magnetogramm (Abb. 99a) zeichnet sich der Verlauf des Aquädukts deutlich ab, der Befund scheint sich aber auf der Länge von ca. 175 m zu ändern: Im Nordosten liegen dunkle Punkte erniedrigter Messwerte mit Durchmessern von ca. 2 m in einem ca. 5 m breiten hellen Streifen erhöhter Magnetisierung. In der Mitte zeichnen sich nur ca. 4,5 × 3,0 m große positive Anomalien ab. Im Südwesten sind dann, nach einem fast 40 m langen Abschnitt mit nur diffusen Befunden, wieder die dunklen Punkte klar zu erkennen. Diese dunklen Punkte lassen sich als Pfeilerfundamente interpretieren. Diese bestehen möglicherweise aus Sandstein (vgl. Beitrag H. Berkel) oder aus *opus caementitium*, letzterer Werkstoff ist unmagnetisch, solange er keine stärker magnetischen Zuschläge wie Basalt oder Ziegel enthält. Die helleren Bereiche erhöhter Magnetisierung lassen sich dagegen als Bau-

Jobst J. M. Wippern

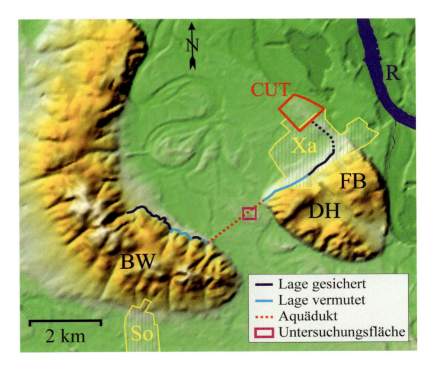

98 Xanten. Verlauf der römischen Wasserleitung. CUT: Colonia Ulpia Traiana; Xa: Xanten; So: Sonsbeck; R: heutiger Rheinverlauf; BW: Balberger Wald; DH: die Hees; FB: Fürstenberg.

99 Xanten. a Magnetik; b Elektrischer Widerstand (hochpass gefiltert); c Befunde, rot: Elektrik; blau: Magnetik; gelb: rekonstruierte Mitte der Pfeiler.

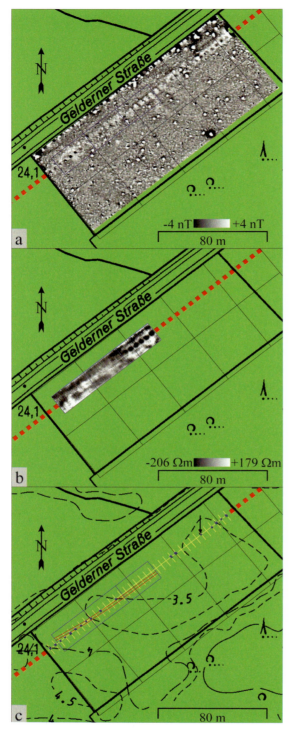

stands ab. Diese entsprechen weitgehend den Bau- bzw. Ausbruchsgruben die schon mit dem Magnetometer lokalisiert wurden. Innerhalb dieser Gruben lassen sich jedoch keine helleren Zonen erhöhter Werte erkennen, was bei den steinernen Pfeilerfundamenten eigentlich zu erwarten war. Auch im Südwesten ist kein derartiger Befund zu erkennen. Relativ deutlich zeichnen sich stattdessen zwei schmale, parallele Streifen erhöhten Widerstands ab. Diese Streifen weisen einen Abstand von 1,9 m auf (Abb. 99 c). Vermutlich bilden sie einen rezenten Versuch ab, mit einem Tiefenmeißel den Boden zu lockern bzw. die Hindernisse zu beseitigen, die beim Pflügen oft ernste Probleme bereitet haben dürften.

Es stellt sich die Frage, ob sich aus den Messungen der Erhaltungszustand der Befunde ableiten lässt? Dies ist mit Einschränkung zu beantworten. So ist zwar mit Sicherheit davon auszugehen, dass an den Stellen, wo sich die Pfeiler durch scharf begrenzte Magnetfeldanomalien abzeichnen, der Befund bis knapp an den Pflughorizont reicht. Der Grund dafür ist, dass das eingesetzte Gradiometersystem „kurzsichtig" ist. Ohne diese „Kurzsichtigkeit" wären aber Messungen in unmittelbarer Nähe der stark befahrenen Geldener Straße extrem aufwändiger gewesen. Auch die Tatsache, dass sich die Magnetfeldanomalien in dem Bereich, in dem der Tiefenmeißel eingesetzt wurde, nur verwaschen abzeichnen, lässt sich schlüssig erklären: Hier wurden unterhalb des Pflughorizontes die Pfeiler „angekratzt". Ob dort, wo sich nur die Bau- bzw. Ausbruchsgruben abzeichnen, noch Reste der Pfeiler erhalten sind, lässt sich aber nicht ausschließen. Bei der Planung eines Suchschnittes muss man hier aber davon ausgehen, dass man diesen Befund nicht schon beim Abziehen des Oberbodens antrifft. Eine größere Tiefe der Grabung ist also vorzusehen (vgl. Beitrag H. Berkel).

In Abb. 99 c ist eine Rekonstruktion der Position der Pfeiler wiedergegeben. Hierfür wurden ausschließlich die negativen Anomalien aus der Magnetik herangezogen, da diese am besten definiert sind. Aus diesen Punkten lässt sich errechnen, dass der Abstand von Pfeilermitte zu Pfeilermitte 4,7 m beträgt. Dieses Maß, das 16 römischen Fuß entspricht, wurde auch bei dem Aquädukt der Eifelwasserleitung bei Meckenheim vorgefunden. Der Aquädukt von Meckenheim ist mit einer Länge von knapp 1,4 km zwar kürzer, die Höhe bis 10 m ist aber durchaus vergleichbar. Die Frage, ob hier weitere Parallelen auftreten – wie beispielsweise ein Knick im Verlauf – kann erst beantwortet werden, wenn alle Untersuchungen abgeschlossen sind.

oder Ausbruchsgrube deuten. Hier ist es zu einer Anreicherung der stärker magnetischen Tonminerale gekommen. Dies ist insbesondere dann zu beobachten, wenn in Vertiefungen allmählich Material des Oberbodens aus der Umgebung eingeschwemmt wurde.

Die deutlich aufwändigeren Widerstandsmessungen wurden durchgeführt, da sich mit diesem Verfahren üblicherweise Mauern besonders gut nachweisen lassen. Wie die in Abb. 99 b dargestellten Messwerte zeigen, war das Ergebnis enttäuschend. Zwar zeichnen sich im Nordosten sechs Bereiche erniedrigten Wider-

Literatur: H. BERKEL, Reste römischer Wasserleitungen im Raum Xanten. In: A. RIECHE/H.-J. SCHALLES/M. ZELLE (Hrsg.), Festschr. G. Precht. Xantener Ber. 12 (Mainz 2002) 129–147. – K. GREWE, Atlas der römischen Wasserleitung nach Köln. Rhein. Ausgr. 26 (Köln/Bonn 1986) 133–140. – CH. OHLIG, Die Wasserleitung zur Colonia Ulpia Traiana. Schr. Dt. Wasserhist. Ges. 11,1 (Siegburg 2007) 139–208.

XANTEN, KREIS WESEL

Neues zur Wasserversorgung der *Colonia Ulpia Traiana*

Harald Berkel

Dombaumeister Cuno berichtete 1867 von der Entdeckung einer knapp einen Meter unter der Geländeoberfläche liegenden Wasserrinne aus hartem Gussmauerwerk am Nordosthang des Balberger Waldes. Dass dieser Fund zu einem bedeutenden Großbauwerk im Umfeld der etwa 4,5 km nordöstlich gelegenen *Colonia Ulpia Traiana* (CUT) gehörte, ahnte damals wohl noch niemand. Heute wissen wir, dass zur Versorgung der CUT eine Frischwasserleitung existierte, die Quellwasser aus den Höhenzügen des Balberger Waldes – einer Stauchmoräne der Saalekaltzeit – sammelte und über eine Strecke von mindestens 8,7 km herbeiführte (vgl. Beitrag J. J. M. Wippern, Abb. 98). Planung und Ausführung einer derartigen Wasserleitung stellten eine große bautechnische Herausforderung dar, weil die Trassenführung unter Berücksichtigung der topographischen Verhältnisse so geplant werden musste, dass ein konstantes Gefälle der Leitung gewährleistet war. Soweit möglich, nutzte man das natürliche Gefälle durch den Bau hangparalleler unterirdischer Kanäle entlang der Stauchmoränen. Durch zahlreiche Fundstellen im Hang des Balberger Waldes, vor allem aber entlang der Nordseite der Hees, einer weiteren Stauchmoräne, war es möglich, diese Bauweise archäologisch nachzuweisen. Die in Gusstechnik (*opus caementitium*) errichtete Leitung bestand hier aus einem etwas grober gebauten, breiteren Sockel, der den eigentlichen Kanal trug. Seine Innenseiten waren sorgfältig mit wasserdichtem Mörtel (*opus signinum*) ausgestrichen und die Leitung mit Schieferplatten abgedeckt. Teile eines solchen unterirdischen Kanals sind heute im LVR-Archäologischen Park Xanten und im Sonsbecker Ortsteil Labbeck zu besichtigen. Sie wurden 1975 bei Sandabbauarbeiten im Hang des Balberger Waldes dokumentiert und geborgen.

Südöstlich der CUT hingegen, etwa im Gebiet des heutigen Xantener Stadtkerns, legte man seit den 1940er Jahren immer wieder annähernd quadratische Gussfundamente (*opus caementitium*) mit Seitenlän-

100 Xanten. Luftbildaufnahme mit Wasserleitungsverlauf als positive Bewuchsmerkmale; rot: Fundamente nach Grabungsbefunden; grün: Ausbruchsgruben/Fundamente nach geophysikalischen Untersuchungen.

101 Xanten. Grabungsschnitt, im Vordergrund Fundamentplatte, dahinter drei Ausbruchsgruben.

gen zwischen 1,8 m und 2,2 m frei. Sie trugen Pfeiler, die wahrscheinlich durch halbkreisförmige Bögen miteinander verbunden waren. Oberhalb davon verlief der eigentliche wasserführende Kanal. Um das Quellwasser einem Wasserverteiler (*castellum divisorium*) an der Südseite der CUT mit gleichbleibendem Gefälle zuzuleiten, war es erforderlich, in diesem Abschnitt der Wasserleitung den zu starken natürlichen Geländeabfall durch den Bau eines etwa 1 km langen Aquädukts zwischen Fürstenberg und CUT auszugleichen (vgl. Beitrag J. J. M. Wippern, Abb. 98).

Da das Gelände keine Alternative zur Überbrückung der etwa 2 km breiten Niederung zwischen Balberger Wald und der Hees bietet, muss also hier ein zweiter Aquädukt existiert haben, dessen Verlauf etwa dem der Straße von Xanten nach Sonsbeck entspricht. Bislang fehlten jedoch Befunde, die diese Annahme archäologisch untermauern. Das sollte sich im Frühjahr 2007 während einer Befliegung des Areals durch Dr. Baoquan Song, Ruhr-Universität Bochum, ändern. Er konnte in einer Luftbildaufnahme einzelne, mit regelmäßigem Abstand zueinander und linear angeordneten Flecken als positive Bewuchsmerkmale festhalten, die sich parallel zur Straße hinzogen (Abb. 100; vgl. Beitrag J. J. M. Wippern).

Im Herbst 2008 führte die Außenstelle Xanten des LVR-Amtes für Bodendenkmalpflege im Rheinland dort eine kleine Untersuchung durch (Abb. 101). Dabei wurden zunächst vier durch Steinraub verursachte Ausbruchsgruben von jeweils etwa 3–4 m Durchmesser erfasst. Unterhalb der Grubenverfüllungen ergab sich hier, im Gegensatz zu den aus Gussmauerwerk bestehenden Pfeilerfundamenten des erwähnten Aquädukts südöstlich der CUT, ein anderes Bild: in einer Tiefe von 1,0–1,2 m unter der heutigen Geländeoberfläche kamen vier aus Mörtel gegossene und sauber geglättete Pfeilerfundamentplatten zum Vorschein. Diese Platten waren wiederum auf eine Packlage aus in Ton verlegten Grauwackebruchstücken aufgebracht worden. Die nordöstliche dieser Platten war annähernd quadratisch, etwa 1,75 × 1,75 m, die anderen drei hingegen waren rechteckig, etwa 1,50 × 1,75 m, wobei die Schmalseiten parallel zur Ausrichtung der Leitung verliefen. Der Abstand zueinander, vom jeweiligen Mittelpunkt aus, betrug jeweils ca. 4,75 m. Aus den Ausbruchsgruben barg man Baumaterialien, größtenteils Bruchstücke von Sandstein. Viele dieser Fragmente zeigten noch bossierte Oberflächen, die ursprünglich im Sichtbereich gelegen haben müssen. Anhaftende Mörtelreste ließen sich nicht beobachten. Man darf wohl annehmen, dass in diesem neu entdeckten Leitungsabschnitt oberhalb der gegossenen Fundamentplatten eine Pfeiler-Bogen-Konstruktion aus Sandstein bestand, errichtet als Trockenmauerwerk. Die Sandsteinquader mussten also exakt bearbeitet und mörtellos aufeinander geschichtet werden, um die Stabilität des Bauwerks zu gewährleisten. Verschiedene Mörtelstücke, Ziegel und Tuffe, die ebenfalls aus den Verfüllungen der Ausbruchsgruben stammen, können möglicherweise erste Hinweise auf die Beschaffenheit des eigentlichen wasserführenden Kanals geben. Setzt man ein konstantes Gefälle von 0,08 % voraus, welches sich aus der Höhendifferenz von 5,13 m zweier 6430 m auseinander liegender Fundstellen in den Stauchmoränen ergibt, so könnte die Gesamthöhe des Aquädukts an den tiefsten Stellen der zu überquerenden Niederung annähernd 9 m betragen haben.

Neben den seit Herbst 2008 laufenden umfangreichen geophysikalischen Messungen durch die Prospektionsabteilung des LVR-Amtes für Bodendenkmalpflege im Rheinland im vermuteten Verlauf der Wasserleitung (vgl. Beitrag J. J. M. Wippern) sind für die nächste Zeit weitere Grabungen geplant. Sie sollen den genauen Verlauf, die baulichen Besonderheiten und die Frage klären, ob weitere Quellen in den auslaufenden Hängen des Balberger Waldes in die Wasserversorgung der antiken Stadt eingebunden waren.

Literatur: H. BERKEL, Reste römischer Wasserleitungen im Raum Xanten. In: A. RIECHE/H.-J. SCHALLES/M. ZELLE (Hrsg.), Festschr. G. Precht. Xantener Ber. 12 (Mainz 2002) 129–147. – N. ZIELING, Die Wasserversorgung. In: M. MÜLLER/H.-J. SCHALLES/N. ZIELING (Hrsg.), Colonia Ulpia Traiana. Xanten und sein Umland in römischer Zeit. Xantener Ber. Sonderband (Mainz 2008) 391–394.

XANTEN, KREIS WESEL

Eine Venus aus Xanten

Elke Forbeck und
Hans-Peter Schletter

Im Jahre 1902 gelang es P. Steiner in Xanten, einen großen Ziegelofen freizulegen und diese Stelle als Standort der römischen Legionsziegelei bekannt zu machen. Seit den 1970er Jahren werden hier bei Grabungen und Baustellenbeobachtungen regelmäßig Befunde des ehemaligen Ziegeleibetriebes dokumentiert. Neben Ziegel- und Töpferöfen ließen sich auch weitere Baubefunde seiner Infrastruktur zuordnen. So wurden Trocken- und Lagerhallen, in denen die Ziegel vor dem Brennvorgang aufgestapelt waren, freigelegt. Des Weiteren fanden sich geschotterte Wege, Straßen und Kanäle aus Tonröhren. Unter den Funden belegt ein Model eines Firstziegels mit der Gesichtsdarstellung des Bacchus, dass auch anspruchsvollere Arbeiten durchgeführt wurden. Zuletzt trat 2006 am Halenboom/Alte Brauerei – bei der Dokumentation der Reste eines Werkstattgebäudes und Teilen eines Ziegelofens – ein reich verziertes Model für den Griff einer Kanne oder eines Krugs aus dem Fundspektrum hervor.

Ca. 50 m südlich, zwischen Georg-Bleibtreu-Straße und An de Hohe Steeg war in jüngster Zeit die Errichtung zweier Mehrfamilienhäuser geplant. Mit der notwendig gewordenen archäologischen Untersuchung wurde die Firma archaeologie.de, Duisburg beauftragt. Es war vorgesehen, die Häuser ohne Kellergeschoss zu errichten. Da die Bausohle mit der Tiefe des ersten Planums erreicht war, beschränkten sich die Untersuchungen auf dieses Niveau. Aussagen zur Deutung der Befunde, die bei tiefergehender Untersuchung sicherlich gemacht werden könnten, sind daher unmöglich.

Im angelegten Planum zeigten sich Verfärbungen, deren größter Teil aufgrund darin enthaltener Bruchstücke von Dachziegeln (*tegulae*) als römisch erkennbar war. Die übrigen Funde wurden aus dem Planum der größten Verfärbung geborgen. Diese ca. 7 × 6 m große Verfärbung (St. 4-6) aus sandigem Lehm enthielt u.a. Tegulafehlbrände. Die gefundene Gefäßkeramik kann in das 3. Jahrhundert datiert werden. Ein punziertes 11,5 × 4 cm großes, am Rand wellenförmiges Beschlagblech aus Bronze oder vielleicht Silber mit Resten einer eisernen Griffbefestigung, sowie der Torso einer wahrscheinlich älteren Venusstatuette aus Ton sind herausragende Funde. An der Statuette können wichtige Hinweise auf die Arbeitsschritte der Fertigung beobachtet werden.

Erhalten ist der Torso einer weiblichen, aufrecht stehenden, nackten Figur (erhaltene Höhe 10 cm; max. Tiefe 3,5 cm; max. Breite 5,5 cm). Der Ton ist hellbraun (Munsell 10 YR 8/2), die Magerung feinkörnig, sandig mit feinen rotbraunen Einsprengseln und kreideartigen Einschlüssen. Farbspuren sind nicht erhalten. Beine, Arme und Kopf fehlen (Abb. 102). Der Kopf, so lässt der Halsansatz schließen, war leicht nach rechts unten geneigt und trug aufgrund der feh-

102 Xanten, Legionsziegelei. Venusstatuette.

103 Xanten, Legionsziegelei. Venusstatuette, Ansicht der Ober- und Unterseite.

lenden Auflagespuren auf Schultern und Rücken eine hochgesteckte Frisur. Die Schultern sind leicht verschoben, woraus sich ergibt, dass der Oberkörper leicht nach rechts gedreht war. Die Drehung des Oberkörpers findet einen kaum merklichen Widerhall in der Beinhaltung. Der rechte Beinansatz ist leicht vorgestellt, die Hüfte unmerklich gekippt.

Die Arme waren nicht seitlich am Köper angelegt, da an der Konturlinie keine Auflagespuren erhalten sind. Der rechte Arm war im rechten Winkel vom Köper fortgeführt, der linke hingegen, so zeigen es der Ansatz und die vollzogene Bewegung in der Schulterpartie, nach vorne geführt.

Bemerkenswert sind die Fertigungsspuren, die an der Oberfläche und an den sog. Brüchen deutlich werden. Die Oberfläche der Figur ist routiniert und schnell gearbeitet. Der Torso wurde im lederharten Zustand aus der Form genommen und mit schneller Hand bearbeitet. Die Akzente sind punktuell gesetzt. Die Brüste und der Unterbauch erscheinen in flachem Relief. Schambegrenzung, Gesäßumriss und Vertikalfurche sind kursorisch mit der Schmalseite eines Spatels eingedrückt, die Furche des Rückgrats, die Grübchen oberhalb des Gesäßes und des linken Schulterblattes mit der tropfenförmigen Rückseite desselben Spatels nur eingedrückt. Die gesamte Oberfläche zeigt durch die Reibspuren der Magerung eine abschließende Glättung der rechten hinteren Körperhälfte. Deutlich zeigen die „Brüche", dass Extremitäten, Kopf und Rumpf getrennt gefertigt und in einem zweiten Arbeitsgang an den Torso angesetzt worden sind. Die Nahtstellen wurden mit flachen Tonbatzen ummantelt und mit dem Daumen sorgsam umschlossen und glatt gestrichen. Deutlich wird dies auf der Unterseite der Figur (Abb. 103), im Bereich der angesetzten Beine. Dort ist kein Bruch, sondern das abgerundete Ende des Torsostückes mit der „Ummantelung" sichtbar.

Der rechte Arm ist ebenfalls gänzlich verloren, ein durchgehender Bruch liegt auch hier nicht vor. Lediglich eine leichte Beschädigung der Oberfläche des Torsokerns. Auf der rechten Seite hat sich ein größeres Stück der äußeren Umhüllung erhalten und lässt Rückschlüsse auf die o. g. Armhaltung zu.

Interessant ist die Aufsicht auf den Hals: Er ist größtenteils erhalten und weist im Gegensatz zu den beschriebenen Ansatzflächen von Armen und Beinen einen Bruch auf. Der Zapfen des getrennt gearbeiteten Kopfes – so zeigt es die Aufsicht deutlich – steckt noch in der Verklebung. Einlassköpfe mit Tonzapfen sind vielfach schon seit spätklassischer Zeit in Griechenland belegt. Oftmals weisen sie keine Löcher auf, sodass man sie sich nicht nur in Holz- oder Stoffpuppen verklebt, vorzustellen hat. Vielmehr können sie auch als Einlassköpfe für Tonfiguren – wie auch in diesem Xantener Fall – gedient haben.

Literatur: H. LULEY/J. OBLADEN-KAUDER, Neue Befunde aus der Xantener Legionsziegelei, Arch. Rheinland 1993 (Köln/Bonn 1994) 71–73. – P. STEINER, Ein römischer Legionsziegelofen bei Xanten. Bonner Jahrb. 110, 1903, 70–109. – ST. WEIß-KÖNIG, Ton in Ton – neue Untersuchungen in der Xantener Legionsziegelei, Arch. Rheinland 2006 (Stuttgart 2007) 115–117.

STADT BONN

Ein neues Streifenhaus aus dem *vicus* von Bonn

Andrea Schenk

Bei Ausgrabungen an der Adenauerallee in Bonn gelang es, Reste eines römischen Streifenhauses freizulegen. Das Gebäude lag im westlichen Bereich des als Bodendenkmal eingetragenen Bonner *vicus*, an der ehemaligen römischen Hauptstraße zwischen den Provinzhauptstädten Köln und Mainz. Diese verlief unter der heutigen Adenauerallee auf dem Rücken zwischen Rhein und Gumme – einem Altrheinarm, dessen Verlauf ungefähr der heutigen Eisenbahntrasse entspricht.

Die ältesten Nachrichten zu römischen Funden auf der zu untersuchenden Fläche stammen von 1880, als dort eine Villa errichtet wurde. In den Bonner Jahrbüchern sind „Streufunde der zweiten Hälfte des 1. Jahrhunderts auf einem Acker gegenüber der Villa Loeschigk", dem heutigen Palais Schaumburg, erwähnt. Die andere Hälfte der Fläche – ursprünglich als Bauplatz für eine zweite Villa vorgesehen – hatte man nie bebaut, sodass mit ungestörten Befunden zu rechnen war.

Unter dem Humus und einer etwa 80 cm mächtigen Schicht neuzeitlicher Auffüllungen folgten zunächst 70 cm Erdreich mit Einschlüssen verschiedenster Materialien von der Römer- bis zur Neuzeit. Erst bei rund 1,60 m unter heutiger Oberfläche traten die ersten Befunde zutage. Diese eher ungewöhnliche Tiefe rührt wohl daher, dass beim Bau der Villa das Aushubmaterial der Baugrube auf das Nachbargrundstück aufgetragen wurde.

Im zur Straße gelegenen Bereich der Fläche tauchten dann aber römische Mauern auf. Es handelte sich dabei vor allem um die Überreste eines Streifenhauses, das mit einer Schmalseite zur ehemaligen, etwa 8 m entfernten Römerstraße hin orientiert war (Abb. 104–105). Die dokumentierten Steinfundamente hatten eine Ausdehnung von 4,50 m Breite und 12 m Länge. Leider ließ sich der vordere Teil des Hauses nicht erfassen, da der Befund in die Grabungsgrenze hinein verlief. Im hinteren Bereich hatten moderne Störungen, die zum Grundstücksende zunehmend dichter wurden, kaum noch archäologische Befunde übrig gelassen.

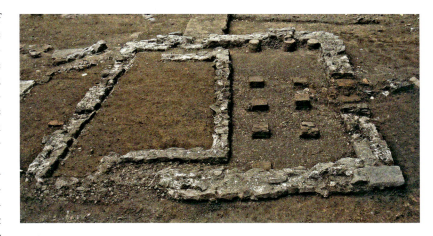

104 Bonn. Blick in den zweigeteilten Raum des Streifenhauses.

Von dem Streifenhaus waren drei Räume nachzuweisen mit jeweils andersartiger Fußbodenheizung (Abb. 105).

Der vordere Raum – zur Römerstraße hin – besaß keine Steinfundamente, war also wohl in Fachwerkbauweise mit Ständern auf Schwellbalken errichtet, von denen sich jedoch keine Spuren erhalten haben (Abb. 105, Raum 1). Der Raum wies eine Kanalheizung mit zusätzlichem kleinen Hypokaust in der Mit-

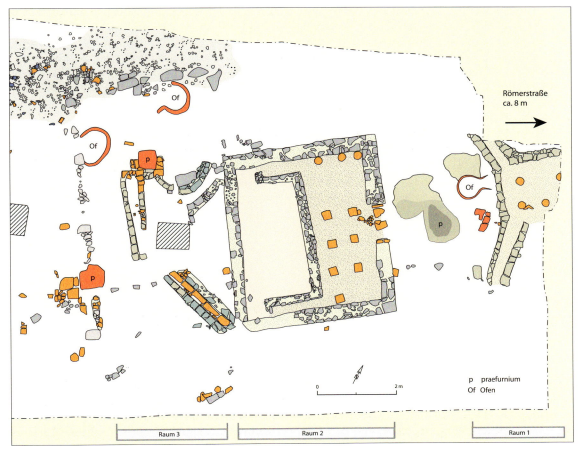

105 Bonn. Ausschnitt aus dem Gesamtplan.

106 Bonn. Estrich aus Keramik-Mörtel-Gemisch.

te auf. Von den Hypokaustpfeilern fand sich lediglich noch die unterste Ziegellage, die auf einem Boden aus mit Ziegel versetztem Mörtel ruhte. Heizkanäle liefen von der Mitte in die Ecken des Raumes, wo die heiße Luft über Schächte nach oben entweichen konnte.

Soweit die modernen Störungen eine Aussage erlauben, besaß der hintere Raum wohl eine reine Kanalheizung (Abb. 105, Raum 3). Mindestens drei unsymmetrisch angeordnete und unterschiedlich errichtete Heizkanäle verliefen unter dem Fußboden dieses Gebäudeteils. Auch das Material variierte: So fanden Tuff, Blaustein (ein Kalkstein), Ziegel und Schiefer Verwendung, ein Kanal war auf dem Boden mit Ziegelplatten ausgekleidet. Das alles spricht für einen späteren, wenig planmäßigen Anbau. Ob es in der Mitte eventuell ebenfalls einen kleinen Zentralhypokaust gegeben hat, ließ sich wegen der modernen Störung nicht mehr feststellen. Eine zugehörige Heizstelle (*praefurnium*) befand sich nördlich des Raumes. Sie wurde später zugunsten eines neuen *praefurniums* westlich des Raumes zugesetzt.

Der interessanteste Raum war jedoch der mittlere (Abb. 104; 105, Raum 2). Seine Bauart ist eine Besonderheit und im römischen Rheinland bisher unbekannt. Er wies eine Art Kernhypokaust auf: Eine Mauer verlief U-förmig im Innern des Raumes und trennte ihn in zwei Teile; einen hypokaustierten Bereich im Nordosten und einen nicht unterpfeilerten im Südwesten. Zwei Heißluftabzüge ragten in den nicht hypokaustierten Bereich hinein. Hier müssen Schornsteine o. ä. die heiße Luft nach draußen geleitet haben, wovon zahlreiche Hohlziegelfragmente (*tubuli*) zeugen. Dass diese Hohlziegel nicht zu einer Wandheizung gehörten, wie sie regelhaft in römischen Bädern zu finden ist, beweist die Position der Hypokaustziegel. Sie waren viel zu dicht an die Wände gesetzt, um noch Platz für eine Wandheizung zu lassen. Die heiße Luft wurde also einzig durch die Heizzüge abgeleitet. Ein Effekt dieser Heißluftführung ist, dass die „Schornsteine" im nicht hypokaustierten Bereich als zusätzliche Heizkörper fungierten. Tatsächlich ist es ausreichend und auch wirtschaftlicher, nur einen Teil mit einem Hypokaust zu versehen, um dennoch den gesamten Raum zu heizen.

Die Hypokaustpfeiler dieses Raumes stehen auf einem ganz speziellen Estrich (Abb. 106). Er setzt sich aus einem Gemisch von Kalkmörtel und Keramikscherben zusammen, eine Besonderheit, die auf die räumliche Nähe eines Töpfers hinweist. Die Keramik besteht vor allem aus Grobkeramik, aber auch auffällig vielen Reibschüsseln mit Kragenrand. Sie datieren ins zweite Drittel des 2. Jahrhunderts. Über diesen besonderen Estrich ist die Bauzeit der Hypokaustanlage also recht genau angezeigt.

Das *praefurnium* zum Beheizen dieses Hypokausts lag zwischen dem mittleren und dem ersten Raum in einem Bereich ohne Steinfundamente. Hier stand möglicherweise eine reine Fachwerkkonstruktion oder auch nur eine Überdachung. Von dem *praefurnium* haben sich nur eine Unterbrechung der Fundamentmauer und eine stark mit Holzkohle durchsetzte Verfärbung erhalten.

Was das äußere Erscheinungsbild des Streifenhauses angeht, so belegen Versturzschichten römischer Dachschiefer und -ziegel eine entsprechende Deckung. Der vordere Teil hatte demnach ein Schieferdach über einer Fachwerkkonstruktion ohne Steinfundamente. Dagegen verfügte der in Stein fundamentierte, mittlere Raum über ein Dach aus Ziegeln. Die Wände des Innenraums waren verputzt und farbig bemalt.

Den hinteren Abschluss der Anlage bildet eine Steinreihe aus größeren Kieseln, die die unterste Lage einer Fundamentstickung für eine Quermauer darstellen könnte. Im Bereich dahinter und neben dem Haus befand sich das Hofareal. Reste eines Pflasters waren vorhanden, das sich aus Kieseln, kleineren Steinen, Tierknochen und Keramikscherben zusammensetzte. Über die Keramik lässt sich der Nutzungshorizont des Pflasters nur ungenau ins 2./3. Jahrhundert bestimmen.

Hinter dem Streifenhaus und auch im nördlich anschließenden ehemaligen Garten der Villa traten zahlreiche Gruben und Latrinen mit römischem Material zutage. Dieses Areal könnte eventuell als Hinterhofbereich weiterer Streifenhäuser gewertet werden. Die Gruben bleiben aber der einzige Hinweis auf „Nachbarn".

Über eine kaiserzeitliche Vorgängerbebauung ist nur wenig bekannt. Spuren einer Holzbauphase fehlten und unter den Steinfundamenten waren nur noch die Standspuren des Steinbaus zu erkennen. Aus einer älteren Phase stammen jedoch kleine birnenförmige Schmelzöfen, ohne zugehörige Bebauung. Sie liegen teilweise unter dem Hofpflaster. Außer diesem stratigraphischen Hinweis gab es leider keinerlei datierendes Material oder Schlacke aus den Öfen. Erwähnt sei der Fund eines Kettenhemdes in der Nähe der Öfen. Möglicherweise arbeiteten hier Handwerker für das Militär. Das seltene Fundstück befindet sich derzeit zur Restaurierung in den Werkstätten des LVR-LandesMuseums Bonn.

Insgesamt vermittelt das Streifenhaus einen „zusammengestückelten" Eindruck. Das Baumaterial ist stark uneinheitlich und der Hypokaustboden besteht aus Töpfereiabfällen. Ebenso zeigen die unterschiedlichen Hypokaustformen, dass es sich um eine behelfsmäßige Bauweise handelt. Die Nutzungszeit vom 2. bis ins 3. Jahrhundert belegen zahlreiche Keramikscherben und einzelne Münzen.

Literatur: J.-N. ANDRIKOPOULOU-STRACK, Der römische vicus von Bonn. Bonner Jahrb. 196, 1996, 421–468. – F. KRETZSCHMER, Hypokausten. Saalburg-Jahrb. 12, 1953, 7–41.

STADT BONN

Bleiplomben und Warenetiketten als Quellen zur Wirtschaftsgeschichte im *vicus* von Bonn

Peter Henrich

Aus der sehr großen Anzahl der Kleinfunde des römischen *vicus* im Bereich des World Conference Center Bonn werden zwei Plomben sowie zwei Warenetiketten aus Blei vorgestellt. Beide im Rheinland nur selten nachgewiesenen Fundgattungen ermöglichen interessante Einblicke in die Wirtschaftsgeschichte des Rheinlandes in römischer Zeit.

Die größte Fundmenge an römischen Bleiplomben nördlich der Alpen stammt bislang aus Trier und zeigt die große Vielfalt in deren Ausführung. Bei den Bonner Exemplaren handelt es sich entsprechend der typologischen Einordnung H.-J. Leukels um stäbchenförmige Plomben.

Plombe 1 (Abb. 107a) stammt aus einer der sehr großen, im 2. und 3. Jahrhundert mit Müll verfüllten Materialentnahmegruben. Sie ist 3,2 cm lang, 0,5–0,6 cm breit und 0,35 cm dick. Das Fadenloch befindet sich mittig an beiden Längsseiten.

Auf Seite 1 sind die Buchstaben L M G bzw. C zu erkennen, mit jeweils einem Dreieck zur Trennung der Buchstaben. Im Gegensatz zu den sauber ausgeprägten Buchstaben L und G/C ist die rechte Haste des M durch das Fadenloch etwas verzerrt. Links neben dem L ist der Rand der Prägung an der geraden Kante und der unterschiedlich starken Einprägung zu erkennen. Die Buchstaben auf Seite 2 sind aufgrund der fast identischen Ausführung des L auf Seite 1 und dem mittleren Buchstaben auf Seite 2 als VLA zu lesen. Folglich ist das Fadenloch als Drehpunkt der Plombe anzusehen.

Die im Bereich des Fadenlochs leicht gebogene Plombe 2 (Abb. 107b) lag in einer Grube des 2. Jahrhunderts. Sie ist 2 cm lang, 0,5 cm breit und 0,35 cm dick und weist nur auf einer Seite fünf Buchstaben auf. Die Rückseite ist glatt.

Die Biegung im Bereich des Fadenloches und die damit einhergehende Störung des oberen Abschlusses der Buchstaben erschwert die Lesung. Klar zu erkennen sind der zweite Buchstabe als Q und der vierte als A mit einem Punkt anstelle der Horizontalhaste sowie der letzte Buchstabe, ein N. Die hierdurch definierte Orientierung der Schrift ermöglicht es, den ersten Buchstaben als S zu lesen. Die abgerundete Biegung des dritten Buchstabens im unteren Abschluss sowie eine horizontale Haste im oberen Teil des Buchstabens sprechen dafür, dass es sich um ein ST handeln muss. Somit ergibt sich eine Lesung als SQSTAN.

Für beide Bonner Exemplare sind keine Parallelen im Hinblick auf die Inschriften publiziert. Leider können auch durch diese Neufunde keine weitergehenden Aussagen zu der Auflösung der Buchstaben oder der genauen Verwendung gemacht werden. Da im Trierer Fundmaterial auch Schrötlinge vorkommen, geht H.-J. Leukel davon aus, dass diese im privaten oder geschäftlichen Bereich Verwendung fanden.

Mit Warenetiketten aus Blei kennzeichnete man in römischer Zeit Produkte und Objekte, die nicht direkt zu beschriften waren. Die Etiketten wurden bis zu viermal neu beschrieben und vor jeder neuen Beschriftung flachgehämmert oder durch Abschneiden bzw. Abknicken verkleinert. Auf den Etiketten finden sich in der Regel Angaben zur ausgezeichneten Ware und ein Personenname auf der Vorder- sowie Gewicht und Preis auf der Rückseite.

Warenetikett 1 (Abb. 107c) stammt aus der gleichen Müllgrube, aus der auch schon Plombe 1 geborgen werden konnte. Es ist ein 1,8 × 4,1 cm großes und 1 mm dickes rechteckiges Bleiblech. An einer der Schmalseiten befindet sich ein Loch, an der anderen ein Riss/Schlitz. Durch das Loch wurde ein Faden oder ein dünnes Seil zur Befestigung an der Ware geführt. Durch den Schlitz auf der gegenüberliegenden Seite konnte man das Etikett zusätzlich befestigen.

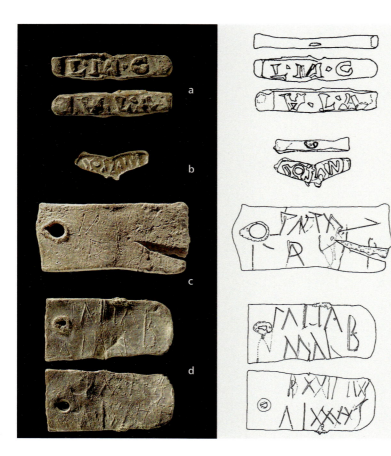

1. Zeile: *PALLA* – 2. Zeile: *MARB*

Zahlreiche Hammerspuren auf der Oberfläche zeugen von einer mehrfachen Verwendung des Etiketts, ohne dass Reste der Beschriftung erhalten sind. Zuletzt zeichnete man mit diesem Etikett Stoff für das Obergewand von Frauen, die *palla* aus. Die Buchstabenkombination *MARB* in der zweiten Zeile könnte als Namensbezeichnung in Form der Trianomina sowie einer genaueren Bezeichnung der Ware mit dem Buchstaben B aufgelöst werden. Auf der Rückseite finden sich zwei Inschriftenzeilen mit überlagerten Gewichts- und Preisangaben unterschiedlicher Nutzungsphasen.

Ältere Schrift: 1. Zeile: *P*(ondo)[…]*IIXS*(emis). Hierbei handelt es sich um eine nicht näher zu beschreibende Gewichtsangabe sowie eine Preisauszeichnung von „8,5".

Ältere Schrift: 2. Zeile: *(denarius)S*(emis). Die beiden Zeichen sind die Preisangabe eines halben Denars.

Jüngere Schrift 1. Zeile *P*(ondo) oder *P*(es) XXII – 2. Zeile: *A*(sses) XXX.

Die letzte Phase der Nutzung des Warenetikettes ist am besten erhalten. So geht aus der Inschrift hervor, dass für 22 Pfund bzw. 22 Fuß des auf der Vorderseite ausgezeichneten Produktes *palla* eine Summe von 30 *asses* gezahlt werden musste.

Die beiden hier vorgestellten Warenetiketten beleuchten schlaglichtartig Aspekte des römischen Wirtschaftslebens im Rheinland, die ansonsten archäologisch kaum fassbar sind. So ist zwar im römischen Militärlager von Neuss der Mohn archäobotanisch nachgewiesen, Hinweise auf einen Handel fehlten jedoch bislang. Man nutzte den Mohn zur Herstellung von Öl sowie Schlaf- und Heilmitteln. Daneben beschreiben die antiken Schriftsteller Cato und Plinius dessen Verwendung bei der Zubereitung von süßen Desserts und Backwaren.

Die auf dem zweiten Warenetikett ausgezeichnete *palla*, das Obergewand der Frau, ist durch Schriftquellen sowie Darstellungen auf antiken Skulpturen bekannt. Es wurde von Frauen über der langen Stola getragen und nach Art der Toga um den Körper drapiert, wobei der linke Arm die Stoffmasse zusammenhielt. Es war ein rechteckiges Stück Stoff, das mit der Körperhöhe als Referenzgröße doppelt so breit wie lang war. Bei einer 1,6 m großen Frau müsste der Stoff demnach 1,6 m lang und 3,2 m breit sein. Leider geht aus den Angaben des Etiketts nicht hervor, ob hier ein Kleidungsstück oder allgemein der Stoff dafür ausgezeichnet war. Ferner sind aus der Antike keine Angaben zu Dicke und Gewicht des Stoffes überliefert. Heutzutage variiert das Gewicht für einen Wollmantel zwischen 360 und 700 g pro 1,6 m². Diese Zahlen zugrunde legend, hätte die *palla* bei einem Mittelwert von 500 g ein Gewicht von 1,5 kg und wäre deutlich leichter als die auf dem Etikett angegebenen 22 römischen Pfund (7,153 kg). Bei einer Auflösung der Mengenangabe zu *pes* wäre die Stoffbahn 6,512 m lang, was

107 Bonn. Bleiplomben und Warenetiketten aus dem vicus:
a Plombe 1;
b Plombe 2;
c Warenetikett 1;
d Warenetikett 2.

Auf der mehrfach beschrifteten Vorderseite ist von der jüngsten Beschriftung in der oberen Zeile die Abkürzung *PAPA* zu entziffern. Es liegt nahe, hierin die Warenbezeichnung *papa*(ver) – Mohn zu lesen.

Zwischen den Buchstaben sowie in der rechten unteren Ecke des Etiketts befinden sich noch Reste einer früheren, nicht mehr lesbaren Beschriftung. In der zweiten Zeile überschrieb man ein A, eventuell die Preisangabe (*asses*) mit einem D unbekannter Bedeutung. Hieraus ergibt sich, dass dieses Warenetikett mindestens zwei Mal verwendet wurde.

Warenetikett 2 (Abb. 107 d) ist ein 1,7 × 3,4 cm großes und 1 mm dickes langrechteckiges Bleiblech mit dem Fadenloch auf einer Schmalseite. Eine Längsseite weist einen dünnen Riss/Schlitz zur Befestigung an einem Faden auf. Auf der Vorderseite sind zwei Inschriftenzeilen zu erkennen sowie ein in Größe beider Zeilen geschriebener Einzelbuchstabe rechts davon.

108 Igel. Szene der Igeler Säule mit der Darstellung eines Tuchballens.

102

die Auszeichnung eines einzigen Kleidungsstückes im konkreten Fall ausschließt.

Somit muss mit diesem Etikett ein Stoffballen ausgezeichnet gewesen sein. Je nach Auflösung der Mengenangabe konnten somit bei geschicktem Zuschneiden aus dem Stoffballen fünf oder zwei *pallae* hergestellt werden.

Wie solche Ballen ausgesehen haben und transportiert wurden, zeigen Szenen auf der Igeler Säule, einem römischen Pfeilergrabmal bei Trier (Abb. 108). Archäologische Hinweise auf Stoffproduktion gibt es im Bonner *vicus* in Form einer sehr großen Anzahl von Webgewichten. Leider ist es nicht möglich, der Stoffproduktion einen Befund zuzuordnen.

Literatur: H.-J. LEUKEL, Römische Plomben aus Trierer Funden 1995–2001. Wiss. Reihe Trierer Münzfreunde e. V. 4 (Trier 2002). – B.I. SCHOLZ, Untersuchungen zur Tracht der römischen Matrona (Köln/Weimar/Wien 1992). – M. REUTER/ M. SCHOLZ, Geritzt und Entziffert. Schriftzeugnisse der römischen Informationsgesellschaft. Schr. Limesmus. Aalen 57 (Stuttgart 2004).

WEGBERG, KREIS HEINSBERG

Was könnte das sein? Ein zunächst rätselhaftes Metallobjekt aus Rickelrath

Jürgen Weiner

Jeder Sammler sieht sich im Moment der Entdeckung eines Fundes mit einer Vielzahl unterschiedlicher Fragen konfrontiert: Was ist das, wozu hat es gedient, wie datiert es usw.? So auch Frank Reinisch, Mönchengladbach, der auf einem Acker nahe Rickelrath einen Metallfund entdeckte und der Außenstelle Nideggen zur Bestimmung vorlegte. Dass eine solche auch für einen Archäologen nicht immer leicht ist, zeigte vorgelegtes Objekt (Abb. 109).

Der aus 2 mm starkem Bronzeblech bestehende Fund verfügt über einen gerundeten, durchlochten und einen hakenförmigen Abschluss. Eine Spitze knickt im Verlauf leicht ab, die andere biegt um und weist einen gerundeten Abschluss von 7,5 × 5 mm auf. Zu den jeweiligen Enden hin verbreitert sich das Objekt; es ist 120 mm lang, max. 32 mm breit und wiegt 16 g. Der Blechkörper besitzt eine max. Breite von 13 mm und eine minimale von 8 mm. Das abgewinkelte Spitzenende ist 24 mm lang, das gerundete Ende weist einen Innendurchmesser von 15 mm auf. Im Zwickel zwischen beiden Enden erkennt man deutliche Bearbeitungsspuren in Form sich überschneidender V-förmiger Linien bzw. kurzer, geradliniger Scherkanten. Sie legen nahe, dass das Objekt aus einem Blechstück von Hand ausgeschnitten wurde. Die umgebogene Spitze lässt etwa mittig eine halbrunde, ca. 1 mm breite Einbuchtung erkennen, die nur als Abnutzungsspur zu deuten ist. Sie entstand durch ein längeres Aneinanderschleifen mit einem härteren Material.

Um was handelte es sich aber? Die handliche Form und das hakenartige Ende verleiteten den Verf. zunächst dazu, den Fund als Werkzeug, am ehesten als „Ahle" anzusprechen. Vergleichbare „Ahlen" waren jedoch bei der wissenschaftlichen Recherche nicht zu finden. Einem Hinweis von Dr. W. Gaitzsch, Mitarbeiter der Außenstelle Titz des LVR-ABR, ist es letztlich zu verdanken, dass das Stück nicht als vermeintlich neue „Ahlenform" veröffentlich wurde. Der ausgewiesene Kenner römischer Metallobjekte und Werkzeuge erkannte in dem Objekt einen möglichen römischen Lampenhaken, ein durchaus seltener Fund.

Römische Lampen hingen im Allgemeinen an mehreren Ketten, die an ihren Enden zusammengeführt waren, und auf verschiedene Weise im Loch eines Lampenhakens eingehängt oder dauerhaft befestigt wurden (Abb. 110). So erlaubten die beiden Funktionsenden des Lampenhakens, d. h. der Dorn bzw. der seitliche Haken, nach Bedarf eine Aufhängung der Lampe an unterschiedlichen Orten im Haus. Dabei konnte das Hakenende entweder z. B. über einen Nagel, in einen Metallring oder an einer anderen geeigneten Stelle aufgehängt werden. Oder man trieb den Lampenhaken vertikal bzw. horizontal mit seinem Dornende in einen Decken- oder Wandbalken ein.

Die Verrundung des Dornendes am Lampenhaken aus Rickelrath lässt darauf schließen, dass man das Stück des Öfteren in Holz eingetrieben hatte. Die Tatsache, dass der Dorn bei diesem Stück markant aus der Längsachse abgewinkelt ist, scheint die Funktion nicht beeinträchtigt zu haben. Andererseits legt die kleine halbmondförmige Kerbe am Innenbogen des Hakenendes die Vermutung nahe, dass das Exemplar häufi-

109 Wegberg-Rickelrath. Ein wohl römischer Lampenhaken aus Bronzeblech.

110 Römische Bronzelampe mit angekettetem Lampenhaken.

ger an einem Metallring oder Nagel pendelnd gehangen haben muss.

Lampenhaken sind aus der Römerzeit bekannt, fanden aber wohl auch noch in der Neuzeit Verwendung.

Mein herzlicher Dank gilt dem Finder für die Bereitstellung des Objekts zur Publikation und für seine Hilfe bei der Beschaffung von Literatur.

Literatur: P. Feller/F. Tourret, L'Outil. Dialogue de l'homme avec la matière (Rhode-Saint-Genèse 1978). – K. Goethert, Römische Lampen und Leuchter. Auswahlkatalog des Rheinischen Landesmuseums Trier (Trier 1997). – Meyers Konversationslexikon XII (1908) 84–89 s. v. Lampen.

BAD MÜNSTEREIFEL, KREIS EUSKIRCHEN

Neues zu alten Funden: bemalte Altarnebenseiten

Gerhard Bauchhenß, Georg Hartke und Marco Romussi

111 Bad Münstereifel-Iversheim. Reste der farbigen Malerei auf der linken Nebenseite eines Altarfragments.

Antike Steinskulptur und Architektur waren farbig bemalt. Davon zeugen kurze Notizen in der antiken Literatur, aber auch, seit nahezu 200 Jahren immer wieder beschrieben, Farbreste auf Werken der antiken Bildhauerkunst. Wie die Funde lehren, gab es dabei keine Unterschiede, ob eine Statue oder ein Relief aus Marmor gefertigt war oder aus einem der Kalk- oder Sandsteine aus den Steinbrüchen der römischen Provinzen. Bei diesen weniger qualitätvollen Steinen wurde ein weißer Kalküberzug als Grundierung aufgetragen.

Hier sollen zwei alte Funde vorgestellt werden, auf denen großflächige Reste von Bemalung erst im Jahr 2008 entdeckt worden sind, und zwar nicht wie zu erwarten auf reliefierten Partien, sondern auf glatten Flächen – Steine also, auf die „Bilder" gemalt, an denen also nicht Reliefs farbig gefasst worden waren.

Im 19. und 20. Jahrhundert wurden bei Iversheim die Reste einiger vom römischen Militär betriebener Kalkbrennereien ausgegraben. Soldaten der 1. Legion, die in Bonn stationiert war, und der 30., die bei Xanten lag, arbeiteten dort in den Steinbrüchen und an den Brennöfen. Neben ihren Arbeitsstätten oder möglicherweise sogar in sie integriert, hatten sie Weihaltäre für jene Götter aufgestellt, die ihnen bei der Arbeit halfen oder denen sie aus anderen Gründen Weihegaben darbringen wollten. *Iuppiter Optimus Maximus* und den Schutzgott ihrer Einheit, den Genius, verehrten in Iversheim die Soldaten beider Legionen, die der 30. aber dazu meist Minerva. Ihr war auch der vollständige hier vorgestellte Altar geweiht.

Für die Neueinrichtung des LVR-RömerMuseums in Xanten sollten einige der in der Kalkbrennerei an der Hohen Ley gefundenen Weihaltäre, die von Soldaten der Xantener Legion gestiftet worden waren, in der Werkstatt des LVR-LandesMuseums Bonn aufgearbeitet werden. Bei dem ersten Arbeitsschritt der Restauratoren – dem Reinigen der Oberflächen – zeigte sich, dass an einem Altar und einem Fragment, deren Inschriften schon vor rund 40 Jahren publiziert worden waren, große Teile des weißen Kalküberzuges erhalten sind; sehr viel wichtiger ist aber, dass auf den Nebenseiten große Reste farbiger Malerei zum Vorschein kamen.

Schwierig zu deuten sind die Bemalungsreste auf dem kleinen Fragment (Abb. 111). Auf dem weißen Grund sind grüne und ockerfarbene Strukturen sowie graubraune Linien zu erkennen, die vielleicht zu einem der üblichen stilisierten Lorbeerbäume oder, eher noch, zu einem Akanthusornament gehörten, wie sie auf den Nebenseiten von Weihaltären sehr häufig sind.

Ähnlich schwierig ist die linke Seite des ganz erhaltenen Altars zu beurteilen. Nur ganz unten, dicht über der Basis, sind rotbraune Farbreste zu erkennen, die nicht näher interpretiert werden können. Auf der rechten Seite haben sich dagegen große Teile der Malerei erhalten (Abb. 112): Ein rechteckiges Bildfeld ist mit kräftigem roten Pinselstrich abgetrennt. Seine Fläche ist in hellem Ocker gehalten, während das Füllhorn, das auf ihm dargestellt ist, die weiße Farbe der Grundierung aufweist. Die Umrisse des Füllhorns und seine Binnenzeichnung sind wieder mit den gleichen dicken roten Pinselstrichen ausgeführt wie der Rahmen des Bildfeldes. Es sieht so aus, als hätte der Maler zuerst diesen Rahmen angelegt, dann das Füllhorn mitsamt seiner Binnenzeichnung gemalt und zuletzt das übrige Bildfeld mit der Ockerfarbe gefüllt.

Der Befund an den beiden Seiten legt nahe, dass auch die üblicherweise mit Reliefornamenten verzierten Teile des Altars – die beiden Wülste (*pulvini*) an der Bekrönung und der flache Giebel zwischen ihnen –, die kein Relief aufweisen (Abb. 113), bemalt waren.

Das Füllhorn (*cornu copiae*) ist ein in der antiken Kunst immer wieder verwendetes Motiv, wenn es darum ging, das segensreiche Wirken und Geben einer Gottheit sinnfällig zu zeigen. Nach dem griechischen Mythos war es ursprünglich ein Horn der Ziege *Amaltheia*, die Zeus, den höchsten der olympischen Götter, als Kleinkind mit Nektar und Ambrosia (Nahrung der Götter) genährt hatte, die aus ihrem abgebrochenen Horn flossen. Nektar und Ambrosia werden in den Füllhörnern auf den Nebenseiten rheinischer Götteraltäre durch schlichtere Nahrung ersetzt: Äpfel, Birnen, ein Pinienzapfen, Weinlaub und Getreideähren quellen bei unserem Füllhorn aus der Mündung. Ungewöhnlich ist, dass im unteren Drittel eine Binde um den Schaft des Hornes geknüpft ist. Ob die nur wenig darüber nach oben strebenden roten Linien zu den „Hüllblättern" zu ergänzen sind, die sehr häufig den Füllhornschaft wie ein Kelch umschließen, muss offen bleiben.

Füllhörner werden auf den Altären sehr verschiedener Gottheiten dargestellt: bei *Fortuna* und *Mercurius*, aber auch bei einheimischen Gottheiten wie den Matronen, *Nehalennia* oder *Sandraudiga*. Nun kennen wir auch einen Minervaaltar mit Füllhorn auf einer Nebenseite.

Die Entdeckung der Bilder auf den Nebenseiten der Iversheimer Altäre lässt einige Fragen aufkommen, die zur Zeit nicht definitiv beantwortet werden können. Die wichtigste dürfte sein: Muss man auf allen nicht reliefierten Neben- und Rückseiten von Altären vergleichbare Malereien erwarten? Wenn ja, hätte das zur Folge, dass neugefundene Altäre in Zukunft erst in einer Werkstatt von Restauratoren endgültig gereinigt werden sollten. Oder ist es nur die Eigenheit einer einzigen in Iversheim nur für die Soldaten der 30. Legion tätigen Werkstatt, die Nebenseiten zu bemalen? Die Soldaten der 1. Legion haben ja die Nebenseiten ihrer Altäre mit Reliefs verzieren lassen – die allerdings sicher auch immer farbig gefasst gewesen sind. Wurden am Rhein dieselben Pigmente für die Farben – Mineralien, farbige Erden und organische Stoffe – verwendet, die in der antiken Literatur genannt und modern chemisch nachgewiesen sind?

Vielleicht werden glückliche Neufunde, umfangreichere Recherchen in den Museumsmagazinen und chemische Analysen uns den Antworten auf diese Fragen näher bringen.

112 Bad Münstereifel-Iversheim. Füllhorn auf der rechten Nebenseite eines Minervaaltars.

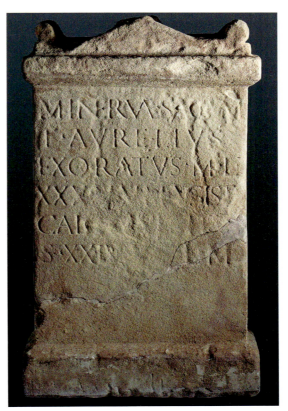

113 Bad Münstereifel-Iversheim. Vorderseite des Minervaaltars.

Literatur: G. ALFÖLDY, Epigraphisches aus dem Rheinland III. Epigr. Stud. 5 (Düsseldorf 1968) 17–27. – M. CLAUSS, Neue Inschriften im Rheinischen Landesmuseum Bonn. Epigr. Stud. 11 (Köln/Bonn 1976) 16 f. – W. SÖLTER, Römische Kalkbrenner im Rheinland. Kunst u. Altert. Rhein 31 (Düsseldorf 1970) = Rhein. Kunststätten 490 (Köln 2005).

Eine bislang unbekannte *cella memoriae* aus dem Gräberfeld von Krefeld-Gellep

Christoph Reichmann

Im Frühjahr 2008 begann im Krefelder Hafen die Überbauung des bekannten römisch-fränkischen Gräberfelds – genau dort, wo Prof. Albert Steeger 1934 die systematische Ausgrabung begonnen hatte (Abb. 114). Überraschend zeigte sich, dass gerade im Umkreis der zuerst ergrabenen Gräber noch gut erhaltenes Skelettmaterial vorhanden war, obwohl die Erhaltungsbedingungen für Knochen im kalkarmen Gelleper Sandboden normalerweise sehr ungünstig sind. Offenbar gab es hier reichlich Bauschutt, insbesondere Kalkmörtel. Zwar war dies Steeger nicht entgangen, doch hatte er keinen Zusammenhang mit den Gräbern hergestellt, sondern angenommen, dass es sich um Bauschutt aus den benachbarten römischen Ruinen handele. Entschieden dagegen spricht jedoch schon die gute Erhaltung des Skelettmaterials.

Die wichtigste Bauschuttablagerung fand sich über Grab 32. Steeger verzeichnet hier im Grabungsbericht sowie auf dem Originalplan eine ca. 2,50 m lange und 1,80 m breite Schuttgrube, die bis zu 0,60 m unter die Oberfläche hinabreichte und einigen bemalten Wandputz enthielt; dieser war damals ebenso wenig geborgen worden wie das Skelettmaterial. Weiter heißt es, das Skelett sei in dem beigabenlosen, bis zu 1 m tiefen Grab nur andeutungsweise zu erkennen gewesen. Die Nachuntersuchung ergab jedoch vorzüglich erhaltenes Knochenmaterial. Einen möglichen Grund für die Diskrepanz offenbarte das benachbarte Grab 31. Hier wurde die mittlere Partie des Skelettes mit über dem Becken zusammengelegten Händen noch nahezu unberührt angetroffen. Die Vermutung liegt also nahe, dass man die ersten Gräber damals nur sehr oberflächlich hauptsächlich mit der Schaufel und weniger feinem Grabungswerkzeug freigelegt hat. Ob die Arbeiter den Umgang mit Pinsel und Spachtel nicht gewohnt waren oder den direkten Umgang mit den Leichen fürchteten, sei dahingestellt. Steeger selbst konnte wegen eines großen Ausstellungsprojekts nicht ständig vor Ort sein.

Die Nachuntersuchung der Schuttgrube über Grab 32 förderte noch einigen polychrom bemalten Wandputz zutage (Abb. 115–116). Ferner fanden sich viele Reste des sehr starken Unterputzes sowie Brocken von grobem Mauermörtel und Baumaterial. Dieses war meist kleinteilig und trat in der Menge gegenüber dem Mörtel stark zurück; große, gut verbaubare Steine fehlten. Dies lässt den Schluss zu, dass der Abbruch der Gewinnung von Baumaterial diente. Dazu zählten neben Dachziegelstücken, deren häufige Mörtelreste auf einen sekundären Verbau in den Wänden hindeuten, Tuffstücke und Grauwacken, aber auch drei Fragmente zerschlagener Grabsteine aus Liedberger Sandstein. Schließlich fanden sich zahlreiche Bruchstücke von sog. falschen Granit, einem Kalkstein aus der mittleren Maasgegend. Dieser Stein wurde im Gelleper Kastell selten verbaut, sodass sein gehäuftes Auftreten hier auffällig ist. Der geschilderte Befund deutet darauf, dass sich ursprünglich über Grab 32 ein oberirdischer Grabbau erhoben hat, eine sog. *cella memoriae*, in der Feiern zum Andenken an den Verstorbenen stattfanden. Fundamente oder deren Ausbruchgräben wurden zwar während der Ausgrabung 1934 nicht beobachtet, doch können diese leicht einer späteren ackerbaulichen Nutzung des Geländes zum Opfer gefallen sein. Die meisten spätantiken Bauwerke in Gellep waren nicht sonderlich tief gegründet. Anscheinend hatte man kurz vor dem Abbruch des Gebäudes den Boden im Innern geöffnet, sodass der Abbruchschutt in die Grube gelangen konnte. Offensichtlich geschah dies aber nicht, um Gebeine zu entnehmen, sondern auf der Suche nach Wertgegenständen. Aus der Größe der Schuttgrube und ihrer Entfernung zu den Nachbargräbern, vor allem denjenigen mit guter Knochenerhaltung, ergeben sich eine Mindestgröße von 3,0 × 2,5 m und eine maximale Größe von 3,5 × 3,0 m für die *cella* sowie eine maximale Fundamentbreite von 0,60 m. Der Bau zerstörte anscheinend nur ein einzelnes Brandgrab aus dem späten 3. Jahrhundert. Auch das dicht südlich anschließende Grab 27 enthielt relativ viel Bauschutt, wobei

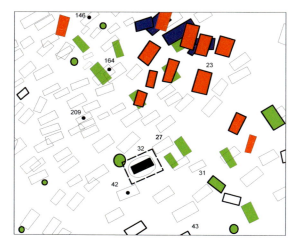

114 Krefeld-Gellep. Ausschnitt des Gräberfeldplans; schwarz: Grab 32; grün: Gräber des späten 3. und frühen 4. Jahrhunderts; blau: frühfränkische Gräber; rot: spätfränkische Gräber; dick umrandet: beigabenführende Gräber; Punkte: Münzbeigaben zwischen 330 und 350.

es sich hier wahrscheinlich um Rückstände vom Bauplatz handelte.

Zur Datierung der *cella* können zunächst einige aus dem Bauschutt geborgene Scherben herangezogen werden. Des Weiteren eine ringförmige Perle aus durchscheinendem grünlichen Glas, die nach Gelleper Vergleichsfunden vermutlich ins 5. Jahrhundert datiert. Allerdings könnte sie auch in der Nutzungszeit verloren gegangen sein oder aus einem der Nachbargräber stammen. Einen besseren Datierungsanhalt bietet die Bodenscherbe eines dunkelbraunen, sehr hart gebrannten Mayener Kochtopfes. Anhaftende Mörtelreste legen seine Vermauerung in dem Memorialbau nahe und dies wahrscheinlich in der Bauzeit. Töpfe dieser Art kommen erst ab der Mitte des 4. Jahrhunderts vor und bleiben bis ins frühe 5. Jahrhundert in Gebrauch. Diesen Zeitansatz stützt das südlich anschließende Grab 42, das durch einen zwischen 342 und 348 geprägten Follis des Constans frühestens in die Mitte des 4. Jahrhunderts datiert, und seiner vergleichsweise schlechten Knochenerhaltung wegen wahrscheinlich älter als die *cella* ist. Der Befund spricht also für eine Datierung in die zweite Hälfte des 4. Jahrhunderts, wobei der Anfang des 5. Jahrhunderts nicht sicher ausgeschlossen werden kann.

Archäologisch fassbar ist erstaunlicherweise auch die Zeit des Abbruchs. So fand sich 1934 nordöstlich von Grab 32 eine Anzahl etwas abweichend orientierter Gräber aus dem 7. Jahrhundert. Unter diesen enthielt die Füllung des nahegelegenen Grabes 23 größere Mörtelbrocken und das etwas weiter entfernte Grab 113 gleich mehrere Stücke des erwähnten falschen Granits. Einiges spricht dafür, dass vor allem letztes Grab während oder kurz nach dem Abbruch der *cella* angelegt wurde. Es enthielt eine Scheibenfibel mit Pressblechauflage und Schlingenmuster, die gewöhnlich in die zweite Hälfte des 7. Jahrhundert datiert wird. Grab 23 ist sogar eines der spätesten im Gräberfeld. Es enthielt drei Wurfspeerspitzen sowie einen frühen Badorfer Zweihenkeltopf mit Flachboden, der kaum vor dem ausgehenden 7. Jahrhundert hergestellt worden sein kann. Somit deutet einiges auf einen Abbruch des Memorialbaus nach der Mitte des 7. Jahrhunderts. Die in den umgebenden Gräbern von Grab 32 nachweislich gute Knochenerhaltung lässt an weitere oberirdische Grabbauten oder Monumente denken.

Grab 32 mit *cella memoriae* liegt am Südrand eines kleineren, fast quadratischen Gräberfeldabschnitts, der durch deutliche Freiräume gegen die größtenteils gleichzeitig belegten Nachbarabschnitte abgegrenzt ist. Dessen Belegung beginnt Ende des 3. Jahrhunderts und setzt sich bis in die späte Merowingerzeit hinein fort. Bemerkenswert ist aber, dass hier anders als in der Nachbarschaft nahezu alle Gräber des 4. Jahrhunderts

115–116 Krefeld-Gellep. Bemalter Wandputz aus der Schuttgrube über Grab 32.

– von Münzen abgesehen – keine Beigaben mehr enthielten. Dies gilt auch für die von der Ausrichtung her abweichenden Gräber aus konstantinischer Zeit, die ansonsten aber in Gellep zu 70–80 % verhältnismäßig reich ausgestattet erscheinen. Ob es hier einen christlichen Hintergrund gibt, muss mangels sicherer Anzeichen offen bleiben. Anzunehmen ist aber zumindest eine stärkere Hinwendung der hier Bestatteten zur Romanitas und damit eine Abgrenzung gegen das zunehmend barbarischer geprägte Militär in der Nachbarschaft.

Neben den genannten Überresten konnten noch einige beigabenführende spätrömische Gräber *in situ* dokumentiert sowie zahlreiche Metallobjekte in Streulage geborgen werden, darunter viele Trachtbestandteile aus spätrömischen und frühmittelalterlichen Gräbern, Pferdegeschirrteile aus dem 1. Jahrhundert sowie zahlreiche Münzen. Hervorzuheben ist eine Siliqua des Ostgotenkönigs Athalarich (526–534; Abb. 117).

117 Krefeld-Gellep. Siliqua des Ostgotenkönigs Athalarich (526–534).

Literatur: R. Pirling, Das römisch-fränkische Gräberfeld von Krefeld-Gellep. Germ. Denkmäler Völkerwanderungszeit B 2 (Berlin 1966). – R. Pirling/M. Siepen, Die Funde aus den römischen Gräbern von Krefeld-Gellep. Germ. Denkmäler Völkerwanderungszeit B 20 (Stuttgart 2006).

STADT AACHEN

Innenstadtgrabung im Aachener Elisengarten

Gary White

Aufgrund der geplanten Umgestaltung des Elisengartens im Aachener Stadtzentrum, führte die Firma „Goldschmidt Archäologie und Denkmalpflege" von August 2008 bis Februar 2009 eine bauvorgreifende Ausgrabung durch. Zuvor erbrachte eine Sachstandsermittlung eine unterschiedlich intensive städtische Besiedlung. Das Gartengelände befindet sich im historischen Kern Aachens, hinter dem inneren Stadtgraben, 100 m südöstlich des Doms. Der klassizistische Bau des Elisenbrunnens schließt seit 1822 das Areal zwischen Ursuliner- und Hartmannstraße im Süden ab. Seit dem Spätmittelalter verlief hier ein Abschnitt der Barbarossamauer, nachdem in den Zeiten zuvor das versumpfte Ufer des Paubachs die Fläche begrenzt hatte.

Bereits zum Beginn der Freilegung fanden sich Strukturen wie Fundamente, Estriche und Holzeinbauten verschiedener Zeiten. Beim weiteren Abgraben blieben die „harten" Befunde nach der Dokumentation stehen. Die Baureste ermöglichten eine einfachere Darstellung des Besiedlungsverlaufs (vgl. Abb. 74; Abb. 118).

Die Bebauung des Areals zur Römerzeit hatte urbanen Charakter und orientierte sich, mit deutlicher Abweichung zur restlichen Stadt, an einer Linie, deren Verlauf der heutigen Ursulinerstraße entspricht. Es gab eine unterschiedliche Ausrichtung der Bauten im westlichen und östlichen Teil, wobei die jeweilige Parzellierung bis in die Spätzeit beibehalten wurde. Die frühesten Schwellbalken und Pfostenlöcher sowie Feuerstellen und Laufhorizonte zeugen von einer einmal ausgebesserten Holzbauphase im nördlichen Teil der Fläche. Eine Münze sowie italische Terra Sigillata legen den Beginn der Siedlung um Christi Geburt fest.

Noch im 1. Jahrhundert begann man, Bauten in Stein zu errichten. Ein großes Gebäude im östlichen Teil des Geländes erstreckte sich nach Norden und Osten über die Grabungsgrenze hinaus. Die Befundsituation spricht dafür, dass seine Errichtung unvollendet blieb. Die Außenmauer wurde im Aufgehenden kaum über das Fundament hinaus ausgeführt, die schmaleren Innenmauern nur noch als Fundamentstickung. Westlich dieses Steingebäudes befanden sich gleichaltrige Fundamente von nur 35 cm Breite für einen geplanten Fachwerkbau. In der zweiten Hälfte des 1. Jahrhunderts wurde eine relativ fundarme Lehmplanierschicht breitflächig aufgebracht, sodass die Innengliederung der Steingebäude abgedeckt war. Das westliche Außenfundament integrierte man in einen 33 m langen und 5 m breiten Neubau. Interessanterweise modifizierte man den früheren Bau, indem der ursprüngliche Gebäudeabschluss im Süden – wohl wegen zu hohen Grundwassers – zugunsten einer weiter nördlich verlaufenden Quermauer aufgegeben wurde. Die Stickung der alten Mauer diente nun als Unterbau einer Drainage. Das aufgehende Mauerwerk des neuen Gebäudes war aus Lehmziegeln errichtet und in kleine Räume mit je einer Herdstelle unterteilt. Nur ein Raum hatte statt Lehm- einen Estrichboden und war wohl als Nassraum genutzt. Offensichtlich handelte es sich um Unterkünfte (Abb. 119). Nördlich des Baus befand sich ein kleines Heiligtum. In der Westecke der Grabung lag ein Estrich mit Steinplatten, der auf ein zweites Gebäude hinweist.

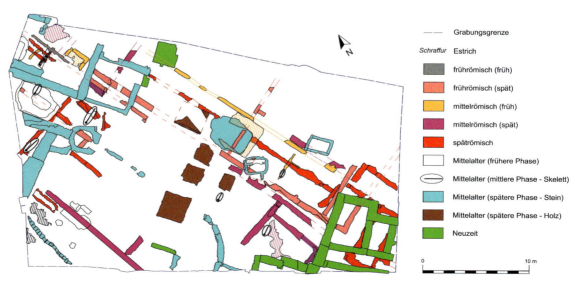

118 Aachen, Elisengarten. Vorläufiger Plan der Baubefunde.

119 Aachen, Elisengarten. Fundamente einer römischen Herberge des 1. Jahrhunderts.

In der zweiten Hälfte des 2. Jahrhunderts brannten die Unterkünfte ab. Kurz darauf erfolgte der Abbruch der verziegelten Lehmwände, die als mächtige Schicht über Gehniveau und Sockelfundamente planiert wurden. Neue Außenmauern errichtete man in Stein und baute innen eine Längsteilung aus Fachwerk. Im Süden schloss sich ein weiterer Bau unbekannten Ausmaßes an.

Im Westen des Grabungsareals wurde das Gebäude mit dem Plattenboden aufgegeben und die meisten Platten entwendet. Zwischen den Altbauten erfolgte der Auftrag einer starken Brandschicht und man errichtete ein etwa 10 m breites Steingebäude von mindestens 36 m Länge. Auf beiden Seiten verliefen Abwasserkanäle. Später wurde der Bau nach Osten erweitert. Den diesseitigen Kanal leitete man unter den nördlichen Teil des Gebäudes, dessen Innenmauern nun teilweise aus Fachwerk bestanden, zum Kanal im Westen ab.

Die frühesten mittelalterlichen Siedlungsspuren befanden sich im nordwestlichen Bereich des Geländes. Im östlichen Teil entdeckte man die Reste einer gemauerten Kellerwand mit Eingangstreppe sowie eine tiefe, halbrunde Trockenmauer in einer ovalen Baugrube. Da es hier nicht möglich war, tiefer zu graben, konnte der Frage, ob es sich um einen Brunnen oder Keller handelte, nicht nachgegangen werden. Zudem waren dessen Steine schon teilweise entwendet. Die Verfüllung der Anlage enthielt neben mehreren Brocken Rennschlacke hauptsächlich Keramik des 1. bis 2., aber auch Scherben des 8. bis 9. Jahrhunderts. Darüber lag ein ostwestlich orientiertes Grab ohne Beigaben (Abb. 120). Die Verfüllung der Grabgrube barg Keramikbruchstücke des 9. bis 10. Jahr-

120 Aachen, Elisengarten. Grab des 9./10. Jahrhunderts.

hunderts. Im Süden lagen fünf weitere Gräber, die sich stratigraphisch derselben Zeitspanne zuordnen lassen. Estriche und zwei Pfostengruben, die an der Nordwestgrenze freigelegt wurden, sind wohl ebenfalls in diese zweite Frühphase der mittelalterlichen Besiedlung zu setzen. Bemerkenswert ist, dass in einer der Pfostengruben ein Brocken Ofenschlacke als Untersatz des Pfostens Verwendung fand. Die Bauten der ersten Frühphase dehnten sich wahrscheinlich bis an die heutige Ursulinerstraße aus. Die Gräber der nachfolgenden Zeit stellen Überreste eines Friedhofes dar, der möglicherweise zur Adelgundiskapelle gehörte. Diese nicht mehr vorhandene Kapelle war einst namengebend für die Straße, die heute nach den im 18. Jahrhundert angesiedelten Ursulinen benannt ist. Schon die erste Erwähnung der Kapelle im Jahr 1066 gibt die Benediktinerabtei von Stavelot-Malmedy als Eigentümer an. Ebenso lässt sich der überwiegende Teil der mittelalterlichen Befunde im Elisengarten mit dem Ausbau und Betrieb eines Wirtschaftshofes derselben Doppelabtei in Verbindung bringen. Nach einer Bestätigungsurkunde des Jahres 1137 bestand der reichsunmittelbare Besitz aus einem Herrenhaus, 30 weiteren Häusern und einer Kapelle.

Da die freigelegten Mauerzüge im Nordwesten der Grabungsfläche weit von der Straße entfernt liegen und einige deutliche Anbaufugen aufweisen, gehören sie mehrheitlich einem späteren Zeitabschnitt an.

Funde aus Baugruben sowie stratigraphische Gegebenheiten zeigen, dass die meisten Fundamente aus dem Spätmittelalter stammen. Während dieser Bauperiode sind die mit Holzbalken oder Flechtwerk verstärkten, anscheinend gewerblich genutzten Gruben südlich der Mauern schon in der Mitte des 14. Jahrhunderts aufgegeben und das Gelände aufgefüllt worden. Bemerkenswert ist, dass auch der Dom und die Adelgundiskapelle im selben Zeitraum verändert wurden und jeweils einen gotischen Chorbau erhielten.

Zu den neuzeitlichen Bodeneingriffen im Elisengarten zählen Pflanzlöcher und Leitungsgräben sowie ein gewinkelter Splittergraben aus dem Zweiten Weltkrieg. Zudem dokumentierte man im Befundhorizont Grundmauern von Wohnhäusern der Hartmannstraße aus dem späten 19. Jahrhundert und ein Brunnenfundament des im frühen 19. Jahrhundert entstandenen Kurparks. Bei der Wiedererrichtung des Elisengartens in den 50er Jahren des 20. Jahrhunderts wurden etwa 80 cm Kriegsschutt und Erdreich abgetragen und entsorgt. Dies mag das weitgehende Fehlen von Laufhorizonten der Neuzeit, des Mittelalters und der Spätantike erklären.

Literatur: K. Faymonville, Die Kirchen der Stadt Aachen mit Ausnahme des Münsters. In: P. Clemen (Hrsg.), Die Kunstdenkmäler der Rheinprovinz 10, 2 (Düsseldorf 1922).

JÜLICH UND DÜREN, KREIS DÜREN

Zwei außergewöhnliche Gefäß„scherben" aus Jülich-Daubenrath und Düren-Arnoldsweiler

Jürgen Weiner

Gewiss kann das archäologische Rheinland als gut erforscht gelten. Und doch ist man vor Überraschungen niemals sicher, wie zwei – zunächst unscheinbare – Neufunde lehren.

So präsentierte Heiko Plickert aus Jülich den Wissenschaftlern der Außenstelle Nideggen etwas irritiert die „Scherbe" eines eindeutig nicht keramischen Gefäßes. Der Fund stammt von einem Acker im Weichbild einer ausgedehnten römischen Trümmerstelle im Süden des Jülicher Stadtgebiets.

Wie sich zeigte, handelt es sich um das Randbruchstück eines römischen, gedrechselten Lavezgefäßes von 57 mm Länge, 39 mm Breite, einer Wanddicke von 10 mm und einem Gewicht von 36 g (Abb. 121). Etwa 30 mm unterhalb des Randes verlaufen an der Außenseite zwei horizontale, parallele Zierrillen in einem Abstand von 1 mm. Die Farbe changiert von hell- bis dunkelgrün; sowohl an den Bruchstellen als auch auf beiden Flächen lassen sich bläuliche, eckige Mineraleinsprengsel erkennen. Die „Scherbe" erlaubt die Rekonstruktion einer schwach konischen Gefäßform mit einem ehemaligen Mündungsdurchmesser von ca. 180 mm. Besonders auffällig sind der wachsartige Eindruck und der Fettglanz, die charakteristisch für Lavez sind.

Die Vorkommen des als Lavez oder Speckstein bekannten metamorphen Gesteins (Chloritschiefer) finden sich in den Südalpen, z. B. in der Region von Zermatt/Saas Fee sowie weiter östlich in der Region zwischen Chiavenna, Maloja, Poschiavo und Sondrio mit einem Schwerpunkt um Chiesa im Val Malenco (Veltlin). Besondere Vorteile von Lavez sind neben seiner leichten Bearbeitung durch Schneiden, Drechseln und Polieren vor allem eine große Hitzebeständigkeit und die Fähigkeit, Hitze sehr gut zu speichern. Bei diesen Eigenschaften kann es nicht wundern, dass Lavez von römischen Bergleuten und Handwerkern abgebaut und verarbeitet worden ist, was uns auch Plinius d. Ä. in seiner Naturalis Historia überliefert hat. Das Hauptabsatzgebiet römischer gedrechselter Lavezgefäße befindet sich nahe der Gesteinsvorkommen. In Deutschland treten solche Funde nahezu ausschließlich in Bayern und Baden-Württemberg auf.

So überrascht es kaum, dass im Rheinland bislang lediglich drei Funde von römischen Lavezgefäßen bekannt waren, allesamt – wie unser Neufund – Bruchstücke gedrechselter Becher. Ein aus drei Stücken rekonstruierbares Bodenfragment stammt aus den Ausgrabungen im Martinsviertel in Köln, für das eine Datierung ins 3./4. Jahrhundert vermutet wird. Das zweite, unveröffentlichte Exemplar kam bei der Ausgrabung der Töpferei vor dem Bonner Lager zutage und datiert in die erste Hälfte des 4. Jahrhunderts. Das dritte Stück stammt vom Fürstenberg bei Xanten und ist gleich in mehrfacher Hinsicht bemerkenswert. Zum einen ermöglichen die Fragmente eine vollständige Rekonstruktion des ehemaligen Gefäßes: ein Becher nicht konischer, sondern zylindrischer Form mit einer erstaunlich geringen Wandstärke von 2–3 mm. Zum anderen erlaubt der Vergleich mit ähnlichen Stücken aus der Schweiz und aus Süddeutschland eine Datierung ins 1. Jahrhundert.

Dieser Gruppe gesellt sich nun der Neufund aus Jülich-Daubenrath zu. Bedenkt man die sehr gute Forschungslage für das römische Rheinland, dann stimmt man dem Bearbeiter des Fürstenberger Bechers gerne zu, wenn er ihn als „ausgesprochene Rarität" bezeichnet, was auch für die beiden Kölner und Bonner Funde sowie das Jülicher Stück gilt. Ob der Jülicher Fund einem höhergestellten militärischen Funktionsträger oder einer Zivilperson gehörte, lässt sich nicht entscheiden, wie auch eine exakte Datierung kaum möglich sein dürfte. Wurde seinerzeit das Kölner Lavezgefäß als „geographisch völlig isoliert" beschrieben, so liegt mittlerweile eine kleine, aber exquisite Gruppe dieses Gefäßtyps im Rheinland vor, und es steht zu erwarten, dass sie sich in Zukunft noch vergrößern wird.

Die Kenntnis eines zweiten, vermeintlich römischen Lavezbechers verdanken wir dem langjährigen ehrenamtlichen Mitarbeiter Walter Bender aus Köln (Abb. 122). Das gedrechselte Bodenfragment stammt von einem Acker in der Nähe von Arnoldsweiler. Es weist 35 mm Länge, 33 mm Breite, eine maximale Dicke von 12 mm und eine ehemalige Wanddicke von 5 mm bei einem Gewicht von 15 g auf. Aufgrund der erhaltenen Wölbung am Übergang zwischen Standfläche und Aufgehendem lässt sich der ehemalige Durchmesser der Standfläche mit ca. 140 mm, derjenige des Gefäßkörpers mit ca. 126 mm rekonstruieren. Die Farbe ist hellgraugrünlich. Auf der Standfläche, der Innenseite des Bodenabschnittes und den zum Bodenrand stufig abfallenden Oberflächen heben sich kleinere und größere eckige, dunkle Mineraleinsprengsel deutlich ab, während dies an den Bruchstellen nur geringfügig der Fall ist. Auch bei diesem Fund sind die Oberflächen fettglänzend und fühlen sich wachsartig an.

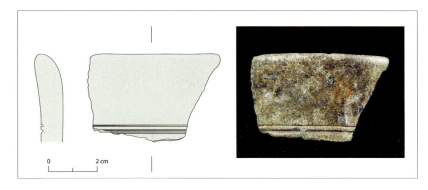

121 Jülich-Daubenrath. Randbruchstück eines römischen Bechers aus Lavez.

Auf den ersten Blick erinnerte das Material frappierend an Lavez, zudem das Stück zweifelsfrei gedrechselt war. Was also lag näher als die Vermutung, dass hier ein zweites römisches Lavezgefäß im Berichtsjahr aufgetaucht war?

Wie trügerisch erste Eindrücke sein können, legte bereits der Hinweis des Finders nahe, wonach jegliche Spuren einer römischen Besiedlung im Umkreis des Fundplatzes fehlen. Die anschließende eingehende Obduktion des Fundes führte schnell zur Erkenntnis, dass es sich nicht um ein Lavezgefäß römischer Provenienz handeln kann. Ausschlaggebend war hierbei die von den römischen Bechern deutlich abweichende Formgebung. So knickt bei diesen mehrheitlich die Standfläche übergangslos im scharfen Winkel nach oben zur Wandung hin um. Nur in seltenen Fällen, wie etwa bei dem Kölner Fund, ist der Bodenrand als schlichter Wulstring gearbeitet, der überdies nur 2 mm nach außen vorspringt. Beim Fund aus Arnoldsweiler ist der Boden hingegen markant profiliert und die Gefäßwand zudem um 14 mm nach innen versetzt. Dieses eigenwillige Profil erinnerte den Bearbeiter an die Standböden hölzerner gedrechselter Apothekergefäße des 17. und 18. Jahrhunderts. Deutete sich dadurch bereits eine mögliche Zeitstellung des

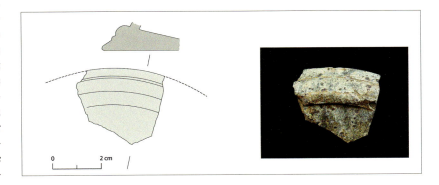

122 Düren-Arnoldsweiler. Bodenfragment eines barockzeitlichen Gefäßes aus Zöblitzer Serpentinit.

Fundes an, so war das Problem der Gesteinsbestimmung noch nicht gelöst. Den entscheidenden Hinweis auf die neuzeitliche Verwendung von Serpentinit zur Herstellung gedrechselter Gefäße lieferte dankenswerterweise Prof. Dr. Thomas Fischer, Universität zu Köln. Weitere Recherchen ergaben, dass es in der Nähe von Zöblitz in Sachsen ein ausgedehntes Serpentinitvorkommen gibt, das seit dem Mittelalter bis heute ausgebeutet wird. Im Barock wurden u. a. Humpen und Krüge daraus gedrechselt, die nicht selten mit aufwändigen Silberfassungen veredelt worden sind. Auch im Bestand des LVR-LandesMuseums Bonn finden sich zwei barockzeitliche Gefäße dieser Art, die wahrscheinlich aus jenem Zöblitzer Serpentinit bestehen.

Nach den Vergleichsstücken und dem Material ist der Arnoldsweiler Fund als Rest eines ebenfalls ins Barock zu datierenden Gefäßes anzusprechen. Sächsische Serpentinitgefäße waren kostspielige Repräsentationsobjekte und gelangten deshalb in die Hände des Adels und des vermögenden Bürgertums. Die Fundstelle liegt im Umfeld des Rittersitzes Haus Rath und legt die Vermutung nahe, dass das Gefäß ehemals zur Ausstattung des dortigen Herrenhauses gehörte. Zerbrochen gelangte es wohl mit sonstigem Hausmüll auf den Misthaufen, der wiederum als Dünger auf den umliegenden Feldern des Anwesens ausgebracht wurde.

Mein verbindlicher Dank gilt Herrn Dr. A. R. Puschnig (Naturhistorisches Museum Basel), Herrn Dr. M. Gechter (LVR-ABR), Frau Dr. E. M. Hoyer (Grassimuseum Leipzig), Herrn Dr. S. Krabath (Landesamt für Denkmalpflege Sachsen, Dresden) und Frau Dr. I. Krueger (LVR-LMB Bonn).

Literatur: N. HANEL, Vetera I. Rhein. Ausgr. 35 (Köln/Bonn 1995) 757 Taf. 21, 4. – E. M. HOYER, Sächsischer Serpentin: ein Stein und seine Verwendung (Leipzig 1995). – A. R. PUSCHNIG, Lavezsteinverarbeitung im Veltlin – einst und jetzt. Minaria Helvetica 20a, 2000, 61–70. – M. RIEDEL, Drei bemerkenswerte Gefäßfunde aus dem römischen Hafengelände in Köln. Arch. Korrbl. 6, 1976, 321–324.

RHEINBERG, KREIS WESEL

Zu einem angeblichen römischen Inschriftenstein aus Ossenberg

Clive Bridger

Im Februar und im August erhielt der Verf. in der Außenstelle Xanten die Anfragen zweier interessierter Bürger aus Rheinberg bzw. Alpen bezüglich eines römischen Inschriftensteines aus Rheinberg. Da die Anzahl römischer Inschriftensteine am steinarmen Niederrhein – milde ausgedrückt – eher bescheiden zu nennen ist, war der Verf. irritiert, diesen Stein nicht zu kennen. Die Beantwortung der Anfragen erforderte einige Aufklärungsarbeit.

Der ursprüngliche Hinweis auf den Inschriftenstein bezog sich auf eine Erwähnung im Band „Rheinberg" des Rheinischen Städteatlasses. Dort wird in der Rubrik „Siedlung" (gemeint ist Siedlungsgeschichte) ein „Inschriftenstein in Ossenberg (Rhein. Landesmuseum Bonn, Ortskartei)" genannt. Eine Recherche in der Fundstellendatenbank des LVR-Amtes für Bodendenkmalpflege im Rheinland bestätigte dies, wenn auch die dort gefundenen Informationen kaum befriedigten. Auch die zugehörige Fundakte des Ortsarchivs enthielt nur einen einzeiligen Bericht: „Bei Baggerarbeiten an der Werftanlage in Ossenberg wurde im Jahre 1908 ein röm. Inschriftenstein gefunden." Als Verbleib wurde das Museum in Bonn angegeben. Ein Finder, Melder oder eine nähere Fundortangabe lag nicht vor, ebensowenig eine Inventarnummer. Wäre jedoch ein solcher römischer Inschriftenstein ins damalige Provinzialmuseum Bonn gelangt, müsste ihn Hans Lehner, damaliger Museumsdirektor, in seine Zusammenstellung sämtlicher römischer Inschriften des Museums 1918 aufgenommen haben. Eine Durchsicht blieb jedoch ergebnislos, weder Ossenberg noch Rheinberg erscheint dort als Fundort. Konnte Lehner den Stein von 1908 einfach übersehen haben? Es folgte eine Anfrage bei den Kolleginnen und Kollegen im heutigen LVR-LandesMuseum Bonn. Sämtliche Datenbanken, Standortkarteien und sonstigen Unterlagen wurden durchsucht, aber auch dies blieb erfolglos. Nach wie vor kennt das Museum bis heute keinen römischen Inschriftenstein aus Rheinberg oder seinen Ortsteilen.

Es begannen Archivrecherchen vor Ort. Bei der als Fundort genannten Werft dürfte es sich wahrscheinlich um die von den Solvay-Werken betriebene Anlage „An der Momm", am linken Rheinufer gehandelt haben. Eine Betriebschronik „100 Jahre Salz-Soda-Solvay in Rheinberg" deutete darauf hin. Kurze Zeit später besuchte der Verf. das Stadtarchiv Rheinberg, wo die Archivarin bezüglich des Steines bereits angefragt worden war. Eine spätere Sichtung der „Rheinberger Zeitung" erbrachte die gesuchte Information. Eine Frühjahrsausgabe von 1908 enthielt den folgenden Bericht:

„Bei den Baggerarbeiten an der hiesigen Werftanlage hat man gestern nachmittag einen wichtigen Fund aus der Römerzeit gemacht. Man vermutet, dass es der Grabstein eines Prätorianers aus der Zeit Trajans ist. Der Stein ist sehr gut erhalten und trägt die Inschrift: *Bene T. uterim / lei bedem manis ercra / N. C. Bon. E. / Campist. D. ernam eund. / crat. Z. T. bisim gedae / R. M.* Der Fund scheint die Vermutung, dass die Momm ein altes Römerkastell ist, sehr zu stützen. Man will den Stein dem Landesmuseum überweisen, nachdem er morgen zur allgemeinen Besichtigung in der Wirtschaft Sprenger ausgestellt war. Einige kleinere Fundstücke wie Lacrymatorien, eine julianische Zeittafel etc. werden gleichzeitig zu sehen sein."

Ein in mehrerer Hinsicht ungewöhnlicher Bericht! Der Hinweis auf einen Prätorianer deutete daraufhin, dass der Stein eine bildliche Darstellung gehabt haben dürfte, denn die für den lateinischen Epigraphiker völlig unverständliche Inschrift erwähnt einen solchen nicht. Mit „Lacrymatorien" wären wohl gläserne Parfümfläschchen (Unguentarien), öfter fälschlich „Tränenfläschchen" genannt, gemeint. Was es jedoch mit einer „julianischen Zeittafel" auf sich hätte, vermag der Verf. nicht zu sagen.

Eine Erhellung gewinnt man aber, wenn man das Datum des Zeitungsblattes anschaut: Ossenberg, 31. März. Die Zurschaustellung des Steines in der Dorfwirtschaft sollte also am 1. April erfolgen! Demnach waren die „Tränenfläschchen" wohl vonnöten, um den sich kaputt lachenden Veranstaltern Abhilfe zu schaffen, denn der Text zeigt deutlich, worauf der wohl gewiefte Wirt hinzielte. Damals hatten Redakteure nicht nur Humor, sondern auch Anstand. In der Ausgabe vom 3. April nämlich stellte er die Sache richtig: „Ossenberg, 3. April. Dass die Meldung von hier in letzter Nr. dieser Zeitung ein harmloser Aprilscherz war, haben inzwischen wohl viele herausgefunden. Der Sinn der fraglichen Inschrift ist leicht zu ermitteln, wenn man die Worte richtig zusammenhängend liest: Bene tut er im Leibe dem Mann, ist er krank; Bonekamp ist der Name und kratzt bis ins Gedärm. Einigen Hereingefallenen: nichts für ungut!"

Es wird deutlich, dass der erste Bericht auf irgendeine Weise von offizieller Seite her registriert wurde, denn eine Fundmeldung in Bonn fand statt. Leider blieb die Richtigstellung vom 3. April 1908 unbekannt, denn bis zum hundertsten Jubiläum des Aprilscherzes war es nicht zu einer Berichtigung gekommen. Was die römische Geschichte angeht, bleibt die Gemeinde Rheinberg somit noch immer inschriftenlos.

Mein Dank gilt B. Wissenberg (Ossenberg), S. Sweetsir (Stadtarchiv Rheinberg) und H.-H. v. Prittwitz (LVR-LandesMuseum Bonn) für ihre Hilfe.

Literatur: LANDSCHAFTSVERBAND RHEINLAND, AMT FÜR RHEINISCHE LANDESKUNDE (Hrsg.), Rheinberg, Rhein. Städteatlas, Lfg. VII, Nr. 40 (Köln/Bonn 1982) 1. – H. LEHNER, Die antiken Steindenkmäler des Provinzialmuseums in Bonn (Bonn 1918).

123 Königswinter-Heisterbach. Hauptbrauchwasserkanal mit einmündendem Seitenkanal in Kloster Heisterbach.

KOBERN-GONDORF, EHEM. PREUSSISCHE RHEINPROVINZ

Neues zu alten Funden: frühmittelalterliches Recycling

Gerhard Bauchhenß

Bis in das Jahr 1945 hinein gehörte die ehemalige Preußische Rheinprovinz bis zum Ufer der Nahe bei Bingerbrück (d. h. der Regierungsbezirk Koblenz) zum Tätigkeitsbereich des Bonner „staatlichen Vertrauensmannes für kulturgeschichtliche Altertümer", der in Personalunion Direktor des Rheinischen Landesmuseums war.

Zu den Funden aus dieser Zeit, die im heutigen LVR-LandesMuseum Bonn verblieben, gehören zwei reliefierte Kalksteinplatten aus Gondorf, die als Schrankenplatten einer merowingischen oder karolingischen Kirche gelten (Abb. 124–125). Obwohl sie in letzter Zeit wieder häufiger in der Literatur erwähnt wurden, hat sich an der Deutung der Platten nichts verändert, nur neigt man nun wieder einer etwas jüngeren Entstehungszeit im 8., nicht im 7. Jahrhundert zu. Beide Platten sind, wie eine genauere Untersuchung der an ihnen erhaltenen Arbeitsspuren lehrt, aus römischen Werksteinen gearbeitet.

Auf der Rückseite der Platte 1 (Abb. 126) sind Spuren ihrer ersten Verwendung am oberen Rand erhalten: Zwei fast quadratische, eingetiefte Bildfelder (etwa 14 × 13 cm) zeigen Reste von Ornamenten, das linke ein Akanthusmotiv und das rechte wohl eine Rosette; gerahmt waren die Bildfelder von gedrehten Binden. Die Flächen zwischen beiden Kassetten und links des Feldes mit Akanthusfüllung sind grob abgeschlagen. Hier ist also die frühere Oberfläche abgearbeitet worden. Dies gilt auch für die beiden glatten Flächen, die in der Mitte der Platte in einer schmalen, mandelförmigen Zone mit rauer Oberfläche zusammenstoßen: Diese beweist, dass die beiden glatten Flächen entstanden sind, als man von zwei Seiten her den ursprünglichen Stein mit Hilfe einer Steinsäge in zwei dünnere Platten aufgespalten hat. Das Sägen von Steinen war in der Antike eine übliche Methode, große Steinblöcke zu zerlegen. Sehr oft brachen bei einem Sägeschnitt die letzten Zentimeter von selbst ab oder die Platten wurden, um die mühselige Arbeit abzukürzen, von den Handwerkern auseinandergesprengt. Da der Sägeschnitt in der Regel nicht völlig gerade verläuft, bildet die abgesprengte Sägebosse ein flaches Bogensegment. Bei den Sägearbeiten an der Gondorfer Platte ist den Handwerkern das Missgeschick passiert, dass die beiden Sägeschnitte dort, wo sie aufeinander treffen, um etwa 1,5 cm in der Höhe differieren. Ob die Meißelspuren im unteren Viertel der „doppelten Sägebosse" den dann wieder abgebrochenen Versuch darstellen, diese Ungenauigkeit zu überarbeiten, sei dahingestellt. Für die neue Verwen-

124 Kobern-Gondorf. Vorderseite der Schrankenplatte 1.

125 Kobern-Gondorf. Vorderseite der Schrankenplatte 2.

126 Kobern-Gondorf. Rückseite der Schrankenplatte 1.

dung der Platte war die Gestaltung der Rückseite offenbar unwichtig.

Die ursprüngliche Platte war also deutlich dicker als die heute erhaltenen etwa 11 cm. Die Skulpturreste auf der Rückseite dürften zu einem Konsolengesims gehört haben. Die Platte war in einem Bauwerk waagrecht liegend mit ihrer heutigen Vorderseite nach oben eingebaut, sodass die Ornamente, Konsolen und Kassetten von unten zu sehen waren. Konsolengesimse

127 Kobern-Gondorf. Rückseite der Schrankenplatte 2.

128 Kobern-Gondorf. Linke Seite der Schrankenplatte 2 mit Resten eines Profils.

fanden in der römischen Architektur als Gestaltungselement am Übergang von einem Bauteil zum darüber folgenden Verwendung. Bei den beiden erhaltenen Relieffeldern der Gondorfer Platte handelt es sich um die Reste der Kassetten, während die Konsolen völlig abgearbeitet wurden. Auch alle anderen Ornamente, die zu einem Konsolengesims gehören, sind, wenn sie überhaupt vorhanden waren, verschwunden.

Weiterführende Fragen zu Datierung und Verwendung des ursprünglichen Konsolengesimses lassen sich vorerst nicht beantworten. Man kann nur vermuten, dass es in einer Zeit zersägt wurde, in der römische

Steinbearbeitungstechniken wie das Sägen noch üblich waren, möglicherweise in der Spätantike, denn die Rückseite der anderen Schrankenplatte zeigt völlig andere Bearbeitungsspuren (Abb. 127), die vielleicht eher in die Zeit der Vorderseitenreliefs passen.

Eine Spolie ist sicher auch die Schrankenplatte 2 (Abb. 125). Schon bei der Erstpublikation fielen fünf „Dübellöcher" auf, von denen vier nur auf der Vorderseite zu sehen sind, während das fünfte, das größte, die Platte ganz durchschlägt (Abb. 127). Mit diesen Löchern hat sich die Forschung nur noch einmal beschäftigt. Die die Platte durchbrechende Öffnung galt als *fenestella confessionis*, als eine Öffnung, durch die man mit hinter der Platte verborgenen Reliquien in Verbindung treten konnte. Die schlitzförmige Öffnung mit einer Breite zwischen 2,5 cm und 3 cm, einer Länge von etwa 9 cm auf der Relieffläche und über 13 cm auf der Unterseite der Platte erfüllte einen sehr viel profaneren Zweck. Solche im Querschnitt trapezförmigen Löcher wurden in der Antike in schwere Steinblöcke eingearbeitet, um diese mit Hilfe eines in sie eingeführten Hebezeugs („Wolf") leichter anheben und transportieren zu können. Die trapezförmigen Eisenteile dieses Geräts verspreizten sich beim Anziehen des Seils so in diesen „Wolfslöchern", dass sie ein sicheres Anheben ermöglichten. Für die Platte, wie sie uns erhalten ist, wäre ein solches Wolfsloch, das zudem nicht wie üblich im Schwerpunkt der Platte liegt, eigentlich nicht nötig gewesen: Sie lässt sich von zwei oder drei Männern problemlos bewegen. Der Bildhauer des 8. Jahrhunderts hat also seine Reliefplatte

grob von einem großen antiken Kalksteinblock abgearbeitet und dabei wohl auch noch die heutige rechte Kante etwas zurückverlegt.

Einen weiteren Hinweis darauf, dass die Platte eine römische Spolie ist, bietet ihre linke Kante. Hier ist der Rest einer Profilierung erhalten, eine Hohlkehle, die wohl zu einem mehrgliedrigen Profil gehörte, mit dem der ursprüngliche römische Block oben endete (Abb. 128).

Es ist zu fragen, ob nicht auch die anderen „Dübellöcher" auf der Vorderseite dieser Platte von der früheren Verwendung stammen und nicht, wie Rademacher meinte, zu einer späteren gehören. Kleinere Löcher auf den Oberflächen antiker Bauquader können davon herrühren, dass man die Steinblöcke mit Hebeln, die man in entsprechende Löcher an der Oberseite einsetzte, an ihre endgültige Position rückte. In jedem Fall ist davon auszugehen, dass alle Öffnungen auf der Vorderseite der Schrankenplatte bei der frühmittelalterlichen Verwendung mit Stuck verschlossen waren und nicht wie heute den Anblick des Reliefs störten.

Die beiden Gondorfer Schrankenplatten waren also ursprünglich römische Werksteine, die ein- oder zweimal umgearbeitet wurden. Ihre bewegte Geschichte lässt sich nur erschließen, wenn man auch ihre Rückseiten betrachtet.

Literatur: F. RADEMACHER, Frühkarolingische Grabsteine im Landesmuseum zu Bonn. Bonner Jahrb. 143/144, 1938/39, 265–282 Taf. 48 f. – M. WILD in: J. ENGEMANN/CH. B. RÜGER (Hrsg.), Spätantike und frühes Mittelalter. Ausgewählte Denkmäler im Rheinischen Landesmuseum Bonn. Kunst u. Alt. Rhein 134 (Köln/Bonn 1991) 61–63. – S. RISTOW, Schrankenplatte aus Kobern-Gondorf. In: LANDSCHAFTSVERBAND RHEINLAND/ RHEINISCHES LANDESMUSEUM BONN/RHEINISCHER VEREIN FÜR DENKMALPFLEGE UND LANDSCHAFTSSCHUTZ (Hrsg.), Von den Göttern zu Gott. Frühes Christentum im Rheinland. Begleith. Ausstellung Bonn 2006–2007 (Tübingen/Berlin 2006) 108 f. – Zum Sägen von Steinen: H. BLÜMNER, Technologie und Terminologie der Gewerbe und Künste bei den Griechen und Römern III (Leipzig 1884) 75 ff.

ROMMERSKIRCHEN, RHEIN-KREIS NEUSS

Ein merowingerzeitlicher Beschlag aus Eckum

Elke Nieveler

Durch einen autorisierten Sondengänger gelangte ein merowingerzeitlicher Bronzebeschlag an die Außenstelle Overath des LVR-ABR. Der ehrenamtliche Mitarbeiter hatte ihn im März 2007 auf einer Terrassenhochfläche östlich des Ortsteils Eckum entdeckt (Abb. 129).

Das Fundstück misst 3,0 × 1,4 cm bei einer Dicke von 0,23 cm. Die Bronze des kerbschnittverzierten Beschlags ist stark abgebaut, weshalb sich die vergoldete Silberfolie auf der Oberfläche nur teilweise erhalten hat. Die Funktion des Einzelfundes ist nicht eindeutig zu bestimmen. Seine eng beieinanderstehenden Nietreihen und das Zierfeld im Tierstil verbinden es mit Spathagurtgarnituren vom sog. Typ Weihmörting. Im Gegensatz zu diesen ist es jedoch an der Rückseite nicht hohl ausgebildet und nur etwa halb so groß und dick. Einzelne kleinere, rechteckige Beschläge als Ergänzung zu diesen Spathagurten stammen z. B. aus Niederstotzingen oder Sontheim a. d. Brenz, Baden-Württemberg. Die besten Parallelen bezüglich der Proportionen finden sich allerdings bei Zaumzeugbeschlägen, wie sie etwa auch im Gräberfeld von Kobern-Gondorf, Rheinland-Pfalz, als Grabbeigabe auftreten. Das Tierstilmotiv ist aufgrund der nur noch teilweise auszumachenden Tierfigur mit auseinanderklaffenden Kiefern und Schenkel stilistisch nur unvollkommen einzuordnen. Motivähnlichkeiten verbinden es mit dem Ziermotiv auf einem Zaumzeugbeschlag aus Gotland, ohne dass das Eckumer Stück jedoch die differenzierte Flechtornamentik des skandinavischen Beschlags aufweist. Unter Vorbehalt wäre es somit in das Umfeld weiterer skandinavischer Zierelemente einzuordnen, die sich in der zweiten Hälfte des 6. Jahrhunderts auf verschiedenen rheinfränkischen Metallobjekten, etwa im merowingerzeitlichen Gräberfeld von Orsoy und ebenfalls noch in der Grablege des sog. Herren von Morken aus der Zeit um 600 finden.

129 Rommerskirchen-Eckum. Merowingerzeitlicher Beschlag.

Grundsätzlich ist festzustellen, dass alle Parallelen in den Umkreis reich ausgestatteter Männergräber mit qualitätvoller, herausragender Waffenausstattung gehören und auch der Eckumer Beschlag auf eine sozial herausgehobene Stellung des Besitzers hindeutet.

Die siedlungstopographische Einordnung dieses einzelnen Fundstückes liefert einen neuen Hinweis auf die historische Entwicklung der Siedlungsstellen im Bereich des Gillbaches. Der Wasserlauf trennt die östlich gelegene Fundstelle des Beschlags von dem in den Jahren 2005–2007 gegrabenen Reihengräberfeld zwischen Rommerskirchen und Eckum. Dieser Friedhof wurde Ende des 7. Jahrhunderts zugunsten des Bestattungsplatzes unter der Kirche St. Peter in Rommerskirchen aufgegeben. Wegen der großen Entfernung von mindestens 750 Metern zu diesen Gräberfeldern kann der Einzelfund diesen aber nicht zugeordnet werden. Vielmehr ist eine topographische Anbindung an den alten Ortskern von Eckum naheliegend. Einen Anhaltspunkt auf dessen Lage gibt der ebenfalls östlich des Gillbachs gelegene Moershof, ein einstiger Rittersitz, dem als Fronhof auch die Gerichtsbarkeit oblag. In Verbindung mit dem für merowingerzeitliche Ansiedlungen typischen Ortsnamen auf -heim – wie ihn Eckum als „Ekkincheim" Urkunden zufolge noch 1195 trug – weist der Beschlag auf eine weitere Ansiedlung östlich des Gillbachs in der Merowingerzeit hin.

Literatur: K. HOILUND-NIELSEN, The real thing or just wannabes? Scandinavian brooches in the fifth and sixth centuries. In: D. QUAST (Hrsg.), Foreigners in Early Medieval Europe. Thirteen International Studies in Early Medieval Mobility. Monogr. Röm.-Germ. Mus. Mainz 78 (Mainz 2009) 51–111. – J. SCHMITZ, Rittersitze, Stiftshöfe und Klostergüter am Gillbach. Beitr. Gesch. Gemeinde Rommerskirchen V (Rommerskirchen 2008).

NETTERSHEIM, KREIS EUSKIRCHEN

Der Grabfund eines fränkischen Kriegers aus Pesch

Ulrike Müssemeier und Petra Tutlies

Bereits 1908 wurden oberhalb des heutigen Ortes Pesch römische Brand- und einfache Erdgräber sowie zwei Plattengräber aufgedeckt; letztere ließen eine fränkische Zeitstellung vermuten. Einzelheiten dieser Beobachtungen sind nicht bekannt, lediglich die Funde aus den Gräbern wurden 1919 der Fachöffentlichkeit vorgestellt, ohne sie einzelnen Gräbern zuweisen zu können. 1919 und 1935 ergänzten weitere Beobachtungen von drei Plattengräbern das bisher bekannte Bild, wobei das 1935 geborgene Grab vermutlich vor seiner Bergung ausgeraubt worden war. So berichtete es eine Anwohnerin, die als Kind bei der damaligen Bergung dabei war. Ein Lageplan der bisher bekannten Gräber konnte anhand der dürftigen Informationen im Rahmen einer Dissertation über die merowingerzeitliche Besiedlung des Kreises Euskirchen Anfang der 1990er Jahre nicht erstellt werden.

Umso größere Bedeutung hatte daher eine Fundmeldung, die die Außenstelle Nideggen des LVR-Amtes für Bodendenkmalpflege im Rheinland im September 2008 erreichte: Ein Landwirt meldete den Fund einer Sandsteinplatte, die er beim Pflügen seines Feldes herausgerissen hatte (Abb. 130). Darunter kam ein Hohlraum mit einer Lanzenspitze zum Vorschein, worauf die Fundstelle umgehend mit Unterstützung der Gemeinde Nettersheim gesichert wurde. Schnell war klar, dass es sich um das unberaubte Plattengrab eines fränkischen Kriegers handelte, das zu dem oben genannten Gräberfeld gehört. Die Bergungsarbeiten, die einerseits mit größter Sorgfalt durchzuführen waren, standen andererseits unter einem enormen Zeitdruck, da die Fundstelle in der Örtlichkeit bekannt war und nächtliche Beraubung drohte. Es ist der Umsicht des Grabungsteams unter der Leitung von J. Alt-

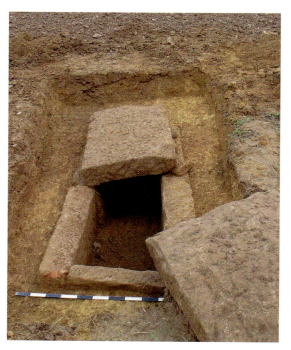

130 Nettersheim-Pesch. Grab eines fränkischen Kriegers während der Freilegungsarbeiten.

131 Nettersheim-Pesch. Übersicht über die Lage der Beigaben im Steinplattengrab.

① Senkrecht stehende Grabplatte, Buntsandstein
② Metallwinkel vom Holzsarg
③ Knochenreste des Bestatteten
④ Zähne und Fragmente des Schädels
⑤ Eisenfragment
⑥ Lanzenspitze
⑦ Metallobjekte, korrodiert
⑧ Gürtelschnalle, Bronze
⑨ Riemenbeschlag, Bronze
⑩ Korrodierte Metallobjekte
⑪ Spatha mit bronzenen Beschlägen
⑫ Schildbuckel
⑬ Sax mit Bronzenieten
⑭ Schildfessel
⑮ Messer, unterhalb des Sax liegend
⑯ Goldmünze
⑰ Gürtelschnalle

miks zu verdanken, dass in nur zwei Arbeitstagen die Funde geborgen und anschließend die Steine des Plattengrabes unversehrt ins LVR-LandesMuseum Bonn transportiert werden konnten.

Die Grablege bestand aus elf Buntsandsteinquadern (Abb. 131,1), von denen einige Mörtelspuren aufweisen. Sie kamen demnach in Zweitverwendung für das trocken gesetzte Plattengrab zum Einsatz. Es kann nur vermutet werden, dass die Steine von einer benachbarten römischen Siedlungsstelle, vielleicht auch vom bekannten nahegelegenen Tempelbezirk Nöthen stammen. Drei Quader bildeten die Bodenfläche des Grabes, jeweils zwei die Langseiten und je ein Quader begrenzte das Kopf- bzw. Fußende. Die Steine der 2,30 × 1,05 m messenden Grablege waren in einer engen Grube in den hier anstehenden tonigen Lösslehm eingebracht und sorgfältig mit Keilsteinen ausgerichtet. Das West-Ost ausgerichtete Grab wurde nach der Beisetzung des Verstorbenen mit zwei Sandsteinquadern abgedeckt.

Der Tote war offensichtlich in einem hölzernen Sarg beigesetzt worden, worauf acht eiserne Eckbeschläge an Kopf- und Fußende verweisen (Abb. 131,2). Die jeweils an den Ecken oben und unten angebrachten Metallwinkel erlauben es, die Maße der rechteckigen Holzkiste mit ca. 1,8 m Länge und ca. 0,45 m Breite zu erschließen.

Wie zur Merowingerzeit üblich, ist der hier beigesetzte Mann mit seiner Waffenausrüstung bestattet worden. Schon bei der Entdeckung des Grabes fiel die gut erhaltene eiserne Spitze einer Lanze auf (Abb. 131,6). Sie war zusammen mit einem hölzernen Rundschild außerhalb des Holzsarges in dem schmalen Freiraum zwischen Sarg und nördlicher Längswand des Plattengrabes deponiert. Von dem Schild haben sich gleichfalls nur die eisernen Bestandteile erhalten: Der runde Schildbuckel diente als Handschutz und die Schildfessel als Griff. Sie lagen mit der Innenseite nach oben etwa in Höhe des Beckens des Bestatteten (Abb. 131,12.14). Die Form beider Stücke gestattet eine Datierung des Grabes in das 7. Jahrhundert.

Innerhalb des Sarges fanden sich zwei weitere Waffen. Zunächst war dem Verstorbenen sein einschneidiges Kurzschwert, der sog. Sax, mit der Schwertspitze zum Fußende weisend auf den Oberkörper gelegt worden (Abb. 131,13). Die organischen Reste und die Zierniete entlang der Klinge zeigen, dass sich das Schwert in der zugehörigen Schwertscheide befand. Die Form der Niete und die Maße des Saxes mit breiter Klinge und langer Griffangel sind wie die zuvor beschriebenen Waffen typisch für das 7. Jahrhundert.

Am linken Bein, mit dem Griff auf der Spitze des Saxes liegend, fand sich das Langschwert, die Spatha, auf deren Oberfläche die Reste der Schwertscheide aus organischem Material erhalten sind (Abb. 131,11). Getragen wurde dieses Schwert an einem separaten Schwertgurt, der aus zwei individuell verstell-

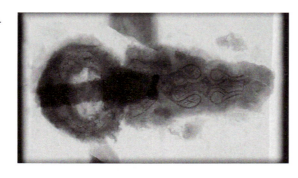

132 Nettersheim-Pesch. Röntgenbild der tauschierten Gürtelschnalle.

133 Nettersheim-Pesch. Als Obolus beigegebene Goldmünze.

baren Lederriemen bestand. Erhalten geblieben sind verschiedene Bronzeschnallen und -beschläge, die sich auf und neben dem Langschwert befanden (Abb. 131,8.9). Ihre Position deutet an, dass der Schwertgurt dem Verstorbenen für die Bestattung nicht angelegt, sondern zusammen mit dem Schwert in Höhe der Oberschenkel niedergelegt worden war.

Im Unterschied dazu spricht die Lage der eisernen Gürtelschnalle im Bauchbereich teils unterhalb der Saxklinge dafür, dass der vergangene Leibgurt am Körper getragen wurde (Abb. 131,17). Bei den an Position 10 liegenden Metallobjekten handelt es sich u. a. um weitere Beschläge dieses Gürtels. Vermutlich war daran eine Gürteltasche befestigt, in der sich Kleingeräte befanden. Ein Eisenmesser lag allerdings unterhalb der Saxklinge und wurde offenbar separat am Gürtel getragen.

Die Silbertauschierung der eisernen Beschläge des Leibgurtes (Abb. 132) erlaubt eine exaktere Datierung des Grabes in die Mitte oder das dritte Viertel des 7. Jahrhunderts.

Als besondere Beigabe ist noch ein Obolus in Form einer dem Toten vermutlich in den Mund gelegten Goldmünze zu nennen, der im Zusammenhang mit Schädelresten und Zähnen aufgefunden wurde (Abb. 131,16; 133). Es handelt sich um einen Tremissis des fränkischen Münzmeisters Elidius aus Ledosum (wahrscheinlich Lezoux, Dep. Puy-de-Dome).

Die Ausstattung des Herrn aus dem Plattengrab von Pesch mit einer vollständigen Waffenausrüstung entspricht der Beigabensitte in ländlichen Regionen des Rheinlandes während des mittleren 7. Jahrhunderts. Der Mann gehörte der lokalen Führungsschicht an, was durch die Goldmünze und die aufwändige Bestattung im Steinplattengrab unterstrichen wird.

100 Jahre nach der Entdeckung des Gräberfeldes liegen mit diesem Neufund erstmalig gut dokumentierte und in eindeutigem Zusammenhang stehende Funde vor, die im Jahr 2010 in der archäologischen Landesausstellung in Köln und Herne gezeigt und anschließend in der neu konzipierten archäologischen Ausstellung im Naturzentrum Eifel ihre dauerhafte Bleibe finden werden.

Literatur: U. MÜSSEMEIER/E. NIEVELER/R. PLUM/H. PÖPPELMANN, Chronologie der merowingerzeitlichen Grabfunde vom linken Niederrhein bis zur nördlichen Eifel. Mat. Bodendenkmalpfl. Rheinland 15 (Köln/Bonn 2003). – E. NIEVELER, Die merowingerzeitliche Besiedlung des Erftkreises und des Kreises Euskirchen. Rhein. Ausgr. 48 (Mainz 2003).

BORNHEIM, RHEIN-SIEG-KREIS

Fortsetzung der Grabungen im frühmittelalterlichen Töpfereibezirk von Walberberg

Jan Bemmann und Ulrike Müssemeier

Im Jahr 2008 führte die Vor- und Frühgeschichtliche Archäologie der Universität Bonn zum nunmehr dritten Mal ihre Lehrgrabung in Walberberg durch. Die in Kooperation mit dem LVR-Amt für Bodendenkmalpflege im Rheinland erfolgte Untersuchung wurde wiederum durch Mittel des Denkmalförderprogramms des Landes Nordrhein-Westfalen unterstützt.

Neben neuen Erkenntnissen zur frühmittelalterlichen Vorgebirgstöpferei gewährt der Fundplatz im Süden von Walberberg die seltene Möglichkeit, merowingerzeitliche Siedlungsreste im Umfeld einer bis in die Spätantike genutzten *villa rustica* zu erforschen. Darüber hinaus erbrachte die Grabung hier nicht erwartete hochmittelalterliche Siedlungsbefunde.

Das Wiesengelände mit den bisher untersuchten Flächen liegt zwischen 85 und 95 m ü. NN an einem nach Südosten geneigten Hang der Ville, der durch Jahrhunderte währende intensive Nutzung stark von Erosion betroffen ist. So liegt der Pflughorizont am mittleren Bereich des Hanges unmittelbar auf dem unverwitterten, kalkhaltigen Löss. Westlich davon erreicht die Braunerde eine durchschnittliche Mächtigkeit von 30 cm. Am Hangfuß hingegen wird die

134 Bornheim-Walberberg. Gesamtplan der Grabungen 2006–2008; a Grubenhaus aus der Grabung 2006, Planum 2; b Sechspfostenbau aus den Grabungen 2007/2008.

70–90 cm mächtige Braunerde zudem von einem Misch- und Ackerhorizont von bis zu 1 m Mächtigkeit überlagert.

Wie bereits im Anschluss an die erste Grabungskampagne 2006 wurden auch die Funde von 2007/2008 während der Wintersemester im Rahmen von Übungen an der Universität Bonn bearbeitet und einer vorläufigen Bestimmung unterzogen.

Im Übersichtsplan (Abb. 134) ist die Datierung der Befunde gekennzeichnet. Als bisher ältester Befund trat 2007 eine im Profil kegelstumpfförmige Vorratsgrube zutage, ein Befund, der in der Niederrheinischen Bucht häufig auf metallzeitlichen Siedlungsplätzen vorkommt. Diese Grube lieferte ausschließlich handaufgebaute Keramik, die wahrscheinlich in die Eisenzeit zu datieren ist.

An römerzeitlichen Befunden liegen bisher nur die beiden bereits 2006 untersuchten Kindergräber der ersten Hälfte des 5. Jahrhunderts vor, die vermutlich noch der spätantiken Nutzungsphase der *villa rustica* zuzuweisen sind.

Die zeitlich daran anschließenden merowingerzeitlichen Befunde lassen sich drei Phasen zuordnen. In die frühe Merowingerzeit gehören zwei ebenfalls bereits 2006 dokumentierte Grubenhäuser und eine Grube; in den Folgejahren ließen sich nochmals drei Gruben dieser Zeitstellung erfassen. Besonders bemerkenswert ist, dass fast alle diese Befunde neben der vorwiegend rauwandigen Mayener Ware und frühen Vorgebirgsware einen deutlichen Anteil feiner rotgestrichener Keramik erbrachten, die in der Tradition römischer Terra Sigillata gefertigt ist.

Weitere vier Gruben lassen sich anhand der Keramik dem fortgeschrittenen 6. und 7. Jahrhundert zuweisen. Der entsprechend datierende Befund im Osten der großen Fläche von 2007 war im Bereich eines spätestens im Hochmittelalter abgelagerten Kolluviums zunächst nur schwer zu umreißen. Aus dieser tief reichenden Grube, die sich auch im hellen Löss teils nur schwach abzeichnete, stammen große Mengen Tierknochen und auffällig viele Weinbergschneckenhäuser. Als besondere Fundstücke sind neben vergleichsweise wenigen Keramikfragmenten eine weiße Glasperle des 7. Jahrhunderts mit blauem Schleifenband sowie ein einreihiger Dreilagenkamm aus Knochen zu nennen.

Keramik der ältesten Walberberger Produktionsphase A (späte Merowingerzeit, um 700) stammt aus drei benachbarten Gruben im Grenzbereich der Flächen von 2006 und 2008.

Nur wenige Jahrzehnte jünger ist der 2008 dokumentierte Töpferofen, bei dem es sich um einen stehenden Ofen mit rundem Grundriss und vertikalem Zug handelt und damit um den gängigen Ofentyp der karolingerzeitlichen Vorgebirgstöpferei. Die ehemals auf der Mittelsäule ruhende Lochtenne war nicht mehr vorhanden, aber der in den Löss eingegrabene und verziegelte Schürkanal zwischen Feuerungsraum und Arbeitsgrube (Abb. 135).

Wie der Ofen von 2006 kann auch dieser in das 8. Jahrhundert datiert werden. Die Keramik beider Öfen weist jedoch Unterschiede auf, die chronologisch bedingt sein dürften. Zum Formenspektrum aus dem Ofen des vergangenen Jahres zählen vor allem relativ steilwandige Wölbwandtöpfe mit Wackelboden oder geradem Standboden, die unverziert sind oder Wellenbänder an Rand oder Schulter tragen (Abb. 136). Die Reliefbandamphoren besitzen glatte oder mit Fingertupfen verzierte Leisten. Ihre Bandhenkel setzen unterhalb des Randes an und sind nur punktuell an den Henkelrändern mit der Lippe verstrichen. Diese Merkmale weisen in Phase B nach Christoph

135 Bornheim-Walberberg. Ostprofil des Ofens aus der Grabung 2008 und einer älteren Grube; im Hintergrund der noch verfüllte Schürkanal und die Arbeitsgrube.

136 Bornheim-Walberberg. Wölbwandtöpfe und Reliefbandamphoren des mittleren 8. Jahrhunderts.

Keller, wobei Form und Verzierung der Wölbwandtöpfe noch enge Bezüge zur spätestmerowingerzeitlichen Keramik der ersten Hälfte des 8. Jahrhunderts erkennen lassen.

Eine Darre, acht Gruben und eine erstmals größere Anzahl an Pfostengruben liegen aus dem Hochmittelalter vor. Zu der Darre gehören eine schon 2006 dokumentierte Feuerungsgrube und ein Verbindungstunnel; die daran anschließende Grube zum Trocknen des Erntegutes wurde 2008 erfasst. Elisabeth Schnepp (Universität Leoben) konnte diesen Befund archäomagnetisch in das 10. Jahrhundert datieren.

Im bisher untersuchten Areal ist auffällig, dass die Pfostengruben vor allem hochmittelalterlich sind; karolinger- und merowingerzeitliche fehlen fast komplett und auch die hochmittelalterlichen Befunde sind nur noch in Resten von durchschnittlich 10–20 cm Mächtigkeit erhalten. Verantwortlich hierfür dürfte die eingangs beschriebene fortgeschrittene Erosion des Bodens am Vorgebirgshang sein. Sie liefert auch einen Erklärungsansatz für den letzten hier vorzustellenden Befund. Im mittleren Bereich der Grabungsflächen, in dem der B-Horizont vollständig erodiert war, zeigt der Grabungsplan einen kleinen Sechspfostenbau (Abb. 134b). Seine südöstliche Pfostengrube wird von einer größeren hochmittelalterlichen Pfostengrube überlagert, die in der Flucht weiterer hochmittelalterlicher Pfosten liegt. Der ältere Sechspfostenbau datiert über das Randstück einer Knickwandschale aus der westlichen Firstpfostengrube in die Merowingerzeit. Auffällig ist nun, dass dieser kleine Bau nicht nur in seiner Ausrichtung und Größe den 2006 gegrabenen Grubenhäusern nahezu entspricht (Abb. 134a), auch die Form und die Tiefe sowie die Einfüllung der sechs kleinen Pfostengruben sind denen der nahegelegenen Grubenhäuser ähnlich. Deren Verfüllung war nur noch in einer Mächtigkeit von ca. 20 cm erhalten. Die Lage des Sechspfostenbaus in dem am stärksten von

Erosion betroffenen Bereich lässt vermuten, dass es sich auch hierbei um die Reste eines Grubenhauses handelt, dessen Laufhorizont bereits komplett im Pflughorizont verschwunden ist.

Ein abschließender Blick auf den Gesamtplan (Abb. 134) zeigt, dass trotz der ungünstigen Prognosen hinsichtlich der Befunderhaltung auf der 1250 m² großen Fläche eine Fülle an Befunden unterschiedlichster Zeitstellung dokumentiert werden konnte. Insbesondere die Kindergräber von 2006 und das postulierte Grubenhaus von 2007/2008 weisen eindringlich auf die starke Gefährdung der noch erhaltenen Befunde hin.

Literatur: J. BEMMANN/U. MÜSSEMEIER, Grabungen im frühmittelalterlichen Töpfereibezirk. Arch. Rheinland 2006 (Stuttgart 2007) 162–164. – CH. KELLER, Zur Entwicklung der karolingischen Keramik am Vorgebirge. Arch. Korrbl. 34, 2004, 125–137. – U. MÜSSEMEIER, Bornheim-Walberberg, Rhein-Sieg-Kreis. Franz-von-Kempis-Weg, OV 2006/173, Ofen Stelle 7 und Arbeitsgrube Stelle 45. In: A. HEEGE, Töpferöfen – Pottery kilns – Four de potiers. Basler H. Arch. 4 (Basel 2007) 225–233.

LANGENFELD, KREIS METTMANN

Das erste Gotteshaus in Langenfeld-Reusrath

Im Vorfeld der Neugestaltung des alten Marktplatzes in Langenfeld-Reusrath hat die Außenstelle Overath des LVR-ABR im Frühjahr und Sommer 2008 die bekannte Wüstung der 1913 niedergelegten St.-Barbara-Kirche untersucht.

Aus historischen Quellen war bekannt, dass bereits 1442 eine Kapelle an dieser Stelle stand. Diese wurde wegen Baufälligkeit 1791 abgebrochen und durch einen schlichten Saalbau ersetzt, ohne separaten Chor, aber mit einem dreiseitigen Abschluss. Der dreistöckige romanische Turm blieb erhalten. 1913 riss man Kirche und Turm ab. Die sog. Kapelle in Reusrath gehörte zum Kirchspiel Rheindorf im Dekanat Deutz, das aus dem frühmittelalterlichen Deutzgau hervorge-

Jennifer Gechter-Jones und Thomas Becker

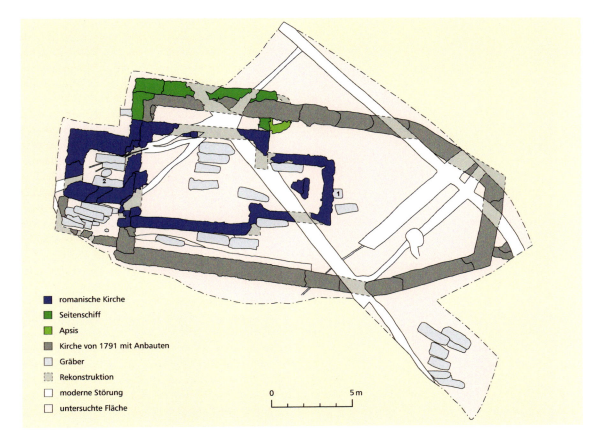

137 Langenfeld-Reusrath. Plan der Kirchenwüstung St. Barbara.

138 Langenfeld-Reusrath. Baumsarg mit den überkragenden Fundamentsteinen des Turmes.

gangen war. Sie ist urkundlich als Filiale dieser Pfarrkirche erwähnt: *„Capella in Roisrade intra limites ecclesiae parochialis in Ryndorp"*. Erst 1667 hatte sie nachweislich den Status einer Pfarrkirche erhalten. Das im 14. Jahrhundert populär werdende Barbarapatrozinium ist erst für die Kapelle um 1470 bezeugt. Weiterhin sind Umbau- und Ausbaumaßnahmen für die Jahre 1656 und 1666 belegt.

Nach Entfernung des Humus zeichneten sich die Fundamente beider Kirchen ab. Leider waren sie erheblich durch die Abbrucharbeiten, moderne Kabelgräben und rezente Planierungen zerstört. Innerhalb der Fundamente der neuzeitlichen Saalkirche befanden sich die der romanischen Kirche mit dem Turm im Westen und einem im Norden angebauten Seitenschiff (Abb. 137). Zahlreiche beigabenlose Grablegen innerhalb und außerhalb beider Kirchen wurden freigelegt. Sie ließen sich mehrheitlich nicht datieren.

Bei der *capella* handelt es sich um eine kleine Saalkirche mit einem quadratischen Chor, in dem noch ein Teil des Altarfundaments lag. Die Fundamente waren nur noch in der ersten Steinlage erhalten. Der kleine Kirchensaal maß außen in der Länge nur 8,2 m und 6,8 m in der Breite. Der quadratische Chor besaß eine Seitenlänge von 4,4 m. Dagegen hatten sich die Fundamente des 4,6 × 4,6 m großen Turmes noch 1,1 m tief erhalten. Die Fundamentierung bestand aus plattigem roten Schiefer und Konglomerat, die in gelblich braunem, sandigen Mörtel gesetzt waren. Das Gestein, vor allem das Konglomerat, wurde in sehr großen Blöcken an den Eckpunkten der Kirche und des Turmes verbaut. Das ungewöhnliche Baumaterial stand ohne Deckschichten lokal in unmittelbarer Nähe der Kirche an.

Unter dem östlichen Chorfundament fand sich der Rest eines Ost-West orientierten Grabes, welches zeigte, dass die Kirche über einem bereits bestehenden Gräberfeld unbekannten Alters errichtet worden war (Abb. 137,1). Weder innerhalb der Kirche noch unter den Steinfundamenten kamen Spuren eines hölzernen Vorgängerbaus zutage. Der Steinbau war eindeutig das erste Gotteshaus an dieser Stelle.

Bei der Untersuchung des Zusammenhangs zwischen dem Westfundament des Kirchensaals und dem östlich anschließenden Turmfundament zeigte sich, dass Turm und Kirche als Einheit konzipiert und als solche gebaut wurden, da das Fundament des Kirchensaals auf einen deutlichen Absatz im Turmfundament gesetzt war. Im Turm, parallel zum südlichen Mauerfundament, fand sich eine Bestattung in einem ca. 1,8 m langen und 0,6 m breiten und ursprünglich ebenso hohen Baumsarg (Abb. 138). Die Untersuchung der stark zergangenen, fast torfartigen Holzreste bestätigte die Vermutung, dass es sich um Eichenholz handelte. Laut Befund muss diese Bestattung während der Arbeit am Turmfundament erfolgt sein. Wäre das Grab älter als das Fundament, müssten die Grabgrube und der Baumsarg beim Ausheben der Fundamentgrube des Turmes beschädigt worden sein. Dies war nicht der Fall. Nur an dieser Stelle kragten die oberen Fundamentsteine schützend über den Sarg und machten eine spätere Aushebung eines Grabes und Einsetzung eines Baumsarges höchst unwahrscheinlich.

Im Rahmen der Nachbereitung der Grabung wurde das überraschend gut erhaltene Skelett eines erwachsenen Individuums aus dem Baumsarg einer anthropologischen Untersuchung unterzogen. Von archäologischer Seite standen dabei vorrangig die Suche nach Hinweisen zur gesellschaftlichen Stellung des hier Bestatteten im Vordergrund. Vor allem die gut erhaltene Knochenoberfläche erstaunt, da der anstehende Boden vornehmlich aus kalkarmen Sanden besteht, die normalerweise für eine gute Knochenerhaltung über mehrere Jahrhunderte hinweg nicht förderlich sind. Möglicherweise haben hier die speziellen Lagerbedingungen im Baumsarg für diese Erhaltung gesorgt. Bei dem Bestatteten handelt es sich um ein ca. 50 bis 60 Jahre altes, männliches Individuum von ca. 1,68 m Körpergröße. Der Gelenkstatus und die Wirbelsäule weisen Spuren altersbedingten Verschleißes auf, der in seiner Stärke zusätzlich auf eine starke Belastung vor allem der Lendenwirbelsäule hinweist. In die gleiche Richtung deuten Veränderungen (Randlippenbildung) an den Gelenken beider Schulterblätter. Auffällig ist bei diesem Skelett vor allem das weitere Krankheitsbild des Bestatteten. Die große Anzahl an Veränderungen am Gebiss – es fanden sich vier kariöse Zähne, ein Abszess, zwei zu Lebzeiten ausgefallene Zähne sowie ein massiver Zahnsteinbesatz – entspricht den Erwartungen für ein Individuum dieser Zeitstellung und deutet auf eine unzureichende Mundhygiene hin. Dagegen sind die beiden Veränderungen am linken Bein verletzungsbedingt entstanden. Am linken Oberschenkel findet sich eine verheilte Fraktur des Schaftes, wobei allerdings die beiden Bruchenden nicht in der ursprünglichen

Position verwachsen sind (Abb. 139). Dies verweist auf eine längere Liegezeit des Mannes nach der Verletzung, die einen komplikationslosen Heilungsprozess gewährleisten sollte. Möglicherweise hat die verlagerte Verwachsung aber zu einer leichten Fehlstellung des Beines geführt. Im Bereich des Fußgelenks am gleichen Bein konnte eine Verwachsung von Schienbein, Wadenbein und Rollbein dokumentiert werden, deren Ausdehnung allerdings nicht abschließend zu beurteilen ist, da die restlichen Fußknochen fehlen. Offensichtlich ist diese Verletzung – vollständigere Befunde deuten eine Quetschung des Unterschenkels an – nicht abschließend verheilt, woraus abzuleiten ist, dass beide Verletzungen nicht auf das gleiche Ereignis zurückgehen. Ob der entzündliche Prozess todesursächlich gewesen ist, ließ sich nicht nachweisen. Welchen Rang der Bestattete in der Gesellschaft innehatte, ob Kirchenstifter oder vielleicht Baumeister, lässt sich nicht abschließend klären. Festzuhalten ist, dass seine gesellschaftliche Stellung es erlaubte, ihm eine Bestattung in der noch im Bau befindlichen Kirche zu gewähren.

Eine 14C-Datierung einer Knochenprobe, die dem Befund nach nicht nur die Bestattung, sondern auch den Bau der Kirche datiert, ergab ein kalibriertes Datum (Two Sigma Range) von cal AD 978–1046 (KIA 36957). Die kleine St.-Barbara-Kirche wurde um das Jahr 1000 errichtet.

Dagegen lässt sich der Anbau des nördlichen Seitenschiffs nicht datieren. Die Fundamente des 2,8 m breiten Seitenschiffs hatte man aus dem gleichen lokalen Gestein errichtet und etwa gleich eingetieft wie die der Saalkirche. Der östliche Seitenschiffabschluss war zunächst gerade ausgeführt, bündig mit der Nordostecke des Saales. Er wurde später durch eine halbrunde Apsis ersetzt. Das Apsisfundament zeigte einen ganz anderen Aufbau unter vermehrter Verwendung von Quarziten und einem härteren Mörtel. Möglicherweise steht diese Erneuerung in Verbindung mit den historisch belegten Um- und Ausbaumaßnahmen der Jahre 1656 und 1666.

Frau Prof. Dr. Renate Gerlach (LVR-ABR) danken wir für die Bestimmung und Verortung des Baumaterials und Frau Dr. Ursula Tegtmeier (Labor für Archäobotanik der Universität Köln) für die Holzartenbestimmung des Baumsarges.

139 Langenfeld-Reusrath. Linker Oberschenkel mit versetzt verheilter Fraktur im mittleren Schaftbereich.

Literatur: Katholische Kirchengemeinde St. Barbara, Langenfeld-Reusrath (Hrsg.), Jubiläum der Kirchweihe 1898–1998, Pfarrkirche St. Barbara Langenfeld-Reusrath (Langenfeld 1998) 19–26.

WEILERSWIST, KREIS EUSKIRCHEN

Eine spätmittelalterliche Grundsteinlegung in der Kirche St. Johannes der Täufer und St. Maternus in Metternich

Überlieferungen zur Grundsteinlegung können Hinweise auf historische Entstehungszusammenhänge und künstlerische Entwurfsprozesse eines Bauwerks beinhalten.

Grundsätzlich sind hierbei zwei Ereignisse zu unterscheiden: Zum einen die liturgisch-juristische, formelle Kirchengründung bzw. der Kirchenbaubeginn – die „*fundatio*", die rechtlich bindende Übertragung des Stiftungsguts durch den Kirchenstifter; zum anderen die weltliche Repräsentationshandlung der feierlichen Grundsteinlegung, die vielleicht Anlass zu Stiftungen für den Kirchenbau gab.

Als Quellen dienen kirchenrechtliche Texte und Berichte in Chroniken, Inschriften, erhaltene Grundsteine und die Baustrukturen, die bislang in nur sehr geringer Anzahl vorliegen.

Während der seit August 2007 andauernden archäologischen Untersuchungen in der Kirche St. Johannes der Täufer und St. Maternus in Metternich ergab sich die überaus seltene Gelegenheit, eine

Marcel El-Kassem

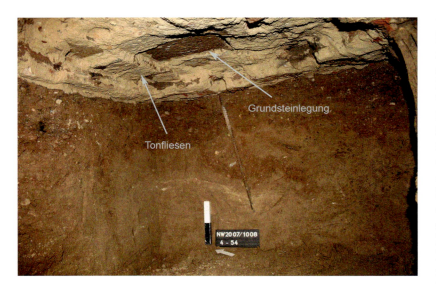

140 Weilerswist-Metternich. Die Grundsteinlegung im Chorfundament von St. Johannes d. Täufer und St. Maternus.

141 Weilerswist-Metternich. Zweiteiliger Grundstein.

Grundsteinlegung *in situ* im Fundament des Chores zu dokumentieren. (Abb. 140).

Dieser bemerkenswerte Befund besteht aus zwei Steinen, die übereinander gesetzt sind (Abb. 141): Der untere ist ein quarzitischer Sandsteinquader von 30 × 21 × 12,3–12,5 cm Größe, der an seiner Oberseite eine im Durchmesser 12 cm große zylinderförmige Eintiefung (8 cm) mit flacher Sohle aufweist. Hierauf liegt als Abdeckung eine annähernd runde Bleischeibe mit 12 cm Durchmessern und einer Dicke von 3 mm. Der aufliegende zweite Stein, ein Tuffsteinquader mit walmdachförmigem Abschluss, weist eine Größe von 26 × 20,5 × 15–11 cm auf. Die trapezförmigen Dachflächen fallen von den Firstenden schräg zu den Seiten ab. Auf dem 12,5 × 6 cm großen, abgeflachten First befindet sich die grob ausgeführte etwa 7 × 5 cm große Steingravur eines Kreuzes mit einem beschädigten Arm.

Die Grundsteinlegung war in der untersten Lage des Fundamentes zusammen mit 25 Tonfliesen (12,5–13 cm × 2,1–2,5 cm) und Fliesenbruchstücken verbaut, die einen *terminus post quem* für die Fundamentlegung liefern (Abb. 140). Unter ihnen befinden sich elf ornamentierte Exemplare, die in der Zeit vom letzten Drittel des 15. Jahrhunderts bis zum ersten Viertel des 16. Jahrhunderts hergestellt wurden und bei der Gestaltung von Innenräumen Verwendung fanden (Abb. 142). Der weißlichgraue Ton der Fliesen ist an der Oberseite mit einer mittelgrünen Glasur versehen. Das Flachrelief besteht aus einem Spitzoval, das an beiden Seiten von dünnen Linien gerahmt ist. Im Oval befinden sich drei Rosen, deren mittlere etwas größer ist. Auf den beiden anderen Fliesenecken sind grobe heraldische Lilien dargestellt, der Blütenkelch ist jeweils zur Mitte gewandt. Vergleichbare Exemplare stammen aus Groß St. Martin, St. Barbara und St. Heribert in Köln bzw. Deutz sowie aus der Burg Fischenich in Hürth. Die Werkstatt, die seit 1450 Fliesen für die Kölner Kirchen und Patrizierhäuser und für die Kirchen und Burgen der Umgebung herstellte, ist bislang unbekannt. Die Tonfliesen gehörten zu einem Bodenbelag, dem ein bereits seit römischer Zeit beliebtes, meist diagonal verlegtes Flächenmuster auf Quadratrasterbasis zugrunde liegt. Der Bodenbelag wirkte einerseits harmonisch abgeschlossen, andererseits unendlich erweiterbar. Eine vergleichbare Feldereinteilung hatte beispielsweise ein Schmuckfußboden in der Liebfrauenkirche von Hadamar bei Limburg, der in der Zeit um 1379 entstand.

Mittelalterliche Grundsteine *sensu stricto*, d. h. keine Memorialsteine, die einen genauen Kontext im Bauprozess erkennen lassen, sind sehr selten. Der archäologisch-bauhistorische Zugriff auf Befunde zu Grundsteinlegungen gestaltet sich für gewöhnlich schwierig, da nur in Ausnahmefällen die Kirchenfundamente vollständig untersucht werden können. Unter den wenigen bekannten Exemplaren gibt es Steine mit weltlich-historischen und theologisch motivierten Inschriften, wie etwa von der Godesburg (Bonn-Bad Godesberg, 13. Jahrhundert, ohne Kontext), aus Herrenalb im Schwarzwald (1498, als Eckstein am Kreuzgang des Zisterzienserklosters), vom Wormser Dom (1484, im Kreuzgang, 1944 zerstört), aus Hirsau im nördlichen Schwarzwald (27. Juni 1508, Mauerwerk der Marienkapelle, *in situ*) und aus Wäschenbeuren bei Göppingen (1504, ohne Kontext). Einfache Grundsteine waren mit einem Kreuz versehen, wie ein Exemplar aus Schweighausen im Elsass. Schon in den liturgischen Werken „Mitrale" und „Rationale divinorum officiorum" von Sicard von Cremona (um 1160–1215) bzw. Wilhelm Duranti von Mende (um 1230–1296) findet sich die Bestimmung, dass der „erste Stein" den Abdruck eines Kreuzes tragen soll. Gelegentlich wurden Grundsteine auch als Serie versetzt, wie in Hildesheim, Merseburg und Speyer.

Die archäologischen Untersuchungen im eingezogenen und abgeschnürten Polygonchor der einschiffigen Saalkirche in Metternich, die über einem ehemals

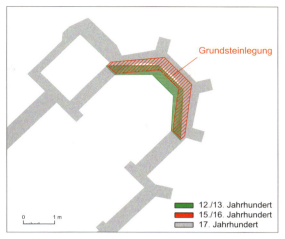

142 Weilerswist-Metternich. Tonfliesen eines Schmuckfußbodens.

143 Weilerswist-Metternich. Grundriss der Kirche St. Johannes d. Täufer und St. Maternus mit Bauphasen.

karolingischen Gräberfeld errichtet wurde, lieferten Belege für zwei ältere Bauphasen der bestehende Kirche des 17. Jahrhunderts. Sie zeigen, dass der Chor nach Nordosten erweitert wurde (Abb. 143) und bereits im 12./13. Jahrhundert existierte. Aus dieser Zeit stammen zudem mehrere, während der Ausgrabung im Kirchenschiff und im Turm freigelegte Abschnitte eines Schmuckfußbodens. Vermutlich im 15./16. Jahrhundert wurde der Kirchenbau verändert und der Chor nach Nordosten erweitert. Diese sicherlich durch die Pfarrgemeinde finanzierte Baumaßnahme erforderte eine Zeremonie der feierlichen Grundsteinlegung, die durch den vorgestellten Befund überliefert ist. Sie fällt in die Zeit der zweiten bedeutenden mittelalterlichen Kirchenbauperiode in der Kölner Diözese zwischen 1440 und 1520, als auch die bestehenden romanischen Landpfarrkirchen in spätgotischer Manier überprägt und häufig mit einem gotischen Chor versehen wurden. Vermutlich gehörte zur Ausstattung dieses spätmittelalterlichen Chorbaus die bei Umbauarbeiten in den 1960er Jahren geborgene, 2,22 × 1,02 × 0,17 m große Mensa eines Altars aus Drachenfels-Trachyt mit gekehlt profilierten Seiten, die sicher nicht die einzige Altarstiftung in Metternich war. Die vier Weihekreuze in den Ecken der Mensa und das Sepulchrum sind vermutlich das Ergebnis einer späteren Neukonsekration der Mensa. Im 15. Jahrhundert ist eine erhebliche Zunahme der Altarstiftungen in den Pfarrkirchen zu verzeichnen. Während des Dreißigjährigen Krieges wurde die Kirche zerstört. Die Errichtung des Neubaus, auf den die heutige Kirche zurückgeht, erfolgte in den Jahren 1653 bis 1661.

Literatur: E. LANDGRAF, Ornamentierte Bodenfliesen des Mittelalters in Süd- und Westdeutschland 1150–1550. Forsch. u. Ber. Arch. Mittelalter Baden-Württemberg 14,1–3 (Stuttgart 1993). – H. W. RHIEM (Hrsg.), 1303-2003. 700 Jahre Metternich. Von den Anfängen bis heute (Metternich 2003). – M. UNTERMANN, »primus lapis in fundamentum deponitur«. Kunsthistorische Überlegungen zur Funktion der Grundsteinlegung im Mittelalter. In: Cistercienser. Brandenburg. Zeitschr. rund um das cisterciensische Erbe 6, H. 23, 2003, 5–18.

STADT KREFELD

Baumaterialrecycling am Beispiel der Kirchen von Linn

Im Jahr 1996 untersuchte die zuständige Krefelder Stadtarchäologie am Margaretenplatz in Linn ein an die ehemalige Stadtkirche angrenzendes Areal. Neben frühneuzeitlichen und neuzeitlichen Baubefunden gelang vor allem die Dokumentation eines spätmittelalterlichen befestigten Wasserlaufs, den man bei der Stadtgründung um 1300 gezielt umgeleitet und durch das Stadtareal geführt hatte.

Der Wasserlauf wies eine differenzierte Stratigraphie verschiedener Sediment- und Verfüllschichten auf (Abb. 144). In den Sedimentschichten waren neben organischen Resten auch Fragmente mittelalterlicher Architekturteile eingelagert. Zusammen mit Werksteinfragmenten, die bei weiteren Ausgrabungen im Altstadtareal geborgen wurden, untersuchte man ausgewählte Funde im Rahmen einer aktuellen Ana-

Patrick Jülich und Christoph Hartkopf-Fröder

144 Krefeld-Linn. Profilschnitt (Gesamtansicht) durch das Bett des spätmittelalterlichen Stadtbaches (letztes Viertel 13. bis erste Hälfte 15. Jahrhundert).

lyse beim Geologischen Dienst NRW (GD NRW). Die Provenienzanalysen belegen die Herkunft des Steinmaterials u. a. aus dem Eifelraum, dem Mittelrheingebiet und dem nördlichen Rheinischen Schiefergebirge (freundl. mündl. Mitt. Dr. Piecha, GD NRW). Ein Fund, der durch die abweichende Lithologie auffiel, bedarf aber besonderer Aufmerksamkeit.

Es handelt sich um den zerbrochenen Teil eines Säulenschaftes mit einer Länge von 18,2 cm und einer Breite von 9,5 cm. Auf der erhaltenen Oberseite ist mittig der ca. 0,7 cm breite und ca. 0,8 cm tiefe Rest einer Vertiefung sichtbar, die vermutlich für einen Nietstift vorgesehen war. Hiervon gehen sternförmig vier flache Gusskanäle ab. Die Gegenseite wirkt glatt gebrochen. Die Oberfläche zeigt schräg verlaufende Bearbeitungsspuren.

Maßverhältnisse, Bearbeitungsqualität und Vergleiche mit noch *in situ* erhaltenen Säulenschäften lassen an eine hochmittelalterliche Herstellungszeit des Schafts denken. Die vollplastische Rundung lässt darauf schließen, dass eine freie Stellung innerhalb des Architekturgefüges vorgesehen war, z. B. als Mittelsäule eines Zwillingsfensters. Der Säulenschaft geriet vermutlich zu Beginn des zweiten Viertels des 14. Jahrhunderts in die Fundlage.

Bei dem Material handelt es sich um einen weißen Kalkstein. Unter dem Binokular waren an den Schnittflächen zahlreiche Fossilreste zu identifizieren.

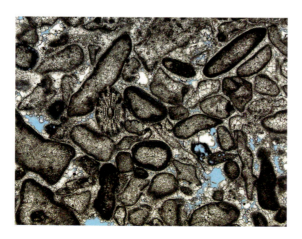

145 Krefeld-Linn. Detail aus dem Dünnschliff des Säulenschafts. Typische Rindenkörner mit einem quergeschnittenen Echinodermenstachel.

Darunter befinden sich auch wenige Echinodermenfragmente mit glatten, stark glänzenden Bruchflächen. Der Kalkstein ist porös, die Hohlräume sind durch kleine Kalzitkristalle ausgekleidet. Die Mikrofazies wird charakterisiert durch das Vorherrschen von Rindenkörnern und das recht häufige Vorkommen von kantengerundeten Echinodermenresten. Besonders auffällig sind im Schliff die Echinidenstacheln (Abb. 145). Nicht selten sind außerdem weitere Fossilreste. Längliche Bioklasten sind gelegentlich eingeregelt. Die Fossilreste sind häufig von Mikritrinden umgeben und durch sparitischen, zur Mitte hin gröberen Zement ersetzt. Die Zwischenräume zwischen den Bioklasten sind ebenfalls durch drusige Zemente ausgefüllt.

Vergleicht man die Mikrofazies des Werksteins von Krefeld mit dem Material, welches aus dem Steinbruchgebiet bei Norroy-lès-Pont-à-Mousson (Lothringen) entnommen wurde, ist bezüglich der Mikrofazies kein wesentlicher Unterschied festzustellen. Es ist daher davon auszugehen, dass der Werkstein von der Ausgrabung neben der ehemaligen Stadtkirche am Margaretenplatz in Linn aus der Gegend um Norroy stammt.

Lothringischen Kalkstein importierte man im Spätmittelalter am Niederrhein kaum als Neuware. Hier waren Vorkommen etwa im Bergischen Land und aus dem Raum Namur (Belgien) über Ruhr, Rhein und Maas billiger und leichter zu erreichen. In römischer Zeit war Lothringischer Kalkstein hingegen ein am Niederrhein sehr beliebter Importbaustoff. Beispiele für Werksteine aus Jurakalk in der Linner Umgebung sind z. B. die 1985 im Kastell Krefeld-Gellep geborgene Bauinschrift des Postumus oder ein Grabstein des Soldaten Marc Aurel (80 n. Chr.), den man 1975 bei Baggerarbeiten im Hafenbereich unmittelbar vor dem Kastell fand.

Die weiteren meist gotischen Werksteinfragmente, die sich im Bachbettbereich und bei einer Ausgrabung 1989 am Margaretenplatz in den Planierschichten der 1814 abgerissenen Stadtkirche fanden, stehen in Zusammenhang mit dem Sakralbau. Möglicherweise sollte der Säulenschaft in Zweitverwendung (Spolien) etwa bei der Füllung des Schalmauerwerks dienen oder zu Mörtelmaterial verarbeitet werden. So errichtete man das Chormauerwerk in Form einer zweischaligen Mauer, deren Zwischenraum mit Mörtel und Steinbrocken (gegossener Kern) verfüllt wurde. In den Planierschichten der Stadtkirche fand sich zudem ein weiteres Säulenschaftfragment vergleichbarer Form und Größe aus Ruhrsandstein, das aus dem Abbruchmaterial der Stadtkirche stammt.

Zu den älteren Steingebäuden in der Umgebung der spätmittelalterlichen Amts- und Verwaltungsstadt zählt die wüstgefallene sog. Alde Kerk, etwa 1,5 km vor den Toren der Stadt gelegen. Sie wurde 1991 umfassend ausgegraben. Es handelte sich hierbei um einen romanischen Kirchenbau, den eine Hochflut 1279 schwer beschädigte, der aber wohl erst Anfang des 14. Jahrhunderts endgültig aufgegeben wurde. Die Kirche lag an dem heute nur noch gering wasserführenden Mühlenbach, der praktisch eine Verlängerung des kleinen städtischen Kanals darstellte. Es ist demnach möglich, dass hier Abbruchmaterial über den Wasserweg in die neue Stadt gelangte und beim Abladen im Wasser verloren ging. Zwar lässt sich diese Annahme nicht beweisen, doch sprechen einige Indizien für einen solchen Transfer. So diente der Bach mindestens bis in das 10. Jahrhundert nachweislich als Transportweg zum nahegelegenen Rheinhafen bei Krefeld-Gellep. An der Linner Kirche selbst verweisen die verbauten Tuffsteine und weitere Steinmaterialien aufgrund ihrer unterschiedlichen Größe und Bearbeitung auf wiederverwendetes Material. Da das nahegelegene römische Kastell von Krefeld-Gellep zur Bauzeit bereits ausgebeutet war, ist ein direkter Bezug des Materials von dort wohl auszuschließen. Es ist daher sehr wahrscheinlich, dass Baumaterial von der Alden Kerk, die u.a. mit römischen Spolien errichtet worden war, für den Bau der neuen Kirche Verwendung fand.

Den wichtigsten Hinweis hierfür lieferte aber ein Säulenfragment (Abb. 146), das 1990 aus einem Grubenbefund (Brunnen?) im direkten Umfeld der Alde Kerk geborgen worden ist. Das Fragment weist einen Säulendurchmesser von 9 cm (Länge 11,5 cm) sowie eine ähnliche Bearbeitung und Zurichtung wie die beiden Linner Säulenfunde auf. Dünnschliffanalysen zeigen, dass das Gestein des Säulenfragments aus dem Umfeld der Alde Kerk nach dem heutigen Kenntnisstand nicht von dem aus dem Raum Norroy in Lothringen zu unterscheiden ist.

Zusammenfassend können wir also festhalten, dass zum Bau der Stadtkirche vermutlich Abbruchmaterial der Alde Kerk verwendet wurde, und somit im 14. Jahrhundert wiederverwendetes Baumaterial älterer, wahrscheinlich römischer Herkunft aus der Eifel und Lothringen auf dem Wasserweg an die Kirchenbaustelle der neuen Linner Stadtkirche gelangte.

146 Krefeld-Linn. Säulenfragment aus der Alde Kerk (Kalkstein, Herkunftsgebiet: Lothringen).

Wir wissen, dass man Anfang des 19. Jahrhunderts Abbruchmaterial dieser Kirche für einen räumlich vom Kirchplatz (heute Margaretenplatz) versetzten Neubau an der Linner Rheinbabenstraße verwendete. So berichtet der Linner Pastor Löhr über das Jahr 1819: „Das Jahr hatte kaum begonnen, so wetteiferten die Bewohner der Rheinstraße, die Steine des alten Kirchengebäudes auf den neuen Platz zu fahren." Die jetzige Linner Kirche weist also zumindest in ihrem Baumaterial eine in das Hochmittelalter reichende Kirchenbaugeschichte und vielleicht sogar den einen oder anderen römerzeitlichen Stein auf.

Literatur: Ch. Hartkopf-Fröder/Th. Ch. Brachert, Der Werkstein des römischen Reliefsarkophags von Weilerswist-Klein Vernich. Bonner Jahrb. 204, 2004, 59–69. – P. Jülich, Mittelalterliche und frühneuzeitliche Entsorgungspraxis am Beispiel Krefeld-Linn. Eine kleine Kulturgeschichte des Abfalls. Uerdinger Jahrb. 1, 2008, 37–50. – Ch. Reichmann, Die alten Kirchen von Linn. Heimat 61, 1990, 126–141.

STADT DUISBURG

Archäologische Baubegleitungen in der Duisburger Innenstadt

In der Altstadt von Duisburg wurden in den Jahren 2007 und 2008 große Teile der Fernwärmeleitungen erneuert. Die archäologische Begleitung dieser Arbeiten führte die Firma archaeologie.de, Duisburg durch. Im einzelnen wurden im Westen der Altstadt auf der alten Rheinstraße und der Beekstraße mehr als 550 m und auf der Brüderstraße ca. 120 m des Fernwärmegrabens beobachtet.

Da man die neuen Fernwärmleitungen zum größten Teil außerhalb der bisherigen Trassen verlegte,

Hans-Peter Schletter

147 Duisburg. Mittelalterliche und frühneuzeitliche Pflasterschichten hinter dem Marientor.

148 Duisburg. Südwestprofil des Pfalzgrabens auf der Brüderstraße mit Störung durch einen neuzeitlichen Keller.

konnte mit aussagekräftigen Befunden gerechnet werden. Die entdeckten Hausbefunde des Mittelalters und der frühen Neuzeit entsprachen diesen Erwartungen. Überraschend sind dagegen die vorgefundenen Pflasterhorizonte aus diesen Zeitabschnitten. Nicht allein, dass sie unter einer innerstädtischen Straße mit all ihren Strom-, Gas-, Wasser- und Abwasserleitungen erhalten waren, ist ein seltener Glücksfall, sondern auch der Umfang der Erhaltung ist bemerkenswert.

Auf der alten Rheinstraße gelang es, einen frühesten Pflaster- und Trampelhorizont aus dem 13. Jahrhundert – beginnend am Marientor – auf einer Länge von ca. 100 m in nördlicher Richtung zu dokumentieren. Darüber lagen noch weitere mittelalterliche und neuzeitliche Pflaster (Abb. 147). Auf der Beekstraße ließ sich dieser älteste Horizont noch auf ca. 60 m in östliche Richtung verfolgen. Durch die Dokumentation der verschiedenen Pflasterschichten kann nicht nur ein Höhenprofil längs der alten Rhein- und Beekstraße rekonstruiert werden, sondern es ist auch möglich, an mindestens zwei Stellen einen Querschnitt dieser ältesten Straße zu ermitteln. Über den mittelalterlichen Oberflächen sind stellenweise auch neuzeitliche Pflasterreste nachzuweisen. So wurde am Marientor ein Brunnen mit Brunnenhaus und anlaufendem Kieselpflaster des 18. Jahrhunderts erfasst.

Zu den mittelalterlichen Befunden gehört noch ein weiterer Brunnen auf der alten Rheinstraße, nördlich der Kreuzung zur Ulrichstraße, der nach den Funden der letzten Verfüllung in das 9./10. Jahrhundert zu datieren ist. Bereits 1987 waren ganz in der Nähe auf der Abteistraße Siedlungsspuren dieser Zeit zutage gekommen.

In den Fernwärmegräben der alten Rheinstraße und der Beekstraße wurden Reste von insgesamt zehn Häusern des 12./13. bis 16. Jahrhunderts dokumentiert. Der größte Teil dieser Gebäude lässt sich noch auf dem Corputiusplan von 1566 identifizieren Die Befunde illustrieren die Siedlungsvorgänge des 10. bis 16. Jahrhunderts in der westlichen Altstadt und können im Zusammenhang mit strittigen Fragen der Stadterweiterung des 13. Jahrhunderts neue Hinweise geben.

Auch auf der Brüderstraße ließen sich Pflasterschichten des Mittelalters und der frühen Neuzeit dokumentieren. In zwei Profilen des Leitungsgrabens an der Mündung der Brüderstraße zum Flachsmarkt wurde die vielfach gestörte Kontur eines Grabens erkannt (Abb. 148). Mit Sicherheit handelt es sich um den Befestigungsgraben der Königspfalz, dem von der Poststraße kommend hier der Biegung der Brüderstraße folgt. Die Verfüllung des Grabens bestand im unteren Teil aus grüngrauem, schwach lehmigen Sand mit wenig Kies, Holzkohle und kleinen Bruchsteinen, am oberen Rand dagegen aus stark lehmigem Sand, der mit Holzkohle, größeren Bruchsteinen und Rotlehm durchsetzt war. Aus der letzten Verfüllung des Grabens konnte Keramik geborgen werden. Dabei handelt es sich um wenige dickwandige Scherben Duisburger Ware. Deren Laufzeit beschränkt sich auf das 9. und 10. Jahrhundert. Ebenfalls aus dem Graben stammen vier dünnwandige Fragmente einer gelben Irdenware. Auf zwei Stücken sind wenige rotbraune Tropfen erkennbar. Der Scherben ist auf der Außenseite gelbbraun, auf der Innenseite deutlich heller. Im etwas schiefrigen Bruch zeigt sich eine hellgraue Färbung. Die Wandscherben der gelben Irdenware erscheinen nach ihrer Machart eher vergleichbaren Stücken des späten 9. und 10. Jahrhunderts verwandt, als der entwickelten Pingsdorfer Ware.

Die Verfüllung des Pfalzgrabens ist demnach nicht vor dem 10. Jahrhundert erfolgt. Damit zwingt der auf der Brüderstraße entdeckte Pfalzgraben zur Revision der erst kürzlich vorgeschlagenen Rekonstruktion der Pfalz.

Am Springwall, vor der Stadtmauer, wurden nach Abbruch dreier Häuser (Hausnr. 5, 7 und 13) und zugehöriger Keller zwei Strecken mit insgesamt 23 Rammkernbohrungen untersucht. Ziel dieser Maßnahme war, erstmals ein vollständiges Profil des mittelalterlichen Stadtgrabens zu erhalten, sowie einen älte-

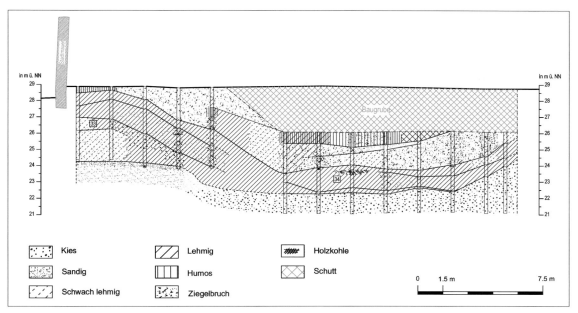

149 Duisburg. Profil des mittelalterlichen Stadtgrabens mit Wall nach den Bohrprofilen und älteren Sondagen.

ren bereits 1992 in der Nähe erfassten Wall unter der Stadtmauer von 1120 zu dokumentieren.

In einem der Bohrprofile konnte der Bereich zwischen Stadtmauer und der heutigen Straße „Springwall" vollständig erbohrt werden (Abb. 149). Einzig am südwestlichen Rand der Baugrube blieb wegen der vorhandenen Böschung eine größere Lücke. Diese lässt sich aber z.T. durch eine ältere, wenige Meter nördlich dokumentierte Profilaufnahme schließen. So kann hier erstmals ein nahezu vollständiges Profil von der Stadtmauer durch den darunterliegenden Wall und den Stadtgraben vorgelegt werden. Als Sohlgraben angelegt, war der Stadtgraben etwa 5 m tief, an der Basis 15 m und an der ehemaligen Oberfläche ca. 26 m breit. Zwar gelang in den Bohrprofilen eindeutig der Nachweis des bisher nur spärlich untersuchten Walls, doch ließ sich dessen genaues Verhältnis zum Graben nicht klären. Dazu wäre eine entsprechend große Sondage am Übergang vom Wall zum Graben notwendig.

Dank des großen Durchmessers der Rammkernsondagen von 10 cm gelang auch die Bergung einiger datierender Funde aus dem Wall. Neben einer unspezifischen Wandscherbe grauer Irdenware kam eine Wandscherbe mit Henkelansatz Pingsdorfer Machart zutage. Diese kann aufgrund der Verzierung in die Zeit ab 1050 datiert werden. Die Untersuchung am Springwall zeigt, dass die Entstehungszeit des älteren Walls unter der Stadtmauer noch nicht geklärt ist und ein Schwerpunkt zukünftiger Untersuchungen in diesem Bereich sein sollte.

Alle archäologisch untersuchten Abschnitte der neuen Fernwärmegräben erbrachten neue und z.T. überraschende Erkenntnisse, die einen wichtigen Beitrag zur Duisburger Stadtgeschichte liefern.

Literatur: G. Krause, Archäologisch-bauhistorische Beobachtungen zur frühen Duisburger Stadtbefestigung. In: M. Gläser (Hrsg.), Archäologie des Mittelalters und Bauforschung im Hanseraum. Festschr. G. P. Fehring (Rostock 1993) 193–201. – G. Krause, Nebenbauten der Duisburger Königspfalz des 10.-13. Jahrhunderts. In: Château Gaillard 21. Actes Coll. Internat. Maynooth (Irlande) 23-30 août 2002 (Caen 2004) 141–151. – J. Milz, Duisburger Topographie im 16. Jahrhundert. Duisburger Forsch. 52 (Duisburg 2005).

STADT DÜSSELDORF

Heiße Spuren am Alter Markt 4

Gaby und Peter Schulenberg

Angelockt durch den Einfluss und den Reichtum des 870 gegründeten hochadeligen Damenstiftes Gerresheim ließen sich im Umfeld des Stiftsbezirkes Handwerker und Bauern in einer kleinen zivilen Ansiedlung nieder. Genau an der heute noch baulich markanten Nahtstelle zwischen ehemaliger Stiftsimmunität am Gerricusplatz und dem zivilen Mittelpunkt der späteren Stadt Gerresheim, dem „Alter Markt", wurde ein kleines Bauvorhaben von ehrenamtlichen Mitarbeitern der Außenstelle Overath des

150 Düsseldorf-Gerresheim. Stark verbrannte Irdenware aus der Brandschuttverfüllung des Stadtbrandes 1605.

151 Düsseldorf-Gerresheim. Freilegung auf eng begrenztem Raum: das erste Planum mit Webgewichten und Keramik des 10. Jahrhunderts.

LVR-Amtes für Bodendenkmalpflege im Rheinland baubegleitend untersucht.

Bis zum Abriss Anfang 2008 stand dort ein zweigeschossiges verputztes Fachwerkhaus. Die Urkarte 1830 zeigte, dass unter dem nördlich anschließenden kleinen Gartengrundstück ein weiteres Gebäude liegen musste, welches auf historischen Fotos aus der Zeit um 1900 jedoch bereits verschwunden war. Bedingt durch die schwierigen geologischen Bodenverhältnisse und die beengte Platzsituation konnte der Neubau nur auf schmalen Streifenfundamenten, Betonstützen sowie einer nicht unterkellerten Bodenplatte gegründet werden. Dementsprechend wurden bei den begrenzten Bodeneingriffen auch nur wenige Befunde erwartet. Aber es kam – wie oft in der Archäologie – ganz anders.

Erste vordringliche Aufgabe war die Bauaufnahme und steingenaue Zeichnung des einzig erhaltenen, flach eingedeckten historischen Kellers an der Südseite des Grundstücks, da er teilweise abgetragen und anschließend verfüllt werden sollte. Er bestand aus massiv gemauerten Schieferplatten mit Aussparungen für Lichtnischen und Schütten. Gegründet waren die Mauern auf einer Lage unterschiedlich großer Flussgerölle aus Quarzit und Quarzsandstein. Durch einen als Bodenverfärbung erhaltenen quadratischen Kasten mit teilweise noch erkennbarer Holzschalung, in dem Steinzeugfragmente und das Bruchstück einer grün glasierten Kölner Ofenkachel lagen, ließ sich der Keller spätestens in die zweite Hälfte des 15. Jahrhunderts datieren.

Bereits zu Beginn der Bauaufnahme war die rötliche Verfärbung des Kellerbodens aufgefallen. Eine genaue Untersuchung ergab, dass sich unmittelbar unter den Resten eines modernen Betonestrichs eine bis zu 0,30 m starke Lage aus Ziegelkleinschlag, zahlreichen durch Feuer rötlich verziegelten Fachwerk-Stakenlehmbrocken, Holzkohle, Nägel, geschmolzenem Fensterglas und zerschlagener, fast durchweg verbrannter Keramik befand (Abb. 150). Offensichtlich hatte man hier Brandschutt, aus dem größere Holzteile aussortiert worden waren, sorgfältig festgestampft. Die Schieferwände des Kellers selbst trugen dagegen keine Brandspuren. Diese Befundsituation, allerdings als lose Schüttung von bis zu 0,60 m Stärke, wiederholte sich außerhalb des Kellers auf einer durch moderne Einbauten eingegrenzten Fläche von 1,55 × 2,35 m unmittelbar unter der Bodenplatte des abgerissenen Hauses. Die Fundzusammensetzung stimmte, bei den Keramikfragmenten teilweise passgenau, mit denen aus dem Kellerboden überein. Die Datierung der Irdenware und des zumeist aufwändig mit Bartmannsmasken, Medaillons und Wappenauflagen verzierten Siegburger- und Frechener Steinzeugs, welches mehr oder minder starke sekundäre Brandspuren trug, wies in die zweite Hälfte bzw. das letzte Viertel des 16. Jahrhunderts. Es ist daher sehr wahrscheinlich, dass durch diese Brandschutt-Planierschichten mittelbar der überlieferte verheerende Stadtbrand von 1605 nachgewiesen werden konnte, von dem große Teile Gerresheims betroffen waren.

Nur wenige Zentimeter unter diesem Befund lag auf einer Fläche von nur 1,10 × 1,40 m, umgeben von modernen Kellerwänden und einem mittelalterlichen Mauerstumpf, eine weitere ältere Brandstelle. Bereits im ersten Planum fanden sich hier in einer Schicht rot verziegelten Lehms und Holzkohle die Fragmente eines dickwandigen Irdenwaren-Vorratsgefäßes mit steil aufgedrehtem Hals, abgerundeter Lippe und einem Rollrad-Stempelband auf der Schulter. Die Oberfläche des henkellosen Fasses trug sekundäre Brand- bzw. Schmauchspuren. Unmittelbar benachbart wurde ein zweiter tönerner Gegenstand angetroffen, dem ersten Anschein nach der Boden eines Kugeltopfes. Bei der weiteren Freilegung kam jedoch ein annähernd rundes Webgewicht mit konischer Durchbohrung zutage. Die vorsichtige Erweiterung des Planums erbrachte dann folgendes Gesamtbild: Unterhalb und zwischen Lagen von verkohlten, länglichen, dünnen Holzbohlen und verziegeltem Lehm reihten sich von Ost nach West insgesamt elf tönerne Webgewichte aneinander (Abb. 151). Vier davon konnten komplett geborgen werden, die restlichen waren durch äußere Hitzeeinwirkung mehr oder minder stark zerplatzt, aber noch als solche erkennbar. Die Webgewichte waren durchweg handgeformt und glattgestrichen, an Ober- und Unterseite leicht abgeflacht und mittig konisch durchbohrt. Ihre Breite lag zwischen 9,5 und 13,0 cm, die Höhe zwischen 6,0 und 9,4 cm. Die konischen Bohrungen variierten je nach Größe des Gewichtes von 0,8–1,4 cm Durchmesser. Teilweise ließen sich sogar die Reibspuren des ehemals durchgezogenen Wollfadens als Rillen erkennen (Abb. 152). Vergesellschaftet waren die Gewichte mit ebenfalls verbrannten Irdenwarenfragmenten Pingsdorfer bzw. Paffrather Machart sowie weiteren Wandungsstücken des Vorratsgefäßes.

Nur 0,5 m weiter nördlich komplettierte eine kreisrunde, wenige Zentimeter eingetiefte Feuerstelle von 0,55 m Durchmesser den ungewöhnlichen Befund. Eine äußere ringförmige Lage verbrannten Holzes und die nur sehr dünne Schicht aus verziegeltem Lehm weist darauf hin, dass hier ein kurzes, aber heftiges Feuer gebrannt hatte. Davon zeugen auch die extrem durchglühten Fragmente eines Kugeltopfes und einer kleinen Henkelamphore sowie ein weiteres Webgewicht, dieses allerdings weniger stark verbrannt. In Profilschnitten zeigte sich, dass Webgewichte und Feuerstelle ehemals auf dem Boden eines in den anstehenden lehmigen Sand eingetieften, flachovalen Erdkellers lagen.

Das Alter dieser in ihrer Geschlossenheit und Erhaltung im Rheinland nicht alltäglichen Befundsituation ergab sich vor allem aus den geborgenen Teilen des Vorratsgefäßes. Es handelt sich um ein handaufgebautes und anschließend nachgedrehtes sog. Tonfass, wie es zahlreich aus Horizont C des Duisburger Averdunk-Töpferbezirkes bekannt ist. Die Datierung in das 10. Jahrhundert gilt als gesichert. Auch die weiteren Keramikfragmente aus dem Befund bestätigen diese Zeitstellung.

Bleibt die Frage, wie es zu diesem lokalen Schadfeuer und der ungewöhnlichen Aufreihung von ver-

152 Düsseldorf-Gerresheim. Drei der Webgewichte in Fundlage.

brannten Webgewichten kam. Eine dem Befund nach mögliche Erklärung bietet folgendes Szenario:

Im Erdgeschoss eines nicht mehr nachweisbaren Hauses stand ein für das 10. Jahrhundert gebräuchlicher senkrechter Gewichtswebstuhl, dessen Webgewichte zur Verlängerung der Kettfäden durch einen Spalt zwischen den hölzernen Dielenbohlen in einen Erdkeller hinabhingen. In diesem stand möglicherweise ein Holzgefäß mit einer brennbaren Füllung (Öl/Tran), das Feuer fing. So lässt sich die fast kreisrunde, flache Feuerstelle innerhalb der Grube erklären, die den Spuren nach durch einen einzigen heftigen Brand entstand. Dieser griff auf die Decke aus Holzdielen und die Kettfäden mit den Webgewichten über und Bodenbretter und Webgewichte stürzten in den Keller.

Literatur: AMT FÜR RHEINISCHE LANDESKUNDE (Hrsg.), Gerresheim. Rhein. Städteatlas XI, 59 (Bonn 1994). – A. KLUGE-PINSKER, Produktion und Verbrauch von Keramik im mittelalterlichen Duisburg des 9.–10. Jahrhunderts. Arch. u. Denkmalpfl. Duisburg 5 (Duisburg 2001) 75–83 Taf. 39.

STADT DÜSSELDORF

Überraschende Einblicke in die Besiedlungsgeschichte von Kaiserswerth

Cordula Brand und Uwe Schönfelder

Auf dem Grundstück Kaiserswerther Markt 51 wurde für den Neubau eines komplett unterkellerten Wohn- und Geschäftshauses die nur teilunterkellerte Altbebauung abgerissen. Da sich das Grundstück im historischen Kern von Kaiserswerth (Bodendenkmal-Nr. D 15) befindet, das auf einen fränkischen Herrenhof des 7. Jahrhunderts zurückgeht, war eine archäologische Begleitung der Ausschachtungsarbeiten erforderlich. Diese erfolgte durch die Firma ARCHBAU. Die Untersuchung erbrachte

153 Düsseldorf-Kaiserswerth. Übersichtsplan zur Lage der Befunde auf dem Grundstück Kaiserswerther Markt 51.

eine Fülle von Siedlungsbefunden, die die durchgehende Nutzung des Grundstückes seit der Anlage der Kaiserpfalz im 11. Jahrhundert belegen.

Das betroffene Areal liegt mittig auf einer Bebauungsinsel südlich des langgezogenen, West-Ost orientierten Marktes. Angesichts der beengten Verhältnisse auf dem gut 250 m² großen, 37 m langen und nur 8 m breiten Grundstück, konnten der Bodenaushub und die ihn begleitenden archäologischen Ausgrabungen nur schrittweise erfolgen. Dabei wurden jeweils vier Plana bis auf die Baugrubensohle in etwa 4 m Tiefe unter der Geländeoberkante angelegt, aber aufgrund des Bauablaufes nur teiluntersucht.

Der Siedlungsablauf auf dem Grundstück lässt sich – vorläufig – in sieben Phasen gliedern (Abb. 153):

Phase 1, Geologie: Den Untergrund für die mittelalterliche Besiedlung bilden eiszeitliche Sedimente. Auf Baugrubentiefe kamen die unteren Ausfällungsschichten eines Baches zutage.

Phase 2, Mitte bis zweite Hälfte 11. Jahrhundert: Die ältesten Siedlungsspuren – ein Brunnen und zwei Pfostengruben, die von einem Grubenhaus geschnitten werden – fanden sich im Süden des Grundstücks und scheinen sich noch nicht wie das spätere Bebauungsraster der Stadt zu orientieren. Aus der Brunnengrube stammt das Bruchstück einer Pingsdorfer Amphore der ersten Hälfte des 11. Jahrhunderts (Abb. 154). Die Errichtung des Brunnens könnte zeitlich mit dem Bau der Pfalz im Jahre 1045 zusammenhängen.

Phase 3, zweite Hälfte 11. bis erste Hälfte 12. Jahrhundert: Das Grubenhaus von 3,8 m Länge und mehr als 3,2 m Breite reichte Richtung Osten in das Nachbargrundstück. Darüber hinaus konnten ein weiteres mögliches Grubenhaus von mindestens 2,4 m Länge im westlichen Baugrubenprofil sowie straßenseitig ein wohl zeitgleiches Kulturschichtpaket beobachtet werden. Aussagen zu Konstruktionsdetails des Grubenhauses erweisen sich als schwierig; nicht alle der sechs Pfosten ließen sich dem Haus zuweisen und könnten z. T. auch erst später in dessen Verfüllung eingetieft worden sein. Dies würde für eine weitere hochmittelalterliche Siedlungsphase sprechen. Mehrere große Bruchsteine wie auch wenige Rotlehmbröckchen mit Spuren von Verputz lagen in der Grubenhausverfüllung.

Das Fundgut besteht aus wenigen Tierknochen, einem Bleiröllchen und einem Stück Schlacke. Ein weiteres Fragment stammt aus der Brunnenfüllung, sodass ein hochmittelalterlicher Metallhandwerksbetrieb im näheren Umfeld zu vermuten ist. Das keramische Fundspektrum aus Grauware und Keramik Pingsdorfer Art legt eine Datierung in das ausgehende 11. bis frühe 12. Jahrhundert nahe. Neben Randscherben von schlanken Bechern finden sich Wandungsfragmente mit rötlicher Bogen-, Komma- und Gitterzier. Alle Randscherben der Kugeltöpfe besitzen dreieckige Randlippen, hinzu kommen Wandungsscherben von großen Töpfen mit Rollstempeldekor (Abb. 154).

Die Ersterwähnung einer Siedlung von Kaufleuten datiert in das Jahr 1145 und fällt damit in den hier archäologisch in Phase 3 dokumentierten Zeitraum.

Phase 4, zweite Hälfte 12. bis Anfang 14. Jahrhundert: Mit Phase 4 beginnt der straßenseitige Ausbau des Grundstücks. Die Parzellierung am Markt ist für das Jahr 1181 überliefert. Zu einem Wohngebäude gehören immer Brunnen und Sickerschacht im Hinterhofbereich, wobei die Brunnen näher, die Schächte entfernter zum Haus liegen.

Als älteste Befunde konnten nach Abtrag eines Kellerfundaments über 30 Pfostengruben in zumeist geringer Befunderhaltung aufgedeckt werden (Abb. 155). Mindestens drei unterschiedliche Verfüllungen der Befunde und ihre insgesamt große Anzahl deuten auf eine Mehrphasigkeit hin. Das wenige geborgene Fundmaterial des 13. bis 14. Jahrhunderts setzt sich aus Faststeinzeug, einem Pingsdorfer Becher, einem Krug aus Grauware und einer verzogenen Scherbe (Fehlbrand?) von Steinzeug Siegburger Art zusammen und markiert das Ende dieser Siedlungsphase.

Phase 5, 14. bis 15. Jahrhundert: Das Fundament des bereits zuvor erwähnten Steinkellers besaß eine Größe von 8,3 × 5 m. Seine Gründungstiefe lag ca. 3 m unter dem heutigen Straßenniveau (Abb. 155a). Die aus großen Kieseln gesetzten, teils stärker gestörten Fundamente von 0,4–0,6 m Breite waren nur noch auf 0,35–0,6 m Höhe ohne altes Fußbodenniveau erhalten. Eine Lücke im Südosten des Gebäudes lässt möglicherweise auf einen Zugang schließen.

Innerhalb des Mauergevierts fand sich eine lehmig fette, beigegraue Verfüllung, die mit Holzkohle, Kno-

Phase 6, 16. bis 17. Jahrhundert: Auf dem z. T. abgebrochenen Steinfundament gründet im Westprofil ein gezielgelter Gang(?) mit einer lichten Weite von 0,95 m und einer erhaltenen Höhe von 1,9 m (Abb. 155a). Er ist vom Fundament des Nachbarhauses überbaut, sein Verhältnis zum Keller des Hauses Kaiserswerther Markt 51 ließ sich leider nicht beobachten, da die archäologischen Maßnahmen erst nach Abriss des Ziegelkellers einsetzten.

154 Düsseldorf-Kaiserswerth. Fragment einer Pingsdorfer Amphore aus einer Brunnengrube (oben links) sowie Keramik aus dem Grubenhaus.

155 Düsseldorf-Kaiserswerth. a straßenseitiges Planum mit einem Steinkeller; b darunterliegende Gruben ehemaliger Pfostenbauten. Am linken Bildrand ein von den Fundamenten des Nachbarhauses überbauter Gang.

chen, Keramik, Schiefer, Backsteinbruch und Mörtelresten durchsetzt war. Die Keramik aus der unteren Verfüllung entspricht in ihrem Spektrum dem Fundmaterial aus den darunterliegenden älteren Pfostengruben. Dies spricht möglicherweise für den unmittelbar aufeinanderfolgenden Abbruch der alten Holzbebauung und den Neubau eines Gebäudes mit festem Fundament im ausgehenden 13. oder 14. Jahrhundert. Frühneuzeitliche Funde von der Oberfläche der Verfüllung stammen vom Abbruch des Gebäudes.

Der literarischen Überlieferung zufolge mehren sich seit der zweiten Hälfte des 13. Jahrhunderts die Nachrichten über eine dichtere, auch steinerne Bebauung Kaiserswerths.

Der jüngste bekannte Fund des Schichtpakets, in das der Gang eingetieft wurde, ist das Unterteil eines Nuppenbechers aus der Zeit zwischen 1450 und 1650. Die Funde von der Oberkante der Verfüllung des Steinfundaments enthalten u. a. ein grünlich glasiertes Ofenkachelfragment und glasierte Irdenware, die belegen, dass ein Neubau im 16., spätestens 17. Jahrhundert erfolgt sein muss. Die Verfüllung des Ganges enthielt Fundmaterial des 17. Jahrhunderts.

Die Zeit des 16./17. Jahrhunderts war geprägt von Kriegen und Zerstörung. In diesem Zusammenhang ist wohl auch die um die Mitte des 16. Jahrhunderts errichtete Bastionsbefestigung von Kaiserswerth zu sehen. 1586 fand eine Belagerung während des Truchsessischen Krieges statt, über deren Zerstörungen nichts genauer bekannt ist. Ob die bis Mitte des 17. Jahrhunderts zahlreich erbauten zwei- bis dreigeschossigen Backsteinhäuser eine Folge der Kriegszerstörungen sind, bleibt offen. Weitere Belagerungen und Zerstörungen erfolgten von 1636 an im Dreißigjährigen Krieg, 1689 im Krieg gegen die Franzosen und schließlich 1702 im Spanischen Erbfolgekrieg, durch den die Stadt nahezu völlig zerstört wurde. Einen Hinweis auf die Kriegshandlungen liefern mehrere Bruchstücke von Kanonenkugeln aus Abfallgruben.

Phase 7, 18. Jahrhundert und jünger: Die bislang vorgestellten Befunde der Phasen 2–6 traten erst ab einer Tiefe von 2–2,5 m unter der Geländeoberkante deutlich zutage. Die oberen 1–1,5 m waren komplett gestört. Offensichtlich lässt sich hier der Bruch zwischen den Besiedlungsspuren vor und nach 1702 festmachen.

Zu den jüngsten Befunden dürften ein Schacht wie auch der einzige Ziegelbrunnen gehören, der heute mittig auf der westlichen Grundstücksgrenze liegt und möglicherweise beide Grundstücke versorgte. Seine Verfüllung mit Bauschutt enthielt moderne Ziegel mit dem Maß 24 × 12 cm. Außerdem fanden sich diverse Abfallgruben im hinteren Bereich des Grundstücks.

Insgesamt öffneten die baubegleitenden Untersuchungen Fenster in die Vergangenheit Kaiserswerths, die Einblicke in die Stadtgeschichte von der Mitte des 11. Jahrhunderts bis in die jüngste Vergangenheit erlaubten.

Literatur: D. ELLMERS, Stift, Pfalz und Stadt Kaiserswerth. Führer Vor- u. Frühgesch. Denkmäler 15: Essen, Düsseldorf, Duisburg (Mainz 1969) 105–111. – C.-M. ZIMMERMANN/H. STÖCKER (Hrsg.), Kayserswerth. 1300 Jahre Heilige Kaiser Reformer. Mit einer Stadtbildanalyse von Edmund Spohr (Düsseldorf 1981).

STADT ESSEN

Vor dem Limbecker Tor...

Detlef Hopp

Die Arbeiten zum ersten Bauabschnitt des neuen Einkaufszentrums am Limbecker Platz wurden zwischen Mai 2006 und dem Frühjahr 2007 durch die Stadtarchäologie begleitet. Unter den dabei freigelegten Befunden sind die Überreste mehrerer Wege zu erwähnen, darunter auch der von Westen in die Stadt führende mittelalterliche und neuzeitliche Hauptweg, der „Hellweg". Über diesen gelangte man durch das Limbecker Tor in die seit dem 13. Jahrhundert von einer Stadtmauer umgebene Stadt. Als der wohl bedeutendste Fund der Untersuchungen ist eine mittelalterliche Fischreuse zu erwähnen, die im Vorjahresband der Archäologie im Rheinland publiziert wurde.

Die Fortsetzung der Bauarbeiten für den 2. Bauabschnitt des Einkaufszentrums zwischen Juni und August 2008 ließen kaum noch Befunde erwarten, befand sich doch das vollständig unterkellerte Karstadtgebäude ehemals auf dem Areal. Tatsächlich kamen aber in dem an manchen Stellen nur 1–2 m breiten, von Westen nach Osten verlaufenden Streifen noch einige „Inseln" mit archäologischen Relikten zutage (Abb. 156–157).

Vor allem waren dies Abschnitte verschiedener Ausbauphasen des von Westen nach Osten verlaufenden Wegs in die Stadt: Die jüngsten Spuren eines Pflasters (St. 12) gehören etwa in die zweite Hälfte des 19. Jahrhunderts. Zusammen mit Überresten der in dieser Zeit entstandenen Bebauung (St. 7) und drei Brunnen aus Backstein (St. 22, 24 und 32) gehört es zu den jüngsten Befunden der Untersuchung. Daneben ließen sich aber auch Reste des mittelalterlichen und neuzeitlichen „Hellwegs" freilegen: Bis in das Mittelalter zurück reicht ein Kieselpflaster, das sich zuunterst des Schichtpaketes der St. 17 fand. Als älteste Funde sind eine Wandungsscherbe Pingsdorfer Art sowie eine der Duisburg/Essener Ware anzusehen, die etwa in das 11. Jahrhundert datiert werden können. Ein unter dem Pflaster gefundener Schlittknochen belegt, dass man auf den zugefrorenen Teichen vor der

156 Essen, Limbecker Platz. Silberpfennig Adolph IV. vom „Hellweg".

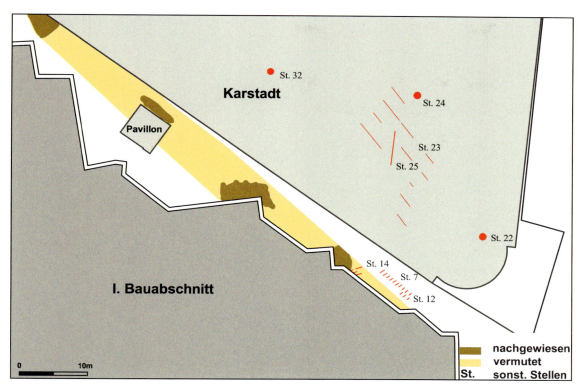

157 Essen, Limbecker Platz. Grabungsplan mit gekennzeichnetem Wegeverlauf in die Stadt.

Siedlung über das Eis lief. Ein über dem Pflaster nachgewiesener, vielfach erneuerter Knüppeldamm war auf einer Breite von mindestens sechs Metern erhalten. Zwischen den im Schnitt 1–2 m, gelegentlich aber auch bis nahezu 5 m langen Stämmen, lagen immer wieder kleinere zertretene Wandungsscherben von Kugeltöpfen, vor allem aber von Gefäßen Siegburger Art (ca. 14. bis 16. Jahrhundert), die mit zu den jüngsten Funden gehören. Des Weiteren Tierknochen und Kiesel, die zur Ausbesserung des Wegs gedient hatten. Zudem fanden sich Lederreste, Schlacke, verbrannter Sandstein, Hufeisen und Nägel. Zu den wichtigeren Funden zählt eine in Schwerte an der Ruhr geprägte Silbermünze, bei der es sich um einen Silberpfennig von Adolph IV. (1398–1422) handelt (Abb. 156). Enttäuschenderweise fanden sich von einer vermuteten spätmittelalterlichen Mühle und einem Mühlengerinne keine sicheren Reste. Lediglich Bruchsteinkonzentrationen (St. 14), Holzbalken sowie andere Holzreste und eine frühneuzeitliche Wandungsscherbe eines kleinen Kruges (ca. 16. Jahrhundert) aus einer Anhäufung umgelagerter Objekte könnten mit diesen in Zusammenhang stehen. Nicht genauer zu datieren ist eine Reihe bis in St. 17 eingetiefter, in West-Ost-Richtung verlaufender Pfähle (St. 15). Vielleicht stellt diese Pfahlreihe die Begrenzung eines neuzeitlichen Wegs, spätestens aber des 19. Jahrhunderts, dar. Nördlich davon, unter dem abgerissenen Karstadt-Kaufhaus, fand sich schließlich die spätmittelalterliche bis neuzeitliche Befestigung eines Bachufers (St. 23) aus waagerecht übereinander liegenden Stämmen (St. 25), die auf nicht ganz zehn Metern Länge verfolgt werden konnte und in Nord-Süd-Richtung verlief.

Die Untersuchungsergebnisse lassen den Schluss zu, dass etwa seit dem 11. Jahrhundert der Weg zur Siedlung und zu dem seit dem 9. Jahrhundert bestehenden freiweltlichen Stift in etwa dem Verlauf der heutigen Limbecker Straße entsprach. Da ältere mittelalterliche Funde fehlen, ist nicht auszuschließen, dass man ursprünglich auf anderem Wege dorthin gelangte.

Den Herren Karsten Brabänder und Rüdiger Oer sei für die Unterstützung der Arbeiten, Herrn Heinz Josef Kramer für die Bestimmung der Münze gedankt.

Literatur: D. Hopp, Viel überliefert, aber wenig erhalten: Das Limbecker Vortor. Arch. Rheinland 2006 (Stuttgart 2007) 183–185. – D. Hopp/E. Schneider, Eine mittelalterliche Fischreuse aus Essen. Arch. Rheinland 2007 (Stuttgart 2008) 127–128.

NEUSS, RHEIN-KREIS NEUSS

Ein hochmittelalterlicher Abwasserkanal unter dem Hauptstraßenzug von Neuss

Sabine Sauer

Im Jahr 2008 wurden im Neusser Hauptstraßenzug – unter der Oberstraße, dem Büchel und der Niederstraße – der zentrale Entwässerungskanal und die seitlichen Hausanschlüsse erneuert. Da die Baumaßnahme den römischen *vicus* und den mittelalterlichen Altstadtkern in Längsrichtung durchquerte, sind alle Erdarbeiten archäologisch begleitet worden. Neben Fundamentresten des Niedertores, zahlreichen hochmittelalterlichen Kellern und dem Profil der römischen Rheinuferstraße konnte ein Entwässerungskanal aus dem 13. Jahrhundert dokumentiert werden (Abb. 158). Dieser zählt zu den ältesten Zeugnissen einer planmäßigen Abwasserentsorgung im Rheinland. Bis zum Ende des 19. Jahrhunderts begnügte man sich in den rheinischen Städten in der Regel mit einem Abfall- und Fäkalienschacht im Garten, der sich pikanterweise oft nur wenige Meter von dem Trinkwasserbrunnen befand.

Der nun entdeckte Abwasserkanal querte am Büchel, im Mittelalter *sub monticulo* genannt, in West-Ost-Richtung den Hauptstraßenzug. Der archäologische Befund konnte 60 cm unter der heutigen Straßenoberfläche im Bereich der Einmündung der Vogteigasse auf einer Länge von rund sechs Metern untersucht werden (Abb. 159). Der Kanal bestand aus einem echten Tuffgewölbe von ca. 0,5 m Außenhöhe und ca. 0,35 m lichter Innenhöhe. Die äußere Breite auf Höhe der Kanalsohle betrug ca. 0,65 m, der Innendurchmesser ca. 0,4 m. Die Tuffsteine und Bruchstücke von langrechteckigen Ziegeln, die vielleicht römischen Ursprungs sind, waren in Mörtelbindung gesetzt. Den Scheitelbogen überzog von außen zusätzlich eine ca. 3 cm starke Mörtelschicht. Die Kanalsohle war aufwändig mit ca. 60 cm langen, 40 cm breiten und ca. 3 cm starken Schieferplatten ausgekleidet. Diese waren stellenweise gebrochen und hatten sich leicht angehoben. Unter dem Kanal fand sich eine Stickung aus Kieselsteinen, in der eine Scherbe Pingsdorfer Machart lag. In den Kanal war eine ca. 30 cm starke, humose Schuttschicht eingespült, die bei der Aufdeckung noch einen Fäkaliengeruch absonderte. In der Schuttschicht fand sich zahlreich Siegburger Keramik und ein Glas des 15. Jahrhunderts. Der Kanal war somit rund 200 Jahre in Benutzung.

In östliche Richtung, zur Stiftsimmunität hin, wies er ein Gefälle auf. Er durchquerte die Immunität und mündete vermutlich in den Rhein. Projiziert man den Verlauf des Kanals in westliche Richtung, so trifft er auf die nördliche Hausecke des Gebäudes Büchel 20. Heute steht hier ein repräsentativer, palazzoähnlicher Bau, den im Jahr 1850 der Apotheker Ludwig Sels errichtete. Im Mittelalter befand sich auf dieser Parzelle das in vielen Urkunden – erstmals 1372 – erwähnte Haus zum Falkenstein. Es war das größte Haus am mittelalterlichen Hauptstraßenzug. Noch heute ist unter dem Gebäude ein sechs Meter tiefer, doppelstöckiger Keller aus Basalten und Tuffen erhalten, der sicherlich bereits im frühen 13. Jahrhundert errichtet worden ist. Dieser hat mit einer Abmessung von 12,0 × 12,5 m die doppelte Größe der sonst in Neuss üblichen Keller. Zur hervorragenden Stellung des Hauses Falkenstein passt der nun angetroffene Befund, zu dem sogar ein urkundlicher Bezug existiert: Im Jahr 1407 gestatten die Nachbarn den damaligen Eigentümern Reinhart und Jacob von Gohr den „Wasserfall" am Haus zu überbauen. Die Wohnstätte der im Neusser Umland reich begüterten, meist adeligen Familien verfügte mit dem gemauerten Abwasserkanal über eine zivilisatorische Neuerung, die im mittelal-

158 Neuss. Blick in den Abwasserkanal im Grabungsbefund.

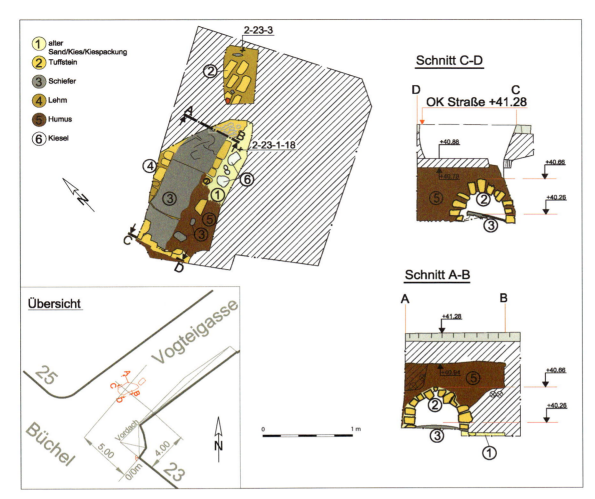

159 Neuss. Plan und Umzeichnung des Grabungsbefundes.

terlichen Neuss sonst höchstens bei Klöstern vermutet werden kann.

Vereinzelte Hinweise auf Kanalsysteme, die der modernen Kanalisation von 1881 vorausgingen, stammen überwiegend aus dem Bereich der Stiftsimmunität. So lag unmittelbar vor dem Südportal von St. Quirin ein Ziegelschacht mit zwei in südlicher und östlicher Richtung abgehenden 70 cm hohen Kanälen. Ein aus Feldbrandziegeln und Tuffen gemauerter Kanal am Ostrand des Freithofes hatte sogar eine Scheitelhöhe von 1,6 m. Er mündete unterhalb des Zeughauses in den im Mittelalter noch unmittelbar vor dem Mauerring vorbeifließenden Rhein. Diese alten Kanäle bieten Anlass für vielfältige Spekulationen und Erzählungen.

In schöner Regelmäßigkeit berichten alt eingesessene Neusser über unterirdische „Gänge", die vorzugsweise Klöster oder St. Quirin untereinander verbinden sollen. Volkstümlich werden diese als Fluchttunnel oder geheime Wege gedeutet. Tatsächlich fällt in den Erzählungen auf, dass deren Lage häufig in der Nähe von Klöstern, wie dem heutigen Zeughaus, ehemals das Observantenkloster, der Gaststätte Dom an der Michaelstraße neben dem Klarissenkloster oder der Gaststätte „Anker" in der Stiftsimmunität angesiedelt ist.

Archäologisch lassen sich diese „Gänge" auf folgende Weise erklären: Offensichtlich begann man schon im 14./15. Jahrhundert in der mittelalterlichen Stadt unter der Regie von St. Quirin und diverser Klöster ein Abwassersystem aufzubauen, das in die Stadtgräben und den Rhein entwässerte. Die Kanäle verteilten sich strahlenförmig vom höchsten Punkt der Stadt, von St. Quirin aus, in alle Richtungen und erschlossen auf ihrem Weg in die tiefergelegenen Stadtgräben oder den Rhein auch die anliegenden Klöster. So ist es nicht verwunderlich, dass durch Beobachtungen von Bodenaufschlüssen bei der Neusser Bevölkerung im Laufe des letzten Jahrhunderts die Vorstellung entstand, dass alle „Gänge" nach St. Quirin führen.

Ob der Kanal von Haus Falkenstein an ein frühes Kanalsystem des Damenstiftes von St. Quirin angeschlossen war oder als ein einzigartiger profaner Vorläufer der Neusser Kanalisation zu werten ist, lässt sich bislang leider nicht beantworten. Der Befund konnte *in situ* im Boden erhalten werden.

Literatur: R. BRANDTS, Das Archiv im Hause zu Falkenstein in Neuss. Schriftenr. Stadtarchiv Neuss 2 (Neuss 1964).

KÖNIGSWINTER, RHEIN-SIEG-KREIS

Wasserversorgung im Zisterzienserkloster Heisterbach

Christoph Keller

Als zwölf Zisterziensermönche aus Himmerod unter ihrem Gründungsabt Hermann am 22. März 1189 den Petersberg im Siebengebirge erreichten, wo ihnen der Kölner Erzbischof Philipp von Heinsberg Gebäude für ein neues Kloster übereignet hatte, mussten sie bald erkennen, dass das Bergplateau kein geeigneter Ort für eine dauerhafte klösterliche Ansiedlung war. Neben der exponierten Lage machte sich besonders die mangelhafte Wasserversorgung negativ bemerkbar. Daher entschied sich der Konvent schon nach wenigen Jahren, das Kloster in das benachbarte Tal des Heisterbaches zu verlegen. Dort errichteten die Mönche am Anfang eines kleinen Seitentals von 1202 bis 1237 die große romanische Kirche mit der sich südlich anschließenden Klausur und verschiedenen Wirtschaftsgebäuden.

Wie auch in vielen anderen Zisterzienserklöstern wurde als Teil des Bauvorhabens ein umfangreiches System von Wasserleitungen und Kanälen errichtet, die Trink- und Brauchwasser in das Klostergelände hinein- und Abwässer ins Tal hinausleiten sollten.

Diese Kanäle sind bereits in der Zeit der Romantik von abenteuerlustigen Besuchern erkundet worden. Ihre Erzählungen sind die Quelle der lokalen Legende, dass es unter dem Kloster Fluchttunnel geben soll, durch die die Mönche in Notzeiten bis zum Rhein oder auf den Petersberg fliehen konnten. Obwohl lange Abschnitte des Kanalsystems noch bis heute in Funktion sind, wurden sie erst 2008 aufgemessen und zusammen mit anderen wasserbaulichen Anlagen, die auch Trinkwasserversorgung, Fischteiche und Mühlen umfassten, dokumentiert.

Trinkwasser gewannen die Mönche aus dem hinter dem Kloster gelegenen Siefen, wo am Osthang austretendes Quellwasser in einer kleinen Steinfassung gesammelt wurde (Abb. 160). Von dort aus führte dann eine Wasserleitung, deren Verlauf auch heute noch im Gelände erkennbar ist, ins Klostergelände. Ziel der Druckwasserleitung war ein zweischaliger Springbrunnen, der vermutlich in einem Brunnenhaus am südlichen Kreuzgangflügel stand. An dieser Stelle war er für die Mönche auf ihrem Weg zum Refektorium (Speisesaal) leicht erreichbar. Eine in ihrer Funktion vergleichbare, aber bis heute nicht nachgewiesene Brunnenanlage muss es auch vor dem Refektorium der Konversen (Laienbrüder) gegeben haben.

Ebenfalls während der ersten Bauphase entstand der große Brauchwasserkanal, der heute noch begehbar ist. Er wurde bogenförmig um die Klausurgebäude geführt, um die Latrinen der Dormitorien (Schlafsäle) zu spülen, die Abfälle aus der Küche auf-

160 Königswinter-Heisterbach. Steinerne Quellfassung im Siefen hinter dem Kloster.

161 Königswinter-Heisterbach. Im Tuff des benachbarten Berges wurde eine Quelle durch einen Stollen erschlossen.

zunehmen und schließlich außerhalb des Klostergeländes in die Fischteiche zu entwässern.

Da die Wassermenge des kleinen Siefens mit etwa 0,7 l/s nicht ausreiche, um eine ausreichende Spülung zu gewährleisten, erschlossen die Mönche eine neue Quelle durch einen in den Tuff des benachbarten Berges vorgetriebenen Stollen (Abb. 161). Diese schüttet auch heute noch 500 000 l am Tag und sichert damit die Trinkwasserversorgung des vor Ort bestehenden Altenheims.

Sobald ein bergmännischer Vortrieb des Stollens nicht mehr möglich war, wurde der Kanal in einem verbauten Graben errichtet. Dessen Baugrubensohle lag stellenweise mehr als sechs Meter unter der Geländeoberfläche und muss dementsprechend eine bauliche Herausforderung gewesen sein.

Das Gerinne, dessen V-förmiger Querschnitt auch bei niedrigem Wasserstand eine ausreichend hohe Strömungsgeschwindigkeit gewährleistet, besteht aus großen Steinplatten. Die Seitenwangen sind aus großen Bruchsteinen gemauert (vgl. Abb. 123). In großen Fugen wurden zusätzlich unverzierte Bodenfliesen und Dachziegel verbaut. Hierbei handelt es sich zum größten Teil um Fehlbrände, die aus den Ziegelöfen stammten, die man für den Bau der Abtei ortsnah betrieben haben muss. An zwei Stellen werden Seitenkanäle eingeleitet. Um einen Rückstau und damit die Gefahr von Sedimentablagerungen zu verhindern, treten sie erst oberhalb des Gerinnes in den Hauptkanal ein. Die gegenüberliegende Wand besteht im Bereich der Einmündung aus großen, sauber gefugten Steinquadern. So sollten Beschädigungen der Kanalwände durch Ausschwemmen der Fugen verhindert werden.

Einige kurze Abschnitte des Kanals sind mit einem flachen Tonnengewölbe gedeckt, sonst mit großen Steinplatten. In der Decke sind mehrere Schächte und Latrinen erkennbar, durch die von oben Abwässer und Fäkalien in den Kanal entsorgt werden konnten. Dank der Vermessung der Kanaltrasse erlauben sie Rückschlüsse auf die Lage der ehemals darüber befindlichen Gebäude.

Besonders eindrucksvoll zeigt sich eine große Latrinenanlage mit vier Plätzen, die später in den Kanal eingebaut worden ist (Abb. 162). Die Verwendung von Ziegelsteinen und kleinen Natursteinspolien, u. a. der Schaft einer Dreiviertelsäule, lässt vermuten, dass die Anlage während der großen Umbaumaßnahmen in der ersten Hälfte des 18. Jahrhunderts entstand. Sie befindet sich am nördlichen Ende des Konversentrakts, unmittelbar neben der Abteikirche.

Neben dem Hauptkanal, der außerhalb des Klostergeländes in die Teiche entwässerte, finden sich noch eine ganze Reihe weiterer Kanäle, die alle das an verschiedenen Stellen im Kloster genutzte Bachwasser des Siefens dem Hauptkanal zuführen. Zwei dieser kleiner dimensionierten Leitungen bilden den Abfluss der Mühlen im heutigen Brauhaus; ein dritter kommt aus dem Bereich des Wirtschaftshofs.

Ein anderer Kanal, der im Frühjahr 2008 zufällig angeschnitten wurde, stammt aus dem 14. Jahrhundert und leitete das nicht für den Mühlbetrieb benötigte Wasser des Siefens unterirdisch dem Hauptkanal im Bereich der Mönchslatrinen zu.

Die Dimensionierung der verschiedenen Kanäle variiert je nach Funktion und aufzunehmender Wasser- und Schmutzmenge deutlich. Der Hauptkanal musste auf der Strecke von der Klausur bis zu den Fischteichen für Wartungs- und Reinigungsarbeiten gut begehbar sein und besitzt daher eine lichte Breite von 1,0 m und eine durchschnittliche Höhe von 2,4 m. Lediglich im Bereich unter dem vermutlich unterkellerten Konversenflügel ist die Deckenhöhe deutlich abgesenkt. Der Kanalabschnitt zwischen Stollen und Klausur ist mit einer lichten Breite von 0,6 m und einer Höhe von weniger als 1,8 m deutlich kleiner. Auch die verschiedenen Zuleitungen weisen diese deutlich kleinere Dimensionierung auf.

Alle Abwässer des Klosters wurden in die Fischteiche geleitet, die den Talgrund des Heisterbacher Tales, den heutigen Keltersiefen, einnahmen (Abb. 163).

162 Königswinter-Heisterbach. Blick auf die Öffnungen der im Barock errichteten Latrine des Konversenflügels.

163 Königswinter-Heisterbach. Lage der zum Kloster gehörenden Fischteiche und Mühlen im Mühlental.

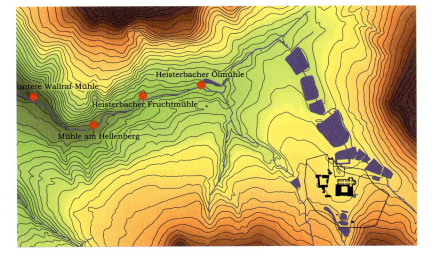

Diese sind, nach jahrzehntelanger Vernachlässigung in den 50er Jahren des 20. Jahrhunderts soweit verlandet, dass man sie endgültig verfüllte. Lediglich ein Damm, der das Tal in seiner ganzen Breite sperrte, ist heute noch wahrnehmbar. An der Nordseite dieses ehemaligen Teiches kann man am Waldrand die Reste eines Grabens erkennen, durch den Wasser am Teich vorbei und möglicherweise zu einer Mühle geleitet werden konnte.

Während eine solche in unmittelbarer Nähe des Klosters bisher nur vermutet wird, lassen sich die Standorte weiterer, zum Kloster gehöriger Mühlen talabwärts sicher bestimmen. Dort haben sich z. T. die Mühlgebäude sowie Spuren der Wasserzuleitung erhalten. Das Kloster betrieb hier an verschiedenen Standorten nicht nur Getreidemühlen, sondern auch eine Öl-, eine Frucht- und eine Schleifmühle.

Die Begehung und Vermessung des Kanalsystems hat gezeigt, wie umfangreich die wasserbaulichen Anlagen im Kloster Heisterbach waren. Die überraschende Aufdeckung unbekannter Kanäle lässt für die 2009 geplanten Ausgrabungen noch weitere Einblicke in die Wasserversorgung dieses Zisterzienserklosters erwarten.

Literatur: CH. KELLER, Kloster Heisterbach in Königswinter. Rhein. Kunststätten 505 (Köln 2008).

KEMPEN, KREIS VIERSEN

Eine spätmittelalterliche Einzelhofanlage in Schmalbroich

Donata Maria Kyritz und Patrick Düntzer

Zwischen November 2007 und Mai 2008 führte SK ArcheoConsult im Bereich des geplanten Abgrabungsvorhabens „Gelinter Heide", Gemarkung Schmalbroich, Stadt Kempen, eine archäologische Untersuchung im Auftrag der Gelinter Kiesbaggerei GmbH und Co. KG, Weeze durch. Zunächst erfolgte eine Sachverhaltsermittlung, der sich eine Ausgrabung anschloss (Abb. 164).

Die Prospektion erbrachte – neben wenigen römischen Fundstücken – vor allem mittelalterliche Grauware, die parzellenbezogen flächig streute. Eine nördliche, heute fundfreie Fläche war während des Baus der Autobahn als Kiesgrube genutzt und ihr Relief damit verändert worden. Bohrungen auf den übrigen prospektierten Flächen ließen auf einen Bodenauftrag schließen, der sich im späteren Verlauf auch auf der Grabungsfläche nachweisen ließ. Über einem sandigen Pseudogley befand sich ein grauer bis graugrünlicher Horizont – ein Plaggenboden – dessen Mächtigkeit auf der Fläche variierte.

Parallel zur Begehung erfolgte eine Sachverhaltsermittlung mit einem Suchschnitt von 8 × 290 m. Dieser wurde von Osten nach Westen durch eine bereits vom LVR-Amt für Bodendenkmalpflege im Rheinland erfasste urgeschichtliche Fundkonzentration geführt. Tatsächlich ließen sich im äußersten Osten vier metallzeitliche Befunde beobachten, auf die allerdings trotz Erweiterung keine weiteren folgten. Im Westen lagen zunächst einige neuzeitliche Gruben sowie mehrere Gräben und schließlich spätmittelalterliche Siedlungsbefunde. In diesem Bereich erfolgte eine Flächengrabung mit streifenartigen Erweiterungen. Insgesamt belief sich das untersuchte Areal auf ca. 5500 m².

Leider erwies sich die Befunderhaltung im sandigen Boden mit leichter Hangneigung nach Süden als mittelmäßig bis schlecht. Dennoch war es möglich,

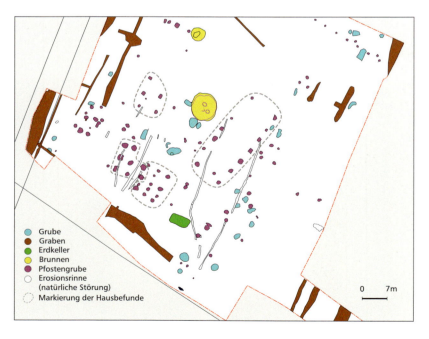

164 Kempen-Schmalbroich. Ausschnitt aus dem Grabungsplan.

einige Grundrisse zu rekonstruieren (Abb. 164): Im Osten lag ein Langhaus, im Süden zwei zeitlich aufeinander folgende Speicherbauten und im Westen ein unklarer, kleinerer Bau. Ein weiterer Befund ohne Pfostenspuren im Süden wurde als Grubenkeller angesprochen.

Mittig in der Grabungsfläche lagen drei sog. Baumstammbrunnen (Abb. 165) in einer Versturzgrube und nordwestlich davon ein weiterer, einzelner Fassbrunnen.

Entsprechend dem Gefälle auf der Untersuchungsfläche befanden sich die Befunde im Süden in einem besseren Erhaltungszustand und waren deutlich fundreicher als beispielsweise die Pfostengruben des Langhauses im Osten (Abb. 164). Die Pfostengruben der beiden Speicherbauten unterschieden sich von den übrigen nicht nur durch ihre Mächtigkeit, sondern auch durch eine Vergleyung an der Befundunterkante. Das deutet auf eine größere Last und stabile Bauweise der Konstruktion.

Die zentral auf der Grabungsfläche gelegenen, dicht aneinandergesetzten drei Baumstammbrunnen waren an drei Seiten von Gebäuden umgeben. Das so gebildete Gehöft öffnete sich nach Norden. Die aus Eichenstämmen gefertigten Brunnen verdanken ihre Erhaltung dem Grundwasserspiegel, der heute bei etwa 2,80 m unter Geländeoberkante liegt und damit einen Teil des Holzes noch bedeckte.

Die Profilaufnahme zeigt, dass die Brunnen nicht zeitgleich existierten, sondern nacheinander (Abb. 165). Zur Errichtung des jeweils neuen Brunnens gruben die Erbauer den Vorgänger z. T. ab und verfüllten ihn. Die Eingrabungstiefen der Brunnen unterschieden sich deutlich. Die Baumstämme wurden nicht im Ganzen eingetieft, sondern zunächst in zwei Hälften geteilt, ausgehöhlt und nach ihrer Eintiefung in den Boden wieder zusammengesetzt.

Von der Sohle des nördlichen Fassbrunnens stammt ein komplett erhaltener Steinzeugkrug (Abb. 166). Darüber hinaus enthielt das Verfüllmaterial nur kleine Bruchstücke von Grauwaren. Dieser älteste der Brunnen war deutlich schlechter erhalten, da die Hölzer nicht mehr bis in das Grundwasser reichten, das zudem vermutlich bereits während der Siedlungsbelegung Schwankungen unterlag.

Von mehreren dendrochronologischen Gutachten erbrachte nur eine Probe ein, wenn auch nicht zweifelsfreies Ergebnis mit einer wahrscheinlichen Datierung zwischen 1250 und 1290.

Aus den 162 dokumentierten und z. T. beprobten Befunden konnten insgesamt 1408 Keramikfunde geborgen werden. Bei der hoch- bis spätmittelalterlichen Keramik handelt es sich fast ausschließlich um Stücke der sog. „Elmpter Ware", deren Produktionsort Elmpt nur ca. 30 km südwestlich des Fundplatzes liegt. Dort produzierte man genannte Ware vom späten 11. bis ins 14. Jahrhundert. Anhand der typischen „Elmpter Amphoren" und den „Kragenrandschüsseln" war es möglich, die Belegungsphase des Platzes zumindest grob festzulegen.

Der größte Teil der datierten Randscherben fällt in die Zeit zwischen 1220 und 1320 bzw. Husterknupp Periode IV und möglicherweise einige Jahrzehnte darüber hinaus. Bei dem aus dem nördlichen der Baumstammbrunnen Stelle 165 geborgenen kompletten Gefäß (Abb. 166) handelt es sich um einen Zylinderhalskrug Siegburger Art des 13. bis 14. Jahrhunderts. Diese Datierung korrespondiert in etwa mit den dendrochronologischen Ergebnissen der Brunnenhölzer.

Neben wenigen Silexstücken (u. a. Klingenfragmenten) fanden sich Teilstücke eines Steinwerkzeuges aus Basaltlava (Mahlstein), ein Schleifstein oder Läu-

165 Kempen-Schmalbroich. Profilansicht zweier Baumstammbrunnen mit Baugrube.

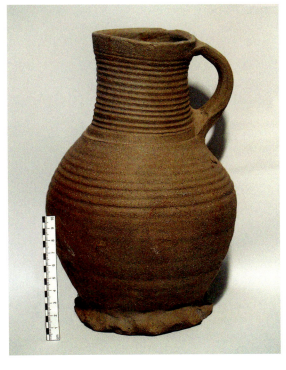

166 Kempen-Schmalbroich. Zylinderhalskrug aus dem Brunnen.

ferbruchstück sowie das Fragment einer steinernen Reibplatte. Die Erhaltungsbedingungen für Tierknochen waren in den mittelalterlichen Befunden sehr schlecht, sodass sich nur wenige Tierzähne erhalten hatten.

Östlich, westlich und südlich der mittelalterlichen Baubefunde befanden sich mehrere wohl neuzeitliche Grabenspuren von bis zu 2,5 m Breite. Das Verfüllmaterial unterschied sich in seiner Beschaffenheit und Farbe deutlich von dem der mittelalterlichen Befunde. Es enthielt neben Ziegeln auch zahlreiche Tierknochen – wohl Schlachtabfälle –, die auf ein jüngeres Alter der Gräben hinweisen. Unmittelbar südlich der Grabungsfläche verläuft parallel ein noch heute genutzter Entwässerungsgraben. Ob diese Gräben bereits gleichzeitig mit der Siedlung bestanden, bleibt unklar; ein Teil dürfte auf die Errichtung eines Erddammes an der westlichen Grabungsgrenze zurückgehen, der noch auf Altkarten des 19. Jahrhunderts eingetragen ist. Auch im Zusammenhang mit Plaggenböden sind Aushubgräben zu erwarten. Weitere Hinweise auf eine mögliche Umfriedung der Anlage konnten nicht beobachtet werden.

Literatur: R. FRIEDRICH, Mittelalterliche Keramik aus rheinischen Motten. Funde aus dem Regierungsbezirk Köln und Düsseldorf. Rhein. Ausgr. 44 (Bonn 1998). – F. SCHEFFER, Lehrbuch der Bodenkunde (Heidelberg/Berlin 2002).

VIERSEN, KREIS VIERSEN

Der Riethof – Reste einer mittelalterlichen Hofanlage in Rintgen

Vinzenz Borchert und Hans-Peter Schletter

Die Errichtung eines Neubaus der Caritas im Viersener Stadtteil Rintgen machte im Sommer 2008 auf dem Grundstück an der Heierstraße, Ecke Hermann-Hülser-Platz, eine bauvorgreifende Ausgrabung notwendig. Die Arbeiten, die die Firma archaeologie.de, Duisburg ausführte, fanden im Auftrag der Stadt Viersen vom 1. April bis 9. Mai 2008 statt.

Eine Hofanlage, die nach den Kartenwerken von Tranchot und der Preußischen Uraufnahme unmittelbar auf dem betreffenden Grundstück verzeichnet ist, wird bereits 1390 erwähnt. Nach Ausweis beider Karten war das Gelände bis in das 19. Jahrhundert hinein ländlich geprägt. Am südlichen Rand des Untersuchungsgeländes sollte der Riethof liegen: eine nach Westen orientierte dreiflüglige Anlage, deren Südflügel unter dem Verlauf der heutigen Heierstraße zu suchen war (Abb. 167). Dementsprechend war das Ziel der archäologischen Maßnahme, diesen als Riethof bezeichneten Komplex zu finden und ihn ebenso wie alle weiteren Befunde zu untersuchen. Eine der Ausgrabung vorangegangene Sachverhaltsermittlung bestätigte die Spuren einer mittelalterlichen Besiedlung auf dem Gelände.

Die Zahl der ergrabenen Mauerzüge nahm zwar nach Süden zur Straße hin zu, ließ sich aber nicht mit dem Gebäudeumriss in den genannten Karten in Übereinstimmung bringen. Auch Material- und Konstruktionseigenschaften der Baubefunde datieren diese Mauern frühestens in das 19. Jahrhundert.

Mithilfe einer Überblendung der Baubefunde mit zwei Flurkarten von 1876 bzw. 1925 gelang es, die überwiegende Zahl dieser Mauerzüge Neubauten des 19. und 20. Jahrhunderts zuzuordnen, Gebäuden also, die nach der Niederlegung des Riethofes entstanden (Abb. 167). Reste des Gutshauses, wie es in den neuzeitlichen Karten zu sehen ist oder im Mittelalter an gleicher Stelle bestanden haben mag, scheinen durch die spätere Bebauung vollständig zerstört worden zu sein. Mehrere Brunnen, kleine Keller, vergrabene Tierskelette, Fassgruben und andere unbestimmte Gruben sind weitere Zeugnisse der neuzeitlichen Siedlungsaktivität auf dem Gelände.

Andere Verfärbungen waren wegen der enthaltenen Keramik eindeutig als mittelalterliche und frühneuzeitliche Befunde anzusprechen. Die Erhaltungsbedingungen waren aber durchweg schlecht.

Fast alle Befunde umgab ein bis zu 0,95 m tief erhaltener, flacher Spitzgraben (Abb. 168). Er verlief an der Westseite von Süden nach Norden, um dort nach Osten abzuknicken. Weitere Abschnitte eines Nord-Süd orientierten Grabens konnten an der Ostseite des Geländes verfolgt werden. Der interpolierte Grabenverlauf bildet ein Rechteck um die größte Konzentration mittelalterlicher Strukturen. Innerhalb dieser Umwehrung, nördlich des nicht erhaltenen Hofgebäudes, lagen auch die drei größten Befunde mittelalterlicher Zeitstellung: das Grubenhaus, ein Erdkeller und zwei aufeinander folgende Brunnen.

167 Viersen-Rintgen. Baubefunde der Grabung mit Überblendung der Kartenwerke des 19. und 20. Jahrhunderts.

Das Grubenhaus war Ost-West orientiert. Seine wannenförmige Unterkante war etwa 0,60 m tief erhalten. In den Ecken konnten vier bis zu 0,50 m tiefe Pfostenlöcher und zwischen diesen Pfosten schmale Wandgräbchen dokumentiert werden. Es handelte sich also um ein Eckpfostenhaus mit Wänden aus Flechtwerk oder Spaltbohlen, das möglicherweise als Wirtschaftsgebäude diente. Der massive Ortstein an der Unterseite spricht für eine längere Nutzungsdauer. Der Befund ist einer der ältesten auf dem Gelände: Die in ihm gefundene Grauware und das Protosteinzeug ermöglichen seine Datierung in das 13. Jahrhundert.

Südlich an das Grubenhaus grenzte eine 3,0 × 5,0 m große kastenförmige Grube mit gleicher Orientierung. Ihre Nordostecke war merkwürdig eingezogen und es ließen sich lediglich drei Pfostengruben an zwei Ecken und einer Langseite feststellen. Der Befund schnitt das Grubenhaus an einer Ecke und ist auch nach der gefundenen Keramik später zu datieren. Die Tiefe der Grube von 1,40 m könnte für eine Nutzung als Erdkeller sprechen.

Südlich dieser beiden großen Verfärbungen traten zwei eng beieinander liegende und zeitlich aufeinander folgende Brunnen zutage. Sie ließen sich bis in eine Tiefe von 4,0 m unter Planumsniveau verfolgen (Abb. 169). Im unteren Bereich waren Spuren hölzerner Einfassungen zu erkennen. Die ältere Brunnenfassung hatte einen Durchmesser von 0,9 m, die jüngere von 1,2 m. Die Keramik in den Brunnenverfüllungen unterschied sich deutlich voneinander: Aus dem älteren Befund stammt Grauware und Protosteinzeug, aus dem jüngeren Grapen, die diesen in das 14. oder 15. Jahrhundert datieren.

Die beschriebene Befundlage lässt darauf schließen, dass die im Mittelalter verfüllten Gruben, Gräben und Brunnen zu dem in den Quellen genannten Riethof gehörten. Sie zeugen vom wirtschaftlichen

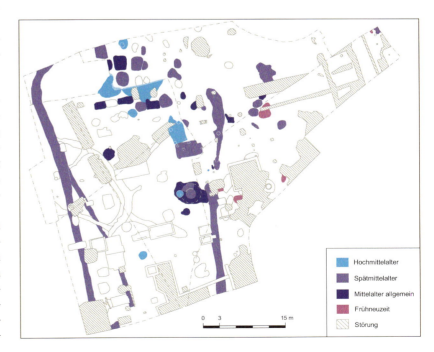

168 Viersen-Rintgen. Phasenplan der Ausgrabung Viersen, Heierstraße.

169 Viersen-Rintgen. Nordprofil der beiden mittelalterlichen Brunnengruben.

Charakter der Anlage. Die älteste gefundene Keramik aus dem späten 12. Jahrhundert belegt die Existenz einer Hofanlage schon rund 100 Jahre vor der ersten urkundlichen Erwähnung im Jahr 1390. Die Menge an neuzeitlichen Befunden bezeugt den – durch die Archivlage bereits bekannten – Verlust des ländlichen Charakters dieser Flur seit der Mitte des 19. Jahrhunderts.

Literatur: P. Horrenberg, Aus dem Viersener Bannbuch. Beitr. Lokalgesch. Niederrhein (Viersen 1886) 102–104. – K. L. Mackes u. a. (Hrsg.), Aus der Vor-, Früh- und Siedlungsgeschichte der Stadt Viersen (Viersen 1956) 114 f.

Neuzeit

170 Jüchen-Otzenrath. Brennkammer des neuzeitlichen Ringofens mit Schürlöchern im Deckengewölbe. Im Boden und in der Wand rechts (Durchbohrung) Spuren eines nachbetrieblichen Umbaus.

JÜCHEN, RHEIN-KREIS NEUSS

Ausgrabungen in und um St. Simon und Judas Thaddäus

Otzenrath musste dem Braunkohlentagebau Garzweiler II weichen. Am ehemaligen Standort der Katholischen Kirche und in deren direktem Umfeld – einschließlich des Kapitelshofs – wurden bis Ende 2008 umfangreiche Ausgrabungen durchgeführt (Abb. 171). Erste Ergebnisse der archäologischen Ortskernuntersuchung werden nachfolgend vorgestellt.

Schon seit jeher wird der größte Hof des Ortes, der von 1300 bis zur Säkularisation Klostergut von St. Maria im Kapitol zu Köln war (Kapitelshof) und zuvor einer Adelsfamilie gehört hatte, als Gründungskern der hochmittelalterlichen Rodungssiedlung angesehen. Schlechte Erhaltungsbedingungen für hochmittelalterliche Befunde ließen hier allerdings lediglich Reste eines Grabensystems erkennen, das sich vom Habitus her aber immerhin in das von rheinischen Motten her bekannte Schema einfügen lässt. Der Ursprung der Kirche St. Simon und Judas Thaddäus kann schon aufgrund der direkten Nachbarschaft zu diesem einstigen niederadeligen Wohnsitz in einer herrschaftlichen Eigenkirche vermutet werden. Im Chorbereich des 1869/70 errichteten letzten Kirchenbaus gab sich ein kleiner dreischiffiger Vorgängerbau mit polygonalem Chorabschluss zu erkennen, aus dessen Südschiff 2007 ein im Dreißigjährigen Krieg verborgener Münzschatz gehoben wurde; im letzten Band der Archäologie im Rheinland wurde darüber berichtet. Bevor das Gelände 1869 durch umfangreiche Planierungsarbeiten für den Bau der neugotischen Kirche eingeebnet worden war, stand diese bescheidene Kuratkapelle auf der Anhöhe eines flachen grabenumzogenen Hügels. Das alte Kirchlein lag inmitten des bis 1858 genutzten Ortsfriedhofs und hatte sich

Alfred Schuler, Denis und Josef Franzen

171 Jüchen-Otzenrath. Unterirdisches Gangsystem (links) und Erdkeller mit Brandschutt (rechts) nahe der Katholischen Kirche (Mauerzüge links oben).

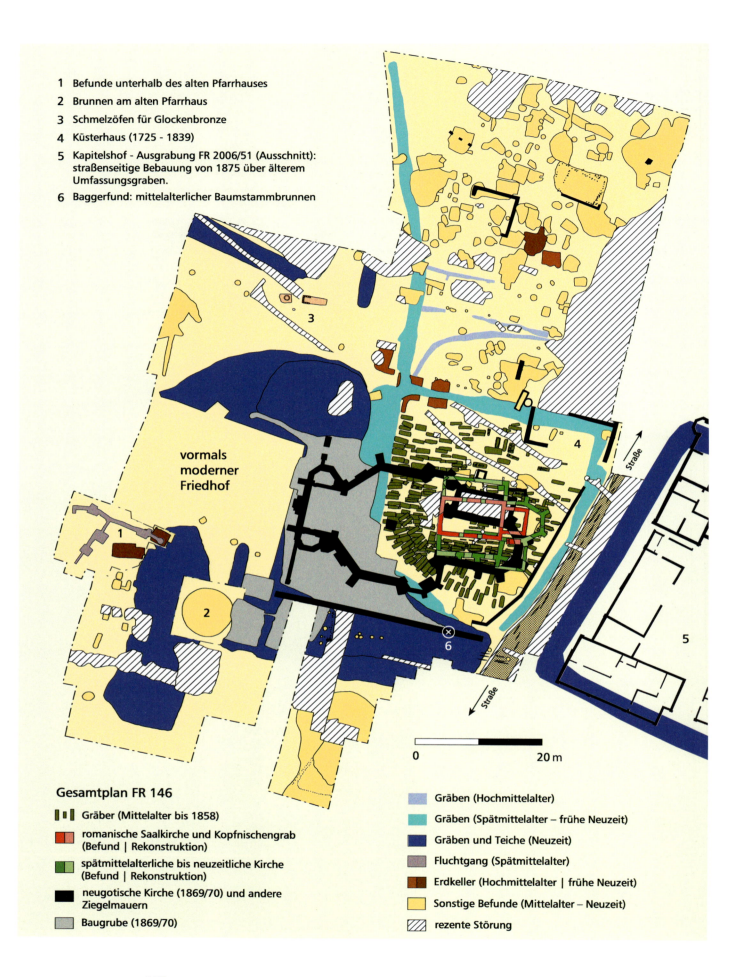

allmählich aus dem Urbau, einer romanischen Saalkirche (10,3 × 6,4 m) mit eingezogenem Rechteckchor, entwickelt. Von den innerhalb der Vorgängerbauten gefundenen Gräbern gaben sich einige als Klerikergräber zu erkennen; andere hochmittelalterlicher Zeitstellung sind erst durch Anfügung der Seitenschiffe inkorporiert worden. Nur ein einziges Grab war mit einer den Kopfbereich betonenden Steinfassung aus römischem Altmaterial aufwändiger gestaltet. Als Kopfnischengrab gehört es zu jener typischen Grabform des 11./12. Jahrhunderts, die hochgestellten Persönlichkeiten vorbehalten war. Die mehrfach genutzte Grabstätte war von einem Kindergrab flankiert und vom gotischen Chor bereits überbaut. Da sie zudem dicht neben dem Altarraum der Saalkirche lag, kann man davon ausgehen, dass hier die Grablege der adeligen Kirchengründerfamilie erfasst wurde.

Unweit südwestlich des ehemaligen Kirchhügels gelang es, – unter dem modernen Friedhof – einen in den Löss eingeschnittenen Fluchtgang von annähernd T-förmigem Grundriss freizulegen (Abb. 171; 172,1). Er verfügte über einen schachtartig in die Tiefe führenden Einstieg, gefolgt von extrem flachen Kriechgängen, die in kleine Verweilkammern mündeten, sowie verbindenden niedrigen Laufgängen mit Spitzbogengewölbe sowie einer Ausstiegskammer mit Lösstreppe. Vom 15 m langen Hauptgang, der in einem Lüftungsschacht endete, zweigte etwa mittig ein Kriechgang ab. Die anschließende kleine Kammer war mit der nachfolgenden Ausstiegsmöglichkeit durch einen weiteren Kriechgang verbunden (Abzweiglänge 9 m). Einzelne „Fundnester" im Gangsystem deuten auf dessen Bestehen bereits im 13./14. Jahrhundert hin; aufgegeben wurde es jedoch erst in der ersten Hälfte des 16. Jahrhunderts: Fragmente mehrerer gläserner Trinkbecher (z. B. Maigelein) sowie ein Marienfigürchen aus Pfeifenton gehören zu den Funden dieser Zeitstellung.

Nach Verfüllung des Gangsystems wurden an gleicher Stelle zwei Erdkeller angelegt, deren Böden mit Brandschutt aus der ersten Hälfte des 17. Jahrhunderts bedeckt waren (Abb. 171). Hierin fanden sich Fragmente hochwertiger Steinzeuggefäße mit Reliefauflage, z. B. eines Mittelfrieskrugs mit Herrscherdarstellung aus der Zeit um 1600 sowie das Bodenstück einer optisch gerippten Kanne aus tiefblauem Glas. Auch konnten Fragmente von mindestens zwölf älteren grün glasierten Ofenkacheln aus dem Brandschutt geborgen werden. Die rechteckigen, 30 × 19 × 6 cm großen Nischenkacheln mit Rückwandrelief dürften aus Kölner Produktion stammen (Abb. 173). Entwicklungsgeschichtlich gehören sie zu den späten Übergangsformen von der gotischen Halbzylinderkachel mit Vorsatzblatt zur renaissancezeitlichen Blattkachel und sind wohl im ersten Drittel des 16. Jahrhunderts gefertigt worden. Die modelgeformten Rückwandreliefs zeigen durchweg christliche Motive, wobei insbesondere die fünfmal belegte stehende bärtige Gewandgestalt aufgrund gewisser Unstimmigkeiten im Darstellungskanon kaum eindeutig zu benennen ist: Es könnte sich um Johannes den Täufer mit Lamm in der linken, den Weisegestus mit der rechten Hand ausführend handeln (Abb. 173, rechts). Eine weitere Gewandgestalt könnte Maria darstellen. Viermal ist das aus der zeitgenössischen Druckgrafik bekannte Motiv des Gekreuzigten mit Maria und Johannes neben dem Kreuz stehend nachweisbar; davon dreimal in minderer Modelqualität jedoch zusätzlich mit erhabenem Schriftzug *ECCE HOMO* (Abb. 173, links). Der äußerst ungewöhnliche bildintegrierte Schriftverweis auf eine andere Leidensstation Christi dürfte eine Eigenkreation des Modelschneiders sein. Durch den Verweis auf die Szene der Zurschaustellung und Verurteilung Christi, die als eindrückliches Sinnbild für die Verstrickung des Menschen in die Sünde galt, sollte wohl – ganz im Geiste spätmittelalterlicher Frömmigkeit – die Andachtsintensität des Betrachters nochmals gesteigert werden.

Der Neubau eines Kachelofens etwa zeitgleich mit der Aufgabe des unterirdischen Gangsystems deutet auf umfangreiche Neugestaltungen am obertägigen Gebäude hin. Neben der kirchennahen Lage weist auch das für einen dörflichen Kontext ungewöhnlich qualitätvolle und zudem stark religiös durchdrungene Fundgut darauf hin, dass hier in Spätmittelalter und früher Neuzeit das Pfarrhaus gestanden hatte. Die Datierung des Brandschutts und auch die Tatsache, das der 1653 neu eingesetzte Geistliche nach eigenem brieflichen Bekunden kein Pfarrhaus mehr vorfand und daraufhin eines an anderer Stelle neu erbaute, lassen darauf schließen, dass das alte Pfarrhaus im Dreißigjährigen Krieg zerstört wurde: Eine deutliche Parallele zu dem im Vorjahr aus dem Inneren der Filialkirche gehobenen Otzenrather Münzschatz.

Ein weiterer mit der alten Kirche in Zusammenhang stehender Befund fand sich etwa 40 m nord-

172 Jüchen-Otzenrath. Plan zur Ortskerngrabung.

173 Jüchen-Otzenrath. Ofenkacheln aus der Brandschuttschicht des Erdkellers mit Kreuzigungsmotiv (links) und bärtiger Männerfigur, möglicherweise Johannes (rechts).

westlich davon (Abb. 172,3). In den Lehmboden eingegraben, lag hier ein von drei Seiten backsteingefasster Schmelzofen rechteckiger Grundform mit vorgelagerter Arbeitsgrube. Holzkohle, Verziegelungen im Löss und kleine unförmige Buntmetallreste aus dem ansonsten nach der Nutzung weitgehend ausgeräumter Geviert belegen ein offenbar in Tiegeln bewerkstelligtes Schmelzen von Bronze. Die deutlich flachere Nachbargrube enthielt den untersten eingegrabenen Abschnitt eines aufrecht stehenden runden Schachtofens mit ca. 70 cm Basisdurchmesser. Obwohl die charakteristische Dammgrube wie auch Gussformreste nicht gefunden wurden, dürfte der Gesamtbefund dennoch mit dem Guss einer bescheidenen Kirchenglocke in Verbindung stehen. Die Untersuchung der Buntmetallreste im Curt-Engelhorn-Zentrum für Archäometrie in Mannheim ermittelte jedenfalls eine für „Glockenbronze" kennzeichnende Legierungszusammensetzung. Aus beiden Befunden gibt es kein datierendes Fundmaterial. Aufgrund der AMS-Radiokarbondatierung einer Holzkohleprobe aus dem Schachtofen – durchgeführt am Leibniz Labor für Altersbestimmung in Kiel – kommt nur eine neuzeitliche Datierung in Frage.

Vorwiegend nördlich des ehemaligen Kirchhügels wurden Erdkeller ausgegraben, die auf Standorte hochmittelalterlicher Hofstellen hindeuten. Die ältesten Funde und Befunde gehen auf das 11. Jahrhundert zurück. Der Ort ist folglich wohl nicht lange vor seiner dem gleichen Jahrhundert zugeschriebenen Ersterwähnung als *Osrotha* im Urbar Werden gegründet worden. Wichtig ist in diesem Zusammenhang der aus dem Fundament der Saalkirche geborgene seltene römische Ziegelstempel *SNS*. Im ländlichen Rheinland sind Stempel dieses Privatzieglers bislang ausschließlich aus der zweieinhalb Kilometer entfernten *villa rustica* in Borschemich belegt. Man darf also davon ausgehen, dass der adelige Begründer der Otzenrather Eigenkirche sein Baumaterial aus den dortigen Ruinen brach. Durch die Verwertungsrechte hieran wird die schon aus allgemeinhistorischen Erwägungen heraus abzuleitende Auffassung bestätigt, dass Otzenrath im Kirchspiel Keyenberg von Borschemich aus gegründet wurde.

Literatur: A. SCHULER/C. KLAGES, Ein Münzschatz zum Auftakt der Kirchengrabung in Otzenrath. Arch. Rheinland 2007 (Stuttgart 2008) 153–156.

STADT DÜSSELDORF

U-Bahn-Archäologie in Düsseldorf

Andreas Kupka

Seit November 2007 laufen in Düsseldorf die Arbeiten zum Bau einer neuen U-Bahn-Linie, die das existierende Streckennetz der Landeshauptstadt in Richtung Osten und Süden ergänzen wird. Das Ende der Arbeiten ist für 2014 projektiert. Die neue Wehrhahn-Linie hat eine Gesamtlänge von 3,4 km und tangiert auf mehr als der Hälfte der Strecke den Verlauf der denkmalgeschützten ehemaligen Düsseldorfer Stadtbefestigung. Vor allem im mittleren (Corneliusplatz/Heinrich-Heine-Allee) und südlichen Bauabschnitt (Kasernen-/Elisabethstraße) ist im Bereich der neuen U-Bahnhöfe mit massiven Resten der Festungswerke zu rechnen (Abb. 174–175).

Die Düsseldorfer Stadtbefestigung erfuhr ab dem 16. Jahrhundert einen bastionären Ausbau, der in den folgenden Jahrhunderten im mehreren Phasen fortgesetzt wurde und das Stadtgebiet erheblich vergrößerte. Im Jahre 1801 mussten die Festungswerke in Folge des Vertrags von Lunéville auf Betreiben der Franzosen geschleift werden. Zahlreiche Elemente der mächtigen Festung blieben aber noch über Jahre im Stadtbild erhalten.

Bereits in der Planungsphase des umfangreichen U-Bahnprojektes gelang es, in enger Abstimmung zwischen dem Bauherrn und dem LVR-Amt für Bodendenkmalpflege im Rheinland (LVR-ABR) ein detailliertes archäologisches Grabungskonzept zu entwickeln, das im Planfeststellungsbeschluss der Stadt Düsseldorf zum Bau der Wehrhahn-Linie Aufnahme fand. Zur Koordination der archäologischen Arbeiten

174 Düsseldorf. Nordflanke der Flinger Bastion an der Heinrich-Heine-Allee.

zwischen Auftraggeber, dem LVR-ABR, den Baufirmen und den Grabungsfirmen wurde eigens ein Wissenschaftler (Verf.) berufen. Mit der archäologischen Begleitung der Erdarbeiten sind zwei archäologische Fachfirmen – ARCHBAU und Dr. Urban & Partner – betraut.

Vor Beginn der großflächigen Ausschachtungsarbeiten im Bereich der zukünftigen U-Bahnhöfe galt es, die zahlreichen Um- und Neuverlegungen von Kanälen und Versorgungsleitungen sowie Abrissarbeiten von z. B. Fußgängerunterführungen archäologisch zu begleiten.

Bei Kanalbauarbeiten im mittleren Bauabschnitt auf dem Corneliusplatz konnte durch die Firma ARCHBAU eine Mauerstruktur aus Feldbrandziegeln dokumentiert werden, die in West-Ost-Richtung verlief. Hierbei handelte es sich vermutlich um die Eskarpe der Bastion St. Elisabeth. Im Bereich „Süd" schnitt eine neue Kanaltrasse in der Kasernenstraße die Reste der aus Feldbrandziegeln gemauerten Südface des Berger Ravelins und den vorgelagerten Festungsgraben. Die Arbeiten hier führte die Firma Dr. Urban & Partner durch.

Etwas weiter südlich, am Graf-Adolf-Platz, ließ sich im Bereich der Baugrube des neuen U-Bahnhofes ebenfalls der ehemalige Festungsgraben der südlichen bastionären Front – der sog. Inneren Extension – im Profil und Planum nachweisen. Die Breite des Grabens betrug in der Grabungsfläche mehr als 20 m, wobei die nördliche Begrenzung noch nicht erfasst wurde.

Darüber hinaus konnte man Informationen zur genauen Lage der ehemaligen Bebauung der Carlstadt aus dem 18. und 19. Jahrhundert anhand von freigelegten Kellerstrukturen verifizieren und durch Tiefensondagen ergänzen.

Der im Jahre 2008 wichtigste Befund zeigte sich im Baubereich „Mitte" an der Theodor-Körner-Straße/Ecke Heinrich-Heine-Allee, wo, wie von den Archäologen erwartet, Reste einer mächtigen Mauer aus Ziegeln und Natursteinen zutage traten. Der ca. 3,0 m breite Mauerverlauf gehörte zur Flinger Bastion, einem der ältesten Elemente der bastionären Stadtbefestigung Düsseldorfs aus dem 16. Jahrhundert, die erst 1806 oberirdisch beseitigt wurde (Abb. 174). Bereits bei den Bauarbeiten zum unmittelbar angrenzenden Hotel Breidenbacher Hof im Jahr 2006 war ein Nord-Süd orientiertes Mauerstück dieser Bastion aufgetaucht. Der nun freigelegte Befund ist der Anschluss der Eskarpenmauer in westliche Richtung, die sog. Flanke der Bastion. Die imposanten Natursteine der Verblendung wurden nach der Dokumentation fachgerecht demontiert und zwischengelagert.

Obwohl die Bauarbeiten an den eigentlichen Grabungsflächen im Bereich der zukünftigen U-Bahnhöfe im Jahr 2008 erst zu einem kleinen Teil begonnen haben, konnten die baubegleitenden archäologischen Untersuchungen bereits wichtige Informationen zur bastionären Stadtbefestigung Düsseldorfs liefern. Die Grabungserkenntnisse, die ja u. a. C. Brand an dieser Stelle in den letzen Jahren vorgestellt hat, sollen auch in den folgenden Jahren vertiefend dargestellt werden.

Im Jahr 2009 ist nach Beginn der großflächigen Erdarbeiten in den denkmalgeschützten Bereichen der Wehrhahn-Linie mit einem dichteren Befundaufkommen und damit zahlreichen neuen Erkenntnissen zur Stadt- und Fortifikationsgeschichte der Landeshauptstadt Düsseldorf zu rechnen.

Literatur: C. BRAND/A. SCHMIDT-HECKLAU/U. SCHÖNFELDER/ P. ZIEGELER, Bastionsmauer „unterm Deckel" auf dem Gelände des Breidenbacher Hofes in Düsseldorf. Arch. Rheinland 2006 (Stuttgart 2007) 191–193. – C. BRAND/U. SCHÖNFELDER, Neues zur Düsseldorfer Bastionsbefestigung. Arch. Rheinland 2007 (Stuttgart 2008) 164–166. – E. SPOHR, Düsseldorf Stadt und Festung (Düsseldorf 1978). – C. VON LOOZ-CORSWAREM/K. WEHOFEN, Düsseldorf im Kartenbild (Düsseldorf 1998).

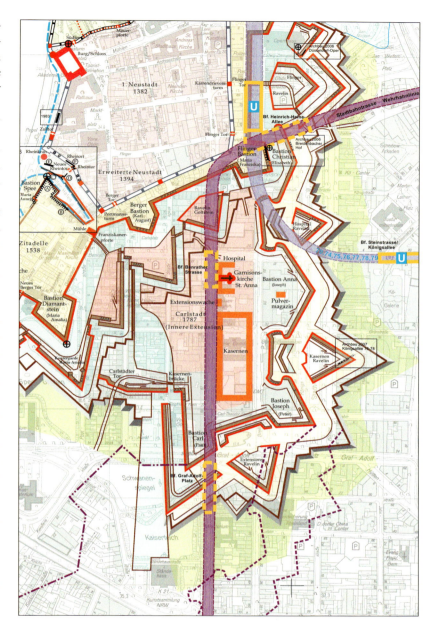

175 Düsseldorf. Verlauf der neuen U-Bahn-Linie (violett) mit ehemaligem Festungstracé.

STADT DÜSSELDORF

Ehemals dicht bebaut: das Gelände des Theresienhospitals in der Düsseldorfer Altstadt

Cordula Brand und
Uwe Schönfelder

Das ehemalige Theresienhospital in der Düsseldorfer Altstadt zwischen Ritterstraße, Stiftsplatz und Altestadt (Bodendenkmal-Nr. D 017) soll in ein hochqualitatives Wohnobjekt mit Tiefgarage und unterkellertem Ergänzungsbau umgewandelt werden. Das Areal befindet sich am nordöstlichen Rand der mittelalterlichen Stadt Düsseldorf. Nördlich des Geländes – heute Ritterstraße – verliefen ein Graben und die Stadtmauer. Westlich fließt der Rhein, zum Ufer hin war die Stadt durch eine Mauer geschützt; außerdem lagen hier Markt und Pulverturm. Nach Süden schloss das Gelände der Lambertuskirche samt Gräberfeld an, nach Osten ist weitere Bebauung anzunehmen. Archäologische Untersuchungen fanden auf dem Areal bisher nicht statt.

Um den Aufwand der Ausgrabungen und seine Konsequenzen für den Bauablauf kalkulieren zu können, beauftragte man ein archäologisches Gutachten sowie eine archäologische Sachverhaltsermittlung durch die Firma ARCHBAU. Die Durchsicht und Auswertung der Archivalien sowie Publikationen im Rahmen des archäologischen Gutachtens ergab folgendes Bild: Den historischen Quellen zufolge befanden sich auf dem Gelände das Schützen- wie auch das Rathaus. Durch das Landsteuerbuch von 1632 sind die Besitzer der Nord-Süd ausgerichteten Grundstücke bekannt, mit großer Wahrscheinlichkeit lagen die Wohnhäuser an der Straße Altestadt.

In der Nacht zum 10. August 1634 wurden fast alle umliegenden Häuser durch eine Explosion des Pulverturms, verursacht durch einen Blitzeinschlag, zerstört. Die exakte Lage des Pulverturms – und somit der massivsten Zerstörungen – ist unbekannt. Überliefert ist ein Verzeichnis der beschädigten Häuser. Die gesamte Bebauung musste erneuert werden, teils bauten die Eigentümer selbst oder verkauften die Grundstücke.

Im Jahr 1637 erhielt die Priorin des Kölner Karmelitessenklosters die Genehmigung des Pfalzgrafen Wolfgang Wilhelm, in Düsseldorf einen Karmel zu eröffnen. Die Keimzelle des Klosters bildeten die Grundstücke des ehemaligen Schützen- und Rathauses. In der Folgezeit wurde der Klosterbesitz durch Ankauf von Nachbargrundstücken kontinuierlich vergrößert.

Eine erste katastermäßige Aufnahme des zu untersuchenden Areals liegt mit der napoleonischen „Carte speciale de la Ville de Düsseldorf" von 1795 vor. Gegen 1870 setzt die Erhaltung von Planunterlagen in den Hausakten des Stadtarchivs ein. Sie liefern teils detaillierte Informationen zu An- und Umbauten. Ein Katasterplan vom Ende des 19. Jahrhunderts gibt die

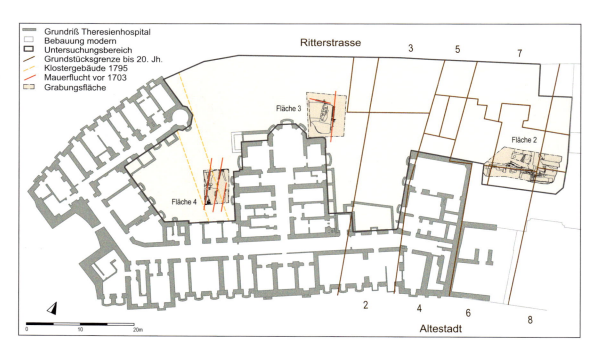

176 Düsseldorf. Übersichtsplan der Grabungsschnitte und Mauerfluchten auf dem Gelände des Theresienhospitals.

177 Düsseldorf. Blick über die Gewölbekeller des Grundstücks Altestadt 6 in Fläche 2.

zeitgenössische Bebauung wieder. Das zum Krankenhaus umgewandelte Kloster wurde 1912 durch einen Neubau ersetzt und in den Jahren 1926 und 1951 erweitert.

Aufgrund des gewonnenen Kenntnisstands erfolgte die archäologische Sachverhaltsermittlung im Sommer 2008 mittels dreier Sondageschnitte verteilt über das zu bebauende Areal (Abb. 176). Insgesamt wurden etwa 160 m² Grundfläche geöffnet, bearbeitet und wieder verfüllt.

Bei Öffnung aller Schnitte gelang es, vor allem Mauerbefunde, aber auch Pflasterhorizonte aufzudecken, die zumeist oberflächennah ab 0,5 m Tiefe zutage traten. Der anstehende Lehm bzw. die Sande lagen in 2–2,5 m Tiefe. Die Mächtigkeit von 1–2 m für das Kulturschichtpaket barg das Problem, dass bei Öffnung des Bodens sofort und oberflächennah nahezu alle Befunde bzw. Bauphasen gleichzeitig und z. T. in sehr geringer Erhaltung von nur einer Ziegellage auftraten. Baggerarbeiten mussten deshalb mit besonderer Vorsicht durchgeführt werden.

An verschiedenen Stellen ließen sich anhand von Überschneidungen mindestens drei Bauphasen nachweisen; weitere stratigraphische und chronologische Untersuchungen können erst bei der endgültigen Ausgrabung und dem Abtragen von Mauern erfolgen. Daher lässt sich bisher auch keine detaillierte Korrelation von Befundsituationen vornehmen. Allerdings scheint sicher, dass die Nord-Süd orientierten Mauerzüge der Flächen 3 und 4 zur Bebauung aus der Zeit vor dem Kloster, also jüngstens aus dem Beginn des 17. Jahrhunderts stammen (Abb. 176, rote Linien). Sie liegen im Gartenbereich des späteren Klosters. Das Ziegelformat liegt bei 27–28 × 12–13 cm, während die jüngeren Ziegel kleiner sind. Die Orientierung der Mauern entspricht der Grundstücksgliederung des östlichen Areals, während sich die Nordwest-Südost-Orientierung weiterer Mauern mit dem ältesten Katasterplan von 1795 abgleichen lässt (Abb. 176, gelbe Linien). Letztere Befunde dürften also zum alten Klostergebäude gehören.

178 Düsseldorf. Unterteil eines Glases mit Beerennuppen aus dem 17. Jahrhundert aus einer Abfallgrube in Fläche 2.

In Fläche Stelle 2 lassen sich einige Strukturen mit den Parzellengrenzen seit 1795 übereinbringen, so vor allem die Gebäudestrukturen von Grundstück Altestadt 6 mit den Gewölbekellern (Abb. 176, braune Linien; 177). Ziegelmaße von 27 × 12 cm für die West-Ost orientierte Mauer und 25 × 12 cm für die Anbauten sprechen für eine Ausbauphase älterer Bauten.

Stratigraphisch ältere Strukturen dieser Fläche gehören wiederum zur Bebauung aus der Zeit vor der Klostergründung. Einen weiteren Anhaltspunkt zur Datierung bieten hier auch einige Funde von Grauware und Scherben Siegburger Art aus einer Baugrube. Bei den Scherben Siegburger Art sind zudem einige Fehlbrände auffällig, die aus einer Töpferei(?) stammen könnten. Leider handelt es sich um Wandungsscherben, sodass die Datierung bisher nur mit „spätmittelalterlich/frühestneuzeitlich" (etwa 15./16. Jahrhundert) angegeben werden kann.

Auch die neuzeitlichen Streufunde der Grabungsflächen enthalten jeweils einen geringen Anteil Scherben Siegburger Art. Als besonderer Fund sei das Unterteil eines Glases mit Beerennuppen des 17. Jahrhunderts aus einer Abfallgrube in Fläche 2 genannt (Abb. 178).

Abschließend sei noch eine Befundgruppe in Fläche 3 vorgestellt. Bei Anlage eines Planums auf der Oberkante des anstehenden Lehms wurden zahlreiche kleine, bis ca. 0,1 m Durchmesser große, rundliche und vierkantige „Pfostenlöcher" angetroffen. Diese reichen senkrecht in den Boden und besitzen eine eindeutige Unterkante, sodass Tiergänge auszuschließen sein dürften. Entweder mag es sich bei diesen Spuren um Pfahlwurzler oder Gestänge, z. B. von Spalierobst, handeln. Beide Möglichkeiten verwundern nicht in dem ehemals als Klostergarten genutzten Bereich.

Literatur: E. Spohr, Das Theresienhospital. Ein Stück Düsseldorfer Stadtgeschichte 1288–1980 (Düsseldorf 1980).

DÜREN, KREIS DÜREN

Lehrer Lämpels Pfeifenköpfe und neugotische Fensterbögen

Achim Jaeger,
Petra Tutlies
und Jochen Altmiks

Der größte zusammenhängende Teil der mittelalterlichen Stadtmauer Dürens ist heute noch auf dem Gelände des Stiftischen Gymnasiums erhalten. So liegt es nahe, Schülerinnen und Schüler mit diesem eindrucksvollen Zeugnis aus vergangenen Zeiten vertraut(er) zu machen und auch ihr Interesse für jenen Ort zu wecken, an dem sie täglich lernen. Eine freiwillige Arbeitsgemeinschaft zur Stadtmauer und deren Geschichte wird seit dem Schuljahr 2004/2005 kontinuierlich angeboten. Seither haben diverse Schülergruppen die noch vorhandenen Überreste im gesamten Stadtgebiet eingehend erkundet und dokumentiert.

Sie entdeckten dabei, dass heute allein an dem Mauerabschnitt zwischen dem sog. Dicken Turm und dem Grönjansturm der Aufbau der (spät)mittelalterlichen Dürener Befestigungsanlage noch zu vermitteln ist, die hier aus Stadtmauer, Wallanlage und ehemals vorgelagertem Mühlenteich bestand.

Das Interesse der Schüler war entsprechend groß, als die Schulhofsanierung die archäologische Begleitung von Erdarbeiten unmittelbar hinter der Stadtmauer notwendig machte. Obwohl nur die Teerdecke und deren Unterbau entfernt werden sollten, war doch die Möglichkeit gegeben, erstmals einen archäologischen Blick in die Geschichte des Grundstücks zu werfen. Neben einer denkbaren mittelalterlichen Bebauung wurden vor allem die Reste des 1721 erbauten und 1944 durch Bomben zerstörten Kapuzinerklosters an dieser Stelle erwartet. Dass entsprechende Reste bereits unmittelbar unter der Teerdecke des Schulhofes zutage traten, machte ein besonders sorgfältiges Vorgehen erforderlich. Die notwendigen Arbeiten führte ein Grabungsteam der Außenstelle Nideggen des LVR-ABR durch. Diesem gelang die Aufdeckung zahlreicher Baubefunde aus unterschiedlichen Zeithorizonten (Abb. 179): Ein kleines Stück Stadtmauer, unmittelbar an den Dicken Turm ansetzend, war das älteste Zeugnis, ein weiterer Mauerbefund gehört sicherlich noch in die vorklösterliche Zeit am Ort. Darüber hinaus ließen sich keine mittelalterlichen Gebäudereste nachweisen. Die weitaus meisten Baubefunde gehören zum Klosterbau des frühen 18. Jahrhunderts und ließen sich mit den vorhandenen Plänen

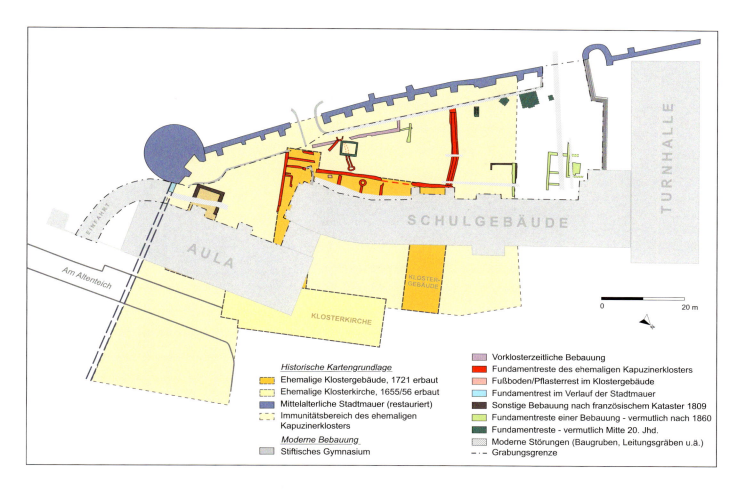

aus französischer und preußischer Zeit parallelisieren. Es wurden die insgesamt 42 m lange Außenfront des Westtraktes des Klosters mit seiner Innengliederung sowie Teile des Südflügels aufgedeckt. Das durchschnittlich 0,80 m breite aufgehende Mauerwerk hatte ein 1,25 m breites Fundament. Weder die Innengliederung des Westtraktes, noch die des westlichen Bereichs des Südtraktes sind vollständig überliefert. Es ist davon auszugehen, dass durch die schweren Kriegsschäden und die anschließende Niederlegung der Ruinen große Fundamentbereiche in unterschiedlicher Höhe abgetragen und daher bei der jetzigen Freilegung nicht angetroffen wurden. Ein runder Hausbrunnen aus Ziegelmauerwerk, eine Pflasterung sowie ein mit Natursteinen ausgelegter schmaler Raum sind die einzigen Reste der ehemaligen Innenausstattung. Ein rundes Wasserbecken südwestlich des Westflügels sammelte und leitete Oberflächen- und Schmutzwässer gebündelt aus dem Klostergelände heraus (Abb. 180). Ein weiterer Kanal leitete die Abwässer aus dem nördlichen Teil des Westflügels ab. Neben den Klosterbauten gelang es, weitere zeitgleiche Gebäude der nahen Umgebung aufzudecken. Sie hatten vermutlich eine profane Zweckbestimmung, ebenso wie das durch die französischen Truppen säkularisierte Kloster, in das 1827 das städtische Gymnasium einzog und dort bis 1891 verblieb. Die Gebäude fielen spätestens dem verheerenden Bombardement vom 16. No-

179 Düren, Stiftisches Gymnasium. Gesamtplan.

180 Düren, Stiftisches Gymnasium. Blick auf den Wassersammler vor dem Westflügel des Klosters.

vember 1944 zum Opfer. Die Behelfsbauten der frühen Nachkriegsjahre konnten im archäologischen Befund aufgezeigt und mit Fotos verglichen werden, die kurz vor dem Neubau des Stiftischen Gymnasiums an dieser Stelle entstanden. Zahlreiche aus dem Schutt

181 Düren, Stiftisches Gymnasium. Als Spolien verwendete neugotische Fensterbögen aus dem Bauschutt des Schulhofes.

geborgene Funde datieren in die Zeit vom Spätmittelalter bis in das 20. Jahrhundert. Die weitaus meisten Funde lassen sich jedoch in die Zeit des 18.–20. Jahrhunderts einordnen. Dazu gehören Spolien aus Buntsandstein wie Fensterlaibungen, neogotische Sandsteinbögen, die mit Putz belegt, also sicherlich schon sekundär verbaut waren (Abb. 181). Sie können zu dem Abbruchschutt des Klosters gehören. Ein kleines Tintenfass aus Steingut sowie einige Tonpfeifenköpfe gehörten dagegen möglicherweise einem Lehrer Lämpel, wie er uns bei Wilhelm Busch begegnet, oder anderen Vertretern seines Berufsstandes, die hier bis zum heutigen Tag mit Vergnügen „die Kinder lehren und die Wissenschaft vermehren".

Die Außenstelle Nideggen konnte am Tag des offenen Denkmals in Zusammenarbeit mit der Stadtmauer-AG schließlich eine ausführliche Dokumentation der Grabungen präsentieren. Nicht nur diese, sondern auch die originalen Funde stießen auf besonderes Interesse bei den zahlreichen Besuchern.

Literatur: W. HEINRICHS, Orden und ihre Niederlassungen im alten Düren (Düren 2003). – A. JAEGER, Rund um die Dürener Stadtmauer. Ein historischer Streifzug. In: KREIS DÜREN (Hrsg.), Jahrb. Kr. Düren 2007 (Düren 2006) 121–132. – DERS. UNTER MITARBEIT VON RUTH FLOßDORF, Entdeckendes Lernen vor Ort: Das „Stadtmauer-Projekt" am Stift. In: STIFT. GYMNASIUM DÜREN (Hrsg.), Das Stiftische Gymnasium Düren. Eine Traditionsschule im 21. Jahrhundert. Neue Beiträge zu Geschichte und Gegenwart unserer Schule (Düren 2008) 227–255.

JÜLICH, KREIS DÜREN

Kommissbrot an der Rur – die Garnisonsbäckerei der Festung Jülich

Bernhard Dautzenberg

Die Archäologie bedient sich der Hilfe verschiedenster Wissenschaften, um Ergebnisse zu erlangen oder diese zu interpretieren. Im Gegenzug kann die Archäologie Daten bereitstellen, die für die Baugeschichte oder -denkmalpflege entscheidende Hinweise geben. Im Falle der renaissancezeitlichen Befestigungsanlage Jülichs lieferte sie wichtige Fixpunkte sowohl zur Zitadelle als auch zur Gesamtgeometrie der im 16. Jahrhundert idealtypisch wiedererrichteten Stadt.

Ausgangsdaten über die genaue Lage der historischen Bebauung waren für die Festungsstadt Jülich trotz aller historischen Abbildungen bis in die 1990er Jahre nicht hinreichend bekannt; Katasterpläne sparten Befestigungsgelände z. T. bewusst aus, zeigten oft nur angrenzende Bebauung und auf Luftbildern verdeckten begrünte Bereiche die historische Bausubstanz. Ausgangspunkt für die Verortung der Grundrissfigur in Plänen war der von Jürgen Eberhardt 1978 erkannte Richtungsbezug der stadtseitigen Zitadellenfront zur Fünfeckgeometrie, der auf ein geometrisches Gesamtkonstrukt hinwies. Aber es blieb die Frage, ob sich die Zitadelle aus der Geometrie des Stadtfünfecks herleitete oder aber die Zitadelle Ausgangspunkt der Planung gewesen war. Kim Pulina und Hajo Lauenstein vom Lehrstuhl Freiraumplanung der Fakultät für Architektur an der RWTH Aachen gingen dieser Frage in einer neuen Betrachtung der Grundrissgeometrie nach. Neben dem – durch photogrammetrisch ausgewertete und digitalisierte Luftaufnahmen – ergänzten Katasterplan konnten die Daten von sechs archäologischen Maßnahmen von 1989 bis 2002 aus der Datenbank des Museums Zitadelle Jülich für einen digitalen Abgleich mit historischen Plänen und Rekonstruktionsversuchen geometrischer Planungsfiguren genutzt werden. Die archäologischen Befundpläne bestätigten die Vermutung, dass der „Historische(r) Plan von der Festung Juelich" des Sous-Lieutenant Frentzen von 1837 als exakteste historische Grundlage zu betrachten ist (Abb. 182). 2008 konnten die Ergebnisse kleinerer archäologischer Aufschlüsse weitere Erkenntnisse zur Planungsgeometrie Jülichs beitra-

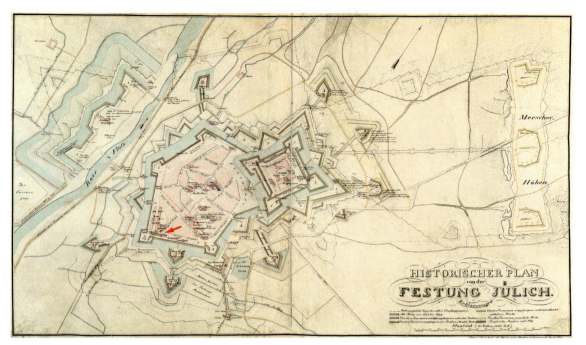

182 Jülich. Ausschnitt aus „Historischer Plan von der Festung Juelich" von Frentzen (1837) mit Markierung der Bastionsbäckerei (Pfeil).

gen. Im Zuge einer Kanalsanierung sollte die Kanaltrasse im Bereich der Bauhofstraße auf einer Länge von ca. 190 m erneuert werden. Bereits 1994, 1995, 1997 und 2004 hatten archäologische Maßnahmen in diesem Bereich stattgefunden. Damals kamen Teile der Befestigungsanlagen und Mauerstrukturen der südlichen Stadtbebauung zutage, die den Stadterweiterungsprozess zwischen Mittelalter und Neuzeit dokumentieren.

Die Mauerbefunde im westlichen Teil der neuen Trasse standen wegen ihrer gleichen Materialbeschaffenheit und ihrer orthogonalen Ausrichtung zueinander in Zusammenhang.

Diese Feldbrandziegelmauern mit einer Breite von 0,85 m ergänzten die südwestlich festgestellten Mauerbefunde einer Maßnahme von 2004 und ergaben ein Fundamentraster des 1685 errichteten Garnisonslazaretts. Die neu erfassten Mauerreste ließen sich als nordöstliche Fundamentecke des Lazaretts ansprechen, das ab 1794 als Garnisonsbäckerei verwendet wurde. Die freigelegten südlichsten Mauerzüge könnten zu einem rückseitigen Kellerzugang der östlichen Backstube gehört haben. Ein altes Foto der Nordostecke des Gebäudes zeigt mehrere hohe Kamine für Backstuben und eine schräg abfallende Wangenmauer an der Südostseite (Abb. 183). Die Garnisonsbäckerei versorgte die in Jülich und Aachen stationierten Truppen sowie seit 1860 die Zöglinge der Unteroffiziersvorschule in der Zitadelle. 1908 wurde sie von der Stadt erworben, um 1909 einem Straßendurchbruch nach Süden Platz zu machen.

Die Mauerbefunde im östlichen Bereich der Trasse gehören fast alle zu einer einzigen Mauerstruktur, die in der Flucht der Nordfassade der Bäckerei beginnt und über das Ende der Bauhofstraße hinausgeht. Diese bis in eine Tiefe von 1,90 m unter Geländeoberkante gegründete Mauer begrenzte das vom Militär besetzte Gelände zwischen den Stadtbastionen St. Jakob und Eleonore. Sie bildete eine Art Böschungsmauer zur Straße, die gleichzeitig als Fundamentmauer für kasernenartige Gebäude diente. Ob diese zuerst 1994 entdeckte Mauer schon im 16. Jahrhundert als stadtseitige Wallbegrenzung (zeitgleich mit dem Bongardtor) oder erst im 18. Jahrhundert angelegt worden ist, war nicht zu klären. Die streifenartige Baufläche, die direkt am Stadtwall ansetzte, fand ihre Entsprechung in den südwestlichen und westlichen Abschnitten der Stadtumwallung. Neben der Bäckerei befanden sich östlich und westlich weitere militärisch genutzte Gebäude. Erst in der Preußenzeit wurde die Bebauung einige Meter nach Süden versetzt und die Stützmauer verschwand unter einer Straßenpflas-

183 Jülich. Die Garnisonsbäckerei auf einem Foto Anfang des 20. Jahrhunderts.

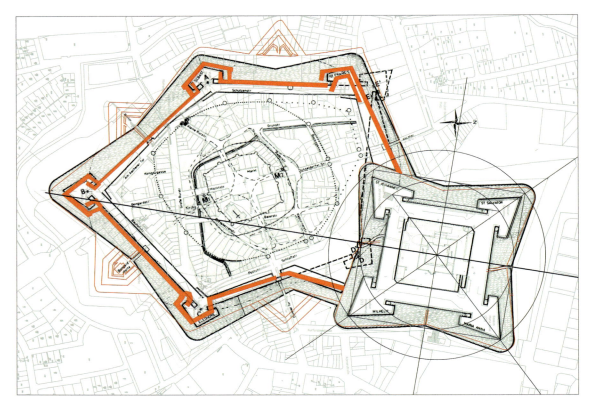

184 Jülich. Rekonstruktion der Planungsgeometrie der Idealstadt des 16. Jahrhunderts mit Grundrisskonturen von J. Eberhardt 1978, Frentzen-Plan (orange) und geometrischer Grundfigur nach K. Pulina 2008.

terung, wie der detailreiche „Frentzen-Plan" zeigt (Abb. 182). Der Katasterplan von 1897 bezeugt diesen Zustand der Bauhofstraße mit Bäckerei, Magazingebäuden und einer Schmiede mit Schuppen lange nach der erfolgten Schleifung der Befestigungswälle nach 1860.

Mithilfe der neuen Aufschlüsse und der angrenzenden Stadtmauerreste der Stadtbastionen St. Jakob und Eleonore sowie weiteren Befunden zur Konterskarpe im Westen gelang es, den historischen Frentzen-Plan lagerichtig in den modernen Stadtplan einzuhängen. Im Rahmen der RWTH-Untersuchung wurden die Plangrundlagen im Maßstab 1:5000 in Auto-CAD importiert und maßstabsgerecht vergrößert. Dann wurde eine geometrische Grundfigur mit den Punkten A, B und C in die Stadtbefestigung eingesetzt (Abb. 184). Aus der Einpassung dieses Quadrates und den Planungsparametern für das daraus zu entwickelnde Pentagon sowie das Zitadellenquadrat ließen sich verschiedene weiterführende Aussagen ableiten. So sitzen nur die stadtseitigen Bastionsspitzen der Zitadelle fast genau im Planquadrat. Der Mittelpunkt des konstruierten Zitadellenquadrates liegt nicht in der Mitte des Schlossquadrats. Außerdem fallen die Diskrepanzen zwischen den Plänen von Eberhardt und Frentzen für die Stadtbefestigung ins Auge, wodurch wieder die Archäologie ins Spiel kommt. Die archäologischen Befunde sprechen für einen Verlauf der Befestigungslinie im Süden der Stadt, wie sie der historische Frentzen-Plan vorstellt. Ein besonders eindrucksvolles Beispiel für die Bedeutung der präzisen Lokalisierung stellt die Stadtbastionsspitze St. Jakob dar, da von dort aus eine Achse an der Kirche vorbei die Nord-Süd-Mittelachse der Zitadelle bestimmen kann. Ob die Einbeziehung der Kirche die militärischen und geometrischen Aspekte der Planungen des Architekten Alessandro Pasqualini beeinflusst hat, ist eine lohnende Fragestellung für weitere bauhistorische Untersuchungen.

Literatur: B. DAUTZENBERG/A. KUPKA, Archäologische Ergebnisse zur Idealstadtanlage Jülich. In: G. BERS/C. DOOSE (Hrsg.), Italienische Renaissancebaukunst an Schelde, Maas und Niederrhein. Stadtanlagen – Zivilbauten – Wehranlagen. Tagungshandbuch 1999 zum II. Jülicher Pasqualini-Symposium vom 18.–21. Juni 1998 in Jülich (Jülich 1999) 209–226. – M. PERSE, Grabungen an der Renaissance-Stadtmauer von Jülich. Jülicher Geschbl. 69/70/71, 2001/02/03 (2004) 67–79. – K. PULINA, Folgeuntersuchungen zur Gesamtgeometrie der renaissancezeitlichen Befestigungsanlage Jülich. In: C. DOOSE/H. LAUENSTEIN (Hrsg.), Das „italienische" Jülich. Grundzüge im Konzept Alessandro Pasqualinis für die Stadtanlage, die Zitadelle und das Residenzschloss (Jülich, im Druck).

Uralte Überlieferung, aber nur neuzeitliche Spuren: der Schultenhof in Essen-Heisingen

Als einer der bedeutendsten Höfe für die Heisinger Geschichte gilt der Doppelhufenhof Overn- oder Oberndorf, heute Schulte-Bahrenberg oder Schultenhof (Abb. 185).

796 überließ ein Hemricus dem friesischen Missionar Liudger, dem Gründer der Werdener Abtei, aus seinem Erbe eine Rodung samt Beifang im Wald, den man als *Heissi* bezeichnete. Das Dorf Heisingen wird erstmals 834 als *uilla que dicitur Hesingi...* erwähnt. Ob der Hof bei der Villikation im 8. Jahrhundert bereits existierte, ist nicht zu belegen. Urkundlich sind die ersten namentlichen Aufzeichnungen der Bewohner der Heisinger Höfe erst mit dem 14. Jahrhundert zu fassen. Um 1370 erwähnt das Heberegister zur Pforte der Abtei Werden einen Gobelinus to Overdorps. Die genaue Lage des Hofes Oberndorf in mittelalterlicher Zeit am oberen Rande der Mittelterrasse ist allerdings nicht bekannt.

1458 wurde er zum Schultenhof, als die neuen Bewohner des Adelssitzes Hof Kofeld (heute Haus Heisingen) diese Funktion dorthin übertrugen. Das in einer Ruhrschleife gelegene Dorf Heisingen gehörte zum Zwergstaat Werden. 1709 kam es zum Verkauf des Schultenhofs an das dortige Kloster und zur Verpachtung an die Familie Overdorp. Seit 1766 bewirtschaftete die Familie Bahrenberg das Anwesen, das sie nach der Säkularisation vom preußischen Fiskus erwarb. 1975 entstand auf dem Gelände des Schultenhofs das Neubaugebiet des Ten-Hövel-Wegs; die meisten alten Gebäude riss man ab.

Anlässlich des Abrisses des letzten verbliebenen Wirtschaftsbaus, einem Stall, und dem Neubau eines Mehrfamilienhauses mit einer Tiefgarage, boten sich 2007 und 2008 Gelegenheiten, ältere Befunde zu dokumentieren (Abb. 186). Der Stall selbst und das heute noch vorhandene Wohnhaus des Schultenhofes entstanden nach einem verheerenden Brand im Jahr 1894 (Abb. 185). Neben dem Standort des alten Wohnbaus aus Fachwerk wurde 1896 das neue Haupthaus aus Backstein auf Bruchsteinfundamenten errichtet. Nördlich dieses Hauses konnte in etwa einem Meter Tiefe ein Stück einer neuzeitlichen Kanalisation aus Bruchstein (um 1900) dokumentiert werden.

In dem abgerissenen Gebäude befand sich eine große, betongefasste, tiefe Jauchegrube. Ein Gewölbekeller, der sich im Südteil fand, stammt sehr wahrscheinlich noch aus der Zeit vor dem Brand von 1894 und wurde in das danach neu errichtete Gebäude integriert. Beim Abriss fanden sich im Ostprofil des Kellers noch mehrere Lagen einer in Lehm gesetzten Bruchsteinmauer, die zu einer älteren Vorgängerbebauung gehörte und schon Anfang des 19. Jahrhunderts in Kartenwerken überliefert ist. So zeigt die Hofkarte von 1817 etwa an dieser Stelle das alte Hauptgebäude. Damals besaß der Hof zudem eine Scheune, eine Leibzucht, Stallungen und ein Backhaus. Exakt datieren ließen sich die Mauern nicht, eine überlieferte Inschrift verweist jedoch auf die Entstehung des alten Hauses noch vor der ersten Verpachtung an die heutigen Besitzer: *A O 1724 DE 19 IV IV BALTHR UND A STI SHVLTE*.

Die ältesten Funde stammen etwa aus der Zeit der Übernahme des Hofes durch die Familie Schulte-Bahrenberg im 18. Jahrhundert. Aus dem Brandschutt von 1894, der vor allen Dingen im Bereich des alten Stalls gefunden wurde, stammen großen Mengen Bau-

Detlef Hopp und Stefan Leenen

185 Essen. Historische Aufnahme der im 20. Jahrhundert abgebrochenen Wirtschaftsgebäude des Schultenhofes.

186 Essen. Ungefähre Lage des erhaltenen Haupthauses von 1896 (rot umrandet) und des abgerissenen Wirtschaftsbaus (rot) im Vergleich zum Hofplan von 1817.

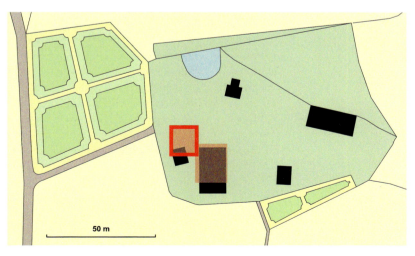

ernkeramik, Glas, Porzellan, aber auch drei eiserne Schlittschuhe.

Frau Ilse Cram sei für die Bereitstellung von Unterlagen zum Schultenhof gedankt.

Literatur: I. Cram/M. Oldenburg, Heisingen im Jahr 1803 zur Zeit der Säkularisation (Essen 2003). – P. Derks, Die Siedlungsnamen der Stadt Essen. Sprachliche und geschichtliche Untersuchungen. Essener Beitr. 100, 1985, bes. 26–29. – Ders., Die Silva Caesia bei Tacitus und die Silva Heissi in der Topographie der frühen Werdener Überlieferung. Ein Forschungsbericht. In: D. Hopp/Ch. Trümpler (Hrsg.), Die frühe römische Kaiserzeit im Ruhrgebiet (Essen 2001) 154–172.

SIEGBURG UND NEUNKIRCHEN-SEELSCHEID, RHEIN-SIEG-KREIS

Siedlungsbefunde im unteren Wahnbachtal

Wolfgang Wegener

Das untere Wahnbachtal, östlich von Siegburg gelegen, gehört zu den im Mittelalter nur spärlich besiedelten Regionen. Der Grund mag in den naturräumlichen Gegebenheiten liegen, einem engen, steilen Tal mit sumpfigen Niederungen und einem jahreszeitlich stark schwankenden Wasserablauf. Im Gegensatz dazu waren die umliegenden Höhen schon sehr früh besiedelt, wie die urkundlichen Nachweise für Braschoß 1064 und Haperschoß 1129 belegen. Ebenso verhält es sich mit dem mittleren und oberen Abschnitt des Wahnbachtals, wo Much 1096 Erwähnung findet. Auch führten bedeutende mittelalterliche Handelswege wie die Zeithstraße durch das Tal.

Eine archäologische Untersuchung des Wahnbachtals im Bereich der 1956 erbauten Talsperre hat bisher nicht stattgefunden. Im Sommer 2008 ließ der Wahnbachtalsperrenverband zur Reparatur der Staumauer den Wasserstand der Wahnbachtalsperre auf 100 m ü. NN ab, sodass große Bereiche der Talsperre trockenfielen und für eine Begehung zur Verfügung standen. So war es möglich, einzelne Siedlungsstellen des späten Mittelalters und der frühen Neuzeit, vor allem Mühlenstandorte, zu begehen und aufzunehmen (Abb. 187).

Ausgangspunkt war das Kloster Seligenthal am Westufer des Wahnbachtals (Abb. 187, 1). Die naturräumliche Situation des unteren Wahnbachtals mag der Grund für die Anlage des Klosters gewesen sein. Einerseits abgeschieden, andererseits nahe den geistlichen und weltlichen Zentren im Rheintal gelegen, ist die Lage den bedeutenden Zisterzienserklöstern Altenberg und Heisterbach vergleichbar.

Graf Heinrich von Sayn-Blankenstein und seine Frau Mathilde stifteten 1231 das Kloster in einem Bereich, wo vordem bereits eine Einsiedelei bestanden hatte. 1256 wird die Kirche geweiht und einige Jahre später dürften auch die Klostergebäude bezugsfertig gewesen sein. Ein verheerender Brand zerstörte 1647 große Teile der Klostergebäude; 1689 kommt die zum Kloster gehörende Ölmühle durch Feuer zu Schaden. Zur Zeit der Säkularisation 1802/03 sind Teile der Klostergebäude in einem so schlechten baulichen Zustand, dass sich zunächst nur für die Tuchwerkstatt mit Teilen des Südflügels ein Käufer findet. Ab 1835 nutzt man den Westtrakt als Schule. 1854 wird die Klosterkirche erneut zur Pfarrkirche erhoben und 1894 in romanischer Form wiederhergestellt.

Einer Handschrift aus den 1830er Jahren lässt sich eine Beschreibung des Klosters entnehmen: „...von gehauenen Steinen aus den benachbarten Bergen errichtet, bildet ein Viereck, wobei die Kirche den Nordflügel ausmacht, der Kapitelsaal den Ostflügel. Den längeren Südflügel bilden wegen der angrenzenden Gebäude die Tuchwerkstatt (wo sie das Tuch weben, das sie stameta [Habittuch] nennen, und die Mönchskutten in die ganze Provinz liefern), der Speisesaal, die Küche und die Gastzimmer. Schließlich bilden den Westflügel die Schlafzimmer und Werkstätten. Diesen Gebäuden stehen gegenüber die landwirtschaftlichen Räume, Stall, Scheune und was sonst der Konvent für angefallene Aufgaben ländlicher Art hat."

Große Teile der Ost- und Südflügel sind heute niedergelegt; Gebäudeteile des spätmittelalterlichen Klosterbaus sind noch im heutigen Pfarrhaus und in dem als Hotel genutzten, ehemaligen Wohnhaus erhalten, ebenso ein Teilstück der alten Klostermauer aus groben Natursteinblöcken im Bereich des ehemaligen Klostergartens. Reste der mittelalterlichen Trinkwasserversorgung des Klosters kamen bei der Anlage eines Waldwirtschaftswegs an der Ostseite des Wahnbaches zutage. Die Keramikrohre waren in eine Fassung aus Bruchstein eingebettet und mit Steinplatten abgedeckt.

Den Wahnbach hinauf liegt die Hoffnungsthaler Hütte (Abb. 187,2), über deren Geschichte nur wenig bekannt ist. Auf historischen Karten der ersten Hälfte des 19. Jahrhunderts wird sie als Omesmühle (Karte von Müffling, Blatt 15 – 25r, 1820–1824), auf der Urkatasterkarte von 1826 und der Preußischen Uraufnahme als Hoffnungsthaler Hütte bezeichnet.

Der ehemalige Standort der Mühle lag direkt südlich eines Felsrückens, der von einer Schleife des Wahnbaches umflossen wird. Diese günstige Lage machten sich die Mühlenbetreiber zunutze, schlugen einen Kanal durch den Fels und hatten so genügend Gefälle, um die Wasserräder der Mühle bzw. der Hütte anzutreiben. Zum Zeitpunkt der Begehung war gerade noch der Tunneleinlass sichtbar. Anhand des Befundes wird deutlich, dass die Betreiber an der schmalsten und niedrigsten Höhe des Bergrückens den Fels abgetragen und einen künstlichen Kanal angelegt hatten. Auf der Urkatasterkarte von 1826 sind die ehemalige Mühle, die spätere Hütte und der Durchstich an der Nordseite mit dem anschließenden Mühlengebäude dargestellt. Von dem Mühlengraben wurden zwei Wasserräder betrieben. An der Nordseite lag ein Schuppen und an der Westseite ein weiteres Wirtschaftsgebäude. An der Südseite, hufeisenförmig eingeschlossen, stand das ehemalige Wohnhaus. Der an die Mühle anschließende Untergraben lief in einem Bogen zurück in den Wahnbach. Erst 1882 wurde die Hütte/Mühle nach zwei Bränden aufgegeben. In der zweiten Hälfte des 19. Jahrhunderts ging der Hüttenbetrieb ein und die Gebäude verfielen. Erst 1933/34 errichtete der Bonner Kaufmann Peters auf den verfallenen Mauern einen Bauernhof. Für den Talsperrenbau wurden die obertägigen Gebäudeteile abgerissen, die Keller verfüllt und die Oberflächen eingeebnet.

Wahnbachaufwärts und nur wenige hundert Meter unterhalb von Lüttersmühle befand sich eine Ölmühle (Abb. 187,3), die nur auf der Katasterkarte von 1826 eingezeichnet und im Zusammenhang mit der Lüttersmühle 1645 genannt ist. Die Ölmühle fiel dem Bau der Talstraße Mitte der 1920er Jahre zum Opfer.

Durch urkundliche Überlieferung werden erst in der Mitte des 17. Jahrhunderts die Mühle und der Weiler Lüttersmühle genannt (Abb. 187,4). Die Mühle muss aber älter sein, da auch sie Zwangsmühle des Klosters Seligenthal war. Aus dem Jahre 1652 erfahren wir von einer gründlichen Reparatur, was auf eine längere Betriebsdauer schließen lässt. Zahlreiche der benachbarten Orte mussten ihr Getreide in dieser Mühle mahlen lassen, die wiederum bis 1803 Abgaben an das Kloster leisten musste. An der Mühle führte ein Weg vorbei, der von Schreck an der Zeithstraße nach Wolperath zur Höhenstraße bei Neunkirchen führte. Dieser Weg ist auf der Karte von Ploennis aus dem Jahre 1715 eingezeichnet.

Mühle und Weiler lagen zwischen der 1925 erbauten Talstraße und dem Wahnbach. Von den Gebäuden der Mühle sind nur noch die Fundamente erhalten, das Siedlungsareal ist planiert und mit einer Lehmschicht bedeckt. Im Gelände noch zu erkennen ist der Untergraben, der das Wasser direkt oberhalb einer Brücke zum Hof Hillenbach (Abb. 187,5) in den Wahnbach zurückführte. Der Obergraben wurde knapp 500 m oberhalb des Wahnbachs abgezweigt. Heute sind noch die gemauerten bzw. betonierten Mauern des Wehres, das Schütz und ein Überweg erhalten. Auf dem Damm zur Bachseite hin verlief ein Weg vom Wehr bis zur Mühle. Auch von dem ehemaligen Gasthof Lüttersmühle – einem beliebten Ausflugsziel – stehen nur noch einzelne Fundamente. Eine Darstellung der Mühle mit Unter- und Obergraben sowie der Häuser des Weilers findet sich sowohl auf der Urkatasterkarte von 1826 als auch der Fortschreibung von 1943. Die Karte von 1826 zeigt das Mühlengebäude und die in den Folgejahren neu errichteten Wirtschaftsgebäude. Die alten Mühlengräben flossen durch die Mühle bzw. der Überlauf an der Ostseite vorbei. Mit Errichtung der neuen Wirtschaftsgebäude legte man einen neuen Graben an der Westseite an, der auf einer historischen Fotografie zu sehen ist. Eine entsprechende Situation wird auch auf der Karte von 1943 dargestellt. Weitere Gebäude des

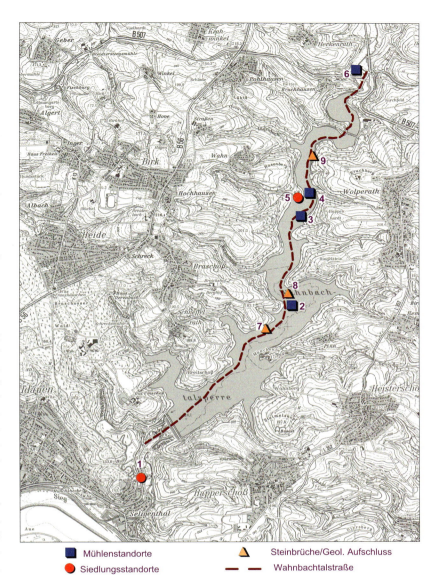

187 Wahnbachtal. 1 Kloster Seligenthal; 2 Hoffnungsthaler Mühle; 3 Ölmühle; 4 Mühle und Weiler Lüttersmühle; 5 Hof Hillenbach; 6 Herkenrather Mühle; 7–9 Steinbrüche.

188 Wahnbachtal. Fundamentreste von Hof Hillenbach.

189 Wahnbachtal. Urkarte von 1826 mit der Herkenrather Mühle.

Weilers befanden sich an der Ostseite der Mühle und südlich des alten Weges nach Wolperath. Diese Gebäude wurden spätestens beim Bau der neuen Talstraße und der Zuwegung zum Hof Hillenbach abgerissen.

Auch vom Hof Hillenbach (Abb. 187,5) sind nur noch die Fundamente im Erdreich erhalten (Abb. 188). Deutlich ist der Bereich des Wohnhauses an den alten Trittstufen der Eingänge zu erkennen. Nach Süden und Südwesten lagen die Wirtschaftsgebäude. Die noch vorhandenen Mauern sind aus der hier anstehenden Grauwacke errichtet. Nach dem derzeitigen Kenntnisstand fand der Abbruch der Lüttersmühle und des Hofes Hillenbach nur bodengleich statt, sodass die Fundamente nicht tiefgreifend zerstört und folglich ältere Siedlungsspuren erhalten sein dürften. Von der Herkenrather Mühle (Abb. 187,6) sind westlich der Wahnbachtalstraße noch Fundamente, verfüllte Keller und einzelne Trümmer erhalten. Sie wird bereits im ältesten Memorienbuch der Kölner Kirche St. Gereon mit dem Jahr 1151 genannt und gehört damit zu den ältesten Mühlen im Wahnbachtal. Sie war Zwangs- und Bannmühle für die umliegenden Kirchspiele. Vom Spätmittelalter bis zur Säkularisation war sie im Besitz des Klosters Seligenthal. Im dicht bewachsenen Areal sind der trocken gefallene Mühlenteich mit seinem Damm und ein alter Überlauf mit Schütz gut sichtbar. Die Urkarte von 1826 zeigt Obergraben, Mühlenteich und Gebäude (Abb. 189). Die Mühlengebäude standen an der Südostseite des Teiches. Mitte des 19. Jahrhunderts baute man dort eine neue Ableitung und neue Mühlengebäude. 1961 erwarb der Wahnbachtalsperrenverband die Mühle und ließ sie nur wenige Jahre später abreißen.

Zu den noch vorhandenen Kulturlandschaftsrelikten aus dem letzten Jahrhundert gehört die Wahnbachtalstraße (Abb. 187, gestrichelte Signatur) mit einigen Brückenbauwerken sowie die zahlreichen geologischen Aufschlüsse und aufgelassenen Steinbrüche. Die Wahnbachtalstraße hat man zur besseren Erschließung des Tales und als Maßnahme der Wirtschaftsförderung von 1925 bis 1927 angelegt. Zu diesem Zweck wurden einige neue Steinbrüche aufgeschlossen, wie der Steinbruch Schenkel (Abb. 187,8). Ein älterer Steinbruch liegt oberhalb von Lüttersmühle (Abb. 187,9) mit erhaltenen Rampen aus Bruchsteinen für den Abtransport der gebrochenen Steine. Weitere geologische Aufschlüsse sind durch den Straßenbau und den Talsperrenbau entstanden (Abb. 187,7). Die aufgeschlossenen Wahnbachschichten gehören zur Siegenstufe des Erdzeitalters Devon und sind für ihren Reichtum an Fossilien bekannt. Die Fauna und Flora zeigt landnahe, brackische Ablagerungsbedingungen an. Als Zeugnisse tierischen und pflanzlichen Lebens aus erdgeschichtlicher Zeit sind sie Bodendenkmäler nach dem Denkmalschutzgesetz Nordrhein-Westfalens.

Durch die Begehung der trockenliegenden Talsperre im Herbst 2008 war es möglich, einen ersten Eindruck von der Besiedlung des unteren Wahnbachtales aus bodendenkmalpflegerischer Sicht zu gewinnen, auch wenn viele Fragen offen bleiben. Es zeigte sich eine nur schwach besiedelte Flusslandschaft im Mittelgebirge, deren Besiedlung an den Wegen zur Querung des Tales entstand und die im engen Zusammenhang mit dem Kloster Seligenthal erfolgte.

Literatur: W. Such, In dem Tal der Bäche. In: Jahrb. Rhein-Sieg-Kr. 2002 (Siegburg 2001) 171.

INDEN, KREIS DÜREN

Ein Altarm der Inde als Spiegel der Landnutzungsgeschichte

Ruthild Kropp,
Astrid Röpke,
Silke Schamuhn und
Carolin Wygasch

Junge und jüngste Sedimente werden in archäologischen Kontexten in der Regel wenig bis gar nicht beachtet. Dabei beinhalten sie viele, wenn auch meist auf den ersten Blick nicht sichtbare Informationen zur Landschafts- und Umweltgeschichte. Durch die Kombination verschiedener Analysemethoden lassen sich der direkte und indirekte Einfluss des Menschen auf seine Umwelt untersuchen und vielfältige Aussagen zur Landnutzungsgeschichte treffen.

Im Vorfeld des Tagebaus Inden wurden nördlich der Ortslage Altdorf, zwischen Inde und einem von ihr abgeleiteten Mühlenteich, 3,5 m mächtige Auenablagerungen – vermutlich eines Altarms der Inde – untersucht. Die Sedimentablagerungen gliedern sich in einen unteren schluffigen Abschnitt mit Verlandungssedimenten und einen oberen, etwas sandigeren aus Auelehmen. Letztere sind Relikte einzelner Hochfluten (Abb. 190).

Insgesamt wurden 70 Sedimentproben am Geographischen Institut der RWTH Aachen auf ihre Sedimenteigenschaften wie Korngrößenverteilung, pH-Wert und organischen Kohlenstoff hin analysiert. Ein mobiles Röntgenfluoreszenzgerät erfasste 18 Elemente, beispielsweise Kupfer, Zink und Blei. Begleitend zur Analyse der Sedimenteigenschaften wurden durch die Labore für Archäobotanik der Universität zu Köln und der Johann-Wolfgang-Goethe-Universität in Frankfurt am Main archäobotanische Untersuchungen an den unteren 40 Proben durchgeführt (Abb. 191). Diese Proben stammen aus den Sedimenten mit dauerhaft feuchtem Milieu, sodass eine Erhaltung von Pollen, Sporen, Früchten und Samen gewährleistet war. Ergänzend fertigte man in Frankfurt mikromorphologische Dünnschliffe an, die Einblicke in das Mikrogefüge der Ablagerungen erlauben. In den Dünnschliffen sind viele, sehr feine horizontale

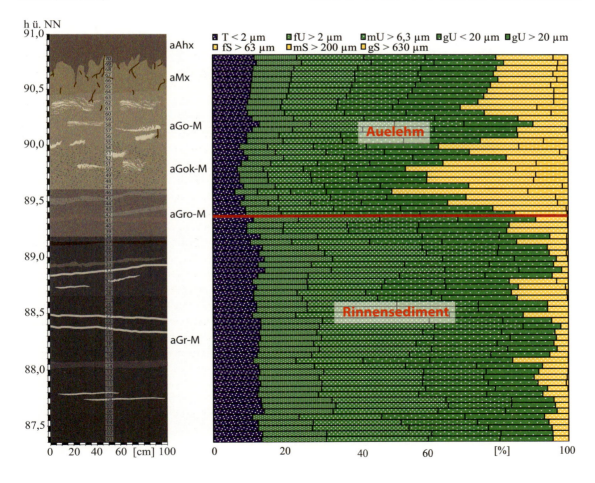

190 Inden. Umzeichnung des Profils mit Probennummern und der Korngrößenverteilung.

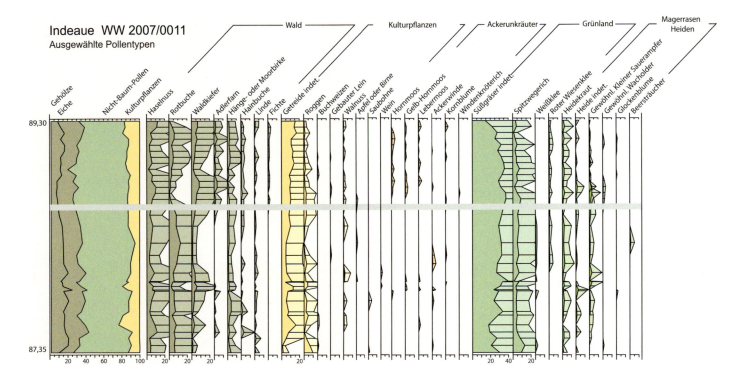

191 Inden. Diagramm ausgewählter Pollentypen aus den Rinnensedimenten (vgl. Profil Abb. 190).

Schichtungen erkennbar, wie sie unter ruhigen Sedimentationsverhältnissen entstehen.

Auch der durch archäobotanische Analysen dokumentierte Pflanzenbewuchs zeigt derartige Ablagerungsbedingungen. So ließen sich vor allem Pflanzen nachweisen, die auf offenen Wasserflächen anzutreffen sind. Exemplarisch ist das Laichkraut zu nennen, ein typischer Vertreter einer Schwimmblattgesellschaft, wie sie sich auf stehenden oder nur leicht fließenden Gewässern ausbildet.

Arten wie das Quirlblütige Tausendblatt und die Seerose deuten auf ein nährstoffreiches Gewässer hin. Dieser Nährstoffeintrag ist auf die landwirtschaftliche Nutzung des näheren Umfeldes zurückzuführen. Dies belegen vor allem auch die zahlreichen Dungsporen, die von den umliegenden Weiden oder auch von den mit Mist gedüngten Feldern ins Wasser eingetragen wurden.

Der hohe Anteil von Gräsern und Kräutern im Pollendiagramm sowie die zahlreichen Pollen von Getreide – Weizen, Roggen, Gerste und Hafer – bei verhältnismäßig wenigen Baumpollen lassen auf ein Landschaftsbild schließen, wie es beispielsweise auf der Tranchotkarte von 1805–1807 zu sehen ist. Die Wiesen und Weiden liegen in der Aue, die Äcker erstrecken sich auf den höhergelegenen Lössflächen.

Dass auch ärmere oder durch Übernutzung ausgelaugte Böden landwirtschaftlich genutzt wurden, ist aus dem Nachweis von Pollen des Buchweizens zu erschließen. Das anspruchslose Knöterichgewächs baute man seit dem 13./14. Jahrhundert in den rheinischen Lössbörden vorrangig dort an, wo Getreide keinen ausreichenden Ertrag mehr erbrachte. Als weitere Kulturpflanzen sind Ackerbohne, Lein sowie Obst- und Walnussbäume belegt. In den feuchten Niederungen von Inde und den Mühlenteichen stockten Erlen.

Neben Hinweisen über die Landnutzung in der näheren Umgebung sind in den Sedimenten auch Informationen gespeichert, die ein größeres Gebiet betreffen. So findet man in den Auenablagerungen des Inde-Unterlaufs sehr unterschiedliche Eintragungen – Pollen, Schwermetalle, Holzkohlepartikel –, die über die Zuflüsse aus der Eifel und Voreifel sowie äolisch hier eingebracht wurden.

Diese Einträge lassen sich beispielhaft an den detektierten Schwermetallgehalten aufzeigen. So enthalten alle Proben einen auffällig hohen Zink- und Kupfergehalt (Abb. 192, links), der den natürlichen Hintergrundwert bei Weitem überschreitet. Als Quelle der Schwermetallbelastung kann die im 16. Jahrhundert im Stolberger Raum aufblühende Messingindustrie ausgemacht werden. Zu dieser Zeit siedelten viele Kupfermeister von Aachen nach Stolberg über. Neben wirtschaftlichen Motiven war die Möglichkeit einer freieren Religionsausübung der überwiegend protestantischen Handwerker für die Umsiedlung ausschlaggebend.

Als weiteres Relikt von Bergbau und Industrie in der Eifel und im Voreifelgebiet können die gemessenen Nickel- und Kobaltgehalte gelten. Beide Elemente werden bei der Verbrennung fossiler Rohstoffe freigesetzt. Auffälligerweise finden sie sich nur in den oberen zwei Dritteln der Ablagerungen (Abb. 192, rechts); im Profil ist somit der Beginn einer verstärkten Nutzung der Steinkohle fassbar. In der Geschichte des Erzbergbaus und der Metallverarbeitung im Stolberger Raum wurde ab dem frühen 18. Jahrhun-

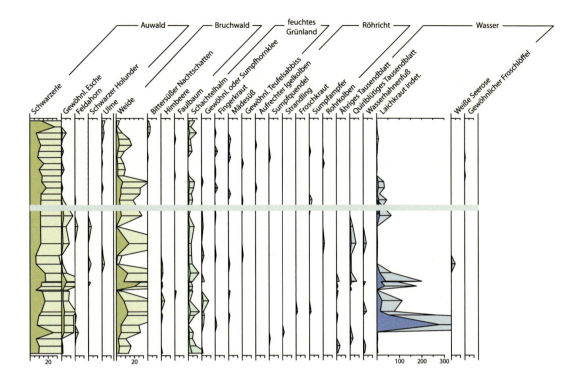

dert vermehrt Steinkohle zur Verhüttung verwendet. Zwar wurden auch schon spätestens im Mittelalter Steinkohlen abgebaut, jedoch in sehr viel geringerem Umfang. Reichten vorher die Buchenbestände der näheren Umgebung zur Befeuerung der Schmelzöfen aus, kam es in der ersten Hälfte des 18. Jahrhunderts zu einem erbitterten Kohlzirkelstreit zwischen den Besitzern der Eisenhütten und den Kupfermeistern. So schreibt Kohlhaas: „Als die Verhüttung der Erze durch Holzkohlenfeuerung infolge der raschen Abholzung der Wälder zu stocken drohte [...], trat die nah anstehende Fettkohle in die entstandene Lücke." Die Übernutzung des Waldes, insbesondere der Buche, ist im Pollendiagramm ablesbar. Die vermehrte Nutzung von fossilen Brennstoffen – im Profil gekennzeichnet durch die gemessenen Gehalte von Nickel und Kobalt – lässt sich mit dem Rückgang der Buchenwerte auf zeitweise unter 1 % korrelieren.

Wie auf alten Karten zu sehen ist, war die Lösslandschaft nahezu frei von Baumbeständen. Die erfassten Baumpollen wurden überwiegend über die Indezuflüsse oder den Wind aus der Eifel und Voreifel herantransportiert. Jedoch weisen die auffällig niedrigen Baumpollenwerte darauf hin, dass auch in der Eifel der Waldbestand bereits stark reduziert war. Der massive Raubbau an der Ressource Wald war der stark anwachsenden Bevölkerung sowie der zunehmenden Mechanisierung des beginnenden Industriezeitalters geschuldet. Als Folge des Kahlschlags und der extensiven Beweidung verheideten die ehemals dicht bewaldeten Hänge der Eifel zunehmend. Dieser Entwicklung wurde erst durch die Aufforstungen mit Fichten und Kiefern auf Veranlassung der preußischen Regierung im 19. Jahrhundert entgegengewirkt.

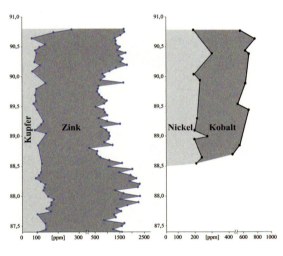

192 Inden. Vertikale Verteilung der Schwermetallgehalte der Sedimentproben (vgl. Profil Abb. 190).

Auensedimente sind Archive der Landnutzungsgeschichte. Beispielhaft kann an den Sedimenten des verlandeten Altarmes der Inde aufgezeigt werden, wie durch interdisziplinäre Untersuchungen Aussagen auch gerade zur jüngeren Landschaftsgeschichte möglich sind.

In Verbindung mit historischen und kartographischen Quellen erschließen sich unterschiedliche Aspekte der Agrar-, Bergbau- und Industriegeschichte der Voreifel und der Lösslandschaft im 17. und 18. Jahrhundert.

Literatur: A. KOHLHAAS, Geschichte des Steinkohlenbergbaues im heutigen Stadtgebiete von Stolberg (Rhld.). Beitr. Stolberger Gesch. u. Heimatkde. 12, 1965. – K. SCHLEICHER, Geschichte der Stolberger Messingindustrie. Beitr. Stolberger Gesch. u. Heimatkde. 6, 1959.

STADT OBERHAUSEN

Hochofen unter Hochöfen in der St. Antony-Hütte

Julia Obladen-Kauder

Im Verlauf der Grabungskampagne 2007, in der weitere Gebäudeteile im Kernbereich der ältesten Eisenhütte des Ruhrgebietes freigelegt wurden, mussten wir einige Konstruktionen aus der jüngeren Hüttengeschichte nach ihrer Dokumentation entfernen. Dadurch wurde offensichtlich, dass sich unter Teilen des Ende der 1850er Jahre errichteten Gebläse- und Maschinenraums mit seinen technischen Einbauten – Dampfmaschine, Gebläsezylinder und Kupolöfen – Reste einer älteren Anlage befanden (Abb. 193).

Es handelt sich um einen kreisrund verlaufenden, aus Feldbrandziegeln erbauten Ringkanal, der durch ein massives, quadratisches Mauerwerk von rund 11,20 m Kantenlänge eingefasst wird. An den Seiten liegen jeweils trapezoide Einbuchtungen (vgl. Abb. 195 unten), die allerdings durch die erwähnte jüngere Bebauung stark überprägt sind. Unterhalb des Baukörpers verlaufen in Kreuzform weitere, mit Tonnengewölbe versehene Ziegelkanäle. Zur beschriebenen Anlage korrespondierend, verhält sich ein kleineres quadratisches Mauerwerk, das sich im Bereich des zeitlich jüngeren Gebläseraums befindet und durch einen ebenfalls jüngeren, diagonal verlaufenden Abzug an einer Ecke zerstört wurde.

Da die Gesamtanlage durch die Einbauten von Maschinen- und Gebläseraum zum Teil erheblich gestört ist, war eine genauere Befunddeutung zunächst etwas schwierig. Vergleiche mit ähnlichen Konstruktionen andernorts erlauben jedoch inzwischen eine Interpretation als weiterer, möglicherweise sogar mit Koks befeuerter Hochofen, der für die St. Antony-Hütte in den 1840er und -50er Jahren in Zeitungsberichten auch erwähnt wird. Außerdem ist er auf einem Bild des Malers Jakob Weeser-Krell von 1902 dargestellt, das die St. Antony-Hütte um die Mitte des 19. Jahrhunderts zeigt (Abb. 194).

Typisch für einen solchen Hochofen sind neben der Größe der Fundamente eben die trapezoiden Einbuchtungen an der Südost-, Südwest- und Nordwestseite, bei denen es sich um sog. Blasformen handelt. Sie dienten der Zufuhr von heißer Luft, die von unten durch die glühenden Holzkohle- oder Koksschichten nach oben geblasen wurde. Das so entstehende Kohlenmonoxyd reduziert durch Bindung von Sauerstoff

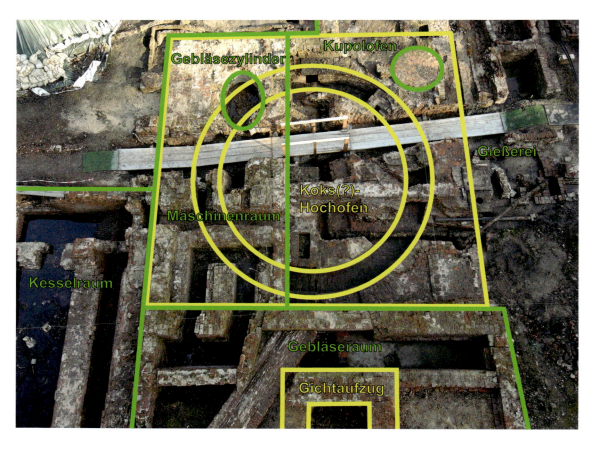

193 Oberhausen, St. Antony-Hütte. Blick auf die ausgegrabenen Strukturen.

das höher befindliche Eisenerz zu Roheisen, das zusammen mit der bei diesem Prozess entstehenden Schlacke nach unten abfließt. Der kreisförmige Ziegelkanal hat ursprünglich wohl eine Ringleitung beherbergt, die ebenfalls in den Kontext der Luftzufuhr gehört. Die vierte trapezoide Einbuchtung an der Nordostseite ist dem Zugangsraum zum Gestell, dem Schmelzraum zuzurechnen. Hier vorgelagert war der Wallstein – eine feuerfeste Form –, die das flüssige Roheisen zunächst auffing, bevor es in das Masselbett in der Gießereihalle abfloss. Die tiefer gelegenen, kreuzförmig verlaufenden Ziegelkanäle dienten hauptsächlich als Wassersammler, da beim Schmelzprozess durch den kondensierenden Dampf Feuchtigkeit entstand, die sich nach unten ablagerte. Außerdem hatten sie die Funktion, die Fundamente des Hochofens zu kühlen.

Bei dem kleinen Ziegelbauwerk im Bereich des Gebläseraums handelt es sich eventuell um das Fundament des zugehörigen Gichtaufzugs. Da das natürliche Gefälle im Gelände nicht für eine Befüllung des Hochofens mit Brennstoffen und Eisenerz von oben ausreichte, musste man diese Materialien zunächst zu der hoch gelegenen Einfüllöffnung transportieren.

Die Gesamtkonstruktion des Hochofens ist fast identisch mit einer Skizze, die den Querschnitt einer Anlage in der oberschlesischen Marienhütte zeigt (Abb. 195). Schon damals war es offensichtlich üblich, ein wenig Industriespionage zu betreiben: In Oberschlesien hatte die Koksverhüttung bereits Ende des 18. Jahrhunderts eingesetzt und man baute entsprechende Hochöfen; warum sich also nicht vor Ort solche Anlagen anschauen und das Wissen in Oberhausen Verwendung finden lassen? So reiste der Ingenieur Friedrich Kesten im Auftrag der Hüttengewerkschaft und Handlung Jakobi, Haniel und Huysen, den Nachfolgern der St. Antony-Hütte, 1839 in den Osten und fertigte in seinem Notizbuch die genannte Zeichnung an. Die Umstellung von Holzkohle auf Koks war auf St. Antony zu diesem Zeitpunkt nicht nur zeitgemäß, sondern in wirtschaftlicher Hinsicht auch dringend notwendig. Schon im 18. Jahrhundert gab es hier wegen zunehmender Verknappung von Holzkohle Produktionsschwierigkeiten. Dies führte in den folgenden Jahrzehnten zu Versuchen mit Steinkohle und Koks, die aber offensichtlich nicht von großem Erfolg gekrönt waren. Für die 1840er Jahre ist eine Feuerung mit einem Koks-Holzkohle-Gemisch im Verhältnis von einem zu zwei Dritteln belegt. Allerdings hat man den neuen, hier beschriebenen Hochofen – aus welchen Gründen auch immer – nie angeblasen. Er muss dann bereits wenige Jahre später, um die Mitte des 19. Jahrhunderts im Zuge der Umwandlung der Hütte in eine reine Gießerei abgerissen worden sein, um den jüngeren Bauten des Maschinen- und Gebläseraums Platz zu machen.

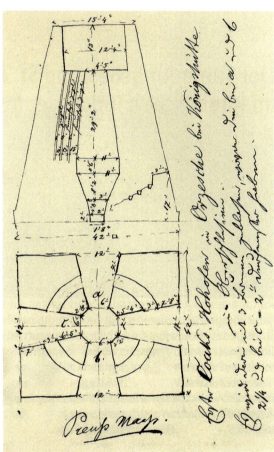

194 Oberhausen. Ansicht der St. Antony-Hütte um 1850.

195 Skizze eines Hochofens in der oberschlesischen Marienhütte um 1839.

Literatur: J. OBLADEN-KAUDER, Die St. Antony-Hütte in Oberhausen-Osterfeld – Wiege der Ruhrindustrie. Arch. Rheinland 2006 (Stuttgart 2007) 199–201. – DIES., Mit Spaten und Spitzhacke – Industriearchäologie am Beispiel der St. Antony-Hütte. Arch. Rheinland 2007 (Stuttgart 2008) 168–171. – DIES., Mit Spaten und Spitzhacke – Der Boden gibt seine Geheimnisse preis. In: LANDSCHAFTSVERBAND RHEINLAND (Hrsg.), St. Antony – Die Wiege der Ruhrindustrie (Münster 2008) 125–130. – DIES., Wo im Ruhrgebiet alles begann. Arch. Deutschland 3/2008, 20 f.

JÜCHEN, RHEIN-KREIS NEUSS

Ein Ziegelringofen bei Otzenrath

Alfred Schuler

Noch bis weit in die zweite Hälfte des 19. Jahrhunderts hinein wurden Ziegelsteine oft im landwirtschaftlichen Nebenerwerb in Feldbrandöfen gebrannt. Seit den 70er Jahren des 19. Jahrhunderts wurden die Meiler und auch die Kammeröfen mehr und mehr durch den technisch und ökonomisch weit überlegenen Ringofen nach dem Patent von F. Hoffmann und A. Licht von 1858 abgelöst. Seine Besonderheit: Erstmals war über die gesamte Ziegelsaison ein kontinuierlicher Brennbetrieb vom Anfachen des Feuers im Frühjahr bis zu dessen Erlöschen zu Beginn der Frostperiode möglich. Abgesehen von der Bewältigung deutlich höherer Stückzahlen im Ziegelausstoß ließen sich mit dem neuen Brennverfahren immense zwei Drittel an Brennstoff (Steinkohlegrus) einsparen. Schließlich war auch die Qualität der Ringofenziegel aufgrund des gut regulierbaren Brandes gleichbleibend gut, während man hingegen im Feldbrand oft hohe Ausschussquoten hatte.

Das Verfahren des Hoffmannschen Ringofens beruhte auf einem in sich selbst zurückkehrenden und variabel in einzelne Kammern unterteilbaren Endlosbrennkanal, den das Feuer allmählich durchwanderte. Die Lenkung des Feuers erfolgte, neben einer gezielten Brennstoffzufuhr, vor allem über die Regulierung des Frisch- und Abluftzuges. Eine besondere Energieeffizienz erreichte der Ringofen dadurch, dass die Rauchgasabluft zum Vorwärmen der ungebrannten Rohlinge und die angesaugte Frischluft zur Kühlung der bereits gebrannten Ziegel, bei gleichzeitigem Aufheizen der in den Hauptbrand geführten Zugluft, genutzt wurde. Die technische Innovation des Ringofens kam gerade rechtzeitig für die explosionsartig angestiegene Ziegelsteinnachfrage, die insbesondere durch das sprunghafte Städtewachstum ab 1880 hervorgerufen worden war. In der Folge schossen überall dort, wo es geeigneten Lehmboden gab, Ziegeleibetriebe „wie Pilze aus dem Boden". Schon um 1900 gab es allein im Rheinland hunderte davon. Ringofenziegeleien wurden so zu einem prägenden Element der rheini-

196 Jüchen-Otzenrath. Ringofenziegelei in den 1950er Jahren, im Hintergrund die Lehmabbauwand.

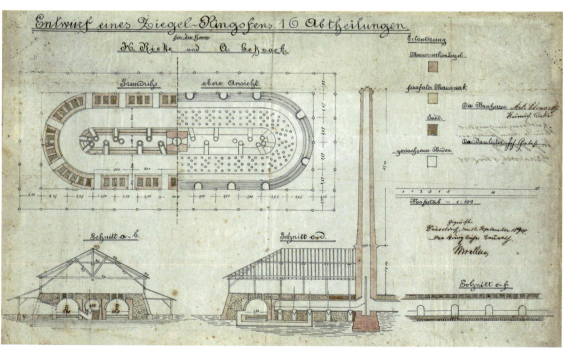

197 Jüchen-Otzenrath. Behördlich genehmigter Bauplan des Ringofens von 1894.

198 Jüchen-Otzenrath. Der Ringofenrest nach der Freilegung im Sommer 2008.

schen Kulturlandschaft (Abb. 196). Nach dem großen Ziegeleisterben der späten 50er und 60er Jahre des 20. Jahrhunderts – begünstigt durch vermehrtes Bauen mit Alternativmaterialien sowie den Einsatz moderner Tunnelöfen – verschwanden die meisten Produktionsstätten jedoch ebenso schnell wie unbemerkt wieder von der Landkarte. Die im Vorfeld des Braunkohlentagebaus Garzweiler II gelegene und in ihren Baukörpern noch weitgehend erhaltene Ringofenziegelei zwischen den ehemaligen Ortschaften Otzenrath und Holz ist somit ein mittlerweile rar gewordenes Exemplar jener Industriebauten, sodass vor dem unvermeidlichen Totalverlust eine archäologische Bestandsaufnahme geboten war.

Der 1894 für die Ziegeleiunternehmer Schnock & Rieke erbaute Otzenrather Ofen entspricht dem Normtyp des gestreckten Hoffmannschen Ringofens und zählt mit 40 m Länge und 15 m Breite zu den kleineren Anlagen. Nur zwei von einst 16 Brennkammern waren noch obertägig erhalten; der übrige Teil des Grundrisses wurde durch die Ausgrabung freigelegt. Zwischen dem noch vorhandenen Bauplan und der Bauausführung zeigten sich kleinere Abweichungen (Abb. 197). Wie im Plan angegeben, hatten 14 Brennkammern eine vereinfachte Rauchgasabführung direkt über die Innenseite in den Rauchgassammler. Lediglich an beiden Krümmungsaustritten des Brennkanals war – entgegengesetzt zueinander angeordnet – jeweils der Weg über die außen liegende Brennkammerseite gewählt worden. Baulich war dies deutlich aufwändiger, da die Abgase über einen unter der Brennkammer hindurch gezogenen Kanal zum Sammler geleitet werden mussten (vgl. Titelbild). Für ein gleichmäßiges Brennergebnis war in den Ofenkrümmungen eine gezielte Lenkung der Rauchgase zur Außenseite aber unerlässlich, denn nur so konnten auch hier die nahe der Außenwand aufgeschichteten Steine die volle Brenntemperatur erreichen. Aufgrund dieser vereinfachten Rauchgasabführung konnte das Feuer nur in eine Richtung durch den Brennkanal geleitet werden.

An den Bruchzonen des Aufgehenden ließ sich die für Ringöfen typische Bauweise der Außenwand gut nachvollziehen (Abb. 198): Sie besteht aus vertikal alternierenden Zonen unvermörtelter, quer stehender Stützmauern aus Ziegelstein, die jeweils durch etwas breitere Zonen aus einem verfestigten Sand-Lehm-Gemisch voneinander getrennt sind. An diesen Wandkern lehnt sich die zum Ofeninneren geneigte Außenwand nur an. Die Stützmauern im Kern sind weder mit der äußeren noch mit der inneren Schalmauer fest verbunden, sodass die gesamte Konstruktion den durch die großen Temperaturunterschiede bedingten Materialverzug schadlos überstehen konnte. Der inneren Mauerschale war – wiederum ohne starre Verbindung – eine Auskleidung mit feuerfesten Klinkern oder Schamottsteinen vorgeblendet. Die Oberfläche dieser Ofeninnenwand überzog großflächig Schlacke. Wie z. B. die unterschiedlich geformten Einlassöffnungen der Schürlöcher zeigten, hatte man im Laufe des Betriebes insbesondere im Innern der Brennkammer immer wieder Ausbesserungen vorgenommen (vgl. Abb. 170). Der Spitzbogenabschluss und die plastisch hervortretende Zierleiste oberhalb der beiden erhaltenen Einsetzöffnungen lassen ein für derartige Anlagen keineswegs selbstverständliches Mindestmaß an ästhetischem Gestaltungswillen erkennen. Der Schornstein war mittig angeordnet.

Von einer nachbetrieblichen Nutzung zur Champignonzucht zeugt schließlich ein nachträglich in den

Boden der Brennkammer eingebauter Heizungsschacht. Außer dem Ringofenrest sind vom Baubestand der Ziegelei – wenngleich im Inneren auch stark umgebaut – noch das 1919 erbaute Maschinenhaus, das Bürogebäude sowie das Arbeiterhaus von 1911, ehemals mit Pferdestall, und das Meisterhaus (beide nebeneinander an der Straße gelegen) sowie ein Packschuppen als Zwischenlager erhalten. Lediglich die hölzernen Trocknungsschuppen – die sog. Hagen – sind nicht mehr vorhanden.

Die Otzenrather Produktionsstätte erweist sich in mehrfacher Hinsicht als klassisches Fallbeispiel einer rheinischen Landziegelei. Dies gilt nicht nur für ihre baulichen Relikte, anhand derer sich auch technische Neuerungen und zunehmende Maschinisierung im Produktionsverfahren jenseits der Brenntechnik nachvollziehen lassen, sondern auch für sozialgeschichtliche Aspekte des Wanderzieglerwesens im Rheinland. So sind z. B. zwischen 1898 und 1914 über sog. Heimatscheine mehrere Wanderziegler aus dem limburgischen Thorn in Otzenrath namentlich nachweisbar. Nach dem Ersten Weltkrieg traten dann mobile Zieglerkolonnen (sog. Pflüge) aus dem lippischen Raum an deren Stelle. 1933 kaufte schließlich der Sohn eines hier beschäftigten Ziegelmeisters aus Lieme den Betrieb auf, um ihn in Eigenregie weiter zu betreiben. Dessen Nachfahre gab nun bereitwillig Auskunft über Leben und Arbeit in der Ziegelei, die kurz vor ihrer Schließung 1959 einen Jahresziegelausstoß von 3 Millionen Stück erreicht hatte. Er stellte ferner wichtige Unterlagen, z. B. den Bauplan des Ringofens sowie Fotos von Arbeitsgängen und Produktionsanlagen zur Verfügung. Die industriearchäologische Untersuchung kann somit Teil eines noch weitgehend ganzheitlich nachvollziehbaren Gesamtbildes werden.

Für wertvolle Informationen danke ich dem letzten ‚Juniorchef' der Ziegelei, Erwin Siekmann aus Neu-Otzenrath, sowie Ulrike Krüner aus Mönchengladbach.

Literatur: B. BATTENFELD, Die Ziegelindustrie im Bergischen Land (Solingen 1998). – A. IMMENKAMP (Hrsg.), Ziegelei Lage – Museumsführer (Essen 2001). – L. SCHYIA, „Gut Brand" – Der Siegeszug des Ringofens (Suderburg 2000).

STADT DÜSSELDORF

Die Ziegelei Peter Jorissen – eine späte Entdeckung

Bernhard Kamps,
Frithjof Nolden,
Gaby und Peter Schulenberg

Die ehemals in Düsseldorf-Ludenberg zu beiden Seiten der Bergischen Landstraße anstehenden, bis zu zwanzig Meter mächtigen Löss- und Lösslehmablagerungen waren als leicht zugängliche Rohstoffe ausschlaggebend, dass dieses Gebiet zwischen etwa 1880 und 1960 zum größten regionalen Zentrum der Ziegelindustrie heranwuchs. Bis zu sieben Ziegeleien produzierten gleichzeitig Millionen von Ziegeln für das rasante Wachsen der Großstadt Düsseldorf. Von allen hier tätigen Unternehmen war der Standort der Ziegelei Peter Jorissen bisher unbekannt. Die Sichtung von Akten aus dem Stadtarchiv Düsseldorf, welche alle Baupläne der technischen Einrichtungen beinhaltete, sowie eine Bestandsaufnahme der Baubefunde ergeben nun jedoch ein umfassendes Bild von den Produktionsstätten.

Am 25. November 1898 legte der Unternehmer Jorissen erstmalig die Pläne für eine Ringofenziegelei mit Maschinen- und Kesselhaus, Kamin, Brunnen, Trockenschuppen sowie einem Wohnhaus für die Arbeiter vor (Abb. 199). Am Standort sollten bei vollem Betrieb mit einer Belegschaft von 40 Arbeitern täglich 40 000 „Normalziegel" gebrannt werden. Der für die Produktion notwendige Ton und Lehm sollte an den Südhängen des Gallberges abgebaut werden. Für den Transport des Rohstoffes bis zum Maschinenhaus war eine Seilförderanlage vorgesehen. Im Juni 1899 nahm die Ziegelei Jorissen die Produktion auf, aber bereits mit Datum vom 21. Januar 1913 enden die Archivakten.

Ihr weiteres Schicksal kann nur vermutet werden: Erschwerend für einen langfristigen Erfolg des Unternehmens war von Anfang an, dass es als eines der letzten im Schatten der bereits etablierten Ziegeleien gegründet wurde. Die mächtigen Lehmabbaugebiete nahe dem heutigen Wildpark waren bereits vergeben. Die Rohstoffvorkommen an den Hängen des Gallberges eigneten sich aufgrund der Durchsetzung mit Terrassenschotter weniger gut zur Ziegelherstellung. Das hoch anstehende Grundwasser wird zusätzlich zu einem großen Problem geworden sein. Hinzu kamen der Erste Weltkrieg, die anschließende Weltwirtschaftskrise sowie die Kohleverknappung während der Ruhrbesetzung.

Dass im Naturschutzgebiet „Dernkamp/Pillebachtal" nahe eines Spielplatzes viele Baureste der untergegangenen Jorissen-Ziegelei erhalten geblieben sind, erschließt sich erst auf den zweiten Blick. Die ehema-

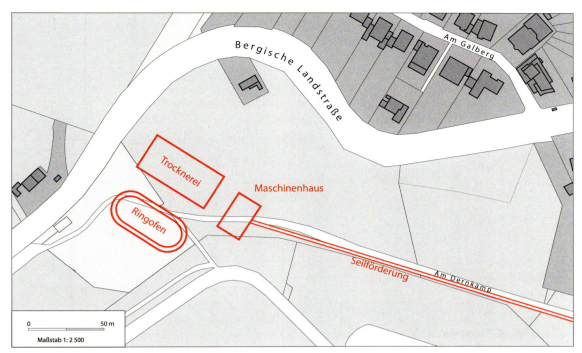

199 Düsseldorf-Ludenberg. Lageplan der Ziegelei Jorissen.

ligen Löss- und Lösslehmabbauflächen nimmt heute ein Feuchtgebiet mit artenreicher Flora und Fauna ein. Am Wegrand sind noch zwei überwachsene Ziegelpfeiler vorhanden, auf denen die Stützen der Seilförderanlage standen. Über diese und zusätzlich über eine von Pferden gezogene Lorenbahn, deren Trasse als Hohlweg erhalten ist, wurde der Lehm zum Maschinenhaus transportiert.

Die Baufluchten des U-förmig angeordneten, ehemals zweigeschossigen Maschinenhauses, eingeteilt in Kesselhaus, Dampfmaschinenraum, Transmissionsreihe, Pressenhaus, Vorratsraum und Schmiede, mit einer überbauten Fläche von 28 × 18 m lassen sich im bewaldeten Teil des Geländes zwischen dem Hohlweg im Norden und der Geländekante im Süden in Teilen noch deutlich an den Abbruchspuren und der Geländedeformation erkennen (Abb. 200). Das rechteckige Fundament der Seilzuganlage zum Obergeschoss, wo sich das Mahlwerk des Kollers befand, liegt annähernd mittig als Querriegel zwischen den Seitenflügeln des Gebäudes. Von der nordöstlich angebauten Schmiede ließ sich, außer einer schwachen linearen Erhöhung und einer durch Baumsetzungen verworfenen Wand aus Schamottziegeln bzw. durch Hitzeeinwirkung verglasten Backsteinen, keine Innenbebauung erkennen.

Nach Nordwesten schließt sich der Längstrakt mit fünf rechteckigen, in Reihe angeordneten Transmissionssockeln an (Abb. 201). Es handelt sich um ziegelgemauerte Einzelfundamente mit rechteckigen Grundrissen. Die Fundamentbreiten variieren zwischen 47 cm und 60 cm, bei einer Länge von 1,75 m. Beide Längsseiten und eine Schmalseite sind lotrecht ausgebildet, während die verbleibende Stirnseite ca. 60° abgeschrägt ist. In allen Fundamenten sind noch die Ankerbolzen mit 30 mm Durchmesser für die Verschraubung der aufliegenden Maschinenteile vorhanden. Für die Aufnahme der Bolzen wurden in den Fundamenten Aussparungen gemauert, die man nach der Montage der ausgerichteten Maschinen mit Beton vergoss.

Die Bauart der Ziegelpressenfundamente ähnelt stark den zuvor beschriebenen Transmissionssockeln. Auch hier sind die Fundamente aus Ziegeln gemauert und an den Außenflächen mit Zementmörtel glatt verputzt. Zur Aufnahme der gusseisernen Ziegelpresse wurde ein Fundament von ca. 2,70 m² Grundfläche hergestellt. Aufgrund der Maschinengeometrie ragen die abgerundeten Pressenfundamente nur ca. 25 cm über die Oberkante der ehemaligen Bodenplatte. Als Gründungstiefe kann ca. 1,00 m angenommen werden. In die Oberfläche der Fundamente sind Vertiefungen und Nischen eingearbeitet. Antriebsräder oder andere tiefer liegende Maschinenteile konnten so in diese einbinden. Eine der Vertiefungen war mit Kies verfüllt. Sie könnte als Sickerloch für Kondensatwasser gedient haben. Die Maschinen wurden vor dem Verguss der Grundrahmen mit Montagehilfen „auf Höhe" gebracht. Für diese Unterfütterungen benutzte man Kanthölzer und Ziegel. Es ließen sich noch mehrere einbetonierte Holzunterlagen im Bereich der Maschinenauflager feststellen. Diese Montagehilfen sind beim Unterguss der Rahmen mit Beton nicht mehr entfernt worden. Der nordwestliche Gebäudeabschluss des Maschinenhauses war nur noch anhand von Abbruchspuren und Mörtellagen erkennbar. Das Ziegelfundament ist jedoch, wie Sondagen zeigten, im Untergrund fast durchgängig vorhanden.

Dagegen war vom Dampfmaschinentrakt noch das mit Eisenbändern verstärkte, zweiteilige Ziegel-/Betonfundament der Dampfmaschine unmittelbar an

200 Düsseldorf-Ludenberg. Grundriss des Maschinenhauses 1912, rot markiert die sichtbaren Befunde.

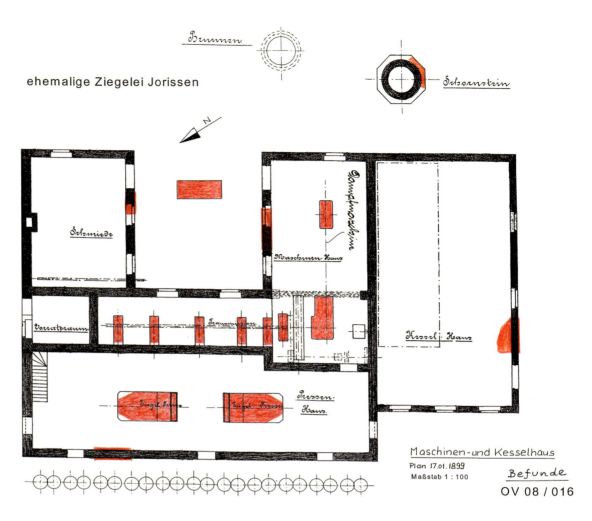

201 Düsseldorf-Ludenberg. In Reih und Glied: Die Sockel der Transmissionen.

der Oberfläche erhalten. Die Ankerbolzen der Arretierung ragten teilweise noch aus dem Boden. Zwei Fragmente von zweifarbig gebrannten Bodenkacheln zeigen an, dass der Raum, in dem den Maßen nach wahrscheinlich eine Einkolben-Dampfmaschine stand, ursprünglich nicht nur rein funktional gestaltet war.

Das südlich angebaute Kesselhaus ist bis auf eine Gebäudekante sowie wenige Estrichreste und Schlackenbrocken unter einem Weg und dichtem Bewuchs verschwunden, jedoch konnte der Sockel seines ehemals 25 m hohen Schornsteins in der Böschung zum Pillebach hin lokalisiert und teilweise freigelegt werden. Der Ziegelbrand selbst erfolgte in einem etwa 55 m langen Ringofen, welcher dem Lageplan von 1912 nach zwischen der Bergischen Landstraße und der steilen Böschung zum Pillebach stand. Ziegelbrocken, Asche und Kohle in Maulwurfshügeln auf der heutigen Spielplatzwiese weisen auf seinen Standort hin. Nach Übertragung des historischen Planes auf die heutige Grundkarte fand sich östlich des Kesselhauses – unmittelbar an der heutigen Böschungskante – auch eine Ecke des stufenförmig mit Ziegeln aufgemauerten Kaminfundamentes. Dessen Südseite ist auf 2,70 m Länge und 0,85 m Höhe sichtbar, die Ostflanke konnte mittels Sondage auf insgesamt 4,10 m Länge verfolgt werden. Das Fundament trägt an der Oberfläche starke Ausbruchspuren. Etliche trapezförmige Kaminsteine, teilweise mit eingeprägter Nummerierung, lagen über der gesamten untersuchten ehemaligen Fläche des Produktionsbereiches verstreut.

Für Düsseldorf ist dieser industriearchäologische Befund einmalig. Von ehemals über 40 Ziegeleien im Stadtgebiet sind mit Ausnahme eines benachbarten ruinösen Ringofens alle Standorte inzwischen überbaut worden. Aus diesem Grund werden die noch sichtbaren Relikte der Ziegelei Jorissen auch als eine Station des industriegeschichtlichen Pfades vom Ringofen Sassen bis zur ehemaligen Glashütte Gerresheim ausgewiesen.

Literatur: G. u. P. Schulenberg, Die Ziegelei Jorissen, eine späte Geburt. In: P. Henkel (Hrsg.), Der Industriepfad Düsseldorf-Gerresheim (Düsseldorf 2009) 20–22.

SCHLEIDEN, KREIS EUSKIRCHEN

1946 zerstört – die Dorfwüstung Wollseifen

Auf der Dreiborner Hochfläche liegt innerhalb des ehemaligen Truppenübungsplatzes und heutigen Nationalparks die Dorfwüstung Wollseifen (Abb. 202). Von dem im Spätsommer 1946 geräumten und systematisch zerstörten Dorf blieben nur die Kirche, eine Kapelle und die Schule erhalten. Die heute noch bestehenden Gebäude errichtete die belgische Militärverwaltung zum Trainieren des Häuserkampfs.

Die alte Struktur des Dorfes mit seiner Ortsflur lässt sich noch an einzelnen Hausgrundrissen, Baumgruppen und der historischen Straßenführung mit der zentralen Dorfstraße ablesen. Entlang dieser Straße entwickelte sich seit dem Spätmittelalter die Siedlung Wollseifen.

Von Süden kommend, erreicht man auf der alten Wegetrasse den Ortsrand von Wollseifen bei der Marienkapelle (Abb. 202,1), die 2008 restauriert wurde. Nach Westen zweigt ein Weg ab, der ursprünglich zum Herlingsberg führte, wo das Wasserwerk (Abb. 202,2) des Ortes aus dem Jahre 1930 erhalten ist. An der Ostseite der alten Dorfstraße weisen einzelne Baumgruppen auf zerstörte Hofstellen hin (Abb. 203). Direkt an der Westseite und östlich im Gelände stehen noch zwei Gebäude der belgischen Streitkräfte (Abb. 202,3). In diesem südlichen Teil des Dorfes befanden sich neben mehreren Bauernhöfen u. a. die Sparkasse, ein Landmaschinenhandel und ein Strohdachdecker.

Weiter verläuft die alte Dorfstraße hinab in eine Senke, dem Quellbereich des Wolzich, der ganzjährig Wasser führte. An der Ostseite des Weges befand sich der Waschplatz, den heute ein neu errichteter, steinerner Trog markiert (Abb. 202,4). An der gegenüberliegenden Straßenseite befanden sich einst eine Bäckerei und die Poststelle sowie Häuser und Wirtschaftsgebäude. Nördlich des Siefens verzweigt sich die Straße in zwei Stränge. Der östliche Weg führt hinab nach Krummenaul, das zu Beginn des 20. Jahrhunderts in der Urfttalsperre versank. An dieser Straße zum Ortsausgang hin lag der neue Friedhof (Abb. 202,5) von Wollseifen, dessen Zugang auch heute noch zwei große Eschen flankieren. Verfallene Mauern und Sträucher zeigen die äußere Begrenzung des Friedhofareals an. Die Grabstätten wurden 1955 aufgelöst, die Toten exhumiert und auf anderen Friedhöfen wieder beigesetzt.

Der westliche Abzweig des Weges führt bergauf zur Dorfmitte mit dem zentralen Kirchplatz und der Kirche. Zu beiden Seiten des Weges sind in großem Umfang Bruchsteinmauern alter Keller erhalten (Abb. 204). An der Ostseite steht die alte Trafostation (Abb. 202,6), die Wollseifen als eines der ersten Dörfer der Eifel 1922/23 mit Strom versorgte. Weitere Gebäude an dieser Seite wurden von den belgischen Streitkräften errichtet. Kurz unterhalb des Kirchhügels zweigt ein weiterer Weg nach Westen zur Dorfschule (Abb. 202,7) hin ab. Das zweigeschossige, in Natursteinen ausgeführte Gebäude wird derzeit erneuert.

Stark zerstört hat auch die Kirche (Abb. 202,8) die Zeiten des Truppenübungsplatzes überstanden und wird derzeit ebenfalls restauriert. Eine Dacherneuerung und Sicherung der Mauern erfolgte durch die belgischen Streitkräfte. Das dreischiffige Langhaus hat eine Länge von 18 m und eine Breite von 7,90 m. Den Abschluss bildet der rund geschlossene Chor an der Ostseite mit einer Tiefe von 7,80 m. Um die Kirche lag der Kirchhof, der von einer Bruchsteinmauer umgeben war. An der Westseite stand das alte Pastorat (Abb. 202,9). Unter dem 1633 errichteten Kirchenbau ist mit den Resten einer Kapelle aus dem 15. Jahrhundert zu rechnen, des Weiteren mit zahlreichen Bestattungen.

An der Nordecke der Kirchhofsmauer befand sich direkt zur Straße hin ein Denkmal für die Gefallenen

Wolfgang Wegener

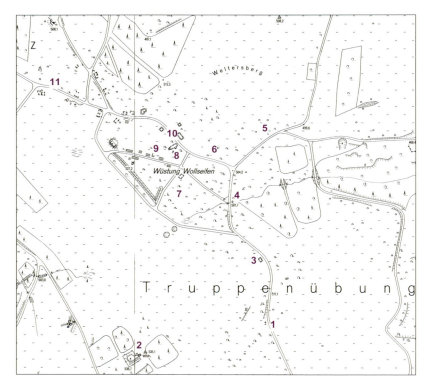

Bei der Ortschaft Wollseifen handelte es sich um ein Straßendorf, in dem vorrangig Landwirtschaft betrieben wurde. Direkt an die Ortsflur, die durch kleinere Parzellen für den Anbau von Gemüse zur Selbstversorgung gekennzeichnet ist, grenzt die Feldflur mit einem hohen Anteil an Ackerland und Weideflächen. An den geschützten Talhängen der umliegenden Siefen sind auf der topographischen Karte von 1894 die alten Ackerterrassen kartiert. In den Talauen der Urft und seiner Nebenbäche lagen weitere Mäh- und Viehweiden. Bis zum Bau des zentralen Wasserwerks 1930 verfügte jedes Haus über einen eigenen Brunnen.

Das Gebiet um Wollseifen gehörte im Hochmittelalter zu altem Königsgut und wurde vom Königshof in Konzen verwaltet. Teile des südlichen Wildbann erhielt 1069 Erzbischof Anno von Köln von König Heinrich IV. verliehen. Ein erster Hof, der Walberhof, und eine Kapelle bestanden bereits in dieser Zeit. 1145 gelangte der Walberhof an das Kloster Steinfeld. Zu dem Hof gehörten 1166 vier Königshufen zu je 120 Morgen Land. In der Folge kamen die Grafen von Jülich in den Besitz des Hofes und verpfändeten ihn 1361 mit dem Amt Wollseifen an Reinhard von Schönforst. 1487 gelangte das Amt an die Grafen von Schleiden und blieb, mit einer Unterbrechung von 1670 bis 1712, in deren Besitz. Nach der Eroberung durch französische Revolutionstruppen gehörte Wollseifen seit dem 1.10.1795 zum Kanton Schleiden im Département de l'Ourthe. 1816 unter preußischer Verwaltung zunächst selbständig, erfolgte im April 1819 der Zusammenschluss mit der Gemeinde Dreiborn.

Seit dem 14. Jahrhundert gibt es zahlreiche urkundliche Nennungen der Siedlung Wollseifen. Eine wichtige Verkehrsverbindung führte von Gemünd und Olef auf die Höhe bei Herhahn und von Wollseifen nach Einruhr weiter über Simmerath nach Aachen. Kirchenrechtlich gehörte das Dorf im ausgehenden Mittelalter zu Olef. Zur Zeit der Gegenreformation ließ Graf Ernst von der Marck-Schleiden 1633 bis 1635 die Kirche St. Rochus in Wollseifen errichten, die 1660 zur Pfarrkirche erhoben wurde. Der Bau der Provinzialstraße von Schleiden nach Aachen 1849–1852 über den Walberhof an Wollseifen vorbei, führte zum Niedergang des Dorfes.

Mit dem Bau der Urfttalsperre 1901–1905 durch den Aachener Wasserbauingenieur Otto Intze verloren die Wollseifener zwar einen großen Teil ihrer Talweiden, jedoch brachte der Talsperrenbau durch Arbeit und Vermietung von Zimmern Geld ein. Auch bei dem Bau der Ordensburg Vogelsang fanden viele Wollseifener Arbeit.

Ende 1944, als die amerikanischen Truppen im Raum Hürtgenwald und in der Ardennenoffensive mit deutschen Truppen in schwere Kämpfe verwickelt waren, kam es zu ersten Luftangriffen auf Wollseifen mit zahlreichen Toten und Verwundeten. Anfang 1945 wurde der Artilleriebeschuss so stark, dass es zu

202 Wollseifen. Die Dorfwüstung mit einzelnen Siedlungspunkten. 1 Marienkapelle; 2 Wasserwerk; 3 Gebäude der belgischen Streitkräfte; 4 Waschplatz mit Steintrog; 5 Friedhof; 6 Trafostation; 7 Dorfschule; 8 Kirche; 9 Pastorat; 10 Ehrenmal; 11 Dorfstraße.

203 Wollseifen. Baumgruppen und Sträucher als Reste alter Hofstellen.

des Ersten Weltkrieges (Abb. 202,10), von dem heute nur noch Teile des Steinsockels erhalten sind. In zentraler Ortslage befanden sich auch eine Kolonialwarenhandlung, eine Metzgerei, die alte Schmiede und ein Gasthof mit Saal.

Der nordwestliche Teil des Dorfes beginnt an der Abzweigung eines Weges, der nach Norden über den Kellenberg und die Lehmkaul hinunter zur Urft führte. Die ehemalige Dorfstraße verlief bis Mitte des 19. Jahrhunderts weiter in Richtung Einruhr (Abb. 202,11). Zu beiden Seiten der Straße zeugen – wie überall – noch zahlreiche Bruchsteinmauern, Stockbuchen, Sträucher und Baumgruppen von den einstigen Wohnhäusern und Wirtschaftsgebäuden. Neben Bauern lebten in diesem Ortsbereich ein Dachdecker und ein Maurermeister.

einer mehrtägigen Räumung des Dorfes kam. Nach Ende des Krieges begann langsam der Wiederaufbau, als am 18. August 1946 durch die britische Militärverwaltung der Räumungsbefehl für das gesamte Dorf zum 31.08.1946 erging. Im Juni war die Entscheidung gefallen, im Zusammenhang mit den Gebäuden der Ordensburg und dem Feldflugplatz Walberhof auf der Hochfläche einen Schießplatz anzulegen. 120 Familien mit ca. 550 Personen mussten in wenigen Tagen ihr Hab und Gut zusammenpacken und in den Nachbarorten Morsbach, Herhahn, Dreiborn und Einruhr unterkommen.

Einmal im Jahr zu Allerheiligen durfte auf dem Friedhof der Toten gedacht werden. Aufgrund der Zerstörungen durch Beschuss, von denen auch die Gräber betroffen waren, erfolgte 1955 eine Umbettung der Toten auf die Friedhöfe der benachbarten Ortschaften.

Historisch-kartographische Hinweise auf die Siedlung Wollseifen sind den topographischen Karten von Tranchot (1806/07) und den preußischen Karten von 1844 sowie der Neuaufnahme von 1893 zu entnehmen. Eine detaillierte Bestandsaufnahme der Siedlungsentwicklung von 1820 bis 1946 ermöglichen die beim Kreis Euskirchen vorhandenen Katasterkarten. Hinweise auf die ehemaligen Gebäude bieten die Laserscanningkarten des Landesvermessungsamtes NRW, jetzt Abt. 7/GEObasis.nrw Bez.reg. Köln.

Die ehemalige Siedlung Wollseifen gehört zu den wenigen wüstgefallenen Dörfern im Rheinland, für die eine Siedlungskontinuität vom 13. bis ins 20. Jahrhundert nachgewiesen ist, und die nach ihrer Auflassung nicht wieder überbaut wurde. Ihre Überreste befinden sich noch heute im Erdreich.

204 Wollseifen. Bruchsteinmauern der Keller dokumentieren die alten Gebäude.

Literatur: K. ENGELS, Wollseifen – Das tote Dorf. Jahrb. Kr. Euskirchen 1996 (Euskirchen 1995) 35–41.

STADT ESSEN

Denkwürdige Zeiten: Die Bergung einer „Zeitkapsel" in Essen-Katernberg

Im Herbst 2007 wurde ein Zeitzeugnis Katernberger Geschichte abgerissen: das Katernberger Ehrenmal. Seit 1934 hatte das am 14. Oktober eingeweihte Denkmal auf der Südseite des Marktplatzes gestanden. Es erinnerte an 702 im Ersten Weltkrieg Gefallene des Stadtteils.

Von Fritz Schupp (1896–1974), dem Architekten der Zeche Zollverein, seit 2001 Weltkulturerbe der UNESCO, stammt der Vorentwurf des an einen Altar erinnernden Denkmals mit Stahlhelm und Kranz aus Ruhrsandstein. Eine Gruppe von drei mit Kupferblech überzogenen Kreuzen gehörte möglicherweise nicht zur ursprünglichen, von einer Bruchsteinmauer umgebenen Anlage. Nach dem Zweiten Weltkrieg wurde die Inschrift in „DEN TOTEN DER WELTKRIEGE/ 1914 1918/ 1939 1945" erweitert. Nur in den beiden Hausteinen mit den vom Steinmetz eingearbeiteten Jahreszahlen 1914 und 1918 sind zusätzlich vermörtelte Bohrungen erkennbar, die vermuten lassen, dass hier metallene Applikationen der ursprünglichen Inschrift vorhanden waren.

Die mangelnde Standsicherheit und die sehr hohen Kosten für eine Instandsetzung führten nach einer längeren Entscheidungsfindung zum Abriss des Denkmals. Die Stadtarchäologie begleitete diese Arbeiten. Für das Ruhrmuseum wurden der aus einem Stück ge-

Detelf Hopp und Elke Schneider

205 Essen-Katernberg. Urkundenbüchse aus einem Ehrenmal des Ersten Weltkriegs.

fertigte, auf dem Kranz ruhende Helm, die Inschrift und die Kreuze gesichert.

Beim Abbau des „Altars" fanden sich einige bisher unbekannte Hinweise zum Aufbau des Denkmals: So war beispielsweise jede der 19 bossierten, rechteckigen Sandsteinplatten der obersten Steinlage auf der Unterseite mit schwarzer Ölfarbe fortlaufend durchnummeriert. Das Füllmauerwerk zwischen den äußeren Steinplatten bestand aus sehr unregelmäßigen, grob vermörtelten Bruchsteinen.

In der Mitte des Denkmals befand sich – unter Stahlhelm, Kranz und den beiden Deckplattenlagen – ein senkrechter, etwa 1 m langer und 30 cm breiter, oben durch zwei Ziegellagen und eine Sandsteinplatte verschlossener Schacht. Darin stand eine zugelötete, kupferne Urkundenbüchse von 39 cm Länge und einem Durchmesser von 8 cm. In der Büchsenmitte sind – einander gegenüberliegend – ein Eisernes Kreuz, beschriftet „WELTKRIEG 1914 – 1918", und ein Hakenkreuz ohne Inschrift appliziert (Abb. 205). Die Unterseite ist durch einen Deckel verschlossen. Darüber befindet sich auf der Seite mit dem Eisernen Kreuz die Inschrift „GESTIFTET VON KLEMPNERMEISTER BERNHARD SOLLBÖHMER", auf der gegenüberliegenden „GRAVIERT VON J. SCHALICH". Der Deckelrand ist mit der Jahreszahl 1934 beschriftet. Mörtelspritzer auf der Oberfläche der Röhre zeugen vom Vermauern des Schachtes.

Die Büchse wurde am 02.04.2008 geöffnet. Sie enthielt ein 20-seitiges, äußerst sorgfältig handgeschriebenes und gebundenes Urkundenbuch aus Büttenpapier (Abb. 206). Nach einem einführenden Text, in dem der Weg des Denkmals von der Planung bis zur Grundsteinlegung nachgezeichnet wird, ist eine Liste mit den Namen und Lebensdaten der 702 Gefallenen aus Katernberg angefügt.

Bisher ist die Sicherstellung vergleichbarer Objekte der jüngeren Geschichte selten. Schon die erste Sichtung der Funde, deren Auswertung einen längeren Zeitraum in Anspruch nehmen wird, zeigt, dass die enthaltenen Dokumente von großer ortsgeschichtlicher Bedeutung sind. Sie werfen zugleich ein Schlaglicht auf die Schwierigkeiten bei der Deutung historisch-politischer Monumente aus der Zeit vor 1945. Zu diesen schreibt der Kunsthistoriker Meinhold Lurz: „Nirgendwo anders stellt sich die Frage nach Sinn und Notwendigkeit von Kriegen so unmittelbar und drastisch wie vor den Denkmälern ihrer Opfer. Statt den Krieg und seine Verantwortlichen anzuklagen, verherrlichen Kriegerdenkmäler den Tod als Opfer, Heldentum und Tugend."

Herrn Dr. Martin Bach, Institut für Denkmalschutz und Denkmalpflege Essen, sei für Hinweise gedankt.

206 Essen-Katernberg. Der Inhalt der Urkundenbüchse wird gesichtet.

Literatur: CH. EIDEN/D. HOPP, Denkwürdige Zeiten. Essener Beitr. 119, 2006, 353–358. – M. LURZ, Kriegerdenkmäler in Deutschland 5 (Heidelberg 1986). – A. VOGT, Den Lebenden zur Mahnung. Denkmäler und Gedenkstätten. Zur Traditionspflege und historischen Identität vom 19. Jahrhundert bis zur Gegenwart (Hannover 1993).

Öffentlichkeitsarbeit

207 Zülpich.
Blick vom Vorplatz auf die „Römerthermen Zülpich – Museum der Badekultur" und den Quirinusplatz.

ZÜLPICH, KREIS EUSKIRCHEN

Alte Pracht im neuen Haus: Römerthermen Zülpich – Museum der Badekultur

Iris Hofmann-Kastner

Das römische Bad in Zülpich gilt als die besterhaltene Thermenanlage ihrer Art nördlich der Alpen. Der Grund für die exzellente Erhaltung ist einerseits ihre späte Entdeckung 1929, andererseits ihre Lage unter dem Friedhof der romanischen Kirche St. Peter.

In drei Grabungskampagnen wurde die Thermenanlage freigelegt: Die erste Ausgrabung bis 1936 galt dem Kernbereich. 1978/1979 gelang es, das größte Einzelgebäude des Thermenkomplexes, die sog. *basilica thermarum* freizulegen. Die letzte archäologische Untersuchung fand 2001 bis 2004 im Vorfeld der vollständigen Neugestaltung des Geländes und des Museumsneubaus statt. Die neuen und alten Befunde wurden daraufhin gesichert und restauriert.

Seit ihrer Entdeckung sind die Römerthermen Zülpichs das touristische Highlight des Kreises Euskirchen, wenngleich sie viele Jahre ein enges, feuchtes Kellerdasein fristeten. Nur über eine schmale Kellertreppe des Heimatmuseums gelangte der Besucher zu den unter dem Quirinusplatz liegenden Ausgrabungen.

1998 wurde ein Wettbewerb zur Neugestaltung des „Quartiers Mühlenberg" ausgeschrieben, das mit den römischen Thermen, der im Kern mittelalterlichen Landesburg, der mittelalterlichen Stadtmauer sowie der Kirche St. Peter einen in NRW einmaligen städtebaulichen Zusammenhang bietet. Als Sieger ging der Architekt Markus Ernst hervor, der durch seinen großzügigen Neubau den Thermen ein attraktives und angemessenes Umfeld verschaffte.

Bereits auf dem Weg zum Museumseingang können die Besucher der Thermen Zülpichs einen ersten Blick durch das Panoramafenster auf die Badeanlage werfen (vgl. Abb. 207). Je nach Wetterlage und Tageszeit ist das römische Mauerwerk durch die natürliche Beleuchtung auf unterschiedliche Weise zu erleben. Vom Museumsfoyer sehen die Besucher über die *basilica thermarum* (Abb. 208) auf das Kaltbad (*frigidarium*). Die große Thermenhalle wurde in ihren alten Maßen als neuer Baukörper rekonstruiert, wobei teilweise erhaltene Fundamentreste ins heutige Gebäude integriert sind. Die abgehängte Decke entspricht etwa der Firsthöhe des antiken Bauteils. Die Römerabteilung wird im Norden und Süden lediglich durch das Fundament der ursprünglich romanischen Kirche und der römischen Befestigungsmauer begrenzt.

Geschickt hat der Architekt den Altbau, das ehemalige Heimat- oder Propsteimuseum, mit dem Neubau verbunden. Über einen Durchgang gelangt man in die Mittelalterausstellung im Keller des Altbaus, die auch einen Teil des Erdgeschosses einnimmt. Vom Ausstellungsabschnitt Frühe Neuzeit im Erdgeschoss der Propstei erreichen die Besucher den Abschnitt Neuzeit über eine Glasbrücke zum Neubau. Der Grundriss des polygonalen Raums wird durch die in diesem Abschnitt abknickende Stadtmauer sowie den Quirinusplatz bestimmt. Fensterbänder gewähren Ausblicke auf die weiteren Sehenswürdigkeiten des Mühlenbergs. Am Ende des Rundgangs werden die Besucher mit dem wichtigsten Element des Badens konfrontiert, dem Wasser. Es fließt auf breiter Fläche die „Wasserwand" herab.

Für Wechselausstellungen steht ein 147 m² großer Raum über dem Foyer und Seminarraum zur Verfügung. Natürlich darf auch ein Seminarraum nicht fehlen, in dem Besuchergruppen im Rahmen von Workshops ihre neu gewonnenen Kenntnisse vertiefen können. Dieser helle Raum hinter dem Foyer wird durch das Fensterband mit Blick auf die restaurierte mittelalterliche Stadtmauer bestimmt. Die Klimatisierung des Museumsneubaus wird wie die Thermen in der Römerzeit durch eine Fußbodenheizung reguliert. Diese basiert auf einer geothermischen Anlage, die den neuesten technischen Erkenntnissen entspricht.

Es gibt deutschlandweit einige „Bädermuseen", die jedoch sehr spezialisiert sind. Den größten Anteil stellen dabei Museen mit einem Bezug zu lokalen Heil-

208 Zülpich, „Römerthermen Zülpich – Museum der Badekultur". Blick durch die *basilica thermarum* auf das Kaltbad (*frigidarium*).

209 Zülpich, „Römerthermen Zülpich – Museum der Badekultur". Blick über den Glassteg in das Heißbad (*caldarium*).

210 Zülpich, „Römerthermen Zülpich – Museum der Badekultur". Blick über den Befund in die Römerabteilung.

bädern. Im Gegensatz dazu ist das neue Zülpicher Museum der Badekultur das einzige Museum Deutschlands, das die Alltagskultur des Badens von der Römerzeit bis heute vermittelt.

Um die Besucher auf das Thema einzustimmen, erscheinen in der *basilica thermarum* Begriffe aus der weltweiten Badekultur in einer auf den Boden projizierten Wasserfläche (Abb. 208). Tritt man auf den heranfließenden Begriff wird ein Film dazu ausgelöst. Die Langversionen sind auf speziellen Medienbänken zu sehen.

Ein besonderes Anliegen des wissenschaftlichen Beirats war es, möglichst viele Informationen zum archäologischen Befund und der Nutzung der Thermen zu liefern. In Zülpich wurde dies durch Einsatz verschiedener moderner didaktischer Hilfsmittel erreicht. Ein Beispiel sind die Reflektionsflächen in jedem der drei Funktionsräume, auf denen diverse Kurzfilme (Abb. 209) Stimmungen des antiken Badewesens nachempfinden sollen.

Über die Beleuchtung wird dem Besucher die Impression vermittelt (Abb. 210), dass sowohl die beiden Kaltwasser- als auch die beiden Heißwasserwannen jeweils mit kaltem oder heißem Wasser gefüllt sind.

Ansprechend aufbereitete Informationen zum Befund bietet der archäologische Rundweg. Texte auf hinterleuchteten Ausstellungstafeln erklären z. B. Details, die auf dem archäologischen Befund durch Zahlen kenntlich gemacht sind (Abb. 209). Als Orientierungshilfe erscheint der jeweilige Standort des Besuchers farbig abgesetzt auf dem Grundriss der Badeanlage.

Als transparente Hilfskonstruktion präsentiert sich der Glassteg (Abb. 209) – der Gast kann sich über dem Originalbefund des Schwitzbads (*sudatorium*) bewegen und läuft dadurch fast auf dem Bodenniveau der Thermen.

Zwei Modelle vermitteln dem Besucher die Größe und das Aussehen der Thermenanlage. Ergänzend weisen Originale und Nachbildungen von technischen Hilfsmitteln der Badeanlage auf die Genialität der Römer in der Wasser-, Heiz- und Bautechnik. Dass zu dem Besuch der Thermen neben dem Badevergnügen auch Schönheits- und in den großen Städten auch medizinische Behandlungen gehörten, erfährt der Gast mit Hilfe von Ausstellungsstücken, die vergleichbaren heutigen Gegenständen in Form und Größe sehr ähneln. Die aus einem monolithischen, mächtigen Steinblock gearbeitete Badewanne aus Inden

verdeutlicht, dass auch die wohlhabende Bevölkerung auf dem Lande dem Badeluxus frönte.

Wenngleich der Badekultur im Mittelalter und Barock nicht mehr die Bedeutung wie in der Römerzeit zukam, existierte eine solche dennoch, allen Vorurteilen zum Trotz. Nachbildungen und bildliche Darstellungen vermitteln den Besuchern z. B. das Aussehen und breite Angebot einer städtischen Badestube. Dass im Barock nicht nur parfümiert und gepudert wurde, bezeugen die hochherrschaftlichen Badekabinette in Schlössern. Die Probleme in Bezug auf Hygiene zur Zeit der Industriellen Revolution werden in der Neuzeitabteilung (Abb. 211) thematisiert. Die gesamte Infrastruktur musste erst wieder neu geschaffen werden, bevor dem Verbraucher sauberes Wasser zur Verfügung stand. Es vergingen viele Jahrzehnte, gar Jahrhunderte bis sauberes Wasser in jeden Haushalt Deutschlands floss. Diese Wartezeit wurde aber vor allem durch die deutsche Erfindungsfreudigkeit erträglich gemacht, was einige Exponate verdeutlichen. Auch das Aufkommen von Badeoasen und Wellnesstempeln fehlt natürlich nicht in der Ausstellung. Sollten Besucher den Wunsch verspüren, vom nächsten Badeurlaub zu träumen, können sie dies auf Sonnenstühlen tun und sich dabei von verschiedenen Filmen mit Badeszenen inspirieren lassen (Abb. 211), das Plätschern der Wasserwand tut seinen Teil dazu.

Die *basilica thermarum* wurde als multifunktionaler Veranstaltungssaal konzipiert, dessen Ausstellungsmöbel zu einem großen Teil beweglich sind. Firmen aus dem Gesundheits- und dem energietechnischen Sektor haben aufgrund der thematischen Nähe und dem einmaligen Ambiente das Museum als Veranstaltungsort für sich entdeckt. Auch liegen zahlreiche Anfragen von Künstlern und Privatpersonen vor, die den außergewöhnlichen Ort nutzen möchten.

Im Jahr 2014 wird die Stadt Zülpich Austragungsort der Landesgartenschau sein. Den Zuschlag hat die Stadt dank eines wohl durchdachten Konzepts bekommen, bei dem das Quartier Mühlenberg, besonders jedoch die einzigartigen „Römerthermen Zülpich – Museum der Badekultur" eines der Hauptattraktionen sind.

211 Zülpich, „Römerthermen Zülpich – Museum der Badekultur". Neuzeitabteilung.

Die Regionale 2010 gestaltet als ein Projekt den „Erlebnisraum Römerstraße" (vgl. Beiträge N. Andrikopoulou-Strack, S. Jenter u. C. Ulbert). Mit seinen römischen Thermen ist Zülpich ein Dreh- und Angelpunkt der Agrippa-Straße, die von Köln über Trier nach Süden bis Lyon führte.

Doch auch direkt nach der Eröffnung des Museums stellt sich keine Routine ein. Das Museumsteam erarbeitete z. B. eine sog. Kinderebene, die ab 2009 ein spannendes und attraktives Angebot für junge Besucher bietet.

Literatur: T. Fedeles/Z. Tóth/Z. Visy, Zülpich-Mühlenberg. Die römische Thermenanlage und die mittelalterliche Benediktinerpropstei. Ausgrabungen 2001–2002 (Zülpich 2003). – S. de Faber, 100 Jahre Zülpicher Geschichtsverein (Zülpich 2006). – H. G. Horn, So badeten die Römer. Rund um die Thermen von Zülpich (Weilerswist 2008).

XANTEN, KREIS WESEL

Der Weg des Prahms aus Xanten-Wardt ins LVR-RömerMuseum

Julia Obladen-Kauder

Im Jahr 1991 wurde in einem Verbindungskanal zwischen zwei Xantener Kiesgruben ein römisches Plattbodenschiff ausgegraben. Untersuchungen ergaben, dass seine Holzbauteile von Eichen stammen, die um die Wende vom 1. zum 2. Jahrhundert n. Chr. gefällt worden waren (Abb. 212). Das leider nicht mehr ganz vollständig erhaltene Boot vom Typ eines Prahms lag mittig in einem ehemaligen Rheinarm, der in antiker Zeit an der ca. 2,5 km entfernten *Colonia Ulpia Traiana* vorbeiführte. Nach seiner Bergung im ganzen

212 Xanten-Wardt. Der Prahm während der Ausgrabung 1991.

213 Xanten, LVR-RömerMuseum. Das Stahlgerüst von unten.

Erdblock und späteren Zerlegung brachte man im Frühjahr 1993 die ersten Hölzer in die Werkstätten des Landesmuseums Schleswig. Im Hinblick auf die zwei Jahre später terminierte Landesausstellung im Römisch-Germanischen Museum Köln sollten dort zunächst die Spanten und Teile der Bordwand durch eine Volltränkung mit Polyethylenglykol konserviert werden.

In der Kölner Landesausstellung wurde 1995 die Innenansicht des Prahms in einer künstlichen Verschalung präsentiert. Ergänzend dazu zeigte man einen nachgebauten, stilisierten Querschnitt im Maßstab 1:1 sowie ein kleines Modell – eine Rekonstruktion nach dem Originalbefund. Einen zweiten Konservierungsschub der Boden- und Kimmplanken sowie des Dollbords gab es nach der Kölner Ausstellung 1996/97. Danach wurden die Hölzer bis zum Bau des neuen LVR-RömerMuseums in den Xantener Magazinräumen des LVR-Amtes für Bodendenkmalpflege im Rheinland eingelagert.

Die Dauerausstellung des LVR-RömerMuseums wird auf verschiedenen Ebenen präsentiert, die über Rampen zu erreichen sind. Insgesamt ergibt sich dadurch eine große Transparenz, die den Besucherinnen und Besuchern vom jeweiligen Standort aus eine Sicht auf andere Etagen bzw. Themenbereiche erlaubt. Es war daher geplant, das Schiff in einem Durchlass in der obersten Etage aufzuhängen. So sollte dem Betrachter einerseits ermöglicht werden, von den tiefer gelegenen Geschossen eine Sicht von unten auf die Außenbeplankung zu erhalten, die auch der Grabungsperspektive von 1991 entspricht. Andererseits bekommt man ebenso einen Einblick in das Schiffsinnere vom Obergeschoss aus.

Der Plan, den Prahm im freien Raum aufzuhängen, erforderte aus statischen und Sicherheitsgründen eine ausgeklügelte Konstruktion. Mit der Ausführung wurde eine Werft in Nettetal beauftragt, die auf den Bau von Holzbooten spezialisiert ist. Zunächst konstruierte man einen Rahmen aus vierkantigen Stahlteilen, der der gebogenen Schiffsform entspricht. Darauf wurde zur Stabilisierung eine Stahlplatte fixiert (Abb. 213). Auf die Platte wurden U-förmige Halterungen geschweißt, die der Form der Auflanger exakt angepasst waren. Gleichermaßen befestigte man auf dem Boden Metallfächer für die Wrangen und Querhölzer. Von unten wurden nach den tatsächlichen Maßen angefertigte Nachbauten der Bodenplanken eingefügt. Die originalen Kimmplanken und die Bordwandelemente wurden mittels passgenauer Metallhalterungen befestigt. Zuletzt brachte man die Spanten und Querhölzer in die Metallfächer ein und zog den Prahm langsam nach oben in seine Ausstellungsposition, wo er seit der Museumseröffnung am 15. August 2008 zu besichtigen ist (Abb. 214).

Die Zerlegung des Prahms nach seiner Bergung sowie alle Konservierungsschritte bis hin zum Zusammenbau und zur Montage des Prahms im neuen Xantener Museum wurde durch die Restauratoren des LVR-LandesMuseums Bonn fachlich eng begleitet.

Der lange Weg von der Ausgrabung ins Museum ist in Fakten und Zahlen folgendermaßen zusammenzufassen: Insgesamt wurden für die Herstellung der Ergänzungen und das Zusammenkleben einzelner Konstruktionsteile sieben Monate, für die Montage der Stahlkonstruktion drei Monate sowie für den Transport der Einzelteile und die Endmontage im Museum ein Monat benötigt. Das Gesamtgewicht des Ausstellungsobjektes beträgt rund 3,1 t (Stahlgestell: 1,4 t; Originalhölzer: 1,2 t; neue Hölzer: 0,5 t). Insgesamt wurden mehr als ein Drittel der römerzeitlichen Hölzer nicht wieder verbaut: Spanten, Mastschuh, Doll- und Setzbord sind bis auf die hintere Partie noch im Original vorhanden. Bei den Bordwänden wurde zum Schiffsende hin ein ca. 1,9 m großes Stück im Nachbau eingesetzt, da hier eine gravierende Verformung vorlag. Die Längsbeplankung an der Schiffsunterseite besteht aus statischen Gründen komplett aus neuem Holz. Die ergänzten Bodenplanken sind doppelt so dick wie die Originale, um die Stahlkonstruktion ausreichend zu kaschieren. Nicht alle Originalhölzer

214 Xanten, LVR-RömerMuseum. Das Schiff hängt!

konnten wieder verwendet werden: Viele Schiffsteile waren zu sehr verformt, da das Holz in der langen Lagerungszeit nicht immer im durchfeuchteten Boden gelegen hatte. So war es bereits stark abgebaut und durch seine umgekehrte Lage deformiert. Diese Teile passten daher nach der Konservierung nicht mehr genau an die Stahlkonstruktion, welche die Voraussetzung für die hängende Präsentation darstellte. Der Prahm hat nur am Schiffsende noch die ursprünglichen Maße. Die Höhe der Bordwände entspricht wegen der durch die Konservierung veränderten Krümmung des Bodens nicht mehr dem Original, es gibt Differenzen von bis zu 5 cm.

Es stellt sich die Frage, ob die Bergung eines solchen Objektes überhaupt sinnvoll ist, wenn die spätere museale Präsentation auf einen Großteil seiner Originalsubstanz verzichtet: Da in den meisten Fällen während der Ausgrabung noch keine Klarheit über die Art der späteren Präsentation besteht, sollte man möglichst alle Optionen offen halten. Grundsätzlich ist auch ein originalgetreuer, maßstabsgerechter Nachbau für Ausstellungszwecke durchaus überdenkenswert.

Literatur: H. Berkel/J. Obladen-Kauder, Das römerzeitliche Schiff von Xanten-Wardt. Arch. Rheinland 1991 (Köln 1992) 74–77. – Dies., Das Schiff von Xanten-Wardt zwischen Bergung und Konservierung. Arch. Rheinland 1992 (Köln 1993) 56–58. – J. Obladen-Kauder, Spuren römischer Lastschifffahrt am Unteren Niederrhein. In: M. Müller/H.-J. Schalles/N. Zieling (Hrsg.), Colonia Ulpia Traiana. Xantener Ber. Sonderbd. (Mainz 2008) 507–523.

NORDRHEIN-WESTFALEN

Eiszeitliche Fundstellen in Nordrhein-Westfalen

Mit den großen Ausstellungen im LVR-Landes-Museum Bonn, dem LWL-Museum für Archäologie Herne und im Neanderthal Museum Mettmann wurde 2006 das Jahr des Neandertalers gefeiert. 150 Jahre nach der Entdeckung des Neandertalers stand dabei die Archäologie der Altsteinzeit deutlicher als bisher im Interesse der Öffentlichkeit.

Das Neandertaler-Jubiläumsjahr war Anlass, das Projekt „Eiszeitliche Fundstellen in Nordrhein-Westfalen" ins Leben zu rufen: Dabei wurden 22 in das Eiszeitalter gehörende altsteinzeitliche Fundstellen aus Nordrhein-Westfalen – mit Bezug auf die in den Museen präsentierten Fundstücke – im Gelände neu ausgeschildert (Abb. 215). Ziel des landesweiten Projek-

Dirk Bachmann und Simon Matzerath

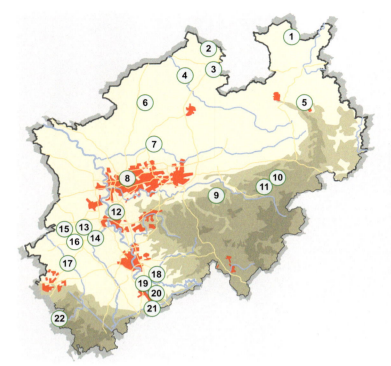

215 Neu ausgeschilderte eiszeitliche Fundstellen in NRW.

1 Rahden-Tonnenheide, Großer Stein
2 Westerkappeln, Düsterdieker Niederung
3 Tecklenburg, Herkensteine
4 Saerbeck, Sinningen
5 Lage, Johannissteine
6 Rosendahl, Holtwicker Ei
7 Haltern am See, Halterner Stausee
8 Bottrop, Rhein-Herne-Kanal
9 Balve, Feldhofhöhle bei Volkringhausen
10 Warstein, Bilsteinhöhle
11 Rüthen, Hohler Stein bei Kallenhardt
12 Ratingen, Volkardey
13 Mönchengladbach, Nierstal
14 Korschenbroich, Liedberg
15 Wegberg-Berg, Feltenberg
16 Mönchengladbach, Rheindahlen
17 Jülich, Barmer Heide
18 Troisdorf, Ziegenberg
19 Troisdorf, Ravensberg
20 Bonn-Oberkassel, Rabenlay
21 Bonn-Mehlem, Rodderbergvulkan
22 Monschau, Hohes Venn

tes ist es, die Landschaftsgeschichte und dabei die Landschaftsnutzung durch den altsteinzeitlichen Menschen vor Ort nachvollziehbar zu machen. Die Fundstellen werden damit für Ortsansässige, Wanderer, Radfahrer und generell für den archäologisch interessierten Besucher direkt erfahrbar. Die Tafeln verteilen sich von Eifel und Niederrhein über Ruhrgebiet, Münsterland und Lippe bis ins Tecklenburgerland und Sauerland.

Als Gastgeber für die Pressekonferenz und Eröffnungsveranstaltung zum Projekt „Eiszeitliche Fundstellen in Nordrhein-Westfalen" hatte das Museum Zitadelle Jülich für den 31. März 2008 in die Schlosskapelle geladen. Als Initiatoren und Organisatoren des von den Landschaftsverbänden mitgetragenen Projektes referierten Dr. Thomas Otten (Ministerium für Bauen und Verkehr NRW) und Dr. Heike Gregarek (Rheinischer Verein für Denkmalpflege und Landschaftsschutz) sowie Jürgen Weiner als Vertreter des LVR-Amtes für Bodendenkmalpflege im Rheinland. Im Anschluss an die Projektvorstellung fand, exemplarisch für alle 22 neu beschilderten Fundstellen in NRW, die Einweihung der Tafel in Jülich-Koslar an der Barmer Heide statt (Abb. 216). Der Entdecker der Fundlandschaft Barmer Heide, Willy Schol (1913–2008), wurde im April 2007 für seine Verdienste um die archäologische Wissenschaft mit dem Bundesverdienstkreuz am Bande geehrt.

Die Altsteinzeitforschung entwirft heute ein vielfältiges Bild von den Lebensbedingungen und der Landnutzung des eiszeitlichen Menschen. Maßgebend für das breite Interesse an dieser Periode war und ist der Fund des namengebenden Neandertalers aus der kleinen Feldhofer Grotte bei Hochdahl (Kreis Mett-

mann). Seine Knochen lagen ursprünglich in einem Paket aus Fundschichten mit eingelagerten Steinartefakten, denen die Steinbrucharbeiter während der Ausräumung der Höhle 1856 im Zuge des Kalkabbaus keine Aufmerksamkeit schenkten. Im Tal der Somme (Nordfrankreich) entdeckte man schon 1839 Faustkeile zusammen mit Überresten des Elefanten und des Nashorns. Im Jahr 1843/44 traten schließlich erstmals eiszeitliche Steinartefakte in der Balver Höhle zutage (Abb. 215, Nr. 9). Abbauaktivitäten hatten hier in den Jahren zuvor immer wieder Säugetierknochen aus diesem Zeitraum erbracht. Die Tierknochen und Steinartefakte wurden nicht mit den menschlichen Fossilien aus dem Neandertal in Beziehung gesetzt, sodass sich für die Fundplätze erst Jahrzehnte später eine Datierung als „vorsintflutlich" bzw. „eiszeitlich" allgemein durchsetzte. Im Rheinland und Westfalen sind schließlich einige weitere Fundstellen – meist waren es Höhlen – der Altsteinzeit bekannt geworden, aber erst in der zweiten Hälfte des 20. Jahrhunderts gelang es, durch wissenschaftliche Ausgrabungen und Oberflächenprospektionen den Kenntnisstand zur Urgeschichte deutlich zu erweitern. Eiszeitliche Relikte und Hinterlassenschaften des Menschen sind inzwischen aus ganz Nordrhein-Westfalen beobachtet und untersucht.

Der Vulkankrater des Rodderbergs bei Bonn-Mehlem stellt die älteste der neu ausgeschilderten Fundstellen dar. Von seinen beiden Eruptionsperioden um 550 000 und um 300 000 v. h. ist die Kratermulde des letzten Ausbruches noch deutlich im Gelände erkennbar (Abb. 215, Nr. 21).

In dem Gebiet des heutigen Rheinlands und Westfalens wechselten sich in den folgenden Jahrhunderttausenden Phasen der Siedlungsgunst und starke Kälteeinbrüche ab. Im zweiten Jahrhunderttausend vor heute (Saale-Eiszeit) sind die nordeuropäischen Gletscher bis an den Niederrhein vorgedrungen und haben dabei große Gesteinsbrocken aus skandinavischen Granitvorkommen über 1000 km transportiert. Mit der Wiedererwärmung und dem Rückzug des Eisschildes blieben die Steine – sog. Findlinge – liegen und zeugen von den Auswirkungen der gewaltigen Kälteperiode in unseren Breiten. Als Symbol der Eiszeiten sind sie heute noch zu bestaunen. Drei besonders eindrucksvolle Exemplare, wie der Große Stein aus Rahden-Tonnenheide (Erhaltungszustand ca. 270 Tonnen), können nun mit Hinweistafeln in ihrer Bedeutung nachvollzogen werden (Abb. 215, Nr. 1.5–6). Nach dem großen Kältemaximum kam der Neandertaler zurück in unsere Breiten. Er hat an vielen Stellen Spuren von Jagd-, Lager- und Werkplätzen hinterlassen, wie die im Projekt ausgeschilderten Fundstellen belegen. Hinterlassenschaften des Neandertalers finden sich aufgrund guter Überlieferungsbedingungen nicht selten unter Felsvorsprüngen oder in Höhlen (z. B. Balver Höhle). Innerhalb seiner Schweifgebiete war der Neandertaler sehr mobil, sodass die Fundstellen im Freiland deutlich zahlreicher vertreten sind (Abb. 215, Nr. 7–8.16–17). Ihre Auffindung ist weitaus schwieriger und bedarf gründlicher Prospektion und einer Portion Glück. Viele der markanten Freilandfundstellen wurden an Hang- und Höhensituationen gefunden, die einen natürlichen Ansitz- und Aussichtspunkt bieten.

Der Neandertaler bezog seine Rohmaterialien für die Produktion von Steinwerkzeugen aus verschiedenen Lagerstätten. Neben den vor knapp einer Million Jahren abgelagerten, feuersteinführenden Schottern der Hauptterrasse zwischen Maas und Rhein (Maasschotterfeuerstein) gibt es primäre Lagerstätten, wie etwa der Ravensberg bei Troisdorf (Abb. 215, Nr. 19). Der Neandertaler hat hier direkt an Ort und Stelle Quarzit entnommen und zu Werkzeugen gearbeitet. Ein solcher, ähnlicher Atelier-Fundplatz befand sich bei Ratingen (Volkardey), wo im Abraum von Auskiesungen Steinwerkzeuge aus Quarzit geborgen wurden (Abb. 215, Nr. 12).

Es gibt Hinweise auf die Anwesenheit früher moderner Menschen, in NRW spätestens ab ca. 30 000 v. Chr., auf dem Feltenberg bei Wegberg-Berg. Die Fundstelle ist jedoch am besten durch ein Jagdlager am Ende der Eiszeit vertreten, als in der späten Altsteinzeit die Menschen der Federmesser- (Abb. 215, Nr. 2.13) und Stielspitzengruppen (Abb. 215, Nr. 18 sowie mit wenigen Nachweisen Nr. 3–4) im Rheinland und Westfalen vielfach belegt sind. Der Feltenberg ist die nördlichste Fundstelle der Federmessergruppen in NRW (Abb. 215, Nr. 15).

216 Jülich. Einweihung der Fundstellentafel auf der Barmer Heide (v.l.n.r.): Th. Otten, J. Weiner, D. Bachmann, H. Gregarek, S. Matzerath, H. Forster.

Der in der Eiszeit lebende moderne Mensch hat ebenfalls wie der Neandertaler immer wieder auch Höhlen aufgesucht (Abb. 215, Nr. 10–11). Alle drei neu ausgeschilderten Höhlenfundstellen mit Nachweisen eiszeitlicher Besiedlung befinden sich in der Mittelgebirgszone Westfalens.

In die späte Altsteinzeit gehören die ältesten Skelettfunde des modernen Menschen in NRW, die in einem Grab bei Bonn-Oberkassel zusammen mit dem Unterkiefer eines domestizierten Hundes – übrigens einer der frühesten Nachweise in Europa – entdeckt worden sind (Abb. 215, Nr. 20).

Zu den Hinterlassenschaften der Eiszeiten gehören die in der rheinischen Lössbörde zu bestaunenden meterdicken Lösspakete. Im Hohen Venn bei Monschau kann sogar einer der wenigen eiszeitlichen Frostmusterböden besucht werden, der sich durch hunderte von runden oder länglichen Senken mit einem Durchmesser von 30–100 m zeigt (Abb. 215, Nr. 22).

Der archäologische Führer „Neandertaler + Co." bringt dem Leser über 60 ausgewählte eiszeitliche Fundstellen, Landschaftsmarken und Museen in Nordrhein-Westfalen näher und lädt mit weiteren fundierten Informationen und Anfahrtsbeschreibungen zu einem Besuch ein.

Literatur: H.-G. HORN (Hrsg.), Neandertaler + Co. Eiszeitjägern auf der Spur – Streifzüge durch die Urgeschichte Nordrhein-Westfalens. Führer Arch. Denkmäler Rheinland 4 (Mainz 2006). – J. KUNOW/H.-H. WEGNER (Hrsg.), Urgeschichte im Rheinland. Jahrb. Rhein. Ver. Denkmalpfl. u. Landschaftsschutz 2005 (Köln 2006). – S. MATZERATH/M. PERSE, Minerva und Neandertaler im Dialog. Eindrücke und Gedanken zu Ausstellungen in Bonn und Jülich. Jülicher Geschbl. 74/75, 2006/2007 (2008) 303–318.

NORDEIFEL

"Archäologietour Nordeifel 2008" – Archäologie zum Mitmachen für Groß und Klein

Klaus Grewe und Ulrike Müssemeier

Zu den Anliegen des LVR-Amtes für Bodendenkmalpflege im Rheinland gehört neben Schutz und Pflege auch die Förderung der Präsentation von archäologischen Denkmälern. Eine einzigartige Denkmallandschaft ist die Nordeifel, die Einheimischen wie einer jährlich wachsenden Schar von Touristen ein breites Spektrum an kulturgeschichtlich bedeutenden Bodendenkmälern eingebettet in eine reizvolle Landschaft bietet. Die Erschließung und Vernetzung dieser archäologischen Denkmäler ist Ziel des Projektes "Archäologische Landschaft Nordeifel".

Als öffentlichkeitswirksame Veranstaltung wurde im Rahmen dieses Projektes 2007 die "Archäologietour Nordeifel" ins Leben gerufen. Veranstalter sind das LVR-Amt für Bodendenkmalpflege im Rheinland in Kooperation mit den Städten und Gemeinden der Nordeifel. Einen Tag lang informieren an ausgewählten Bodendenkmälern Archäologen und Geologen die Besucher über alles Wissenswerte und stehen ihnen Rede und Antwort. Ein attraktives, auf die Denkmäler abgestimmtes Rahmenprogramm wird durch die Gemeinden und ortsansässigen Vereine geboten. Die Stationen können von den Archäologieinteressierten individuell oder im Rahmen organisierter, vorab zu buchender Busexkursionen besucht werden. Nach der ausgesprochen guten Resonanz auf die erste Veranstaltung dieser Art im Jahr 2007 soll nun jährlich am ersten Oktobersonntag dieses Archäologieerlebnis in die Nordeifel einladen.

Thematisch erstreckte sich das Programm der Archäologietour Nordeifel 2008 von der Altsteinzeit über die römische Epoche und das Mittelalter bis in das vergangene Jahrhundert. Mit dem vor allem im 17. und 18. Jahrhundert genutzten Urfter Marmorsteinbruch wurde zudem ein paläontologisches Thema präsentiert. Die auf das Mitteldevon zurückgehenden Gesteinsschichten der sog. Sötenicher Kalkmulde sind Zeugnisse einer ausgedehnten Riffbildung aus Korallen, Kalkschwämmen und -algen, Armfüßern und Seelilien. Die beiden Paläontologen M. Weber und Ch. Hartkopf-Fröder brachten den Besuchern Leben und Umweltbedingungen im Mitteldevon vor 395 Millionen Jahren anschaulich nahe. Mit Unterstützung der Mechernicher Steinmetzwerkstätten Simons GmbH konnten die großen und kleinen Gäste auch selbst Hand anlegen und durch Schleifen und Polieren von Gesteinsproben Fossilien sichtbar machen. Im nahegelegenen Kloster Steinfeld bestand anschließend die Möglichkeit, die prachtvollen barocken Erzeugnisse aus Urfter Marmor zu bewundern.

Rund 150 Millionen Jahre jünger als die Urfter Gesteinsschichten sind die Katzensteine im Tal des Veybaches nordöstlich von Mechernich. Zu Füßen dieser beeindruckend zerklüfteten Buntsandsteinformation fanden zwischen 1969 und 1971 archäologische Untersuchungen statt, die u. a. Steingeräte der sog. Federmessergruppe der ausgehenden Altsteinzeit vor rund 13 000 Jahren zutage förderten. Darüber hinaus belegen Abbauspuren im Fels die Nutzung als Steinbruch in römischer Zeit. Artefakte beider Epochen werden heute im Depot des LVR-LandesMuseums Bonn aufbewahrt und konnten anlässlich der Archäologietour vor Ort präsentiert werden (Abb. 217). Auch an dieser Station ergänzte ein passendes Begleitprogramm die Ausführungen der Archäologen: Neben einem Mitmachprogramm für Kinder zur steinzeitlichen Kunst war das Zerlegen eines Damhirsches allein mit Hilfe von Steingeräten und das anschließende Grillen des Wildbrets sicher einer der Höhepunkte der Archäologietour 2008.

Im teilrekonstruierten Tempelbezirk "Görresburg" südlich der Ortschaft Nettersheim bekamen die Besucher eine Einführung in den hier in römischer Zeit praktizierten Matronenkult. Die auf Weihesteinen in der Dreizahl dargestellten Göttinnen erfreuten sich in der römischen Provinz am Niederrhein großer Beliebtheit. Das Nettersheimer Heiligtum gilt als das am besten erforschte. Mit lukanischen Würstchen und römischem Eintopf (*Moretum*) konnten sich

217 Mechernich-Katzvey. M. Baales (LWL-Archäologie für Westfalen), M. Diepenseifen-Alfter und J. Weiner (beide LVR-ABR) präsentierten Originalfunde an den Katzensteinen.

die Besucher auch an dieser Station angemessen stärken.

Ebenfalls der römischen Epoche galt die Archäologietour-Station im Forst Schmidtheim bei Dahlem. Eigens für die Veranstaltung war ein Schnitt durch den hier sehr gut erhaltenen Damm der Römerstraße Köln–Trier präpariert worden (Arch. Rheinland 2000, 85–88). Das Reisen auf dieser einst wichtigsten Straße im Nordwesten des römischen Weltreiches illustrierte die lebensgroße Projektion eines römischen Reisewagens. Wer mochte, konnte durch das offene Fenster des Gefährts blicken und sich auf diese Weise – fotografisch dokumentiert – in die römische Zeit zurückversetzen lassen (Abb. 218). Ausführliche Informationen zur Erforschung und geplanten touristischen Inwertsetzung der Römerstraßen im Rheinland bot die Ausstellung „Erlebnisraum Römerstraße".

Der Besuch der höchstgelegenen Wasserburg des Rheinlands in Dreiborn, Stadt Schleiden, führte in das späte Mittelalter und die frühe Neuzeit. Mit ihren eindrucksvollen Wassergräben und Wällen vermittelt diese 1334 erstmals genannte Burg noch heute ein recht ursprüngliches Bild einer ehemals vierflügeligen Anlage mit Vorburg und Wirtschaftsgebäuden. Führungen über das weitläufige Gelände erschlossen den Besuchern die ansonsten nicht öffentlich zugänglichen Außenanlagen. Gut zu diesem herrschaftlichen Ambiente passten die Vogelflugschauen der Greifvogelstation Hellenthal. Die musikalischen Darbietungen verschiedener ortsansässiger Musikvereine und die Gastronomie der Burgschenke ließen in Dreiborn trotz des widrigen Wetters Volksfeststimmung aufkommen.

Ein weiterer Trassenabschnitt der römischen Staatsstraße Köln–Trier konnte im Olbrückwald bei Blankenheim in Augenschein genommen werden. Hauptattraktion war hier aber eine der im Umfeld von Blankenheim erhaltenen Österreichischen Schanzen aus der Zeit des Ersten Koalitionskrieges zwischen Österreich und Frankreich (1794). Den Gebrauch dieser Geschützstellung demonstrierte die Jülicher Historiengruppe „Corps de la Place de Juliers" eindrucksvoll mit funktionstüchtigen Kanonen (Abb. 219).

In die Zeit um 1900 entführte der Besuch des zur Grube Wohlfahrt gehörenden Süreberg-Stollens im Hellenthaler Bergbaurevier. Zu diesem erst 1988 wiederentdeckten, rund 160 m langen, aufwändig angelegten Stollen sind keinerlei schriftliche Dokumente überliefert. Offenbar ist man hier auf der Suche nach Bleierzgängen nicht fündig geworden. Mit Helm, Taschenlampe und festem Schuhwerk ausgestattet, konnten die Besucher des Stollens neben den bergmännischen Arbeitsweisen auch hier die Geologie des Erdaltertums studieren: Im hinteren Stollenbereich haben sich unterdevonische Tonsteine mit Rippelmarken des versteinerten Meeresbodens erhalten und eine eindrucksvolle Verwerfung der Schichten zeugt von der Auffaltung des Gebirges vor rund 300 Millionen Jahren.

Trotz des im Vergleich zum Vorjahr außerordentlich schlechten Wetters waren alle Stationen der Archäologietour sehr gut besucht. Das Ergebnis der Besucherbefragung spiegelt die durchweg positive Resonanz wider. Resümieren lässt sich dies mit den Worten einer Teilnehmerin, die die Veranstaltung als „gelungene Kombination von spannenden archäologischen Themen und darauf abgestimmter Unterhaltung" lobte.

Bedanken möchten wir uns bei der Kölnischen Rundschau, die als unser Medienpartner einen wichtigen Beitrag für die Bekanntmachung der Veranstaltung geleistet und eine ausgezeichnete Berichterstattung geliefert hat, bei der RVK für die hervorragende Planung und Durchführung der Busexkursionen und natürlich bei der Kultur- und Sportstiftung der Kreissparkasse Euskirchen als Förderer der Veranstaltung.

218 Dahlem. Die lebensgroße Projektion eines römischen Reisewagens wurde gern als Fotomotiv genutzt.

219 Blankenheim. Das „Corps de la Place de Juliers" demonstriert den Einsatz von Geschützen auf der Österreichischen Schanze am Olbrückwald.

Literatur: K. Grewe/U. Müssemeier, „Archäologische Landschaft Nordeifel" – ein Archäologie- und Tourismusprojekt. Arch. Rheinland 2007 (Stuttgart 2008) 203–205.

NIDEGGEN, KREIS DÜREN

Alle Jahre wieder – 13. Stiftshoffest 2008 in der Außenstelle Nideggen

Petra Tutlies

Seit ihrem Einzug in den historischen Stiftshof in Wollersheim veranstaltet die Außenstelle Nideggen jeweils am dritten Sonntag im Juni einen Tag der offenen Tür – das mittlerweile traditionelle Stiftshoffest. Im Berichtsjahr 2008 war das Motto der Veranstaltung „Der Mensch und das Feuer".

Einem guten Brauch folgend, befasste sich eine Ausstellung mit den vielfältigen Aspekten des Schwerpunktthemas. So wurde deutlich, dass der Mensch erst durch die Beherrschung des Feuers seine heutige Rolle auf unserem Planeten einnehmen konnte. Großes Interesse fanden daneben die Präsentation historischer Feuerzeuge der Sammlung Haenlein-Fehre (Düsseldorf), aber auch das Thema „Beleuchtung zur Römerzeit". Von naturwissenschaftlich-archäobotanischer Seite erläuterten J. Meurers-Balke und S. Schamuhn (Universität zu Köln), welche Aussagen zur Vegetation längst vergangener Perioden anhand verkohlter archäologischer Pflanzenreste und Holzkohlefunden möglich sind. Eine der für den Menschen wichtigsten Eigenschaften des Feuers, die Veränderung bzw. Neubildung von Materialien, wurde am Beispiel der römischen Glasherstellung in einer kleinen Sonderausstellung vorgestellt und von berufener Seite geschildert (A.-B. Follmann-Schulz, ehem. LVR-LMB).

Willkommene Ergänzung der Ausstellung(en) bei jedem Stiftshoffest sind Einzelaktionen zum Thema im Innenhof der Außenstelle. Im Jahr 2008 stand hier besonders das experimentelle Schmelzen von Bronze und Gießen von Lanzenspitzen in Nachbildungen einer bronzezeitlichen Gießform im Vordergrund des Besucherinteresses (F. Willer, LVR-LMB und Vor- und Frühgeschichtsstudenten der Universität Bonn). Weniger aufwändig, aber doch ausgesprochen spannend gestaltete sich das Gießen von Musketenkugeln aus Blei in alten sog. Kugelzangen (A. Grein, Geschichtsverein Wollersheim). Die Bedeutung von Feuer für das Militär verdeutlichte das „Corps de la Place de Juliers" beim Schießen mit Steinschlossvorderladern. Die Reenactmentgruppe um A. Kupka, Jülich, erhebt dabei einen hohen Anspruch an historische Authentizität zur frühen Franzosenzeit im Rheinland (Abb. 220). Aber auch die Frage nach dem Feuermachen in der Steinzeit blieb nicht unbeantwortet. In wenigen Handgriffen wurden mit einem Feuerschlag-

220 Nideggen-Wollersheim. Ein Mitglied des „Corps de la Place de Juliers" demonstriert das Schießen mit einem Vorderlader.

stein Funken aus einer Schwefelkiesknolle geschlagen und auf Zunder aus Baumpilz aufgefangen. Zusammen mit ein wenig Stroh ließ sich der glimmende Zunder – für manche verblüffend schnell – durch Pusten zur offenen Flamme bringen (J. Weiner, LVR-ABR; Abb. 221).

Eine der offensichtlichsten Eigenschaften von Feuer ist das Emittieren von Licht. Und nur mittels einfacher, aber zuverlässiger Fettlampen konnten bereits vor ca. 35 000 Jahren Menschen der Altsteinzeit Licht erzeugen und einzigartige Kunstwerke in den französisch-spanischen Höhlen schaffen. Am Stand von T. Kuck, Steinmetz aus Kreuzau, konnten die Besucher verschiedene von ihm nachgebildete Modelle derartiger Lampen besichtigen und ihre Funktion testen. Zu jedem Stiftshoffest wird die Esse der hofeigenen Feldschmiede angefeuert, ist doch die Anziehungskraft von Feuer auf Groß und Klein ungebrochen; dies war natürlich auch im Jahre 2008 so (P. Mülhens, Erftstadt-Bliesheim).

Eine weitere Anwendung der materialverändernden Eigenschaft des Feuers durch Hitzeeinwirkung ist die Herstellung von Holzkohle im sog. Meiler. Mitte des Jahres 2008 hat ein Köhler vom „Nationalpark Eifel" einen solchen Meiler in der Nähe von Düttling betrieben und beim Stiftshoffest konnten Interessenten die auf diese Weise hergestellte Holzkohle erwerben und sich zugleich über den Meilerbetrieb informieren. Eine andere Anwendung von Hitze kennt jeder: das Kochen. Zwar war diesem weit gefächerten Thema bereits 2007 ein eigener Tag der offenen Tür gewidmet („Essen und Trinken im Wandel der Zeiten"), doch durfte dieser Aspekt auch beim Stiftshoffest 2008 natürlich nicht fehlen. Durch zwei kulinarische Angebote mittelalterlicher Eintöpfe war dieser Aspekt köstlich mundend vertreten („Rete Amicorum", Aachen; J. Auler, Dormagen).

Neben den jeweils am Schwerpunktthema orientierten Einzelaktionen bietet das Stiftshoffest der Außenstelle Wollersheim weitere Attraktionen, die seit Jahren nicht wechseln und „einfach dazugehören". Sie arrondieren die Angebotspalette und tragen das Ihre zum unverwechselbaren Bild des bunten Markttreibens im Stiftshof bei. Beispielhaft zu nennen sind hier etwa der Bogenbauer (R. Keidel, Eschweiler), der Drechsler (W. Stemmeler, Bad Münstereifel), ein Imker, ein Weinhändler und der Stand eines Buchhändlers mit einer Buchauswahl zum jeweiligen Tagesmotto und natürlich die Schmiede.

Ein besonderes Augenmerk legen die Organisatoren auf ein Programm für Kinder. Auch hier gehört schon traditionell die betreute Ausgrabung im „Sandkasten" dazu und das nicht nur bei den Kleinen beliebte Schießen mit einer nachgebildeten mittelalterlichen Steinschleuder, der sog. Blide. Und natürlich erhält jedes Kind über seine Teilnahme bei der „Belagerung der Burg" mit wassergefüllten Luftballons eine persönliche Urkunde.

Als eine ganz besondere Attraktion für Kinder erwies sich beim Stiftshoffest 2008 die Möglichkeit, auf einer nachempfundenen Höhlenwand aus Gips nach Herzenslust mit Wasser, Holzkohlestaub und anderen Naturfarben eigene „Höhlenmalereien" zu produzieren (P. Krebs und R. Dortangs, LVR-ABR; Abb. 222).

Vor dem Hintergrund dieser spannenden, eventuell aufregenden und gewiss auch lehrreichen Aktionen wird trotzdem das leibliche Wohl nicht vergessen! Hier spannt sich bei jedem Stiftshoffest das Angebot

221 Nideggen-Wollersheim. Viel schneller als angenommen konnte man in der Steinzeit Feuer machen.

222 Nideggen-Wollersheim. Wie vor über 30 000 Jahren – kleine Künstler bemalen eine „Höhlenwand" mit Naturfarben.

DORMAGEN, RHEIN-KREIS NEUSS

Ein Baum wird zum Einbaum. (R)eine Formsache

Jost Auler,
Petra Hiller
und Kerstin Ohmert

In den NRW-Schulferien führte der Dormagener Verein „Atorka Regenbogen e. V.", der sich seit vielen Jahren der praktischen Arbeit mit Kindern verschrieben hat und bei Ferienfreizeiten immer wieder archäologische Themen aufgreift, in Zusammenarbeit mit der Stadt Dormagen mehrere einwöchige Stadtranderholungen durch. Drei davon wurden u. a. durch einen Prähistoriker geleitet; dieser wurde durch mehrere erwachsene und jugendliche Betreuer („Teamer") unterstützt. Die jeweils 60 teilnehmenden Kinder zwischen sechs und zwölf Jahren beschäftigten sich in Theorie und Praxis mit urgeschichtlichen Themen: Töpfern und Brennen, Arbeiten mit Flint, Geweih, Holz (Stechpaddel aus Eiche und Kiefer) und (Pappel)rinde, Herstellung von Birkenpech u. v. a. m. Im Mittelpunkt standen im Sommer 2008 aber die Arbeiten an einem Einbaum.

Ein Einbaum („Monoxylon") ist ein einst weit verbreiteter Bootstyp, dessen Rumpf, ebenso wie die charakteristischen Querbänke aus einem einzigen Baumstamm herausgearbeitet wurden. Einbäume sind schlanke, robuste und vielseitig verwendbare Wasserfahrzeuge. Der Bootstyp des Einbaumes ist in Europa seit dem Mesolithikum belegt. Er gilt als eine der Urformen des Bootes und kam bis in die jüngste Zeit vor. Mehrere hundert Einbäume aller Zeitstellungen sind bisher in Deutschland bekannt. Knapp 90 % davon wurden aus Eichenholz hergestellt; neben Buche, Kiefer, Erle, Ulme, Esche, Tanne und Fichte fand auch die Pappel Verwendung. Bei unserem Dormagener Einbaum handelt es sich nicht um einen Nachbau nach dem Vorbild eines bekannten urgeschichtlichen oder historischen Bodenfundes; vielmehr wurde die Bootsform dem Baumstamm angepasst.

Das uns zur Verfügung gestellte Baumstammsegment einer Pappel (*Populus sp.*) hatte eine Länge von 2,56 m; der Durchmesser betrug ca. 0,80 m. Der Baum war bereits Anfang März 2008 in den Rheinauen bei Stürzelberg gefällt und in Stücken gelagert worden. Man versuchte aufgrund der Moosreste auf der Rinde und der engen Abfolge der Jahresringe im Stammquerschnitt die Wetterseite grob zu ermitteln, was wegen der Verwitterungsspuren nicht gelang. Ursprünglich war geplant, diese Baumseite aufgrund volkskundlicher und ethnographischer Beobachtungen als Bootsboden zu nutzen, um auf diese Weise eine stabile Lage des zukünftigen Bootes zu gewährleisten.

Im Vorfeld der Arbeiten mit den Kindern reduzierte man den Stamm mit Quersägeschnitten (Abb. 223) maschinell auf eine Höhe von rund 40 cm; dabei wurde auch der obere Abschnitt des Kernholzes tangiert. Die Breite des Halbstammes, also der Oberseite des späteren Einbaumes, betrug nun rund 62 cm. Für die Anlage des Sägeschnittes war eine massive Schadstelle ausschlaggebend, die sich auf diese Weise entfernen ließ. Ausgehend von der entstande-

223 Dormagen. Maschinelle Zurichtung des zukünftigen Einbaums.

nen geraden Fläche wurde später der Bootsinnenraum ausgehöhlt und anschließend ein flacher Boden angelegt; dabei entfernte man Borke, Bast, das sog. Kambium und schließlich wenige Zentimeter des Splintholzes. Ein solcher dick ausgearbeiteter flacher Bootsboden mindert später die Gefahr des Kenterns. Mit Motorsägen wurde die angestrebte Bootsform, speziell die des Bugs modelliert, sodass der Einbaum zum Vorderteil hin eine schmalere und nach oben gezogene Form erhielt.

Bei den Arbeiten am Baum fanden ausschließlich moderne eiserne Werkzeuge Verwendung: Rindenschäler und Schäleisen, hölzerne Hämmer, Geradbeile verschiedener Größe (Abb. 224), ein gewölbtes Querbeil, also eine „Dechsel" (hier: Einhand-Hohldechsel mit einer Blattbreite von 50 mm, Stich 8, Gesamtlänge 275 mm, Gewicht 600 g). Diese haben die Autoren als Projektleiter zunächst ausprobiert, um Erfahrung im Umgang etwa mit der Dechsel zu gewinnen. Auch wurde mehrfach versucht, den Stamm mittels kontrolliertem Nutzfeuer auszubrennen. Diese Vorgehensweise bewährte sich aufgrund des großen Feuchtigkeitsgehaltes des Baumstammes nicht; eine Messung des extrem feuchten Holzes ergab am letzten Arbeitstag einen Wert von ca. 46 % am Bootsboden, 49 % an der inneren und 18 % an der äußeren Bootswand.

Zu Beginn der regelmäßig dokumentierten Arbeiten wurde nahezu die gesamte Rinde entfernt. Anschließend legte man mittels der Motorsäge die Breiten der Bordwand (Heck 12,5 cm, Seiten 6,5–8,5 cm) fest und formte auf die gleiche Weise den Bug. Dann wurden quer zum Stamm Kerben im Abstand von rund 50 cm eingesägt, sodass sich kräftige Faserbündel mit den Beilen losschlagen und auslösen ließen. Im Heck beließ man eine Erhöhung als Sitzbank (Länge 35 cm); für das Vorderschiff ist der Einbau eines Sitzbrettes geplant. Abschließend wurde eine Anbindeöse am backbordigen Bug angebracht. Auf halber Länge des Einbaumes ließ sich nach Abschluss der Arbeiten eine Höhlung von 25 cm messen.

Bis zu fünf gleichzeitig arbeitende TeilnehmerInnen brachten unter Aufsicht eines Betreuers in 450 Arbeitsstunden den Stamm in Form. Die Arbeiten am Einbaum gestalteten sich für die Kinder und auch die Erwachsenen mühsam und wegen der verwendeten schweren eisernen Schlagwerkzeuge durchaus nicht ungefährlich; die Kinder bedurften einer ständigen Aufsicht. Aber sie waren unentwegt begeistert am Boot tätig; einige dieser jungen „Bootsbauer" halfen uns während der gesamten drei Wochen!

Es ist klar, dass es sich bei dieser Sommeraktion nicht um ein archäologisches Experiment gehandelt hat; es ging einzig darum, Kindern und Jugendlichen das spannende Thema Archäologie nahezubringen. Zahlreiche lokale und regionale Printmedien berichteten über den Bau dieses Einbaumes. Am Ende der Veranstaltung tauften die Kinder den Einbaum auf den Namen „Pejoke", in Anlehnung an die Vornamen der Autoren und Initiatoren des Projektes.

Die Arbeiten am Einbaum (Abb. 225) konnten noch nicht beendet werden. Die Autoren und Teams werden in den kommenden Monaten weiter am Einbaum arbeiten und in einem späteren Bericht über ihre Erfahrungen auf dem Wasser usw. berichten.

Unser herzlicher Dank gilt der Stadt Dormagen für die gewährte Unterstützung, Stephan Gehen, Peter Schnee und Reinhold Schuchert (alle Stürzelberg), Jürgen Weiner (LVR-ABR), und vor allem allen Kindern sowie unserer bewährten, engagierten Betreuerequipe.

224 Dormagen. Arbeiten mit Feuer und Stahlwerkzeugen am Boot.

225 Dormagen. Das Ergebnis von drei Wochen harter „Kinderarbeit".

Literatur: M. ADAMECK/M. LUND/K. MARTENS, Der Bau eines Einbaums. Zur Gebrauchsfähigkeit von geschliffenen Feuersteinbeilen. In: M. FANSA (Bearb.), Experimentelle Archäologie in Deutschland. Arch. Mitt. Nordwestdeutschland Beih. 4 (Oldenburg 1990) 201–207. – DIES., Erfahrungen mit dem Einbaum. Herstellung und Erprobung eines steinzeitlichen Bootes. In: M. FANSA (Bearb.), Experimentelle Archäologie in Deutschland. Arch. Mitt. Nordwestdeutschland Beih. 13. (Oldenburg 1996) 49–50. – D. ELLMERS, Einbaum. Archäologisches. In: Reallexikon Germ. Altertumskde. 62 (Berlin 1986) 601–609.

STADT AACHEN

Archäologische Spurensuche an der Aachener Fachhochschule

Andreas Kupka

Bereits seit dem Wintersemester 2007 findet an der Fachhochschule Aachen, Campus Jülich, eine Lehrveranstaltung mit kulturhistorischen Inhalten für Studenten der angewandten Ingenieurwissenschaften statt. Ziel der Veranstaltung „Spurensuche – Spurensicherung" ist es, den angehenden Ingenieurinnen und Ingenieuren einen Blick in die Welt der Geistes- und Kulturwissenschaften, sozusagen „über den Tellerrand" zu ermöglichen. Dabei bietet heute vor allem die Bodendenkmalpflege zahlreiche Anknüpfungspunkte mit den Naturwissenschaften, z. B. in den Bereichen Physik, Biologie, Chemie und Elektronik. Man denke nur an zerstörungsfreie Untersuchungsmethoden durch Geomagnetik, Pollen-, Makrorest- und Holzbestimmungen zur Umweltrekonstruktion vergangener Epochen und die verschiedenen naturwissenschaftlichen Datierungsmethoden.

Nach der Vermittlung von theoretischen Kenntnissen zur Geschichte der Archäologie, modernen Grabungsmethoden und zum Ablauf einer archäologischen Grabung in anschaulichen Power-Point-Präsentationen erfolgt ein erster Praxisteil. Hier ist der Besuch der Außenstelle Titz des LVR-Amtes für Bodendenkmalpflege im Rheinland fester Bestandteil der Veranstaltung. Die Studenten erfahren von den dort tätigen Wissenschaftlern Wissenswertes über die aufwändige Logistik und die teilweise mühsame Alltagsarbeit der Archäologen. Auch die Besonderheiten der „Braunkohlenarchäologie" werden natürlich thematisiert. Dabei stellen die Studenten oftmals fest, dass die archäologische Realität doch recht weit von den Kinofiguren „Indiana Jones" oder „Lara Croft" entfernt ist.

Dass Bodendenkmalpflege trotzdem spannend und Vergangenes auch noch erfahrbar sein kann, zeigt sich beim Besuch des nachgebauten eisenzeitlichen Wohnhauses mit Annexgebäuden im didaktischen Freigelände der Außenstelle Titz. Hier haben die Mitarbeiter des LVR-ABR den Versuch unternommen, die Erkenntnisse aus zahlreichen Grabungen zur Lebensweise unserer Vorfahren in einem 1:1-Modellhof umzusetzen. Für viele der verblüfften Studenten ist dies der erste Kontakt mit experimenteller Archäologie.

Gastvorträge von Studenten der Archäologie führen die Teilnehmer in einem weiteren Veranstaltungsblock z. B. in die Ur- und Frühgeschichte des Rheinlands ein. Ausgewählte Fundstücke aus Grabungen des Aachen-Jülicher-Raumes machen die behandelten Epochen im wahrsten Sinne auch „(be)greifbar".

Informationen zu literarischen Quellen, Plänen und Karten sowie zum Archiv- und Bibliothekswesen werden bei einem Besuch der Fachbibliothek des Museums Festung Zitadelle Jülich vermittelt, wo die Studenten seltene und wertvolle Traktate des 16.–17. Jahrhunderts zum Festungsbau und zur Ingenieurbaukunst aus nächster Nähe betrachten können.

Besonders beliebt sind die Besuche auf aktuellen archäologischen Ausgrabungen als Teil der Praxisvermittlung. Am Ort des Geschehens informieren meist die Grabungsleiter die Studenten über den Stand der archäologischen Maßnahmen, so z. B. in Köln (U-Bahn, Archäologische Zone), in Jülich („Solar Campus"; Abb. 226) oder in Aachen (Elisengarten). Natürlich stehen auch mehrstündige Führungen durch die Zitadelle und die französische Rurfestung (Brückenkopf-Park) in Jülich auf dem Programm.

Bisher haben jedes Semester ca. 25–30 angehende Ingenieure die Veranstaltung, die auch 2010 fortgesetzt werden soll, besucht und mit Erfolg absolviert.

226 Jülich. Besuch der Studenten auf einer Grabung am „Solar Campus".

Archäologische Literatur zum Rheinland 2008 mit Nachträgen

zusammengestellt von Jennifer Morscheiser-Niebergall

a) Monographien und Sammelwerke

J. Bemmann/M. Schmauder (Hrsg.), Kulturwandel in Mitteleuropa. Langobarden – Awaren – Slawen. Akten der Internationalen Tagung in Bonn vom 25. bis 28. Februar 2008. Koll. Vor- u. Frühgesch. 11 (Bonn 2008).

B. Bienert, Merowingerzeitliche Besiedlung. Archäologische Befunde in den südlichen Rheinlanden. F. Irsigler (Hrsg.), Gesch. Atlas Rheinlande XII. Abt. 1b, N. F., Lfg. 11, Beih. IV/13 (Bonn 2008).

K. Frings/F. Möller (Hrsg.), Zukunftsprojekt Westwall. Wege zu einem verantwortungsbewussten Umgang mit den Überresten der NS-Anlage. Mat. Bodendenkmalpfl. Rheinland 20 (Weilerswist 2008).

Ch. Grund, Die Michelsberger Kultur. Studien zur Chronologie. Saarbrücker Stud. u. Mat. Altkde. 12 (Bonn 2008).

Ch. Groer, Früher Kupferbergbau in Westeuropa. Universitätsforsch. Prähist. Arch. 157 (Bonn 2008).

H. G. Horn, So badeten die Römer. Rund um die Thermen von Zülpich (Zülpich 2008).

L. Jansen, Schloss Frens. Beiträge zur Kulturgeschichte eines Adelssitzes an der Erft. Veröff. Bergheimer Geschver. 5 (Bergheim 2008).

H. Kelzenberg/P. Kießling/S. X. Weber, Forschungen zur Vorgeschichte und Römerzeit im Rheinland. Festschr. H.-E. Joachim. Beih. Bonner Jahrb. 57 (Mainz 2007).

B. Kerkhoff-Hader, Keramikproduktion 1600-2000. F. Irsigler (Hrsg.), Gesch. Atlas Rheinlande XII. Abt. 1b, N. F., Lfg. 11, Beih. XI/13 (Bonn 2008).

E. Knieps/W. Wegener, Erzbergbau und Metallverhüttung vom Mittelalter bis zum 19. Jahrhundert. F. Irsigler (Hrsg.), Gesch. Atlas Rheinlande XII. Abt. 1b, N. F., Lfg. 11, Beih. VII/17-18 (Bonn 2008).

K. Koch, Linnich. Ein Beitrag zur Geschichte der Stadt (Jülich 2008).

H. Komnick, Die Fundmünzen der römischen Zeit in Deutschland. Abt. 6, Nordrhein-Westfalen 2/1. Reg.-Bez. Aachen (Mainz 2008).

J. Kunow (Hrsg.), Archäologie im Rheinland 2007 (Stuttgart 2008).

J. Kunow (Hrsg.), Erlebnisraum Römerstraße. Via Belgica. Mat. Bodendenkmalpfl. Rheinland 18/2 (Aachen 2008).

E. Künzel, Die Germanen (Stuttgart 2008).

Landschaftsverband Rheinland/Rheinisches Landesmuseum Bonn (Hrsg.), Die Langobarden. Das Ende der Völkerwanderung. Ausstellungskat. Bonn 2008–2009 (Darmstadt 2008).

J. Milz, Neue Erkenntnisse zur Geschichte Duisburgs. Duisburger Forsch. 55 (Duisburg 2008).

U. Mitzschke, Geschichte von Köln-Brück. Brück 13 (Köln 2008).

M. Müller/H.-J. Schalles u. a. (Hrsg.), Colonia Ulpia Traiana. Xanten und sein Umland in römischer Zeit. Gesch. Stadt Xanten 1. Xantener Ber. Sonderbd. (Mainz 2008).

Th. Peek, Siedlungsgeschichtliche Untersuchungen im Duisburger Stapelviertel. Die Ausgrabungen Niederstraße, Block D. Arch. u. Denkmalpfl. Duisburg 8 (Duisburg 2008).

Rheinisches Landesmuseum Bonn/Rheinisches Amt für Bodendenkmalpflege (Hrsg.), Manfred Groß: 1961–1999 im Dienst des Rheinischen Landesmuseums bzw. Rheinischen Amtes für Bodendenkmalpflege in Bonn (Bonn 2008).

Stadt Duisburg (Hrsg.), Hafen, Pfalz- und Bürgerstadt. Visualisierungen zu Duisburg im Mittelalter. Duisburger Denkmalthemen 4 (Duisburg 2008).

Dies. (Hrsg.), Römer und Franken in Serm. Duisburger Denkmalthemen 2 (Duisburg 2008).

L. Verhart, Den Kelten auf der Spur. Neue archäologische Entdeckungen zwischen Nordsee und Rhein (Mainz 2008).

R. Wacker, Das Verkehrswesen im Rheinland vom 15. Jahrhundert bis 1794. Beitr. Landes- u. Kulturgesch. 7 (Trier 2008).

I. Wessel/Ch. Wohlfarth, Archäologische Forschungen auf der Rheinbacher Lößplatte. Ein Projekt zur Prospektion in einem geographischen Kleinraum. Rhein. Ausgr. 62 (Mainz 2008).

b) Aufsätze

J. Auler, Ausgewählte Altgrabungen mit Richtstättenbefunden aus Deutschland. In: Ders. (Hrsg.), Richtstättenarchäologie (Dormagen 2008) 12–45.

Ders., Vor den Toren der Stadt. Die südliche Richtstätte der rheinischen Stadt Neuss. In: Ders. (Hrsg.), Richtstättenarchäologie (Dormagen 2008) 76–81.

J. Banck-Burgess/C. Pause, Spuren im Ton. Römische Stoffabdrücke aus Neuss. Novaesium 2008, 22–28.

H. F. Barnick/D. Hopp, Altsteinzeitliche Funde aus der Hammer Mark in Kupferdreh. Essener Beitr. 121, 2008, 235–240.

Th. Becker, Hochgerichte einer Kleinregion. Historisch-geographisch-denkmalpflegerische Aspekte. In: J. Auler (Hrsg.), Richtstättenarchäologie (Dormagen 2008) 326–340.

U. Becker, Neue archäologische Erkenntnisse am Heinsberger Burg- und Kirchberg. Heimatkalender Kr. Heinsberg 2008, 15–23.

W. Böcking, Logistik und Transportwesen der Römer am Rhein. Jahrb. Kr. Wesel 29, 2008, 62–65.

M. Dodt, Bäder römischer Villen in Niedergermanien im Lichte neuer Ausgrabungen im rheinischen Braunkohlerevier. Bonner Jahrb. 206, 2006 (2008) 63–85.

W. Drösser, Vorgeschichtliche Funde aus Wesseling. Wesselinger Heimatbl. 50/51, 2008, 39–40.

L. Giels, Ein vorgeschichtlicher Hausgrundriss von Pulheim-Freimersdorf. Die Jungsteinzeit in der Stadt Pulheim. Pulheimer Beitr. Gesch. 33, 2008, 7–18.

H. Gilliam, Die große Lücke in der Neusser Stadtgeschichte. Das Problem der Kontinuität zwischen Spätantike und Frühmittelalter. Novaesium 2008, 29–45.

R. Gottschalk, Die Schale auf der Brust. Eine spätantike Bestattungssitte im Rheinland. Bonner Jahrb. 206, 2006 (2008) 241–247.

K. Grewe, 20 Jahre Römerkanal-Wanderweg. Tag des offenen Denkmals am 14. September 2008. Eifel 2008/4, 2–10.

N. Hanel, Bibliographie zum Hauptstützpunkt der *classis Germanica* bei Köln-Marienburg. Kölner Jahrb. 39, 2006 (2007) 567–580.

Ders., Literaturbericht zum römischen Militärlager *Divitia*/Köln-Deutz, zur römischen Rheinbrücke und zur Abteikirche St. Heribert. Kölner Jahrb. 40, 2007 (2008) 429–452.

N. Hanel/B. Song, Neue Ergebnisse der Luftbildarchäologie zu den römischen Militärlagern *Vetera castra* I auf dem Fürstenberg bei Xanten. Germania 85/2, 2007, 349–357.

N. Hanel/U. Verstegen, Gestempelte Ziegel aus dem spätrömischen Kastell *Divitia* (Köln-Deutz). Kölner Jahrb. 39, 2006 (2007) 213–252.

J. A. E. Heimeshoff, Denkmalpflege in Düsseldorf. Bericht des Instituts für Denkmalschutz und Denkmalpflege über das Jahr 2007. Düsseldorfer Jahrb. 78, 2008, 349–372.

M. Heinen, Von der Bronzezeit bis zum Mittelalter. Archäologische Ausgrabungen im Gemeindegebiet Selfkant. Heimatkalender Kr. Heinsberg 2008, 24–46.

J. Heinrichs, Ein *vicus* der frühen und mittleren römischen Kaiserzeit bei Düren-Mariaweiler (*Marcodurum*). Topographie, siedlungsgeschichtlich relevante Lesefunde (Münzen und Fibeln), Orts- und Regionalgeschichte. Kölner Jahrb. 39, 2006 (2007) 7–110.

D. Herdemerten, Die archäologischen Ausgrabungen auf dem Kirchplatz der "Alten reformierten Kirche" in Wuppertal-Elberfeld 2003. Einblicke in die Geschichte der Citykirche. Gesch. in Wuppertal 16, 2007, 13–24.

D. Hopp, Vor dem Limbecker Tor. Essener Beitr. 121, 2008, 248–251.

D. Hopp/S. Leenen, Mitten in Heisingen: der mittelalterliche (?) Hickingshof. Essener Beitr. 121, 2008, 240–244.

L. Jansen, Die spätmittelalterliche Rodungssiedlung Lapprath bei Glessen. Gesch. in Bergheim 17, 2008, 57–87.

H.-E. Joachim, Die jüngereisenzeitlichen Glasarmringe des Rheinlandes. Bonner Jahrb. 205, 2005 (2007) 65–82.

H.-E. Joachim/C. Weber, Die bronzezeitlichen Beile im Rheinland. Bonner Jahrb. 206, 2006 (2008) 1–62.

P. Jülich, Die Herren der Tiefebene. Kelten zwischen Rhein und Nordsee. Antike Welt 39/1, 2008, 53–56.

W. Kerkhoff, Fünf Jahre Bonn-Castell. Ein Ortsteil erinnert (sich) an seine römische Vergangenheit. Bonner Geschbl. 57/58, 2008, 471–494.

H. G. Kirchhoff, Bergheim links der Erft im Frühmittelalter. Gesch. in Bergheim 17, 2008, 14–30.

H. Konen, Die Bedeutung und Funktion von Wasserwegen für die römische Heeresversorgung an Rhein und Donau in der frühen und hohen Kaiserzeit. In: J.-S. Kühlborn/A. Becker u. a. (Hrsg.), Rom auf dem Weg nach Germanien. Bodenaltertümer Westfalen 45 (Mainz 2008).

Th. v. Lohuizen, Archäologische Funde aus Kalkum. Ein Weg durch die Geschichte. Kalkum Hist. R. 2, 2008, 9–18.

R. Lutum/R. Vogelsang, Denkmalpflege in der Stadt Meerbusch 2007/08 – ausgewählte Beispiele. Meerbuscher Geschh. 25, 2008, 230–236.

K. Matijević, Ein neues Matronenheiligtum in Rheinbach-Flerzheim, Rhein-Sieg-Kreis (Germania Inferior). Arch. Korrbl. 38/1, 2008, 97–102.

U. Müssemeier, Spätmittelalterliche Keramik aus einer Abwurfgrube im Töpferbezirk der Stadt Brühl, Erftkreis. Kölner Jahrb. 39, 2006 (2007) 521–566.

Dies., Auf ein Neues: Archäologie zum Anfassen. Die Archäologietour Nordeifel 2008 am 5. Oktober. Eifel 2008/5, 2008, 15–17.

P. Noelke, Bildhauerwerkstätten im römischen Germanien. Möglichkeiten und Grenzen ihres Nachweises. Bonner Jahrb. 206, 2006 (2008) 87–144.

Ders., Kölner Sammlungen und Kölner Funde antiker Steindenkmäler im 19. und frühen 20. Jahrhundert. Kölner Jahrb. 40, 2007 (2008) 159–213.

C. Pause, Ein mittelalterliches Schnapsglas. Die Anfänge des Branntweinkonsums in Neuss. Novaesium 2008, 17–21.

Ders., Unterwegs auf den römischen Straßen von Neuss. Wo früher Legionäre lagerten, laden heute Cafés und Eisdielen ein. Eifel 2008/5, 2008, 4–9.

I. Rahnfeld, Die merowingerzeitliche Siedlung von Lohmar-Unterdorf. Lohmarer Heimatbl. 22, 2008, 4–9.

Rheinisches Amt für Bodendenkmalpflege, Ausgrabungen, Funde und Befunde 2003. Bonner Jahrb. 205, 2005 (2007) 297–345.

Rheinisches Amt für Bodendenkmalpflege, Ausgrabungen, Funde und Befunde 2004. Bonner Jahrb. 206, 2006 (2008) 251–282.

A. Schaub/T. Kohlenberger-Schaub, Archäologische Untersuchungen im Aachener Dom. Gesch. Bistum Aachen 9, 2007/2008, 15–36.

Th. Schmidts/T. Bendeguz, Blasebalg statt Stahlrohr. Bemerkungen zu einem Fundstück aus dem Burgus Jülich-Kirchberg (Kr. Düren). Arch. Korrbl. 38/1, 2008, 103–114.

D. Timpe, Römische Geostrategie im Germanien der Okkupationszeit. In: J.-S. Kühlborn/A. Becker u. a. (Hrsg.), Rom auf dem Weg nach Germanien. Bodenaltertümer Westfalen 45 (Mainz 2008) 199–235.

M. Trier, Zur frühmittelalterlichen Topographie von Worringen, Stadt Köln. Kölner Jahrb. 40, 2007 (2008) 351–370.

P. Tutlies, Eine karolingische Wassermühle im Rotbachtal, Rhein-Erft-Kreis. Arch. Nachrbl. 13/2, 2008, 190–192.

M. Vollmer-König, Das archäologische Kulturgut in zwei wasserrechtlichen Verfahren am Beispiel Mönchengladbach-Geneicken. Arch. Nachrbl. 13/2, 2008, 183–189.

M. Wiehen, 130 „Einblicke" in die Vergangenheit. Ein archäologischer Fundplatz in Bergheim-Zieverich. Gesch. in Bergheim 17, 2008, 5–13.

F. Willer/U. Baumer u. a., Die Metallklebemasse am römischen Reiterhelm aus Xanten-Wardt. Bonner Jahrb. 206, 2006 (2008) 145–157.

F. Willer/R. Meijers u. a., Hinter der silbernen Maske. Ein niederländisch-deutsches Forschungsprojekt zu Fragen antiker Herstellungstechniken an römischen Reiterhelmen des 1. Jahrhunderts n. Chr. aus Nijmegen/NL und Xanten/D. Restaurierung u. Arch. 1, 2008, 19–41.

N. Zieling/S. Leih u. a., Colonia Ulpia Traiana. Archäologische Untersuchungen im Jahre 2003. Bonner Jahrb. 205, 2005 (2007) 285–295.

A. Zimmermann/J. Meurers-Balke u. a., Das Neolithikum im Rheinland. Bonner Jahrb. 205, 2005 (2007) 1–63.

Literaturzitate nach:
Richtlinien für Veröffentlichungen zur Ur-, Vor- und Frühgeschichte, Archäologie der Römischen Provinzen und Archäologie des Mittelalters. Bericht der Römisch-Germanischen Kommission 71, 1990, 973–998; 73, 1992, 477–540.

Verzeichnis der Autoren

Jochen Altmiks
LVR-Amt für Bodendenkmalpflege im Rheinland
Außenstelle Nideggen
E-Mail: joachim.altmiks@lvr.de

Prof. Dr. med. Katrin Amunts
Institut für Neurowissenschaften und Medizin
INM-1
Forschungszentrum Jülich
52425 Jülich
E-Mail: k.amunts@fz-juelich.de

Dr. Jeanne-Nora Andrikopoulou-Strack
LVR-Amt für Bodendenkmalpflege im Rheinland
E-Mail: nora.andrikopoulou-strack@lvr.de

Jost Auler M. A.
Schwanenstraße 12
41541 Dormagen
E-Mail: JostAuler@arcor.de

Dirk Bachmann
Siegfried-Leopold-Straße 24
53225 Bonn
E-Mail: nc-bachmadi4@netcologne.de

Dr. Gerhard Bauchhenß
Wikensstraße 28
53913 Swisttal
E-Mail: gerhard.bauchhenß@lvr.de

Thomas Becker M. A.
Landesamt für Denkmalpflege Hessen
Archäologie und Paläontologie
Schloss Biebrich
65203 Wiesbaden

Prof. Dr. Jan Bemmann
Universität Bonn
Vor- und Frühgeschichtliche Archäologie
Regina-Pacis-Weg 7
53113 Bonn
E-Mail: jan.bemmann@uni-bonn.de

Harald Berkel
LVR-Amt für Bodendenkmalpflege im Rheinland
Außenstelle Xanten
E-Mail: harald.berkel@lvr.de

Dr. Jens Berthold
LVR-Archäologischer Park Xanten
Trajanstraße 4
46509 Xanten
E-Mail: jensberthold@freenet.de

Vinzenz Borchert M. A.
archaeologie.de
Büro Brühl
Talstraße 23
50321 Brühl
E-Mail: v.borchert@archaeologie.de

Dr. Cordula Brand
ARCHBAU
Engelsruh 41
45133 Essen
E-Mail: archbau@t-online.de

Dr. Clive Bridger
LVR-Amt für Bodendenkmalpflege im Rheinland
Außenstelle Xanten
E-Mail: Clive.Bridger@lvr.de

Dr. Marion Brüggler
LVR-Amt für Bodendenkmalpflege im Rheinland
Außenstelle Xanten
E-Mail: Marion.Brüggler@lvr.de

Dr. Erwin Cziesla
Wurzel Archäologie u. Umwelttechnik GmbH
Fasanenstr. 25b
14532 Stahnsdorf
E-Mail: archaeologie-ost@wurzelbau.de

Bernhard Dautzenberg
Museum Zitadelle Jülich
Kleine Rurstraße 20
52428 Jülich
E-Mail: bdautzenberg@juelich.de

Fil. Mag. Patrick Düntzer
Kapuzinergraben 38
52062 Aachen
E-Mail: p.duentzer@gmx.de

Dr. Eileen Eckmeier
University of Zurich-Irchel
Dept. of Geography
Winterthurerstrasse 190
CH-8057 Zurich
E-Mail: eileen.eckmeier@geo.uzh.ch

Marcel El-Kassem M. A.
Cranachstraße 13
50733 Köln
E-Mail: marcel.el-kassem@gmx.net

Anja Endrigkeit M. A.
Deutsches Archäologisches Institut

Podbielskiallee 69–71
14195 Berlin
E-Mail: ane@dainst.de

Anna-Leena Fischer M. A.
Universität zu Köln
Institut für Ur- und Frühgeschichte
Weyertal 125
50931 Köln
E-Mail: anna-leena.fischer@uni-koeln.de

Dr. Elke Forbeck
Wittekindstraße 41
47051 Duisburg

Denis Franzen
LVR-Amt für Bodendenkmalpflege im Rheinland
Außenstelle Titz
E-Mail: denis.franzen@lvr.de

Josef Franzen
LVR-Amt für Bodendenkmalpflege im Rheinland
Außenstelle Titz
E-Mail: josef.franzen@lvr.de

Dr. Wolfgang Gaitzsch
LVR-Amt für Bodendenkmalpflege im Rheinland
Außenstelle Titz
E-Mail: wolfgang.gaitzsch@lvr.de

Jennifer Gechter-Jones M. A.
LVR-Amt für Bodendenkmalpflege im Rheinland
Außenstelle Overath
E-Mail: j.gechter-jones@lvr.de

Dr. Udo Geilenbrügge
LVR-Amt für Bodendenkmalpflege im Rheinland
Außenstelle Titz
E-Mail: udo.geilenbruegge@lvr.de

Prof. Dr. Renate Gerlach
LVR-Amt für Bodendenkmalpflege im Rheinland
E-Mail: renate.gerlach@lvr.de

Liane Giemsch M. A.
LVR-LandesMuseum Bonn
Bachstraße 9
53115 Bonn
E-Mail: liane.giemsch@lvr.de

Dr. Klaus Grewe
LVR-Amt für Bodendenkmalpflege im Rheinland
E-Mail: klaus.grewe@lvr.de

Ines Maria Grohmann M. A.
Eichstraße 35
50733 Köln

Georg Hartke
LVR-LandesMuseum Bonn
Bachstraße 9
53115 Bonn
E-Mail: georg.hartke@lvr.de

Dipl. Geol. Christoph Hartkopf-Fröder
Geologischer Dienst NRW – Landesbetrieb
De-Greiff-Str. 195
47803 Krefeld
E-Mail: hartkopf-froeder@gd.nrw.de

Dr. Peter Henrich
Deutsche Limeskommission
Römerkastell Saalburg – Archäologischer Park
61350 Bad Homburg v. d. H.
E-Mail: peterhenrich@deutsche-limeskommission.de

Dipl. Math. Irmela Herzog
LVR-Amt für Bodendenkmalpflege im Rheinland
E-Mail: irmela.herzog@lvr.de

Wolfgang Heuschen M. A.
Schloß Monrepos
56567 Neuwied
E-Mail: caveman1500@hotmail.com

OStR Petra Hiller
Schwanenstraße 12
41541 Dormagen
E-Mail: strpetrahiller@arcor.de

Dr. Iris Hofmann-Kastner
Römerthermen Zülpich – Museum der Badekultur
Stadt Zülpich
Mühlenberg
53909 Zülpich
E-Mail: ihofmann-kastner@stadt-zuelpich.de

Dr. Detlef Hopp
Stadtarchäologe
Institut für Denkmalschutz und Denkmalpflege/
Stadtarchäologie
Rathenaustr. 2
45121 Essen
E-Mail: detlef.hopp@amt61.essen.de

Horst Husmann M. A.
Maybachstr. 76
50670 Köln
E-Mail: horbia@gmx.de

Thomas Ibeling M. A.
Beethovenstraße 35
50674 Köln
E-Mail: theis.ibeling@arcor.de

Dr. Achim Jaeger
Stiftisches Gymnasium Düren
Altenteich 14
52349 Düren

Jan Janssens
LVR-Amt für Bodendenkmalpflege im Rheinland
Außenstelle Titz
E-Mail: jan.janssens@lvr.de

Susanne Jenter M. A.
LVR-Amt für Bodendenkmalpflege im Rheinland
E-Mail: susanne.jenter@lvr.de

Patrick Jülich M. A.
Museum Burg Linn
Rheinbabenstr. 85
47809 Krefeld
E-Mail: juelichpatrick@gmx.de

Sabine Jürgens M. A.
Wichterichstr. 31
50937 Köln
E-Mail: swjuergens@gmx.net

EM Bernhard Kamps
Malvenweg 11
41470 Neuss
E-Mail: bernhard.kamps@web.de

PD Dr. Martin Kehl
Justus-Liebig-Universität Gießen
Institut für Geographie
Bereich Physische Geographie
Senckenbergstraße 1
35390 Gießen
E-Mail: martin.kehl@geogr.uni-giessen.de

Christoph Keller M. A.
LVR-Amt für Bodendenkmalpflege im Rheinland
E-Mail: christoph.keller@lvr.de

Dr. Holger Kels
Geographisches Institut
RWTH Aachen
Templergraben 55
52056 Aachen
E-Mail: holger.kels@geo.rwth-aachen.de

Dipl. Min. Dirk Kirchner
Denkmalschutz/Materialkunde
Deutsches Bergbau-Museum Bochum
Hernerstr. 45
44787 Bochum

Julia Klemeit M. A.
Remigiusstr. 14
50937 Köln

Inga Kretschmer M. A.
Universität zu Köln
Institut für Ur- und Frühgeschichte
Weyertal 125
50931 Köln
E-Mail: ingakretschmer@aol.com

Dr. Ruthild Kropp
Johann Wolfgang Goethe-Universität
Institut für Archäologische Wissenschaften
Abt. III: Vor- und Frühgeschichte
Labor für Archäobotanik
Grüneburgplatz 1
60323 Frankfurt am Main
E-Mail: kropp_uni@gmx.de

Prof. Dr. Jürgen Kunow
LVR-Amt für Bodendenkmalpflege im Rheinland
E-Mail: juergen.kunow@lvr.de

Andreas Kupka M. A.
Archäologischer Grabungskoordinator
für die Landeshauptstadt Düsseldorf
Wehrhahn-Linie, Los 1+2 und Kö-Bogen
Bachstraße 130
40217 Düsseldorf
E-Mail: andreas.kupka@wehrhahnlinie.de

Fil. Mag. Donata Maria Kyritz
Kapuzinergraben 38
52062 Aachen
E-Mail: donatakde@yahoo.de

Ana Judith Largo Arias Marek
Von-Guericke-Allee 20
53125 Bonn
E-Mail: judith-largo@web.de

Dr. Stefan Leenen
Bahnhofstraße 3
45259 Essen
E-Mail: s.leenen@gmx.de

Prof. Dr. Frank Lehmkuhl
Geographisches Institut
RWTH Aachen
Templergraben 55
52056 Aachen
E-Mail: flehmkuhl@geo.rwth-aachen.de

Robert Lenerz M. A.
Hartwichstr. 62
50733 Köln
E-Mail: rlenerz@uni-koeln.de

Simon Matzerath M. A.
Vorgeschichtliche Sammlung
Museum Zitadelle Jülich

Museumsbüro Kulturhaus
Kleine Rurstraße 20
52428 Jülich
E-Mail: smatzerath@juelich.de

Dipl. Phys. Hartmut Mohlberg
Institut für Neurowissenschaften und Medizin
INM-1
Forschungszentrum Jülich
52425 Jülich
E-Mail: h.mohlberg@fz-juelich.de

Dr. Jennifer Morscheiser-Niebergall
LVR-Amt für Bodendenkmalpflege im Rheinland
E-Mail: jennifer.morscheiser@lvr.de

Dr. Ulrike Müssemeier
LVR-Amt für Bodendenkmalpflege im Rheinland
E-Mail: ulrike.muessemeier@lvr.de

Andreas Nehen M. A.
LVR-Amt für Bodendenkmalpflege im Rheinland
E-Mail: andreas.nehen@lvr.de

Dr. Elke Nieveler
Universität Bonn
Vor- und Frühgeschichtliche Archäologie
Regina-Pacis-Weg 7
53113 Bonn
E-Mail: elke.nieveler@uni-bonn.de

EM Frithjof Nolden
Heerdter Landstraße 36
40549 Düsseldorf

Dr. Julia Obladen-Kauder
LVR-Amt für Bodendenkmalpflege im Rheinland
Außenstelle Xanten
E-Mail: julia.obladen@lvr.de

Kerstin Ohmert
Brentanostraße 14
41541 Dormagen
E-Mail: k.ohmert@web.de

Marcell Perse M. A.
Museum Zitadelle Jülich
Museumsbüro Kulturhaus
Kleine Rurstraße 20
52428 Jülich
E-Mail: museum@juelich.de

Dr. Christoph Reichmann
Museum Burg Linn
Rheinbabenstraße 85
47809 Krefeld
E-Mail: ch.reichmann@krefeld.de

Dr. Astrid Röpke
Johann Wolfgang Goethe-Universität
Institut für Archäologische Wissenschaften
Abt. III: Vor- und Frühgeschichte
Labor für Archäobotanik
Grüneburgplatz 1
60323 Frankfurt am Main
E-Mail: a.roepke@em.uni-frankfurt.de

Marco Romussi
LVR-LandesMuseum Bonn
Bachstraße 9
53115 Bonn
E-Mail: marco.romussi@lvr.de

Sabine Sauer M. A.
Amt für Stadtplanung
Abteilung Bodendenkmalpflege
41456 Neuss

Dipl. Restaurator (FH) Christoph Schaab
LVR-Denkmalpflege im Rheinland
Abtei Brauweiler
Ehrenfriedstr. 19
50259 Pulheim

Silke Schamuhn M. A.
Universität zu Köln
Institut für Ur- und Frühgeschichte
Labor für Archäobotanik
Weyertal 125
50923 Köln
E-Mail: silke.schamuhn@uni-koeln.de

Andrea Schenk M. A.
LVR-Amt für Bodendenkmalpflege im Rheinland
E-Mail: andrea.schenk@lvr.de

Dr. Hans-Peter Schletter
archaeologie.de
Schlickstraße 15
47138 Duisburg
E-Mail: hp.schletter@archaeologie.de

Holger Schmitt
Wurzel Archäologie u. Umwelttechnik GmbH
Fasanenstr. 25b
14532 Stahnsdorf
E-Mail: wurzel-archaeologi@t-online.de

Elke Schneider M. A.
Institut für Denkmalschutz und
Denkmalpflege/Stadtarchäologie
Kennedyplatz 6
45121 Essen
E-Mail: arch.elke.schneider@web.de

Dr. Uwe Schönfelder
ARCHBAU
Engelsruh 41
45133 Essen
E-Mail: archbau@t-online.de

EM Gaby Schulenberg
Dreherstraße 12
40625 Düsseldorf
E-Mail: gpschulenberg@arcor.de

EM Peter Schulenberg
Dreherstraße 12
40625 Düsseldorf
E-Mail: gpschulenberg@arcor.de

Dr. Alfred Schuler
LVR-Amt für Bodendenkmalpflege im Rheinland
Außenstelle Titz
E-Mail: alfred.schuler@lvr.de

Dr. Daniel Schyle
QSGA-Centre of Quaternary Science and Geoarchaeology
Institut für Ur- und Frühgeschichte
Universität zu Köln
Weyertal 125
50923 Köln
E-Mail: daniel.schyle@uni-koeln.de

Dr. Margareta Siepen
LVR-Amt für Bodendenkmalpflege im Rheinland
E-Mail: margareta.siepen@lvr.de

Astrid Slizewski M. A.
Neanderthal Museum
Talstraße 300
40822 Mettmann
E-Mail: slizewski@neandertahl.de

Dr. Ursula Tegtmeier
Institut für Ur- und Frühgeschichte
Labor für Archäobotanik
50923 Köln
E-Mail: u.tegtmeier@uni-koeln.de

Dr. Jürgen Thissen
LVR-Amt für Bodendenkmalpflege im Rheinland
Außenstelle Titz
E-Mail: JThissen@gmx.net

Petra Tutlies M. A.
LVR-Amt für Bodendenkmalpflege im Rheinland
Außenstelle Nideggen
E-Mail: petra.tutlies@lvr.de

Dr. Cornelius Ulbert
LVR-Amt für Bodendenkmalpflege im Rheinland
E-Mail: cornelius.ulbert@lvr.de

Oliver Ungerath
Wurzel Archäologie u. Umwelttechnik GmbH
Fasanenstr. 25b
14532 Stahnsdorf
E-Mail: oliver@ungerathen.de

Dipl. Geol. Dr. Hans Martin Weber
Asselborner Weg 29
51429 Bergisch Gladbach
E-Mail: weberhama@gmx.de

Klaus M. Weber
Dahlerfeldstr. 17
42699 Solingen
E-Mail: klaus.weber-sg@gmx.de

Wolfgang Wegener M. A.
LVR-Amt für Bodendenkmalpflege im Rheinland
E-Mail: wolfgang.wegener@lvr.de

Jürgen Weiner M. A.
LVR-Amt für Bodendenkmalpflege im Rheinland
Außenstelle Nideggen
E-Mail: juergen.weiner@lvr.de

Gary White M. A.
Teichweg 13a
50374 Erftstadt
E-Mail: gary.white@t-online.de

Michael Wiehen M. A.
Archaeonet
Richard-Wagner-Str. 14
53115 Bonn
E-Mail: Michael.Wiehen@archaeonet.de

Dipl. Geophys. Jobst J. M. Wippern
LVR-Amt für Bodendenkmalpflege im Rheinland
E-Mail: jobst.wippern@lvr.de

Carolin Wygasch M. A.
Lehrstuhl Physische Geographie und Geoökologie
Geographisches Institut der RWTH Aachen
Templergraben 55
52056 Aachen
E-Mail: carolin.wygasch@geo.rwth-aachen.de

Prof. Dr. Karl Zilles
Institut für Neurowissenschaften und Medizin
INM-2
Forschungszentrum Jülich
52425 Jülich
E-Mail: k.zilles@fz-juelich.de

Dienststellen der Bodendenkmalpflege im Rheinland

LVR-Amt für Bodendenkmalpflege im Rheinland
(Prof. Dr. Jürgen Kunow)
Endenicher Straße 133
53115 Bonn
Tel. 0228/98 34-0

Außenstellen des LVR-Amtes für Bodendenkmalpflege im Rheinland

Außenstelle Nideggen
(Petra Tutlies M. A.)
Zehnthofstraße 45
52385 Nideggen
Tel. 02425/90 39-0

Außenstelle Titz
(Dr. Udo Geilenbrügge)
Ehrenstraße 14
52445 Titz-Höllen
Tel. 02463/99 17-0

Außenstelle Overath
(Dr. Michael Gechter)
Gut Eichthal
51491 Overath
Tel. 02206/90 30-0

Außenstelle Xanten
(Dr. Julia Obladen-Kauder)
Augustusring 3
46509 Xanten
Tel. 02801/77 62 90

Internet: www.bodendenkmalpflege.lvr.de

Städtische Bodendenkmalpflegeeinrichtungen:

Für die Stadt Aachen:
Denkmalpflege FB 61/60
Stadtarchäologie
Verwaltungsgebäude am Marschiertor
Lagerhausstr. 20
52064 Aachen
Tel. 0241/43 26 163

Für die Stadt Köln:
Römisch-Germanisches Museum/
Amt für Archäologische Bodendenkmalpflege
Roncalliplatz 4
50667 Köln
Tel. 0221/22 12 23 05

Für die Stadt Düsseldorf:
Institut für Denkmalschutz und Denkmalpflege
Brinckmannstraße 5
40200 Düsseldorf
Tel. 0211/89 92 848

Für die Stadt Krefeld:
Museum Burg Linn
Rheinbabenstraße 85
47809 Krefeld
Tel. 02151/57 00 36

Für die Stadt Duisburg:
Amt für Baurecht und Bauberatung
Untere Denkmalbehörde
Friedrich-Wilhelm-Str. 96 (Hoist Haus)
47051 Duisburg
Tel. 0203/28 32 422

Für die Stadt Neuss:
Amt für Stadtplanung
Abteilung Bodendenkmalpflege
Rathaus
Michaelstraße
41456 Neuss
Tel. 02131/90 86 15

Für die Stadt Essen:
Institut für Denkmalschutz und Denkmalpflege/
Stadtarchäologie
Rathenaustr. 2
45121 Essen
Tel. 0201/88 61 806

Abbildungsnachweis

Titel A. Schuler/LVR-ABR. – Karte K. Becker/LVR-ABR. – 1–3 M. Thuns/LVR-ABR. – 4 A. Thünker DGPh, Bad Münstereifel. – 5 li. Archiv LVR-ABR, re M. Thuns/LVR-ABR. – 6 D. Hansen, S. Möllenbruck u. P. Mesenburg/Univ. Duisburg-Essen. – 7 M. Thuns/LVR-ABR. – 8–9 T. Könings/LVR-ABR. – 10–13 M. Thuns/LVR-ABR. – 14 aus Heimat 8, 1929, 233. – 15 aus C. Rademacher, in: Ber. Cölner Anthropolog. Ges. über die 10 Jahre ihres Bestehens (Cöln 1913) 14 f. – 16 aus C. Rademacher (Hrsg.), Die Heideterrasse zwischen Rheinebene, Acher und Sülz (Wahner Heide) (Leipzig 1927) 50. – 17–18 St. Taubmann/LVR-LMB. – 19 A. Endrigkeit/DAI Berlin u. L. Giemsch/LVR-LMB. – 20–22 I. Herzog/LVR-ABR u. A. J. Largo Arias Marek/Univ. Bonn auf Grundlage von Karten der Bez.reg. Köln. – 23 M. Thuns/LVR-ABR. – 24 J. Klemeit, Köln. – 25 Ch. Hartkopf-Fröder/Geol. Dienst, Krefeld. – 26 H. M. Weber, Bergisch Gladbach. – 27 A–D K. M. Weber, Solingen; E aus J. Dzik, Turrilepadida and other Machaeridia. In: A. Hoffman/M. H. Nitecki (Hrsg.), Problematic Fossil Taxa. Oxford Monogr. Geol. and Geophysics 5 (New York, Oxford [Oxfordshire] 1986) 116–134. – 28 A, E–G, J K. M. Weber, Solingen; B–D aus W. Paeckelmann, Das Oberdevon des Bergischen Landes. Abh. Königl. Preuss. Geol. Landes-Anst., N. F. 70,1913, 1–356; H aus S.-B. Lee/D. K. Choi, Occurence of early paleozoic stylophoran echinoderms from the Taebaek Group, Taebaeksan Basin, Korea. J. Paleont. Soc. Korea 22, 2006, 281–292 leicht verändert. – 29 H. M. Weber, Bergisch Gladbach. – 30–31 J. Thissen/LVR-ABR. – 32 H. Kels/RWTH Aachen u. J. Thissen/LVR-ABR – 33–34 J. Protze/RWTH Aachen. – 35–40 A.-L. Fischer/Univ. Köln, I. Kretschmer/Univ. Köln u. H. Kels/RWTH Aachen. – 41 © WDR/dpa/Annika Fußwinkel WDR. – 42 F. Kupka, Illustrated London News 1909. – 43 Entwurf K. Amunts/H. Mohlberg/K. Zilles (Forschungszentrum Jülich). – 44–46 W. Heuschen/Röm.-Germ. Zentralmus. Mainz, Forschungsstelle Altsteinzeit, Schloss Monrepos. – 47–49 M. Thuns/ LVR-ABR. – 50–51 Wurzel Archäologie, Stahnsdorf. – 52 I. Koch, Kerpen-Sindorf. – 53 E. Rogge/LVR-ABR. – 54 K. Drechsel/LVR-ABR n. V. Becker, Anthropomorphe Plastik der westlichen Linearbandkeramik. Unveröff. Diss. Saarbrücken 2006, Taf. 52,2. – 55 H. Schluse/Univ. Köln u. M. Thuns/ LVR-ABR. – 56–57 M. Thuns/LVR-ABR. – 58 F. Rötzel/LVR-ABR. – 59 O. Ehrmann, Creglingen. – 60 Dünnschliffe und Fotos: O. Ehrmann, aus E. Eckmeier u. a., Minor changes in soil organic carbon and charcoal concentrations detected in a temperate deciduous forest a year after an experimental slash-and-burn. Biogeosciences 4, 2007, 377–383 Abb. 1. – 61 E. Rogge/LVR-ABR. – 62 M. Thuns/LVR-ABR. – 63 U. Geilenbrügge/LVR-ABR. – 64 M. Thuns/LVR-ABR. – 65 E. Rogge/LVR-ABR. – 66 M. El-Kassem/Fundort GmbH, Köln. – 67 A. Nehen/LVR-ABR u. M. El-Kassem/Fundort GmbH, Köln. – 68–70 H. Husmann/LVR-ABR u. A. Krüger/LVR-ABR. – 71 RWE Power AG Köln. – 72 J. Janssens/G. Schmidt/W. Gaitzsch, alle LVR-ABR. – 73 M. Thuns/LVR-ABR. – 74 J. Hempel/Goldschmidt Archäologie, Düren. – 75 aus: K. Miller, Die Peutingersche Tafel (Stuttgart 1962), Bearbeitung: H. Rantze/LVR-ABR. – 76–77 Planergruppe GmbH Oberhausen – nowak teufel knyrym – reicher haase architekten. – 78 K. Becker/LVR-ABR. – 79 M. Gorki/LVR-ABR. – 80 C. Ulbert/LVR-ABR. – 81 S. Jenter/LVR-ABR. – 82 K. Becker/LVR-ABR. – 83–84 C. Brand/ARCHBAU, Essen. – 85 H. Berkel/LVR-ABR. – 86 T. Könings/LVR-ABR. – 87 M. Wiehen/ArchaeoNet, Bonn. – 88–89 Z. Görür/ArchaeoNet, Bonn. – 90–91 Th. Becker/Landesamt Denkmalpfl. Hessen, Wiesbaden. – 92 M. Thuns/LVR-ABR. – 93 U. Wölfert u. I. Grohmann/Wurzel Archäologie, Stahnsdorf. – 94 A. Kass/Wurzel Archäologie, Stahnsdorf. – 95 I. Grohmann/Wurzel Archäologie, Stahnsdorf. – 96–97 J. Berthold/LVR-APX. – 98 J. J. M. Wippern/LVR-ABR; Datenbasis NRW, Bez.reg. Köln, Abt. Geobasis NRW und H. Berkel, Reste römischer Wasserleitungen im Raum Xanten. Festschr. G. Precht. Xantener Ber. 12 (Mainz 2002) 131. – 99 J. J. M. Wippern/LVR-ABR; Kartengrundlage NRW, Bez.reg. Köln, Abt. Geobasis NRW. – 100 B. Song/Ruhr-Universität Bochum/LVR-ABR. – 101 M. Thuns/LVR-ABR. – 102–103 archaeologie.de, Duisburg/Kalkar. – 104 M. Gran/LVR-ABR. – 105 H.-J. Lauffer/LVR-ABR n. C. Maass. – 106 M. Gran/LVR-ABR. – 107 Foto M. Thuns/LVR-ABR, Zeichnung A. Krüger/LVR-ABR. – 108 aus: E. Zahn, Die neue Rekonstruktionszeichnung der Igeler Säule, Trierer Zeitschr. 31, 1968, Beilage I. – 109 J. Weiner/LVR-ABR – 110 K. Drechsel/LVR-ABR n. Meyers Konversationslexikon 1908, 88 Fig. 7. – 111–113 Th. Gerhards/LVR-Museumsverbund Bonn. – 114–116 Museum Burg Linn, Krefeld. – 117 M. Thuns/LVR-ABR. – 118 G. Carver/Goldschmidt Archäologie, Düren. – 119–120 J. Hempel/Goldschmidt Archäologie, Düren. – 121–122 K. Drechsel/LVR-ABR. – 123 M. Thuns/LVR-ABR. – 124–125 LVR-LMB. – 126–127 St. Taubmann/LVR-LMB. – 128 G. Bauchhenß, Swisttal. – 129 H. Becker/LVR-LMB. – 130 A. Frings/LVR-ABR. – 131 K. Drechsel/LVR-ABR. – 132 H. Becker/LVR-LMB. – 133 M. Thuns/ LVR-ABR. –

134 U. Müssemeier/LVR-ABR. – 135 H. Kelzenberg. – 136 U. Müssemeier/LVR-ABR. – 137 A. Schünemann/LVR-ABR. – 138 P. Bürschel/LVR-ABR. – 139 Th. Becker/Landesamt Denkmalpfl. Hessen, Wiesbaden. – 140–142 M. El-Kassem/Fundort GmbH, Köln. – 143 A. Pelzer/Fundort GmbH, Köln. – 144 Museum Burg Linn, Krefeld. – 145 Ch. Hartkopf-Fröder/Geol. Dienst, Krefeld. – 146 P. Jülich, Krefeld. – 147–149 archaeologie.de, Duisburg/Kalkar – 150–152 P. Schulenberg, Düsseldorf. – 153–155 C. Brand/ARCHBAU, Essen. – 156 P. Hadasch/Inst. für Denkmalschutz und Denkmalpflege/Stadtarchäologie Essen. – 157 S. Günther u. D. Hopp/Inst. für Denkmalschutz und Denkmalpflege/Stadtarchäologie Essen. – 158–159 Bodendenkmalpflege Stadt Neuss. – 160–161 Ch. Keller/LVR-ABR. – 162 M. Thuns/LVR-ABR. – 163 Ch. Keller/LVR-ABR. – 164–166 P. Düntzer u. D. Kyritz/SK ArcheoConsult, Aachen. – 167–169 archaeologie.de, Duisburg/Kalkar. – 170–171 A. Schuler/LVR-ABR. – 172 D. Franzen/LVR-ABR. – 173 A. Schuler/LVR-ABR. – 174 C. Brand/ARCHBAU, Essen. – 175 Vermessungs- und Katasteramt Landeshauptstadt Düsseldorf. – 176–178 C. Brand/ARCHBAU, Essen. – 179 K. Drechsel/LVR-ABR. – 180 R. Smani/LVR-ABR. – 181 J. Altmiks/LVR-ABR. – 182 Mus. Zitadelle Jülich, Foto Archiv Mus. Zitadelle Jülich. – 183 Mus. Zitadelle Jülich, Glasplattennegativ Inv. Nr. 2001-0215. – 184 K. Pulina, Folgeuntersuchungen zur Gesamtgeometrie der renaissancezeitlichen Befestigungsanlage Jülich. In: C. Doose/H. Lauenstein (Hrsg.), Das „italienische" Jülich. Grundzüge im Konzept Alessandro Pasqualinis für die Stadtanlage, die Zitadelle und das Residenzschloss (Jülich, im Druck) Abb. 19. – 185 Archiv des Bergbau- und Heimatmuseums Paulushof. – 186 St. Leenen, Essen. – 187 H.-J. Lauffer/LVR-ABR n. W. Wegener/LVR-ABR. – 188 W. Wegener/LVR-ABR. – 189 Katasteramt Rhein-Sieg-Kreis. – 190 C. Wygasch/RWTH Aachen. – 191 Labor für Archäobotanik, Inst. f. Ur- u. Frühgesch., Univ. Köln. – 192 C. Wygasch/RWTH Aachen. – 193 Foto M. Thuns u. Bearbeitung T. Könings/LVR-ABR. – 194 LVR-Industriemuseum, Archiv St. Antony-Hütte. – 195 aus: LVR (Hrsg.), St. Antony – Die Wiege der Ruhrindustrie. Begleitbuch zur Ausstellung in der St. Antony-Hütte des Rheinischen Industriemuseums, Schauplatz Oberhausen, 133 oben. – 196–197 Privatbes. E. Siekmann, Neu-Otzenrath. – 198 A. Schuler/LVR-ABR. – 199 K. Becker/LVR-ABR n. Stadtarchiv Düsseldorf. – 200 F. Nolden, Düsseldorf, n. Bauakte 1912. – 201 P. Schulenberg, Düsseldorf. – 202 H.-J. Lauffer/LVR-ABR n. W. Wegener/LVR-ABR. – 203–204 W. Wegener/LVR-ABR. – 205–206 P. Hadasch/Institut für Denkmalschutz und Denkmalpflege/Stadtarchäologie Essen. – 207–211 A. Thünker DGPh, Bad Münstereifel. – 212 H. Berkel/LVR-ABR. – 213–214 A. Peiss/LVR-LMB. – 215 I. Eichfeld u. H.-J. Lauffer/LVR-ABR. – 216 G. Kròl, Jülich. – 217–219 M. Thuns/LVR-ABR. – 220 A. Frings/LVR-ABR. – 221 K. Drechsel/LVR-ABR. – 222 A. Frings/LVR-ABR. – 223–224 J. Auler, Dormagen. – 225 L. Pröpper, Dormagen. – 226 B. Dautzenberg, Jülich. – Rückseite M. Thuns/LVR-ABR.

Abkürzungen
LVR-ABR LVR-Amt für Bodendenkmalpflege im Rheinland
LVR-APX LVR-Archäologischer Park Xanten
LVR-LMB LVR-LandesMuseum Bonn